Preußischdeutsche Kriege von 1864 bis 1871

KLEINE MILITÄRGESCHICHTE

KRIEGE

HEINZ HELMERT · HANSJÜRGEN USCZECK

Preußischdeutsche Kriege von 1864 bis 1871

Militärischer Verlauf

MILITÄRVERLAG
DER DEUTSCHEN DEMOKRATISCHEN
REPUBLIK

Helmert, Heinz :
Preußischdeutsche Kriege von 1864/1871/
von Heinz Helmert; Hansjürgen Usczeck. –
6. überarbeitete Aufl. – Berlin : Militärverlag der DDR, 1988. –
360 S. : 54 Ill. – (Kleine Militärgeschichte. Kriege)

ISBN 3-327-00222-3

6. überarbeitete Auflage
© Militärverlag der Deutschen Demokratischen Republik (VEB) – Berlin, 1988
Lizenz-Nr. 5
Printed in the German Democratic Republic
Gesamtherstellung: Offizin Andersen Nexö
Graphischer Großbetrieb Leipzig III/18/38
Lektor: Ruth Liebnitz
Schutzumschlag und Einband: Wolfgang Ritter
Kartenausführungen: Hans-Georg Müller
Zeichnungen: Helmut Kloss
Abbildungen: Verlagsarchiv, Museum für Deutsche Geschichte (1)
LSV: 0548
Bestellnummer: 745 234 6
01150

Vorwort

Die preußischdeutschen Kriege von 1864, 1866 und 1870/71 gehören zu den markanten Ereignissen im 19. Jahrhundert. Ihre historisch-politische Bedeutung liegt darin, daß an ihrem Ende das Deutsche Reich preußischer Prägung stand. In ihrem Verlauf wurde die Einigung der deutschen Staaten nicht auf dem demokratisch-revolutionären, sondern dem obrigkeitlich-militaristischen Weg hergestellt. Weil die preußische Monarchie und ihr bonapartistisches System mit Hilfe des sich herausbildenden junkerlich-bürgerlichen Militarismus die Frage des Nationalstaates zu ihren Gunsten entscheiden konnten, beeinflußten sie verhängnisvoll die Geschichte des deutschen Volkes.

Die Reichsgründung auf dem Wege einer antidemokratischen Revolution von oben mußte die aggressiven Kräfte der bürgerlichen Gesellschaft stärken. Der preußischdeutsche Militarismus breitete sich in Deutschland aus und bestimmte die Innen- und Außenpolitik des Deutschen Reiches, das nun in die Reihe der modernen Großmächte aufrückte. Obwohl sich die Bourgeoisie zur ökonomisch stärksten Klasse entwickelte, blieb die politische Macht im wesentlichen in den Händen des Junkertums, aus dem sich Offizierskorps und Beamtenkaste rekrutierten. Das deutsche Kaiserreich war, wie Karl Marx treffend schrieb, »nichts anderes als ein mit parlamentarischen Formen verbrämter, mit feudalem Beisatz vermischter, schon von der Bourgeoisie beeinflußter, bürokratisch gezimmerter, polizeilich gehüteter Militärdespotismus«. Wenn die Gründung des deutschen Kaiserreiches die jahrhundertelange Kleinstaaterei überwand – ohne jedoch alle partikularistischen Reste zu beseitigen -, so beruhte das darauf, daß sich bereits vor der Reichsgründung die kapitalistische Produktionsweise überall im Lande durchgesetzt hatte. Trotz der Unterschiede im wirtschaftlichen Entwicklungstempo, in der sozialen Struktur, in den politischen Einrichtungen und in der Machtverteilung zwischen den besitzenden Klassen beruhte die Gesellschaftsordnung in allen deutschen Staaten auf den zu dieser Zeit noch fortschrittlichen kapitalistischen Produktionsverhältnissen. Die politische Zusammenfassung von mehreren Dutzend größeren und kleineren Ländern in einen Bundesstaat folgte der schon weitgehend vollzogenen sozialökonomischen Annäherung.

Der durch die Bildung des Deutschen Reiches erzielte relative Fortschritt entsprach so den damaligen gesellschaftlichen Entwicklungsgesetzen, die letztlich das Streben breitester Volkskreise nach einem Nationalstaat erzeugt hatten. In dem neu gebildeten Staat konnte sich die kapitalistische Gesellschaft schneller entwickeln und einen raschen industriellen Aufschwung einleiten. Auch die Arbeiterklasse, die aktiv gegen den preußisch-militaristischen Weg kämpfte, vermochte jetzt ihre Kräfte besser zu sammeln. Sie konnte den Kampf um die demokratische Republik und vor allem um ihre soziale Befreiung verstärkt entfalten.

Die Gründung des Kaiserreiches wie schon die des Norddeutschen Bundes erfüllte die ökonomischen und nationalstaatlichen Forderungen der Bourgeoisie. In den Kriegen von 1864 bis 1871 verwirklichte Preußen die bürgerliche Hauptforderung nach einem einheitlichen und mächtigen Staat. Dabei konnten die regierenden Kreise das nationale Anliegen und die patriotischen Stimmungen des Volkes für ihre chauvinistische Großmachtpolitik ausnutzen. Der Übergang zum modernen Militarismus, das Wachstum seiner Stärke und die Machtgier fanden zunehmend verständnisvolle Hilfe durch die Bourgeoisie. Skrupellos nutzten die Ideologen der besitzenden Klasse aus, daß sich in diesen Kriegen die preußischen Armeen als überlegen erwiesen hatten. Von ihnen stammt auch der Begriff Einigungskriege, der unter sprachlicher Anlehnung an die Befreiungskriege den Charakter dieser Kriege mit einem nationalen Mythos umgeben sollte. Als solcher ging dieser Begriff auch in das bürgerlich-junkerliche Geschichtsbild ein und trug dazu bei, die reaktionäre Rolle dieser Kriege zu tarnen. Unter Verhüllung der Tatsache, daß diese Siege hauptsächlich auf dem Wirken sozialökonomischer und politischer Faktoren beruhten, wurden die Erfolge ausschließlich der Führungskunst des Generalstabes zugeschrieben und mit der – dazu erst erfundenen – »nationalen Mission« der Hohenzollernmonarchie begründet. Die Lobgesänge auf Monarchie, Generalstab und Armee bilden seitdem aktive Bestandteile der militaristischen Kriegsideologie bis in die westdeutsche Gegenwart und trugen viele Jahrzehnte dazu bei, die reaktionäre Ordnung zu konservieren und die Spannungen zwischen den europäischen Großmächten zu verschärfen.

Vertreter der materialistischen Geschichtsbetrachtung sahen von Anfang an den wahren Charakter dieser Kriege, ihre Ursachen, Faktoren und Folgen. In den Schriften von Karl Marx und Friedrich Engels wurde dem politischen und militärischen Verlauf der Feldzüge, ihrer Vorgeschichte wie ihren Ergebnissen große Aufmerksamkeit geschenkt. Ihnen folgend, untersuchte Franz Mehring den Prozeß der nationalstaatlichen Einigung und seine Verknüpfung mit den militärischen Ereignissen. Vor allem W. I. Lenin ging auf die Problematik des historisch-politischen Charakters des Krieges von 1870/71 ein. Er betonte die große Bedeutung dieses Krieges für die Zuendeführung »der bürgerlich-fortschrittlichen (jahrzehntelang währenden) Politik der Befreiung und Einigung Deutschlands«. Zugleich wies er auf die negativen Folgen hin, die sich aus der Gründung des preußischdeutschen Reiches ergaben.

Da Militarismus und Imperialismus nicht gebändigt werden konnten, zerbrach das Deutsche Reich im Feuer des von ihm entfesselten Zweiten Weltkrieges. Mit der Übergabe der politischen Macht an das werktätige Volk auf einem Teil des deutschen Bodens, der Schaffung eines demokratischen Staates und der Herausbildung der sozialistischen Gesellschaft vollzog sich in der deutschen Geschichte eine entscheidende Wende. Die marxistische Geschichtswissenschaft hat den revolutionären

Prozeß aktiv mit einer kritischen Bewältigung der Vergangenheit unterstützt. In diesem Zusammenhang fand auch die preußisch-deutsche Reichsgründung die ihr gebührende große Aufmerksamkeit. Notwendigerweise dominierten lange Zeit die politischen Ereignisse in den Sammelbänden, Monographien und auch in den mehrbändigen Darstellungen. Doch inzwischen – seit die erste Auflage dieses Buches 1967 erschienen ist – nehmen auch die militär- und kriegsgeschichtlichen Vorgänge einen wichtigen Platz in allen Geschichtsbüchern ein, die in unserem Lande zu den Ursachen, dem Verlauf und den Ergebnissen der Bismarckschen Reichsgründung erschienen sind und ein abgewogenes Bild der politischen und militärischen Kämpfe ermöglichen.

Gewiß: Das sich seitdem völlig veränderte Militärwesen mit seinen vielfältigen Erfordernissen läßt keinen Vergleich der zwischen 1864 und 1871 gewonnenen strategischen, taktischen und organisatorischen Erfahrungen mit den Fragen zu, die vor der modernen Kriegskunst stehen. Jedoch waren diese Kriege Preußen-Deutschlands ein wichtiger Schritt hin zu den Kriegen der Millionenarmeen im 20. Jahrhundert. Deshalb finden wir in ihnen keimhaft schon Probleme vor, die in den folgenden Jahrzehnten allergrößte Bedeutung erlangten. Unter diesen Umständen und auch angesichts des noch immer großen Interesses, das für die Kriegsgeschichte der Reichsgründungszeit besteht, hielten es die Verfasser für geboten, das vorliegende Buch als eine spezielle militärgeschichtliche Darstellung in einer neuen Auflage erscheinen zu lassen, die inhaltlich mit der vorausgegangenen Auflage von 1984 übereinstimmt, wobei jedoch neuere Forschungsergebnisse berücksichtigt worden sind, soweit dadurch die besondere Aufgabe, politisch-historische Kenntnisse am Beispiel militärischer Tatsachen zu verbreiten, verstärkt werden konnte.

Zur Vorgeschichte der Gründung des bürgerlichen deutschen Nationalstaates durch Preußen

1. Nationale Bewegung und Partikularismus in der ersten Hälfte des 19. Jahrhunderts

Während fast alle großen Völker Europas schon früh zu einem zentralisierten Staat gelangt waren, blieb das deutsche Volk noch in der Mitte des 19. Jahrhunderts in drei Dutzend Kaiser- und Königreiche, Großherzogtümer und Herzogtümer, Fürstentümer und Freie Städte zersplittert. Ein halbes Jahrhundert zuvor hatten die napoleonischen Kriege dazu beigetragen, den Augiasstall des *Heiligen Römischen Reiches deutscher Nation* von vielen hundert kleinen und kleinsten souveränen Fürsten, Reichsrittern und Reichsstädten zu säubern. Aber jeder der übriggebliebenen Reichsfürsten konnte sich aus dieser Erbmasse des Reiches ein lebensfähiges Territorium zusammenschachern. Neben Österreich und Preußen bestanden von nun an die sogenannten Mittelstaaten, deren größte die Königreiche Bayern, Sachsen, Württemberg und Hannover waren. Infolge ihres größeren finanziellen und politischen Potentials stärkten sie den fürstlichen Partikularismus bedeutend. In den Verträgen des Wiener Kongresses und in der Gründungsakte des Deutschen Bundes erhielten die Mittelstaaten ebenso wie auch die übriggebliebenen Kleinstaaten und Freien Städte ihre unbedingte Souveränität verbrieft. Der in Wien aus der Taufe gehobene Deutsche Bund war ein Hohn auf den Kampf aller deutschen Patrioten um die nationale Freiheit und für ein verjüngtes deutsches Reich. Nach ihren Wünschen sollte ein Bundesstaat mit einer starken Zentralregierung unter einem Kaiser alle deutschen Provinzen und Landschaften zusammenfassen und in den folgenden Jahren zu einer nationalen Einheit verschmelzen.

Mit voller Absicht hatten die Geburtshelfer des Deutschen Bundes dafür gesorgt, daß dem neugegründeten Bund neben allen deutschen Fürsten und Freien Städten auch alle jene europäischen Monarchen angehörten, die auf dem Territorium des aufgelösten deutschen Reiches dynastische Souveränitätsrechte besaßen. So gehörten der englische König als König von Hannover (bis zur Auflösung der Personalunion 1837), der niederländische König als Großherzog von Luxemburg und Herzog von Limburg, der dänische König als Herzog von Holstein und Lauenburg zu den Bundesmitgliedern. Das mußte eine gemeinsame Politik des Deutschen Bundes verhindern, zumal die Bundesakte allen Fürsten die völlige Selbständigkeit, ohne Rücksicht auf die Größe ihres Landes, gesichert hatte.

Ein ebenso großes Hindernis für eine gemeinsame Bundespolitik und für das Zusammenwachsen der deutschen Staaten bildete die Zugehörigkeit zweier europäischer Mächte, Österreichs und Preußens, zu den Bundesmitgliedern. Beide Monarchien waren allerdings nur mit einem Teil ihrer Provinzen dem Bund beigetreten. Dadurch, daß große Landesteile außerhalb des Bundesgebietes blieben, erhielten sich Österreich und Preußen die völkerrechtliche Stellung einer europäischen Großmacht. Beide Mächte beanspruchten deshalb das Recht, eine selbständige Außenpolitik, unabhängig von allen etwaigen Bundesbeschlüssen, zu betreiben. Während Österreich und Preußen gemeinsam die feudalreaktionäre Ordnung verteidigten, kämpften sie zugleich gegeneinander um den beherrschenden Einfluß im Bund.

Aus konservativen Gründen war Österreich die Rolle der Präsidialmacht am Bundestag in Frankfurt zugefallen, wobei es sich bald als eindeutiger Verteidiger der Kleinstaaterei betätigte. Preußen, das 1814 und 1815 in Wien eine größere Zentralisierung der deutschen Staaten – selbstverständlich unter seiner Führung – gefordert hatte, wurde von den Bundesmitgliedern argwöhnisch beobachtet. Von den preußischen Politikern fürchteten die Bundesfürsten ernste Angriffe auf ihre souveränen Rechte, während sie von der Wiener Regierung jede Hilfe für die Erhaltung ihrer vollen Souveränität erwarten konnten. Verständnisvolle Unterstützung erhielt der deutsche Partikularismus von den übrigen Signatarmächten der Wiener Verträge, besonders von Rußland und Frankreich. Als das Haupt der Heiligen Allianz war der Zarismus an einer unbedingten Fürstenherrschaft über das deutsche Volk lebhaft interessiert. In jeder Einschränkung fürstlicher Rechte durch die größeren deutschen Mächte oder gar durch eine liberale Verfassung witterte der Zar den »Ludergeruch« der Revolution, die er als Gendarm der europäischen Reaktion um jeden Preis zu bekämpfen bereit war. Frankreich dagegen hatte weniger etwas gegen konstitutionelle Zustände in den einzelnen deutschen Staaten einzuwenden, dafür konnte ihm deren staatliche Zersplitterung gar nicht weit genug gehen. Es unterstützte deshalb die partikularistischen Kräfte in jeder geeigneten Weise.

Unter diesen Verhältnissen bildete Deutschland auch nach 1815 mehr einen territorialen Begriff als eine politische Einheit. Trotzdem kehrten die Tage des Heiligen Römischen Reiches mit seinen Bürgerkriegen und fürstlichen Verrätereien wider Kaiser und Reich nicht zurück. So ohnmächtig der Deutsche Bund gegenüber den beiden Großmächten und dem Egoismus seiner fürstlichen Mitglieder auch blieb, seine Bindungen erschwerten für viele Jahre die Entstehung militärischer Konflikte zwischen den deutschen Staaten und behinderten den Abschluß von separaten, gegen andere Bundesstaaten gerichteten Kriegsbündnissen mit ausländischen Mächten.

Einige wenige Versuche, diesen Bund trotz der komplizierten völker- und staatsrechtlichen Verhältnisse und Verflechtungen durch Reformen in einen Bundesstaat zu verwandeln, stießen sofort auf den Widerstand der Partikularisten und scheiterten schnell. Die Aussichtslosigkeit solcher Versuche wurzelte schon darin, daß wohl in allen Ländern des Bundes patriotische Elemente wirkten und in Wort und Schrift für den Gedanken der deutschen Einheit eintraten, aber keine gesamtdeutsche nationale Partei existierte. Zwischen den fortschrittlichen Kräften bestanden je nach den Verhältnissen in den einzelnen Ländern starke provinzielle Unterschiede, die gemeinsame Aktionen bedeutend erschwerten. Das deutsche Nationalbewußtsein war zwar durch den gemeinsamen Kampf gegen Napoleon gestärkt worden, aber es beschränkte sich als aktive Kraft auf eine verhältnismäßig dünne Schicht der Bevölkerung. So blieben auch nach den Befreiungskriegen gesonderte landschaftliche Interessen für das Bewußtsein aller Klassen und Schichten des deutschen Volkes mitbestimmend.

In diesem niedrigen Stand des Nationalbewußtseins widerspiegelte sich das Fehlen eines zentralisierten deutschen Staates. Eine der wichtigsten Ursachen dafür lag darin, daß sich in Deutschland ein gemeinsamer Binnenmarkt bisher kaum ausgebildet hatte und die wirtschaftliche Verflechtung der deutschen Staaten zurückgeblieben war. Erst als es in den 20er und 30er Jahren gelang, unter der Führung Preußens den Deutschen Zollverein zu gründen, konnten einige wesentliche Schranken zwischen den deutschen Staaten abgebaut und ihre ökonomische Annäherung gefördert werden. Zugleich begannen sich die deutschsprachigen Kernprovinzen der österreichischen Monarchie von den übrigen Ländern des Deutschen Bundes abzusondern, da Österreich dem Zollverein nicht beitrat und mit einem eigenen Zollgebiet einen selbständigen wirtschaftlichen Entwicklungsweg einschlug. Die Rolle Preußens als Vormacht im Deutschen Zollverein stellte ein Gegengewicht zur politischen Hegemonie Österreichs im Deutschen Bund dar und stabilisierte so den preußisch-österreichischen Dualismus, durch den der Bund vom Tage seiner Gründung an belastet war. Bis zur Mitte des 19. Jahrhunderts zeigte sich schließlich, daß trotz gemeinsamen Zollgebiets und entstehenden nationalen Marktes für die rasche Entfaltung aller Kräfte des deutschen Volkes die Bildung eines Nationalstaates unvermeidbar war. Neben der Lösung der Agrarfrage und der Vernichtung aller noch bestehenden feudalen Verhältnisse bildete sie die wichtigste Aufgabe der bürgerlichen Revolution.

Die bürgerliche Umgestaltung der deutschen Länder hatte trotz Hemmnissen schon am Ende des 18. Jahrhunderts begonnen. Durch liberale Reformen nach den schweren militärischen Niederlagen gegen das napoleonische Frankreich hatten die herrschenden fürstlichen und adligen Kreise in den Rheinbundstaaten und in Preußen den sozialen Zündstoff einer antifeudalen Revolution vorübergehend vermindern können. Die Restaurationspolitik in allen Staaten des Deutschen Bundes erschwerte aber die Weiterführung der liberalen Reformen, die als Revolutionen von oben begonnen hatten. Trotzdem setzte sich, am stärksten im preußischen Rheinland, in Schlesien und in Sachsen, die kapitalistische Produktionsweise durch und führte zur Errichtung von zahlreichen industriellen Anlagen. Aus dem Bürgertum der einzelnen Staaten mit seinen provinziell beschränkten Interessen und seinem kurzsichtigen politischen Horizont wuchs eine kapitalistisch produzierende Bourgeoisie heraus, mit ausgeprägten liberalen und zugleich national orientierten politischen Zielen.

Mit der kapitalistischen Produktionsweise begann neben den plebejischen und halbproletarischen Schichten ein industrielles Proletariat zu entstehen, das bereits die ersten sozialen Kämpfe gegen seine Ausbeutung führte und dessen fortgeschrittene Teile nachdrücklich politische Freiheiten forderten. So traten in Deutschland noch vor der bürgerlichen Revolution zwei Gegensätze auf: der Gegensatz zwischen den politisch unterdrückten bürgerlichen und plebejischen Klassen und Schichten auf der einen und den fürstlichen Dynastien mit ihren absolutistisch regierenden Bürokratien, der reichen Aristokratie und dem feudalen Landadel auf der anderen Seite. Doch daneben existierte schon der für die moderne kapitalistische Gesellschaft charakteristische Gegensatz von Bourgeoisie und Arbeiterklasse. Die industrielle Entwicklung wirkte ihrerseits auch niederdrückend auf die zahlenmäßig sehr starken kleinbürgerlichen Schichten, deren soziale Lage sich durch den sich ausbreitenden Kapitalismus ständig verschlechterte.

Die bürgerliche Revolution stand vor komplizierten, miteinander verflochtenen Aufgaben. Mit der Schaffung eines zentralisierten deutschen Nationalstaates stand die Aufgabe, die Demokratie in allen Bereichen des gesellschaftlichen Lebens durchzusetzen und die Agrarfrage zugunsten der Bauernschaft zu lösen. Zugleich waren durch eine fortschrittliche gesamtnationale Gesetzgebung alle partikularistischen und bürokratischen

Hemmnisse für eine rasche ökonomische Entwicklung, die auch die Landwirtschaft einschloß, zu beseitigen.

Die politische Restauration unter den Fittichen der 1815 gegründeten Heiligen Allianz und nach den Karlsbader Beschlüssen von 1819 hatte zu einer allgemeinen Erschöpfung der politischen Energien des deutschen Volkes geführt. Der alte Schlendrian des in den Stürmen der Koalitionskriege untergegangenen Ancien régime breitete sich in allen Staaten erneut aus. Nur in Süddeutschland bildete sich eine liberal orientierte Opposition des Bürgertums heraus. Am stärksten machte sich die bürokratische Polizeiwirtschaft in Österreich und Preußen bemerkbar, wo sie jeden politischen und sozialen Fortschritt unsagbar erschwerte. Doch die revolutionären Kämpfe der 30er Jahre, die im Gefolge der französischen Julirevolution an vielen Orten auftraten, durchbrachen in vielen Ländern die politische Lethargie. In den 40er Jahren kam es infolge politischer Krisen im Herrschaftssystem der feudalreaktionären Kräfte zu einer allgemeinen Radikalisierung aller unterdrückten Schichten des deutschen Volkes, besonders seiner kleinbürgerlichen und proletarischen Teile. Streiks, Unruhen und eine stärkere liberale und demokratische Opposition in den Landtagen und in der Presse kündigten die bürgerliche Revolution an. Doch gerade diese Sturmvögel der Revolution bewogen die liberale Bourgeoisie, deren stärkste Kraft aus den Unternehmern und Bankiers des preußischen Rheinlandes bestand, durch finanziellen Druck eine friedliche Verständigung mit den regierenden Kreisen zu erreichen. Aus Angst vor dem Volk hielten auch bestimmte Elemente in der regierenden Bürokratie eine baldige Übereinkunft mit dem reichen Bürgertum für zweckmäßig und entsprechende soziale und politische Zugeständnisse an die Kapitalisten für unvermeidbar.

Diese in sich widerspruchsvollen Faktoren mußten einerseits der Revolution einen starken demokratischen Charakter geben, andererseits aber auch ihrem Verlauf neue Akzente setzen. Angesichts der vielen Probleme konnte die Revolution nur dann endgültig siegen, wenn es zu einer straffen Zusammenfassung der revolutionären Kräfte unter einer einheitlichen Führung kam. Infolge der hemmenden provinziellen Unterschiede in den unterdrückten Klassen, besonders in den demokratisch eingestellten kleinbürgerlichen Schichten, konnte diese Führungsrolle nur von der Bourgeoisie übernommen werden. Die einzige Klasse, die am wenigsten mit den partikularistischen Verhältnissen verschwistert war, nämlich das Proletariat, war zahlenmäßig noch zu schwach und unentwickelt.

Die im März 1848 ausgebrochene Revolution siegte dank des heroischen Einsatzes der Volksmassen nach wenigen Tagen und führte in allen deutschen Staaten zur Bildung liberaler Regierungen. Die Massenbewegungen des deutschen Volkes erschütterten das alte feudalreaktionäre Deutschland und seine partikularistische Staatenwelt. Aber schon nach den ersten Siegen zeigten sich alle Hemmnisse für eine radikale Weiter- und Zuendeführung der Revolution. Die an die Regierung gekommene Großbourgeoisie tat fast nichts, um die gesamte staatliche Macht zu übernehmen und die Ergebnisse der Revolution nach jeder Richtung zu sichern. Sie beschränkte sich auf die Bildung von neuen Ministerien aus Männern ihres Vertrauens, unter denen sich auch viele Adlige befanden. Es genügte ihr, daß die Märzregierungen die Landtage zusammenriefen und Wahlen zu verfassunggebenden Versammlungen und zur Nationalversammlung ausschrieben. Im übrigen waren die großbürgerlichen Liberalen bemüht, sich rasch mit den eben von der Regierung verdrängten aristokratischen und adligen Kräften zu verständigen. Die alte Bürokratie wie auch das Offizierskorps ließen sie unberührt. In bezug auf den Nationalstaat vertrauten die liberalen Parteien auf die in Frankfurt zusammentretende Nationalversammlung, in der ihre Abgeordneten die Führung innehatten. Gegenüber den nachdrängenden demokratischen Kräften nahm die Großbourgeoisie schon in dieser Zeit eine abwehrende, verräterische Haltung ein. In der Folge zeigte sie offen ihre antirevolutionäre Position.

Das demokratisch eingestellte Kleinbürgertum dagegen bemühte sich angestrengt, die Revolution fortzuführen. Doch seine landschaftliche Interessenzersplitterung und seine Schwankungen zwischen der Bourgeoisie und den werktätigen Schichten erschwerten eine Übernahme der revolutionären Führung im gesamtnationalen Umfang und begrenzten diese auf einzelne Landesteile. In der Frage des Nationalstaates verzichteten die Repräsentanten der kleinbürgerlichen Demokratie auf entscheidende revolutionäre Maßnahmen zur Überwindung der Kleinstaaterei, weil sie ebenfalls auf die verfassunggebende Funktion der deutschen Nationalversammlung vertrauten. Illusionen besaß das Kleinbürgertum auch hinsichtlich der Stellung Österreichs und Preußens in Deutschland. Nur wenige der führenden kleinbürgerlichen Demokraten verstanden die Notwendigkeit, Preußen in einen bürgerlichen deutschen Staat aufgehen zu lassen, Österreich zu zerschlagen und den von Berlin und Wien unterdrückten Völkern und Nationalitäten die volle Unabhängigkeit zu gewähren. Aber ohne dies waren eine demokratische Lösung der nationalen Frage und die Errichtung eines stabilen Nationalstaates nicht möglich.

Weniger aktiv in bezug auf die staatliche Einigung und die Verfügungsgewalt über die politische Macht handelte die Bauernschaft. Obwohl sich die bäuerlichen Massen in einigen Teilen des Landes eng an die revolutionäre Bewegung anschlossen, beschränkten sie sich im wesentlichen auf die Durchsetzung ihrer sozialen Forderungen auf dem Lande; sie bildeten aber eine starke politische Potenz für die Revolution. Aufgabe der Bourgeoisie und nach deren Verrat Pflicht des demokratischen Kleinbürgertums wäre es gewesen, die Bauern in den revolutionären Kampf für eine völlige Aufhebung aller feudalen Verhältnisse, für die radikale Befreiung des Dorfes von sozialer Knechtschaft sowie für eine einheitliche demokratische Republik einzubeziehen.

Von allen politischen Kräften der Revolution besaß allein die Arbeiterklasse in Gestalt ihrer bewußten politischen Vertretung, des von Karl Marx und Friedrich Engels geführten »Bundes der Kommunisten«, ein klares revolutionäres Programm in der nationalen und sozialen Frage. Sie forderte die Errichtung einer einigen und unteilbaren deutschen Republik. Der Weg dahin konnte nur über die völlige Entmachtung aller Dynastien und die Übertragung aller politischen und militärischen Macht an die Nationalversammlung in Frankfurt und an eine von ihr eingesetzte provisorische Zentralregierung führen, der alle einzelstaatlichen Regierungen und Ministerien uneingeschränkt zu unterstehen hatten. Mit ihrer Forderung nach der demokratischen Republik, die ihrem Charakter nach ein bürgerlicher Staat bleiben mußte, verlangte die revolutionäre Vorhut der Arbeiterklasse auch die sofortige Befreiung aller von den deutschen Großmächten unterdrückten Völker und nationalen Minderheiten. Sie verstand, daß ein vollständiger Sieg der Demokratie nur möglich war, wenn die preußische Monarchie aufgelöst und der österreichische Vielvölkerstaat zerschlagen würden und wenn sich dessen deutschsprachige Kernländer an den gemeinsamen deutschen Staat anschlössen.

Gegen dieses revolutionäre Programm in der Frage des Nationalstaates kämpften nicht nur die feudalen und dynastischen Kräfte mit größter Erbitterung, es wurde auch von den liberalen Parteien abgelehnt. Die Liberalen wollten keine Republik, sondern eine konstitutionelle Monarchie, wobei sie Österreich davon ausschlossen, da sie die Unmöglichkeit erkannten, den Habsburgerstaat in sie einzubeziehen, ohne ihn anzutasten. An der Spitze des Deutschen Reiches sollte mit dem Titel eines deutschen Kaisers der König von Preußen stehen, ihm zur Seite ein parlamentarisch verantwortliches Reichsministerium. Der Reichsgewalt war die volle Souveränität in der Außen-, Wirtschafts- und Militärpolitik vorbehalten; auf allen anderen Gebieten sollte die Selbständigkeit der deutschen Staaten fortbestehen.

Viele kleinbürgerliche Führer traten für eine föderative großdeutsche Republik ein, ohne die Verjagung der Fürsten und die Auflösung der preußischen und österreichischen Monarchien als unbedingte Voraussetzung dafür grundsätzlich ins Auge zu fassen. Dieser großdeutsche Bundesstaat sollte aus Königreichen, Fürstentümern und Freistaaten bestehen, was seine Irrealität schon offenbarte. Später verzichteten einige Führer der kleinbürgerlichen Demokratie auf die Forderung nach einer großdeutschen Republik und unterstützten die liberalen Parteien bei der Ausarbeitung der Reichsverfassung, die eine kleindeutsche konstitutionelle Monarchie mit einem Erbkaisertum vorsah.

Nach langen Verhandlungen nahm die Frankfurter Nationalversammlung im Frühjahr 1849 die Verfassung an. Sie sah die Übertragung der Kaiserkrone an den König von Preußen und den faktischen Ausschluß Österreichs aus dem Deutschen Reich vor. Ihre Verwirklichung scheiterte bereits an der Weigerung Friedrich Wilhelms IV., die Kaiserkrone aus den Händen der Nationalversammlung entgegenzunehmen. Alle daraufhin unternommenen Versuche, im Mai und Juni 1849 durch Aufstände und bewaffnete Kämpfe die Reichsverfassung gewaltsam durchzusetzen, stießen auf den erbitterten Widerstand beider deutscher Großmächte. Hier hatten die alten regierenden Kreise bereits im Herbst 1848 durch Staatsstreich und bewaffnete Konterrevolution die liberalen Märzregierungen beseitigt und die alten politischen Verhältnisse nahezu wiederhergestellt. Vor allem die preußische Monarchie agierte als die stärkste konterrevolutionäre Macht, um in den betroffenen deutschen Staaten die revolutionäre Erhebung blutig niederzuwerfen.

Im Unterschied zur Wiener Regierung begriffen die zu jener Zeit in Berlin regierenden Kreise in einer allerdings sehr beschränkten Weise, daß zwischen den deutschen Ländern ein engeres staatliches Verhältnis hergestellt werden müßte, um die Gefahr einer neuen Revolution zu verringern. Mit der militärischen Intervention verfolgten sie zugleich das Ziel, die Fürsten zur Bildung einer deutschen Union zu bewegen und die österreichische Hegemonie zu beseitigen. Diese unter Ausschluß von Österreich gebildete Fürstenunion sollte eine von den Dynastien verschlechterte Ausgabe der Reichsverfassung annehmen und damit erste Schritte in Richtung auf eine stärkere Zusammenfassung der deutschen Länder ermöglichen.

Österreich blieb im Frühjahr und Sommer 1849 durch den Kampf gegen die ungarische Revolution gebunden und geriet dort überdies bis an den Rand der Niederlage. Vor dieser wurde es erst durch die militärische Intervention der russischen Armee gerettet. Doch unmittelbar darauf drang es auf eine vollständige Restauration der alten politischen Verhältnisse, vor allem auf die Wiederherstellung des Deutschen Bundes unter seiner Hegemonie. 1849/50 verschärfte sich der preußisch-österreichische Dualismus zu einem Konflikt, der bis an die Grenze eines Krieges führte. Preußen sah sich von allen anderen deutschen Staaten verlassen, während seine regierenden Kreise uneins waren. Aus Angst, dadurch die demokratischen Kräfte zu stärken, verzichtete es auf eine militärische Durchsetzung seiner Unionspläne und beteiligte sich, nachdem die Berliner Regierung unter dem massiven Druck des Zarismus Ende 1850 in Olmütz vor der österreichischen Forderung kapituliert hatte, erneut an der Bundesversammlung in Frankfurt.

Mit dem vollständigen Sieg der Konterrevolution begann 1849/50 in allen deutschen Staaten eine erneute Reaktionsperiode. Aber selbst Österreich konnte es sich nicht erlauben, alle im Revolutionsjahr gemachten Zugeständnisse an die Bourgeoisie und die Bauernschaft rückgängig zu machen. Seine regierenden Kreise orientierten sich auf eine stärkere Zentralisierung der gesamten Monarchie und auf die völlige Unterdrückung der nationalen Selbständigkeit in den außerdeutschen Provinzen und Landesteilen. Dem deutschen Volk gegenüber zeigte die österreichische Regierung viel Eifer, um alle Forderungen nach einem Nationalstaat, woher sie auch kamen, diplomatisch und militärisch abzufangen. Sie unterstützte alle partikularistischen und dynastischen Kräfte sowohl gegen eine etwaige Reform der Bundesverfassung unter preußischer Führung als auch gegen die liberalen und demokratischen Ziele der bürgerlichen und kleinbürgerlichen Schichten. Besonderen Wert legte die österreichische Bürokratie darauf, die Berliner Regierung generell zur Aufgabe aller Unionspläne zu bewegen. Gegenüber einer etwaigen Wiederaufnahme eines solchen Vorhabens durch Preußen bildete Wien eine Einheitsfront mit den Dynastien der deutschen Mittelstaaten.

Unterstützt wurden die partikularistischen Kräfte, besonders die der Mittelstaaten, auch durch Frankreich. Hier war es 1851 durch einen militärischen Staatsstreich zur Errichtung einer bonapartistischen Diktatur unter Louis Napoleon gekommen, der das Kaisertum in Frankreich wiederherstellte und die traditionelle Außenpolitik der französischen Monarchie fortsetzte. Dazu gehörte besonders, alle Ansätze zur Herausbildung eines deutschen Nationalstaates zu bekämpfen und die traditionell partikularistischen Gegengewichte in Deutschland zu unterstützen. Das bonapartistische Regime bemühte sich, den österreichisch-preußischen Dualismus ständig dadurch zu fördern, daß es beide deutschen Großmächte gegeneinander ausspielte. Selbstredend verfolgte es auch die überlieferte Eroberungspolitik der französischen Reaktion am Rhein und in Oberitalien.

In Preußen hatten die regierenden Kreise ihre konterrevolutionäre Politik nach dem Staatsstreich fortgesetzt. Doch sie sahen sich gezwungen, selbst eine Verfassung zu oktroyieren, die der Bourgeoisie zumindest Einfluß auf die Finanzverwaltung und auf die wirtschaftliche Gesetzgebung einräumte. Dafür gaben die Krone und die ultrareaktionären Kräfte, die jetzt an der Spitze des Staates standen, nach 1850 die Unionspläne zeitweilig auf. Eine dauerhafte Unterdrückung der Revolution hielten sie nur im Bündnis mit Österreich für möglich. Sie fürchteten sogar, durch ein weiteres Verfolgen der Unionspläne die Revolution von sich aus zu begünstigen, und erkannten deshalb die österreichische Hegemonie im Deutschen Bund wieder an.

Trotz des Sieges der militärischen Konterrevolution erwies sich die bürgerlich-demokratische Revolution von 1848/49 für die weitere Entwicklung des deutschen Volkes von großer Bedeutung. Die in den meisten deutschen Staaten während der revolutionären Periode vorgenommenen bürgerlichen Eingriffe in die Gesetzgebung begünstigten den weiteren Aufschwung der industriellen Produktion. In dieser Hinsicht hüteten sich die regierenden Fürsten und die Bürokratie auch in der Reaktionsperiode vor einer Restauration der vormärzlichen Verhältnisse. Ebenso hatten die revolutionären Kämpfe und politischen Schlachten sämtliche Schichten aufgerüttelt. Die revolutionären Ereignisse waren über die Ländergrenzen hinausgegangen und hatten Provinzen und Landesteile einander genähert. Auch durch die Bildung einer verfassunggebenden deutschen Nationalversammlung und die parlamentarischen Debatten war trotz ihrer opportunistischen Züge das Nationalbewußtsein des Volkes mächtig gestärkt worden. Schließlich trug die bewaffnete Konterrevolution ihrerseits durch ihr gemeinsames Vorgehen zur Überwindung der provinziellen und partikularistischen Zersplitterung der sozialen Schichten und politischen Kräfte bei.

2. Die Notwendigkeit des Nationalstaates und die Wege zu seiner Bildung

Die auf den konterrevolutionären Sieg folgende Reaktionsperiode in den 50er Jahren führte vorübergehend zu einer allgemeinen politischen Lähmung. Die liberale Bourgeoisie begnügte sich mit den ökonomischen Zugeständnissen, die ihr die Fürstenregierungen gelassen hatten. Obwohl auch diese begrenzt blieben, reichten sie schon aus, um in wirtschaftlicher und sozialer Hinsicht einen bedeutenden Wandel zu schaffen. Auf gewerblichem Gebiet breitete sich jetzt in allen Produktionszweigen das Fabriksystem aus und drängte die handwerkliche und Manufakturproduktion zurück. Mit der raschen Ausweitung des Weltmarktes und der geschickten Ausnutzung der im Ausland bereits entwickelten Produktivkräfte sowie durch die Zugeständnisse vor allem der preußischen Regierung an die Bourgeoisie in wirtschaftlichen Fragen wurde der industrielle Aufschwung beschleunigt.

Tabelle 1: Der industrielle Aufschwung in Deutschland zwischen 1850 und 1870

	Bevölkerung (in Mio)	Dampfmasch. (in Mio PS)	Kohle (in Mio t)	Roheisen (in Mio t)	Stahl (in Mio t)	Baumwollverarbeitung (in Mio engl. Pfund)	Anteil an der Weltindustrieprod. (in Prozent)
1850	35	0,26	7	0,2)		46	15
1860	38	0,85	17	0,5)	1,3	140	16
1870	41	2,48	34	1,4	0,17	147	13

Vorrangig entwickelte sich die Produktion von Produktionsmitteln, die eine unerläßliche Voraussetzung für die schnelle Industrialisierung des Landes war. Dieser Prozeß wird in Tabelle 2 klar erkennbar.

Tabelle 2: Jahresdurchschnittliche Entwicklung der Produktion (1860 = 100)

	Insgesamt	davon Produktionsgüter	Konsumtionsgüter
1841–50	36	37	35
1851–60	78	81	75
1861–70	116	123	109

Es entstanden ganze industrielle Komplexe aus Bergwerken, Stahl- und Walzwerken, Schmieden, Gießereien und Fabriken. Das wirkte sich auch fördernd auf die vor allem in den westlichen Provinzen Preußens gelegene Waffenindustrie aus, deren Leistungsfähigkeit in den 60er Jahren bereits einen beachtlichen Stand erreichte.

Auch auf dem Dorf vollzogen sich tiefgreifende Umwälzungen. Da es in der Revolution nicht gelungen war, die Besitz- und Ausbeutungsverhältnisse durch die Verjagung der feudalen Großgrundbesitzer zu verändern, mußte sich die kapitalistische Produktionsweise nun in der für die Bauernschaft qualvollen allmählichen Umwandlung der noch halbfeudalen in die kapitalistische Wirtschaftsweise durchsetzen. Die Ablösung der feudalen Ausbeutungsrechte durch Entschädigung der Gutsbesitzer oder Grundherren wurde abgeschlossen, wobei die Bauern den Boden, den sie bearbeiteten, als Eigentum erhielten. Doch von den feudalen Pflichten und Lasten mußten sie sich mit hohen Summen oder durch Abgabe von Ackerland loskaufen. Dadurch vereinigten die Junker in den Ostprovinzen Preußens die Masse der landwirtschaftlichen Nutzfläche in ihrer Hand, mußten aber ihre Güter auf kapitalistische Warenproduktion umstellen und entsprechende Produktionsmethoden anwenden.

Die stürmisch voranschreitende Industrie und der sich daran knüpfende lebhafte Außen- und Binnenhandel stießen immer mehr auf die Hemmnisse, die sich aus der Kleinstaaterei ergaben und die endgültige Ausbildung eines geschlossenen nationalen Wirtschaftskörpers mit einheitlichem Binnenmarkt verhinderten. Auch bürokratisches Unverständnis bei der Errichtung neuer Betriebe erschwerte die völlige und für alle Länder gleichmäßige Ausbreitung der kapitalistischen Produktionsweise. Das Fehlen eines starken deutschen Nationalstaates beschränkte auch die Konkurrenzfähigkeit der Kapitalisten auf dem Weltmarkt. Und schließlich benötigte die Bourgeoisie nach wie vor eine schlagkräftige Staatsmacht, um sich vor fremder Einmischung in die innerdeutschen Angelegenheiten und vor den Forderungen der Arbeiterklasse zu schützen.

Das Verlangen nach einem Nationalstaat bewegte so die sich konsolidierende bürgerliche deutsche Nation in immer stärkerem Maße. Seine Erfüllung wurde zu einer unabdingbaren Notwendigkeit. Allerdings nahmen die einzelnen Klassen und Schichten eine unterschiedliche Haltung zum Nationalstaat und zu dem Weg seiner Bildung ein.

Die fürstlichen Dynastien, die hohe Aristokratie und auch der grundbesitzende Adel verteidigten aus selbstsüchtigen Gründen und aus Furcht vor der aufsteigenden Bourgeoisie den Partikularismus und waren im Prinzip antinational gesinnt. Unter den herrschenden Schichten der preußischen Monarchie traten jedoch jene Kräfte erneut auf, die für eine größere Aktivität in der deutschen Frage agierten. Die Folgen der Kapitulation von Olmütz sollten überwunden, der Einfluß Preußens auf die deutsche Politik verstärkt und der preußisch-österreichische Dualismus zum Vorteil der eigenen Großmachtpolitik beendet werden. Diese in ihrem Kern nicht deutschnational, sondern vielmehr großpreußisch bestimmten Pläne entsprachen objektiv den Interessen der Mehrheit der preußischen Junker, deren Gutswirtschaft immer mehr von dem entstehenden kapitalistischen Markt abhing und wie die Industrie den nationalen Markt benötigte.

Aber die deutsche und vor allem die preußische Bourgeoisie hatte es aufgegeben, die politische Alleinherrschaft zu erkämpfen, und strebte noch eifriger als vor 1848 nach einem

Interessenbündnis mit der Monarchie und der Bürokratie. Um diesen Preis war sie bereit, selbst auf viele liberale Forderungen zu verzichten. Die deutsche Bourgeoisie trat damit noch immer für das historisch fortschrittliche Ziel eines Nationalstaates ein, aber in einer für die reaktionären und militaristischen Kräfte günstigen und für den politischen Fortschritt gefährlichen Form. Diesen klassenpolitischen Zielen der Bourgeoisie mußten in steigendem Maße die großpreußischen Wünsche entgegenkommen. In der Tat orientierte sich auch die außerpreußische liberale Bourgeoisie noch stärker auf Preußen, das von allen deutschen Staaten die kapitalistischen Verhältnisse am meisten begünstigte. Es wurde jetzt zur wirtschaftlich stärksten Macht im Deutschen Bund, und seine politische Vorherrschaft sollte einen festen Wall gegen jegliche revolutionäre Erschütterung bilden.

Konsequent traten nur die Führer und die bewußtesten Teile des Proletariats, das mit der Entwicklung der Großindustrie rasch anwuchs, für die nationale Einheit ein. Aber ihre Vorstellungen sahen anders aus als die der Bourgeoisie. Den Interessen der Arbeiterklasse entsprach am besten eine einheitliche deutsche Republik, in der die bürgerlich-demokratischen Freiheiten durchgesetzt waren. Ein solches Ziel konnte nur im Ergebnis einer demokratischen Volksrevolution gegen Fürsten, Adel und Großbourgeoisie erkämpft werden. Die Arbeiterklasse war jedoch auf Grund ihres politischen Entwicklungsstandes und des Fehlens einer eigenen Organisation zu dieser Zeit noch nicht in der Lage, Führer einer demokratischen Volksrevolution zu sein.

Das Kleinbürgertum geriet infolge der industriellen Entwicklung noch stärker in eine schwankende und unsichere Haltung zwischen der Bourgeoisie und den werktätigen Schichten. Es differenzierte sich in fortschreitendem Maße und büßte trotz seiner demokratischen Potenzen zunehmend seine Fähigkeit zu einer selbständigen nationalen Politik ein. Zwar neigten große Teile der kleinbürgerlichen Demokratie einem Bündnis mit der Arbeiterklasse und der Volksrevolution zu, doch ihr Ideal sahen sie nach wie vor in einer föderalistischen Republik.

Das Bauerntum, 1848 durch die Bourgeoisie zugunsten des Bündnisses mit den Fürsten und dem Adel verraten und im Stich gelassen, war noch weniger als das Kleinbürgertum zu einer selbständigen politischen Haltung fähig. Das Proletariat besaß in dieser Zeit nicht die Kraft, die ärmeren Teile der Bauernschaft als seine natürlichen Verbündeten zu gewinnen und als ihr Führer zu wirken. Regional unterschiedlich folgten die Bauern unter dem Einfluß der vermögenden dörflichen Elemente entweder noch den Losungen der kleinbürgerlichen Kräfte, zum Teil den Liberalen oder sogar schon den Schlagworten der jetzt entstehenden konservativen Parteien.

Auf Grund dieser Faktoren, der Klassenstruktur und der Klassenbeziehungen zeichneten sich für das deutsche Volk reale, aber gegensätzliche Wege zum Nationalstaat ab. Der erste Weg bestand in der Errichtung einer gesamtdeutschen Republik durch eine revolutionäre Volksbewegung gegen die Dynastien und ihre sozialen und politischen Stützen innerhalb und außerhalb des Landes. Dieser Weg entsprach den wirklichen Interessen der Mehrheit der bürgerlichen Nation – des Proletariats, der werktätigen Bauernschaft und des Kleinbürgertums. Er konnte nur durch die Vereinigung aller dieser Kräfte mittels einer revolutionären Demokratie, in der das Proletariat den Kern bilden mußte, verwirklicht werden. Dieser Weg wurde besonders von Marx und Engels leidenschaftlich vertreten und in der neu entstehenden deutschen Arbeiterbewegung verfochten, obwohl ihm ungeheure Schwierigkeiten entgegenstanden. Doch war die Lösung real, wenn die Arbeiterklasse noch mehr zum aktiven politischen Leben erwachte, die bewußtesten Teile sich in einer revolutionären Partei organisierten und diese die Führung der nationalen Bewegung übernahm.

Der zweite Weg bestand in der Gründung eines Reiches unter der Hegemonie Preußens durch eine – notfalls gewaltsame – Aufhebung des preußisch-österreichischen Dualismus, wobei jedoch die meisten Dynastien erhalten und die deutschsprachigen Gebiete Österreichs ausgeschlossen würden. Eine solche Lösung der Frage des Nationalstaates entsprach den

Kompromißwünschen der Bourgeoisie und der Großmachtpolitik der preußischen Monarchie. Da sich in diesem Fall die nationalstaatliche Einheit mit der inneren Reaktion und der äußeren Aggression, mit Militarismus und Chauvinismus verknüpfen mußte, widersprach dieser Weg grundlegend den Interessen des deutschen Volkes. Er wurde jedoch durch die sich verstärkende soziale, ökonomische und auch militärische Entwicklung begünstigt.

Auch in der Reaktionsperiode ging der Machtkampf zwischen Preußen und Österreich latent weiter. Österreich konnte seine erst mit Mühe wiedererrichtete Hegemonie im Deutschen Bund nur bewahren, wenn der Partikularismus weiterhin erhalten und Preußen der österreichisch gesinnten Mehrheit im Bundestag unterworfen blieb. Preußen dagegen strebte aus Erwägungen einer eigenen Großmachtpolitik nach der Schwächung des Bundestages und unter Umständen nach seiner Unterwerfung unter die eigene Vorherrschaft. Aus ökonomischen Gründen war es besonders daran interessiert, den von ihm beherrten Zollverein zu stärken.

Trotz des industriellen Aufschwungs gab es in den 50er Jahren keine sichtbaren Anzeichen einer organisierten nationalen oder gar revolutionären Bewegung. Zu sehr steckte der Bourgeoisie die Angst vor der Revolution in den Gliedern, und zu schwer lastete die Faust der Konterrevolution auf allen demokratischen Kräften. Doch diese Lage änderte sich entgegen allen konservativen Hoffnungen. Außer dem schnellen wirtschaftlichen Aufschwung Preußens und einiger Mittelstaaten trugen dazu die Schwächung des zaristischen Einflusses auf die europäische Politik im Gefolge des Krimkrieges sowie die Regentschaft in Berlin bei, die 1858 in der preußischen Politik die Reaktionsperiode beendete und eine »neue Ära« einleitete. Unter diesen Bedingungen erwies sich der Krieg in Oberitalien im Jahre 1859 von besonderer Bedeutung für einen neuen nationalen Aufschwung.

Das militärische Vorgehen des französischen Bonapartismus gegen die österreichische Fremdherrschaft in Oberitalien erfolgte unter der annexionistischen Forderung nach den »natürlichen Grenzen« Frankreichs. Da diese Losung auch stillschweigend die Forderung nach der Rheingrenze einschloß und damit die Integrität Deutschlands gefährdete, kam es zu einem mächtigen Ausbruch der nationalen Gefühle des deutschen Volkes. Leidenschaftlich forderten die Volksmassen, vor allem in Süddeutschland, die Abwehr des aggressiven Bonapartismus, so daß es die Fürsten nicht wagten, sich offen zu einer napoleonfreundlichen Politik zu bekennen. Durch die politischen Gegensätze zwischen Preußen und Österreich, die sich bis 1859 verschärft hatten, und durch das Unvermögen der liberalen Bourgeoisie, die nationale Abwehrbewegung zu führen, wurde die Gelegenheit jedoch vergeben, dem stärksten ausländischen Gegner der deutschen Einheit eine Abfuhr zu erteilen. Die nationale Bewegung, deren Hauptforderung die Bildung eines starken Nationalstaates war, ging auch nach der Niederlage Österreichs nicht zurück. Im Gegenteil, sie wuchs, und es entwickelte sich eine nationalrevolutionäre Situation.

Noch vor Beendigung der Kampfhandlungen in Italien fanden im Sommer 1859 erste Zusammenkünfte bürgerlicher Liberaler statt, denen im selben Jahr die Bildung des Deutschen Nationalvereins folgte. Sein Ziel bestand darin, Preußen zu einer politischen Einigung des Deutschen Zollvereins zu bewegen und es zu unterstützen, ohne die Massen in die aktive Bewegung einzubeziehen. Gerade die Volksmassen jedoch verlangten stürmisch nach Aktionen. Einer der Höhepunkte waren die Feiern anläßlich des 100. Geburtstages Friedrich Schillers im Jahre 1859, an denen sich fast alle Klassen und Schichten des deutschen Volkes beteiligten. Die patriotische Massenbewegung dieser Jahre zeigte sich auch in den Turn-, Wehr- und Schützenvereinen sowie in den in vielen Städten entstehenden Arbeiterbildungsvereinen, die zwar zunächst von der Bourgeoisie beeinflußt und gelenkt wurden, sich aber im Kampf um ihre sozialen und politischen Interessen sowie um einen demokratischen deutschen Nationalstaat organisatorisch und politisch von diesem Einfluß befreiten.

Der Prozeß der politischen Klärung innerhalb der entstehenden sozialistischen Arbeiterbewegung wurde durch das Wirken von Karl Marx und Friedrich Engels sowie die Tätigkeit der 1864 gebildeten Ersten Internationale entscheidend gefördert und gipfelte in der Gründung der Sozialdemokratischen Arbeiterpartei durch Bebel und Liebknecht im Jahre 1869. Der sich nach der Gründung des Allgemeinen Deutschen Arbeitervereins 1863 entwickelnde heftige Kampf um den revolutionären oder den preußisch-obrigkeitlichen Weg zur nationalstaatlichen Einheit fand im Gegensatz von Marxismus und Lassalleanismus seinen Ausdruck.

Zu schweren politischen Konflikten kam es im Laufe der weiteren Entwicklung in Preußen. Hier hatte, nachdem Friedrich Wilhelm IV. seinem Bruder Wilhelm 1857 die Stellvertretung und später die Regentschaft überlassen mußte, ein scheinbar liberales Regierungssystem begonnen. Wilhelm, seit 1848 als »Kartätschenprinz« bekannt, nahm den Plan wieder auf, die Hegemonie Preußens in Deutschland durchzusetzen. Da ihm und den regierenden Kreisen klar war, daß das notfalls nur auf dem Wege der Gewalt, unter Umständen auch durch Krieg verwirklicht werden konnte, wollten sie zunächst die eigene militärische Macht stärken.

Besondere Schlußfolgerungen zog die preußische Armeeführung aus dem italienischen Krieg und aus den Ergebnissen der Mobilmachung von 1859. Sie forderte, das stehende Heer zu vergrößern und zu modernisieren und zu einem noch schlagkräftigeren Instrument der Monarchie zu entwickeln. Das dafür benötigte Geld konnte nur das Abgeordnetenhaus bewilligen. Hier war eine Chance, die die liberale preußische Bourgeoisie ausnutzen konnte: Bewilligung der Mittel für die militärischen Reformmaßnahmen, aber nur gegen Übergabe von möglichst viel politischer Gewalt, gegen die Möglichkeit stärkeren parlamentarischen Einflusses auf diese Armee. Die liberalen Parteien wichen dem notwendigen Kampf aus. Nachdem sie die Gesetzesvorlagen abgelehnt, die verlangten Mittel jedoch provisorisch bewilligt hatten, verweigerten sie schließlich 1862 ihre Zustimmung zum Budget. Damit verschärfte sich der sogenannte Heereskonflikt.

Die bürgerlichen Parteien setzten der rigorosen Verwirklichung der militärischen Pläne durch Wilhelm und die Armeeführung keine zielstrebigen Aktionen entgegen. Das ganze Land wurde aber unruhig, und es war nur eine starke revolutionäre Kraft notwendig, um das Volk zu bewußten politischen Kampfaktionen zu führen. Die preußische Bourgeoisie und mit ihr die ganze liberale deutsche Bourgeoisie fürchteten eine solche Entwicklung. Die liberalen Politiker und Abgeordneten waren ängstlich darauf bedacht, daß es im Lande zu keinen revolutionären Aktionen kam. Nur die Demokraten, die seit 1859 in Preußen wieder offen auftraten und sich auf das politisch aufgewühlte Kleinbürgertum stützen konnten, riefen zum Kampf auf, aber auch sie beschränkten diesen auf das Parlament und die Wahlen, auf Volksversammlungen und Petitionen. Stärkeren Einfluß erlangten die demokratischen Kräfte in den Mittelstaaten, besonders in Süddeutschland. Doch hier waren die politischen Verhältnisse noch nicht so zugespitzt wie in Preußen, außerdem wirkten sich die föderalistischen Vorstellungen der kleinbürgerlichen Demokraten hemmend aus.

Politische Rückständigkeit und Bevormundung verhinderten die breite, zielstrebige Ausnutzung der nationalrevolutionären Situation und des innenpolitischen Konflikts in Preußen durch die fortschrittlichen Kräfte. Da auch die regierenden Kreise in Berlin einschließlich des inzwischen zum König gekrönten Wilhelm keinen realen Ausweg wußten, kam es in Preußen in einem Zusammenspiel führender Militärs mit skrupellosen junkerlichen Politikern und reaktionär gesinnten Liberalen zur Herausbildung eines neuen Herrschaftssystems, das im Laufe der nächsten Jahre mehr und mehr bonapartistische Züge annahm. Dieser Weg wurde mit der Bildung einer neuen Regierung unter dem Junker Otto von Bismarck im Herbst 1862 beschritten.

Mit dem antidemokratischen Kampfkabinett unter Bismarck begann auch im Ringen um den deutschen Nationalstaat ein neuer Abschnitt. Bismarck wandte alle verfügbaren Mittel gegen die liberale und demokratische Opposition an. Da er sogar mit verfassungswidrigen Methoden regierte, entwickelte sich der Heereskonflikt zum Verfassungskonflikt. Die oppositionelle Stimmung in der Bourgeoisie und die revolutionäre Bewegung im Lande wuchsen zum Schrecken des Hofes und der konservativen Kreise, aber auch der liberalen Parteien rasch an. Bismarck war entschlossen, in der Frage der Regierungsgewalt keinen Schritt vor der parlamentarischen Opposition und der drohenden demokratischen Revolution zurückzuweichen. Gleichzeitig war er jedoch bereit, alle wirtschafts- und außenpolitischen Wünsche der Bourgeoisie, so besonders nach dem Nationalstaat und dem einheitlichen Binnenmarkt, zu erfüllen. Dabei schreckte er auch vor Bruderkrieg, Kriegen gegen ausländische Mächte und selbst vor der Anwendung radikaler Mittel gegen den Partikularismus nicht zurück, getreu der von ihm selbst verkündeten Losung, daß die deutsche Frage nicht durch Reden und Beschlüsse, sondern nur durch »Eisen und Blut« gelöst werden könne. Mit der Verkündung dieser rigorosen Machtpolitik wurden die militärischen Verhältnisse für den Kampf um den Nationalstaat entscheidend.

3. Militärsystem und Streitkräfte der deutschen Staaten und deren militärpolitische Lage

Auch die militärische Entwicklung der deutschen Länder nach den Koalitions- und Befreiungskriegen war von der nationalen Zersplitterung und dem österreichisch-preußischen Dualismus gehemmt worden. Allerdings besaß das militärische Grundgesetz des Deutschen Bundes, die Bundeskriegsverfassung, eine insoweit festere Grundlage, als beide Großmächte und auch die Mittelstaaten aus vorwiegend außenpolitischen Gründen eine allzu starke Zersplitterung des Militärwesens im Bundesgebiet ablehnten. Die Bundeskriegsverfassung sah die Bildung eines Bundesheeres vor, jedoch sollte dies erst im Kriegsfall aus den Kontingenten der einzelnen Länder zusammengestellt werden. Auch für den Frieden waren bestimmte Maßregeln vorgesehen. Die größeren Mächte trafen gemeinsam militärische Absprachen und faßten Beschlüsse, ohne sich über die Person eines Bundesfeldherrn, der im Fall eines Bundeskrieges zu wählen war, generell einigen zu können. Bis zur Mitte des 19. Jahrhunderts fanden fast keine Veränderungen im Militärsystem und in der Militärverfassung der einzelnen deutschen Staaten statt, die allgemein reaktionären Verhältnisse beeinflußten auch das Militärwesen negativ.

Die Niederlage der revolutionären Kräfte 1849 durchkreuzte zunächst alle Möglichkeiten, das deutsche Militärwesen in einer fortschrittlichen Richtung umzuwandeln. Es behielt seinen reaktionären Charakter. Die militärischen Kontingente des Bundesheeres bildeten nach wie vor keine Einheit. Sie unterstanden auch nach der Annahme von reaktionären Verfassungen in den meisten Ländern – eine Ausnahme bildeten die Freien Städte – der uneingeschränkten fürstlichen Kommandogewalt. Außer in Preußen, wo seit den Befreiungskriegen die allgemeine Wehrpflicht bestand, beruhte das Militärsystem auf der Konskription (allgemeine Militärdienstpflicht mit Stellvertretung).

Ende der 50er Jahre stand das österreichische Heer nach der zahlenmäßigen Stärke an der Spitze der deutschen Armeen. Das österreichische Heer setzte sich aus den Angehörigen vieler Völker, auch der unterdrückten Nationen, zusammen, nur das Offizierskorps bestand in seiner überwiegenden Mehrheit aus Deutschen. Der österreichische Kaiser besaß die uneingeschränkte Kommandogewalt. Die Streitkräfte waren auf Grund der als Rekrutierungssystem angewandten Konskription ein stehendes Kaderheer mit starken Tendenzen zur Söldnerarmee. Dieses System war ungeeignet, im Kriegsfall das Bevölkerungspotential Österreichs auszuschöpfen. Für die organisatorische Struktur der österreichischen Armee blieb charakteristisch, daß zwar die Korpseinteilung in Friedenszeiten schon bestand, die Stärke der Korps aber schwankte. Es fehlte jeder territoriale Zusammenhang mit den Ergänzungsbezirken, was die Mobilmachung sowie die Zuführung von Ersatz bedeutend erschweren mußte. In der Truppenausbildung herrschte noch der pedantisch betriebene Exerzierdienst vor, der Entwicklungsstand der Taktik blieb hinter den Anforderungen des Krieges zurück. Zwar gehörten in den 50er Jahren zur Ausrüstung der österreichischen Artillerie Bronzekanonen mit glattem Rohr und Raketengeschütze, für die Infanterie aber führten die Militärbehörden bereits gezogene Vorderladergewehre ein. Die Kavallerie wurde auch weiterhin mit einem vorzüglichen Pferdematerial ausgestattet.

Andere nach den militärischen Mißerfolgen in der Revolution begonnene Reorganisationsmaßnahmen beschränkten sich auf die Auflösung der Landwehr und die Entfernung aller volkstümlichen Elemente aus der Militärverfassung. Im allgemeinen konnte sich der aus dem Vormärz stammende Schlendrian erhalten und noch in den 50er Jahren Militärsystem und Armeeorganisation beeinflussen.

Auch Preußen hatte nach der Revolution das alte Militärsystem mit seiner uneingeschränkten königlichen Kommandogewalt in vollem Umfang erhalten. Die preußische Armee bildete das zweitstärkste Heer im Deutschen Bund. In ihrer Zusammensetzung überwog das deutsche Element. Das gab ihr ein nahezu einheitliches nationales Äußeres, obwohl sie weder eine Nationalarmee bildete noch die Interessen der Nation vertrat. Die preußische Armee war, abgesehen von einigen kleineren Kontingenten, auch das einzige Heer in Deutschland, das sich auf der Grundlage der allgemeinen Wehrpflicht rekrutierte. Dennoch erfaßte es in den 50er Jahren nur einen Teil der dienstfähigen Männer. Das preußische Militärsystem beruhte auf einer Verbindung von stehendem Heer und Landwehr und ermöglichte damit eine weitaus größere Ausschöpfung der Wehrkraft des Landes, als das in anderen deutschen Staaten der Fall war. Die Dienstzeit im stehenden Heer war relativ kurz, so daß jährlich eine große Anzahl von Männern militärisch ausgebildet werden konnte. Mit allen Mitteln war die Krone bedacht, den hochkonservativen und monarchistischen Charakter des Offizierskorps zu erhalten. Gleichzeitig legte die Armeeführung aber großen Wert auf die fachliche Ausbildung der Offiziere.

Zu Beginn der 50er Jahre herrschte auch in der preußischen Armee das pedantische Drillsystem vor, das die Soldaten für Paraden, aber nicht für den Krieg vorbereitete. Der Verlauf des Krimkrieges und vor allem die Niederlage Rußlands führten hier zu Änderungen. Die Einzelausbildung des Soldaten wurde gründlicher betrieben, die Instruktionsstunden wurden verbessert sowie das Turnen und die Gymnastik in die Ausbildung der Infanterie aufgenommen.

Heftige Auseinandersetzungen fanden in der Armeeführung um die Einführung neuer Waffen statt. In ihrem Verlauf konnten Ende der 50er Jahre gegen den hartnäckigen Widerstand konservativer Kreise endgültig das Zündnadelgewehr, ein gezogenes Hinterladergewehr, eingeführt und umfangreiche Versuche mit gezogenen Geschützen durchgesetzt werden.

So verfügte Preußen gegenüber Österreich militärisch über eine Reihe von Vorteilen. Sie bestanden in der einheitlichen nationalen Zusammensetzung der Armee, dem fortgeschritteneren Rekrutierungssystem mit einem größeren Reservepotential und der gleichmäßigeren Bildung des niederen und höheren Offizierskorps.

Das Militärwesen der deutschen Mittel- und Kleinstaaten entsprach in der Regel dem österreichischen Vorbild, nur in wenigen Fällen war es von den preußischen Verhältnissen beeinflußt.

Nach der Revolution wurden alle Eingriffe, die die Frankfurter Nationalversammlung in die Bundeskriegsverfassung vorgenommen hatte, rückgängig gemacht. Erneut trat die Bestimmung in Kraft, daß das Bundesheer erst im Kriegsfall unter einem Bundesfeldherrn aufgestellt und eingesetzt werden konnte. Dazu blieb es in 10 Bundeskorps und eine Reserveinfanteriedivision gegliedert, die aus 34 Kontingenten, angefangen von den großen Kontingenten Österreichs und Preußens bis zu den nur einige Dutzend Mann starken Truppenkörpern einiger kleiner Fürstentümer, zusammengestellt wurden. Es gab auch fernerhin im Frieden kein einheitliches Oberkommando und auch keine zentralen Militärbehörden des Bundes, die eine einheitliche Ausbildung, Bewaffnung, Organisation, Ergänzung und Kriegskunst des Bundesheeres hätten durchsetzen können.

Preußen und Österreich stellten von den 10 Korps des Bundesheeres je 3, ihre übrigen Korpsverbände blieben außerhalb des Bundesheeres. Das VII. Bundeskorps wurde von Bayern gestellt, das VIII. von Württemberg, Baden und Hessen-Darmstadt. Das IX. Bundeskorps wurde von Sachsen, Kurhessen, Nassau und Limburg gebildet, während das X. aus 9 und die Reserveinfanteriedivision gar aus 15 Kontingenten bestand. Die wesentlichen Schwächen der gemischten Bundeskorps beruhten in den Schwierigkeiten bei der Aufbringung der notwendigen Kavallerie und Artillerie und dem Fehlen ständiger Korpskommandos im Frieden.

Obwohl der Deutsche Bund über starke Landstreitkräfte verfügte, besaß er keine Kriegsflotte. Ansätze für den Aufbau deutscher Flottenkräfte während der Revolution von 1848/49 waren der feudalreaktionären Konterrevolution zum Opfer gefallen. Von den norddeutschen Küstenstaaten verfügte lediglich Preußen seit den 40er Jahren über einige kleinere Kriegsschiffe für den Küstenschutz. Erst 1853 wurde eine Admiralität als maritime Zentralbehörde gebildet. Durch Ankäufe von Dampfschiffen im Ausland vergrößerte sich bis 1860 der Schiffsbestand so, daß Preußen über einige Hochseeschiffe und eine stärkere Küstenschutzflotte verfügte. Dagegen besaß Österreich bereits seit der Okkupation von Venedig 1815 eine stärkere Kriegsflotte, deren Bestand jedoch vornehmlich Segelschiffe umfaßte und veraltet war. In den 50er Jahren wurden die ersten Dampfschiffe eingestellt und in den 60er Jahren mit dem Bau von Panzerschiffen begonnen. Die Flottenbasen befanden sich ausnahmslos an der Adria, und die Aufgabe der Seestreitkräfte beschränkte sich vornehmlich auf die Mitwirkung am Kampf gegen die italienische Befreiungsbewegung und den Schutz des Seehandels im Mittelmeer.

So bot sich in Deutschland angesichts der bedrohlichen Politik des französischen Bonapartismus das Bild eines uneinheitlichen, rückständigen und als Ganzes nicht schlagkräftigen Militärwesens. Die wirtschaftliche, soziale und politische Entwicklung, das Erstarken des Kapitalismus und die dringende Notwendigkeit des Nationalstaates stellten schon seit langem den Abschluß der bürgerlichen Umgestaltung des Militärwesens auf die Tagesordnung. Sie war jedoch auch aus militärischen Gründen unvermeidbar.

Der industrielle und technische Aufschwung hatte weitreichende Auswirkungen auf das Militärwesen. Umwälzende waffentechnische Erfindungen führten zu einer in immer schnellerem Tempo verlaufenden Revolutionierung der Kriegstechnik, die das System der Kriegführung grundlegend beeinflußte. Neue und weittragende Hinterladergewehre und -geschütze wurden eingeführt. Die Holzschiffe wurden durch Panzerschiffe ersetzt und die Segelschiffe vollständig von den Dampfschiffen verdrängt. Neben der Waffentechnik veränderte sich durch die maschinelle Herstellung von Waffen und Kriegsgerät in großen Fabriken auch die Technologie der Produktion. Das Verkehrswesen wurde durch den Bau von Eisenbahnen und den Ausbau eines großen Straßennetzes entscheidend verändert und die Nachrichtenübermittlung durch die Anwendung der Telegrafie revolutioniert.

Mit den Eisenbahnen fiel die bisher übliche längere Periode der Kriegsvorbereitung weg. Die Eisenbahnen stellten ein neues Element für den Transport und Aufmarsch der Armeen, die Nachführung von Reserven, Material und Verpflegung dar. Die Verlegung von Truppen und Waffen wurde gewaltig erleichtert, da die Eisenbahnen nicht nur die Transport- und Marschzeiten verkürzten, sondern auch mit einem Schlag manche Schwierigkeiten beseitigten, die Wetter und Gelände der Kriegführung bisher bereitet hatten.

Das erweiterte Straßennetz erlaubte es, die Truppen hinter- und nebeneinander in der für die Schlacht vorgesehenen Gliederung marschieren zu lassen. Sie konnten unmittelbar aus dem Marsch auf dem Schlachtfeld eingreifen. Die Ausnutzung der Telegrafie schuf die Möglichkeit, verschiedene räumlich voneinander getrennte Verbände zentral zu führen. Raum und Zeit konnten besser ausgenutzt, und die Feldarmee brauchte nicht mehr auf engem Raum versammelt zu werden. Gleichzeitig wurde das Verhältnis von politischer und militärischer Kriegführung komplizierter, da die Staatsführung nun telegrafisch in die Entschlüsse des Oberkommandos eingreifen konnte.

Die Verbesserung der Feuerwaffen schließlich machte den rein frontalen Angriff, den Durchbruch durch das Zentrum der gegnerischen Aufstellung fast unmöglich. Damit setzte sich in der Kriegskunst das Bestreben stärker durch, den Gegner zu umfassen, seine Flanke aufzurollen. Dieses Bestreben zeigte sich in taktischer und auch in operativer Hinsicht.

Für die Taktik der Landstreitkräfte ergaben sich aus der Entwicklung neuartiger Feuerwaffen neue Formen. Bataillonskolonne und -linie verloren ebenso wie der Bajonettangriff gegenüber dem wirksamen Schnellfeuer der Hinterlader in Verteidigung und Angriff an Bedeutung.

Diese Tatsachen wurden von den einzelnen Armeen in unterschiedlichem Maße erkannt und ausgenutzt. Nach den Kriegen von 1859 und 1864 wurden in Preußen richtige Schlußfolgerungen aus der gesteigerten Defensivkraft der gezogenen Hinterladerwaffen gezogen. Die preußischen Militärbehörden setzten die kriegsmäßige Schießausbildung und das Salven- oder Massenfeuer auf kurze Entfernung durch. Später sollte das Hinterladergewehr auch offensiv ausgenutzt werden. Die Artillerie sollte den Gegner so lange niederhalten, bis eine günstige Entfernung für erfolgreiches Massenfeuer erreicht war. In der taktischen Formation ging die preußische Infanterie zur Kompaniekolonne, zur zweigliedrigen Linie und zur aufgelösten Schützenlinie über.

In Österreich und in den süddeutschen Staaten unterschätzten die Militärbehörden noch Anfang der 60er Jahre die Wirksamkeit der modernen Hinterladergewehre. Erst nach dem Kriege von 1864 bahnte sich eine Wandlung an. Trotzdem blieb die Richtung vorherrschend, die im Bajonettangriff der Bataillonskolonnen und im Feuergefecht der geschlossenen Linie die wichtigste Kampfform, im Schützenfeuer mit seiner aufgelösten Linie nur ein notwendiges Übel sah. Dadurch und durch die überaus große Starrheit ihres Reglements befand sich die österreichische Armee gegenüber Preußen im Nachteil. Auch die preußische Armeeführung trat noch für Bajonettangriff und Linienfeuer ein, verlangte aber ein stärkeres Ausnutzen der Feuergeschwindigkeit der gezogenen Hinterlader und erreichte durch die Auflösung der Bataillone in kleinere taktische Einheiten eine größere Beweglichkeit.

Für die Kavallerie hatte sich die Taktik kaum verändert. Ihre einzige Gefechtsweise blieb die Attacke in geschlossener Kolonne. Das Feuergefecht war ein Notbehelf, alles war auf den Angriff mit blanker Waffe ausgerichtet.

Trotz des Aufkommens gezogener Geschütze blieb für die Artillerie maßgebend, daß sie mit einem Teil ihres Bestands den Feuerkampf von Beginn der Schlacht an führen, während ihre Masse als Reserveartillerie erst auf dem Höhepunkt des Kampfes eingreifen sollte. Über den taktischen Einsatz der neuen Waffen und über das Zusammenwirken der Artillerie mit den anderen Waffengattungen bestanden noch keine klaren Vorstellungen.

Die neuen militärischen Faktoren veränderten nicht nur die Taktik der Truppen, sondern auch die Strategie. Die klarsten Schlußfolgerungen wurden in dieser Hinsicht von dem preußischen Generalstab unter General v. Moltke gezogen. Er sah das wichtigste Element der modernen Kriegführung im schnellen Verlauf der militärischen Operationen und in einer frühzeitigen Kriegsbereitschaft, um die Kampfhandlungen mit einem Maximum an Kräften aufnehmen zu können. Für Moltke bestand das zentrale strategische Problem in einem wohlvorbereiteten schnelleren Aufmarsch, der durch die volle Ausnutzung der Eisenbahnen als wichtigstes Hilfsmittel erreicht werden sollte. Dieser Aufmarsch mußte sich naturgemäß nach dem vorhandenen Eisenbahnnetz, der Straßenführung und den geographischen Verhältnissen richten, die sich daraus ergebenden Knotenpunkte sollten dann die Operationsrichtungen bestimmen. Moltke legte größten Wert auf die rechtzeitige Ausarbeitung von Plänen durch den Generalstab, die einen reibungslosen Aufmarsch und eine abgeschlossene Rüstung in einem sehr kurzen Zeitraum gestatteten und zugleich aus den Aufmarschräumen heraus den sofortigen Übergang zur strategischen Offensive ermöglichten. Mit dem Aufmarsch sollte das Ergebnis der entscheidungssuchenden Schlacht im voraus bestimmt werden.

Das bedeutete das Begreifen einiger neuer Elemente des Militärwesens und des Krieges und der dadurch gegebenen strategischen Möglichkeiten. So sollte sich die Auffassung als richtig erweisen, daß durch einen schnellen Aufmarsch ein bedeutender Vorteil über den Gegner erreicht werden kann. Einseitig und unbewiesen bliebe jedoch die Ansicht, mit dem ersten Schlag unbedingt den Krieg beenden zu können. Moltke vertraute dabei auf die eigene organisatorische Leistung und auf den zu einem eingespielten Führungsorgan entwickelten preußischen Generalstab.

Demgegenüber schreckten die Militärtheoretiker und die führenden Militärs aller anderen deutschen Staaten vor weitreichenden Schlußfolgerungen zurück und beharrten auf einem veralteten strategischen Standpunkt. Gerade maßgebende österreichische Militärs wie der Feldzeugmeister Benedek leugneten zwar nicht die Veränderungen im System der Kriegführung, sie glaubten aber, daß es auch weiterhin möglich sei, im Krieg alle strategischen Fragen allein durch Energie, Mut und Glück zu lösen.

In bezug auf den Seekrieg existierten weder in Österreich noch in Preußen ausgereifte moderne Vorstellungen. Das offizielle strategische Denken war ausschließlich auf den Landkrieg orientiert und berücksichtigte nur in Ausnahmefällen, zum Beispiel für einen Krieg gegen Dänemark, die Ausnutzung der See. Eine größere Rolle spielten lediglich, so besonders in Preußen, der Küstenschutz gegen eventuelle Landungen gegnerischer Kräfte und die Verteidigung der Flottenbasen gegen Beschießungen durch gegnerische Kriegsschiffe.

Die sich in allen deutschen Ländern unaufhaltsam durchsetzende bürgerliche Ordnung, die der Lösung harrende Frage des Nationalstaates, die sich anbahnende Umwälzung im Militärwesen, die Erfahrungen der Mobilmachung in Preußen und besonders die Niederlage Österreichs 1859 brachten den herrschenden Kreisen in allen deutschen Staaten sehr eindringlich die Notwendigkeit von Militärreformen zum Bewußtsein. Die bürgerliche Umwälzung konnte vor dem Militärwesen nicht halt machen, sie vollzog sich allerdings unter der Führung der reaktionären und militaristischen Kräfte und blieb durch deren geschichtlich überholte Klasseninteressen beschränkt.

Am deutlichsten zeigte sich dieser bürgerliche und zugleich reaktionäre Charakter der Militärreformen in Preußen. Hier sollten zwei Ziele mit einem Schlag erreicht werden: die Entfernung aller volkstümlichen Elemente aus dem Militärsystem, die der Monarchie gefährlich werden konnten, und die Übereinstimmung von Ergänzung, Struktur, Ausbildung und Bewaffnung mit den neuzeitlichen militärischen Anforderungen. Dazu sollte die Landwehr aus der Feldarmee ausscheiden und künftig eine reine Reservearmee bilden. Der Ausfall der Landwehrtruppen für die Feldarmee sollte durch die Erhöhung der Zahl der Linien- und Reserveregimenter und eine höhere jährliche Rekrutenquote ausgeglichen werden. Die dreijährige aktive Dienstzeit sollte beibehalten werden und die Reservedienstzeit für das stehende Heer statt zwei künftig fünf Jahre betragen.

Da die liberalen Parteien, wie schon erwähnt, nicht bereit waren, die dazu nötigen Mittel zu bewilligen, sich aber auch nicht entschließen konnten, für die Umwandlung der Armee in ein »Parlamentsheer« zu kämpfen, schuf die Regierung vollendete Tatsachen. Es gelang den Militärbehörden zwar nicht, die im Kriegsdienstgesetz von 1814 festgelegte aktive Dienst-, Reserve- und Landwehrpflicht gesetzlich zu ändern, dennoch erhöhten sie die Zahl der Linientruppen um 36 Infanterie-, 10 Kavallerie- und 9 Artillerieregimenter und setzten die jährliche Rekrutenquote um etwa 50 Prozent herauf. Der größere Bedarf an Kadern zwang zur verstärkten Heranziehung von Offizieren bürgerlicher Herkunft. Die Umrüstung der Infanterie auf das Zündnadelgewehr wurde abgeschlossen, in die Artillerie wurden die ersten gezogenen Geschütze aus Gußstahl eingeführt.

Die neue Organisation des Heeres, die Weiterentwicklung der strategischen Ansichten, der Versuch, die Taktik den neuen Waffen anzupassen, die zweckmäßigere Ausbildung der Offiziere und der Soldaten erhöhten das militärische Potential Preußens. Mit der Verwandlung der preußischen Armee in eine schlagkräftige Angriffsarmee und ein zuverlässiges Instrument der reaktionären Politik wurden die wichtigsten militärischen Voraussetzungen für die preußischen Siege von 1866 und 1870/71 geschaffen.

Auch Österreich nahm nach der schweren Niederlage im Krieg von 1859 militärische Reformen in Angriff. Diese beseitigten die entscheidenden Schwächen der österreichischen Armee allerdings nicht: den Mangel an ausgebildeten Reserven infolge der Konskription, die Knebelung aller selbständigen Gedanken und das System der nationalen Unterdrückung. Die regierenden Kreise wollten aus Furcht vor einer Verstärkung des nationalen Befreiungskampfes im eigenen Land die Krebsschäden des Militärsystems mit unzureichenden und halben Maßnahmen heilen.

Die Reorganisation der einzelnen Waffengattungen stockte bald aus politischen und finanziellen Gründen sowie aus der Abneigung des Hofes gegen eine Erweiterung der Rekrutierung, die nur möglich war, wenn die Dienstzeit verringert wurde. Die Friedensstärke der Einheiten wurde nicht eingehalten und somit ihre Gefechtsbereitschaft schwer geschädigt. Die Zusammensetzung des Offizierskorps veränderte sich nicht: Das Prinzip des Einsatzes der Offiziere in Regimentern fremder Nationalität wurde noch verschärft. Die Trennung von Kriegs- und Friedensorganisation blieb aufrechterhalten, die Divisionsverbände wurden sogar noch aufgelöst. Die Friedensdislokation der Truppen erfolgte ausschließlich nach inneren Bedürfnissen.

Zwar wurden neue Reglements eingeführt, doch sie verstärkten die Neigung der Truppenkommandeure noch, Angriffe in Bataillonsmassen vorzutragen und vor allem auf das Bajonett zu pochen. Viele höhere Offiziere lehnten die in den Reglements enthaltenen Ansätze zu einer modernen Kampfweise ab. So blieb entgegen den Forderungen der Reglements die Einzelausbildung auf der alten, niedrigen Stufe stehen. Die Gefechts- und die Schießausbildung blieben sehr mangelhaft. In der Bewaffnung der Infanterie dominierte weiterhin das gezogene Vorderladergewehr, und erst die Erfahrungen des Krieges von

1864, in dem Teile der österreichischen Armee gemeinsam mit preußischen Truppen kämpften, ermöglichten günstigere Urteile über den Hinterlader. Bessere Ergebnisse wurden bei der Reorganisation der Kavallerie erreicht, die infolge zweckmäßiger Ausbildungsmethoden auf relativ hohem Niveau stand. In der Artillerie wurde mit der Einführung gezogener Geschütze begonnen, und die Schießausbildung wurde bedeutend verbessert.

Neben der schwankenden Haltung der regierenden Kreise und der Armeeführung sowie der Schwerfälligkeit des militärbürokratischen Apparats war die ständige Geldnot ein wichtiges Hemmnis für tiefgreifende Reformen im Militärsystem und in der Armee. So verliefen die Militärreformen in Österreich nur als eine äußerliche Reorganisation der Armee, durch die das Militärsystem, wenn auch unter reaktionären Vorzeichen, weder im bürgerlichen Sinne umgewandelt noch neuzeitlichen Verhältnissen angepaßt wurde.

Auch die deutschen Mittel- und Kleinstaaten standen vor der Notwendigkeit von Militärreformen. Aber ähnlich wie in Österreich blieben hier alle Reformversuche in Äußerlichkeiten stecken und veränderten das Wesen des Militärsystems nicht. Auch alle Bestrebungen, das Militärsystem des Deutschen Bundes zu verändern, scheiterten an den egoistischen Interessen und dem Partikularismus der regierenden reaktionären Kreise. So wurde die Bundeskriegsverfassung für jede wirksame Kriegführung untragbar.

Gerade die Versuche, die deutsche Militärfrage in irgendeiner Weise zu lösen, verschärften den preußisch-österreichischen Dualismus. Preußen wollte die notwendige gründliche Reform des Militärsystems des Deutschen Bundes für seine Machtpolitik benutzen. Die Ausdehnung seines militärischen Einflusses und Machtbereichs bis zum Main sollte der erste Schritt dazu sein. Österreich dagegen wollte seinen militärischen Einfluß auf den Bund und die Mittel- und Kleinstaaten behalten, um deren Vereinigung zu einem Nationalstaat zu verhindern.

Deutlich zeigten sich in der deutschen Militärfrage unüberbrückbare Widersprüche, die auf den grundverschiedenen politischen Interessen der beiden deutschen Großmächte beruhten. Das drückte sich auch in der unterschiedlichen Haltung führender Militärs beider Staaten aus. Die maßgebenden österreichischen Generale machten aus ihrer Gleichgültigkeit, wenn nicht gar Feindschaft gegen den Gedanken des deutschen Nationalstaates kein Hehl. Sie hemmten auf jede mögliche Weise den militärischen Zusammenschluß des Deutschen Bundes. Ebenso lehnten sie jede Zusammenfassung der einzelnen militärischen Kontingente unter einer Gewalt ab, die nicht unmittelbar den Beschlüssen des Bundestages unterlag. In der Verfolgung solcher Pläne sahen sie nur den für die Großmachtstellung Österreichs gefährlichen Abbau ihres militärischen Einflusses. Außerdem befürchteten die österreichischen Militärs von der Errichtung eines deutschen Nationalstaates eine erneute Verstärkung der nationalrevolutionären Bewegung im eigenen Land, die zu einer tödlichen Gefahr für die Habsburgermonarchie werden konnte.

Dagegen hatten höhere preußische Offiziere schon in der Revolution von 1848/49 begriffen, daß eine baldige Lösung der Frage eines deutschen Nationalstaates unvermeidbar war. Sie zogen daraus militärische Schlußfolgerungen und drängten, als die Reaktionsperiode zu Ende ging und die Heeresreform begann, Krone und Regierung, die Herstellung eines deutschen Staates in Angriff zu nehmen. Die preußischen Militärs forderten deshalb auch, den militärischen Fortschritt in den Mittel- und Kleinstaaten, notfalls durch eigene materielle Opfer, zu fördern, um den österreichischen Einfluß zu verdrängen. Sie waren, seit mit der Berufung Bismarcks zum Ministerpräsidenten die preußische Politik aktiver wurde, fest entschlossen, die inzwischen vergrößerten militärischen Kräfte dafür auszunutzen, die preußische Hegemonie über Deutschland zu errichten.

Die schleswig-holsteinische Frage und der Krieg Österreichs und Preußens gegen Dänemark 1864

1. Die politische Vorgeschichte des Krieges und seine militärische Vorbereitung

a) Schleswig-Holstein und die deutsche Nationalbewegung bis zur Bundesexekution von 1863

Eines der hauptsächlichen politischen Hindernisse für die Umwandlung des Deutschen Bundes in einen Bundesstaat bestand in der dynastischen Verbindung ausländischer und deutscher Throne. Am stärksten zeigte sich dies in der Personalunion der dänischen Königskrone mit dem Herzogstuhl von Schleswig-Holstein und dem kleinen Herzogtum Lauenburg. Diese Personalunion bestand schon seit dem 15. Jahrhundert, obwohl Schleswig und Holstein, für die sich auch der staatsrechtliche Grundsatz herausgebildet hatte, daß sie ewig ungeteilt bleiben sollten, hauptsächlich von Deutschen bewohnt waren.

Aus vorwiegend dynastischen Gründen wurde 1815 auf dem Wiener Kongreß zwar Holstein, das schon dem alten Reichsverband angehört hatte, nicht aber Schleswig zum Mitglied des neugegründeten Deutschen Bundes erklärt. In den folgenden Jahrzehnten versuchte die dänische Monarchie mehrfach, Schleswig von Holstein zu trennen und es Dänemark völlig einzuverleiben, doch scheiterte diese Absicht am Widerstand der Bevölkerung. Am Vorabend der bürgerlichen Revolution von 1848 verstärkten sich diese dänischen Bestrebungen erneut. Schon im März 1848 nahm die dänische Regierung eine Verfassung an, nach der Schleswig faktisch zu Dänemark gehörte. Auf diesen Einverleibungsversuch antworteten große Teile der Bevölkerung beider Herzogtümer mit einer nationalen Erhebung, die vom deutschen Volk einmütig unterstützt wurde. In dem nationalen Abwehrkrieg gegen Dänemark und in der völligen staatlichen Lostrennung der Herzogtümer von der dänischen Krone sah es einen entscheidenden Schritt zur

Bildung eines deutschen Nationalstaates. Diese Stimmung zwang den Bundestag, eine Bundesexekution gegen Dänemark zu beschließen und Preußen und Hannover mit ihrer Durchführung zu beauftragen.

Während die aus den deutschen Ländern herbeiströmenden Freischaren und das schleswig-holsteinische Heer aufopferungsvoll gegen die in Schleswig eingedrungene dänische Armee kämpften, führte das preußische Oberkommando des Bundesheeres die Operationen nur sehr zögernd. Der preußische Hof wollte keinen Krieg, der die Revolution begünstigen konnte, er wollte die Gelegenheit vor allem zur Reorganisation der Truppen und zur Vorbereitung des konterrevolutionären Staatsstreiches ausnutzen. So erlangten die in Schleswig-Holstein stehenden deutschen Truppen trotz ihrer zahlenmäßigen Überlegenheit keinen entscheidenden Sieg. Schließlich verhandelte Preußen über den Kopf der provisorischen schleswig-holsteinischen Regierung hinweg mit Dänemark über einen Waffenstillstand und verriet aus reaktionären Erwägungen die nationalen Interessen. Auch das Wiederaufleben des Krieges im Frühjahr 1849 erfüllte nicht die Hoffnungen der deutschen Bevölkerung in Schleswig-Holstein, da Preußen bereits im Sommer desselben Jahres einen erneuten und noch schmählicheren Waffenstillstand abschloß. Im Berliner Frieden von 1850 willigte die preußische Regierung unter dem Druck Rußlands und Österreichs ein, die früheren Verhältnisse wiederherzustellen. 1852 garantierten Rußland, Österreich, Preußen, Großbritannien, Frankreich und Schweden im Londoner Protokoll den derzeitigen Bestand der dänischen Monarchie.

Da die beiden deutschen Großmächte und auch der Deutsche Bund zurückwichen, beharrte die dänische Regierung auf ihren Forderungen. Auch in den nächsten Jahren verfolgte sie das Ziel, Schleswig allmählich ganz mit Dänemark zu verschmelzen und so einen bis zur Eider reichenden einheitlichen dänischen Staat zu schaffen. Bereits 1855 versuchte die dänische Regierung erneut, eine Gesamtverfassung für die ganze Monarchie zu erlassen und damit die Selbständigkeit der Herzogtümer auf dem Verwaltungswege zu beseitigen. Als dies nicht gelang, verstärkte sie ihre Bemühungen, die bestehenden Verbindungen zwischen Schleswig und Holstein zu zerreißen und Schleswig völlig zu dänisieren. Eine brutale Willkürherrschaft begann, der amtliche Gebrauch der deutschen Sprache wurde untersagt.

Die mehrmaligen Drohungen des Deutschen Bundes mit einer Bundesexekution in den Jahren 1858 bis 1860 beeindruckten die in Kopenhagen herrschende eiderdänische Partei wenig, zumal ja auch stets konkrete Schritte unterblieben. Die passive Haltung der deutschen Regierungen sowie die starken Spannungen zwischen den europäischen Großmächten, die der polnische Aufstand von 1863 ausgelöst hatte, bewogen die dänische Regierung, neue Schritte einzuleiten, um die schleswig-holsteinische Frage endgültig zugunsten Dänemarks zu lösen.

Am 30. 3. 1863 wurde eine neue verfassungsrechtliche Ordnung für Holstein verkündet. Sie legte fest, daß nur eine Personalunion zwischen Dänemark-Schleswig einerseits und Holstein-Lauenburg andererseits bestehe. Das bedeutete die Zerreißung der zwischen den Herzogtümern bestehenden Realunion und den Beginn der Einverleibung Schleswigs. Der Deutsche Bund forderte die Annullierung dieser Bestimmungen und drohte wiederum mit der Exekution. Dänemark nahm diese Drohungen nicht ernst. Da es auf die Hilfe Englands und Schwedens rechnete, war es fest entschlossen, nicht nachzugeben.

Im September 1863 wurde ein neues Grundgesetz für Dänemark und Schleswig ausgearbeitet. Seine Anwendung hätte das völlige Aufgehen Schleswigs in der dänischen Monarchie und seine endgültige Trennung von Holstein bedeutet. Gleichzeitig erhob die dänische Regierung vor dem Parlament außergewöhnliche Forderungen zur Verstärkung des Landheeres und der Flotte. Trotz der deutschen Proteste wurde diese Verfassung am 13. November angenommen. Zwei Tage später kam es in Kopenhagen zu einem Thronwechsel, wobei eine Seitenlinie der regierenden Dynastie die Krone übernahm. Das ververgrößerte die Gefahr, daß Schleswig-Holstein für den künftigen deutschen Nationalstaat verlorenging, und machte den Abwehrkampf des deutschen Volkes gegen die dänische Politik unvermeidbar.

In fast allen Ländern des Deutschen Bundes nahm die nationalrevolutionäre Bewegung einen neuen Aufschwung. Die Volksmassen forderten den aktiven Kampf für die Selbständigkeit beider Herzogtümer. Schleswig-Holstein-Vereine schossen wie Pilze aus dem Boden. Vielfach wurde Geld gesammelt. An zahlreichen Orten begann die Bildung von Freischaren, die militärische Übungen durchführten und sich in einzelnen Fällen auch auf Waffenlager stützen konnten.

Besonders breite Formen nahm die nationale Bewegung in dem von Deutschen bewohnten Teil Schleswigs und in Holstein an. In Schleswig ansässige Deutsche verließen ihre Heimat, um dem dänischen Druck zu entgehen. Beamte lehnten die Eidesleistung auf die neue Verfassung ab. Viele Soldaten deutscher Nationalität verweigerten den militärischen Gehorsam oder desertierten. Außerhalb Schleswig-Holsteins dominierte die nationale Bewegung vor allem in den deutschen Klein- und Mittelstaaten, deren Regierungen sich nicht stark genug fühlten, die Bewegung zu unterdrücken. Zum anderen erhoben sie selbst die Forderung nach einer Unabhängigkeit der Herzogtümer und deren Umwandlung in einen neuen Mittelstaat, der ihre eigene Position gegenüber Preußen stärken sollte. Dieses Ziel wurde im Prinzip von der liberalen Bourgeoisie unterstützt. Im Unterschied zum demokratischen Kleinbürgertum wollte sie dieses Ziel aber nicht durch den Kampf der Volksmassen, sondern durch ein enges Zusammengehen mit den Fürsten erreichen.

Die deutsche Arbeiterklasse konnte die Berechtigung der nationalen Forderungen nicht außer acht lassen, aber sie konnte auch nicht blindlings den von der Bourgeoisie aufgestellten Losungen folgen. Es fehlte eine starke Arbeiterpartei, um die Führung der Volksbewegung zu übernehmen. Die für sie einzig richtige Haltung wurde von Marx und Engels vorgeschlagen. Da Schleswig zu einem Teil auch von dänischer Bevölkerung bewohnt wurde, konnte sich das deutsche Recht nur auf Holstein und den Süden Schleswigs beschränken, Schleswig mußte also geteilt werden. Es sollte auch kein neuer deutscher Mittelstaat gebildet, vielmehr der Ansatzpunkt für einen demokratischen Nationalstaat gewonnen werden.

Eine wirklich reaktionäre Gefahr für das deutsche Volk bestand nicht in dem Chauvinismus Dänemarks, sondern in der gleichzeitigen Verschwörung Preußens und Rußlands gegen das revolutionäre Polen. Deshalb mußte sich der Hauptstoß der demokratischen Bewegung gegen Preußen richten, um eine wirklich den nationalen Interessen entsprechende Lösung auch des schleswig-holsteinischen Problems zu erreichen. Marx und Engels erkannten jedoch, daß diese Politik schwer durchzusetzen war, da sich die Volksstimmung mehr auf Schleswig-Holstein als auf Polen konzentrierte.

Wie schon 1859 bedrohte die nationale Volksbewegung auch diesmal die Einzelstaaterei, die den fortschrittlichen Klassen und Schichten als die eigentliche Ursache des dänischen Vorgehens erscheinen mußte. Deshalb waren die deutschen Regierungen bemüht, ihre Stellungnahme gegen Dänemark – obwohl diese ausschließlich auf dynastischen Interessen beruhte – unter einem patriotischen Mäntelchen zu verbergen. Doch die Klein- und Mittelstaaten konnten nicht verhindern, daß der Kampf für die Unabhängigkeit Schleswig-Holsteins zugleich den demokratischen Kampf gegen den fürstlichen Partikularismus stärkte. Er mußte in seinem weiteren Verlauf den Ruf nach einem starken Nationalstaat immer lauter werden lassen.

Diese Gefahr wurde in Preußen von Bismarck deutlich erkannt. Er sah aber auch die Möglichkeit, durch eigene Intervention in Schleswig-Holstein den Einfluß Preußens in Deutschland zu erhöhen. Dabei schreckte er nicht einmal vor dem Plan zurück, durch die Einverleibung der Herzogtümer eine gute Basis für die Verwirklichung des preußischen Vormachtstrebens zu gewinnen. Gegenüber den übrigen Mächten und vor dem Abgeordnetenhaus weigerte sich Bismarck, die Forderungen der nationalen Bewegung zu übernehmen. Er trat lediglich für die Einhaltung des Londoner Protokolls von 1852 ein und lehnte jede Anerkennung der staatlichen Selbständigkeit der

Herzogtümer innerhalb des deutschen Staatenbundes ab. Damit wollte er der preußischen Regierung völlige Unabhängigkeit in der Schleswig-Holstein-Frage verschaffen. Österreich sah sich angesichts der bestehenden Situation und der Stärke der nationalen Bewegung ebenfalls gezwungen, gegen Dänemark aufzutreten. Auf seine Politik wirkte besonders das Mißtrauen gegen Preußen ein, dem es, um den eigenen Einfluß im Deutschen Bund zu erhalten, keinen Machtzuwachs zugestehen durfte.

Zum Vorteil der beiden deutschen Großmächte und zum Schaden der nationalrevolutionären Bewegung gestaltete sich die internationale Lage im Jahre 1863 günstig für ein Vorgehen gegen Dänemark. Fast zwischen allen europäischen Großmächten bestanden starke Gegensätze, so daß sie nicht zu einer gemeinsamen Politik in der schleswig-holsteinischen Frage fähig waren. Rußland, das bisher den dänischen Standpunkt am nachhaltigsten vertreten hatte, war vor allem durch den polnischen Aufstand gefesselt, bei dessen Niederschlagung es sich auf preußische Hilfe stützen mußte. Deshalb konnte Bismarck im Falle einer aktiven Einmischung Preußens in Schleswig-Holstein mit einer wohlwollenden russischen Neutralität und der Nichteinmischung anderer Mächte rechnen. Nur die englische Politik war zweifelhaft.

Nachdem der Bundestag in Frankfurt bereits im April 1863 den Verzicht Dänemarks auf seine Ansprüche gefordert hatte, beschloß er am 1. Oktober das Exekutionsverfahren. Es sollte mit der Besetzung Holsteins und Lauenburgs durch je 6000 Mann sächsischer und hannoveranischer Truppen vollzogen werden. Preußen und Österreich sollten größere Truppenmassen für den Fall eines tatsächlichen Widerstands der dänischen Armee bereitstellen. Erst nach langwierigen Diskussionen und Verhandlungen wurde der modifizierte Beschluß am 7. Dezember rechtskräftig bestätigt. Wenige Tage später wurde in Kopenhagen die Vollziehung der Exekution angekündigt, deren Ziel die Wiederherstellung des Status quo entsprechend dem Londoner Protokoll von 1852, nicht aber eine generelle Lösung der Schleswig-Holstein-Frage war.

Am 22. Dezember waren die Vorbereitungen für die Bundesexekution abgeschlossen. Die bereitgestellten Truppen waren wie folgt versammelt: eine sächsische Brigade bei Boizenburg, eine hannoveranische Brigade bei Harburg und Lüneburg, eine preußische Brigade bei Hagenow und Wittenburg und eine österreichische Brigade bei Hamburg. Entsprechend den getroffenen Vereinbarungen standen 6000 Mann sächsische Truppen für die erste Linie und etwa 16 000 Mann hannoveranische, preußische und österreichische Truppen als Reserve bereit. Sie sollten durch weitere 41 000 Preußen und Österreicher im Falle eines dänischen Widerstands verstärkt werden.

Demgegenüber standen auf dänischer Seite 12 000 Mann aller Waffengattungen weitläufig in Holstein und Lauenburg verteilt. Das ließ darauf schließen, daß die dänische Regierung südlich der Eider keinen ernsthaften Widerstand beabsichtigte. Und wirklich zogen sich die Dänen langsam zurück, als am 22. 12. 1863 die Bundestruppen in Lauenburg und Holstein einmarschierten. Am 1. 1. 1864 war die Besetzung Holsteins und Lauenburgs im wesentlichen abgeschlossen. Nur ein Teil von Rendsburg und einige Dörfer nördlich der Eider waren noch von der dänischen Armee besetzt. An der Straße zwischen Rendsburg und Schleswig waren 5000 Dänen mit drei Batterien konzentriert, bei Schleswig selbst weitere 10 000. Die Vorpostenlinie wurde durch die Eider markiert.

Die Bundesexekution konnte die schleswig-holsteinische Frage nicht lösen. Es ging auch um die Sicherung der nationalen Rechte der deutschen Bevölkerung Schleswigs. Der Deutsche Bund trat auf der Stelle. Da die herrschenden Kreise der deutschen Klein- und Mittelstaaten jede revolutionäre Lösung aus Angst vor der nationalen Bewegung bekämpften, gerieten sie über die von ihnen selbst geschaffene Situation in völlige Verwirrung. Diese Wochen der allgemeinen Unsicherheit, der nationalen Erregung und Bewegung nutzte jetzt die preußische Regierung geschickt aus. Sie begann, ihre Forderungen weiterzutreiben und sich als Anwalt der nationalen Rechte des deutschen Bevölkerungsteils Schleswigs aufzuspielen. Unter Ausnutzung der Spannungen wollte Preußen seine reale Macht in Norddeutschland vergrößern. Der Rivale Österreich mußte sich – wollte er einen Machtzuwachs Preußens durch die Okkupation Schleswigs verhindern – dem preußischen Vorgehen anschließen.

Schon am 28. 12. 1863 forderten die preußische und die österreichische Regierung vom Deutschen Bund die Bereithaltung weiterer Truppen zum Einmarsch in Schleswig. Nach längerem Zögern lehnte der Bundestag diesen Antrag ab, da sich beide Mächte weigerten, die Bildung eines souveränen Schleswig-Holsteins nach dem Vorbild der deutschen Mittelstaaten als Ziel ihrer Politik zu erklären. Angesichts dieser Situation begannen auch die europäischen Großmächte stärkere Aktivität zu zeigen, lediglich Frankreich hielt sich zurück. England und Rußland schlugen die Einberufung einer europäischen Konferenz zur Lösung der strittigen Fragen vor. Das aber lag nicht im Sinn der regierenden Kreise in Berlin und Wien. Da Preußen sich der wohlwollenden Haltung Rußlands sicher glaubte, ignorierte es die inzwischen drohend gewordene Haltung der englischen Regierung.

Am 16. 1. 1864 richteten Berlin und Wien ein gleichlautendes Ultimatum mit dem Verlangen an die dänische Regierung, die Novemberverfassung innerhalb von 48 Stunden aufzuheben, anderenfalls sollte Schleswig als Pfand von den Truppen beider Mächte besetzt werden. Die dänische Regierung, in der die annexionistische eiderdänische Partei die Mehrheit hatte, lehnte am 18. 1. dieses Ultimatum ab und traf gleichzeitig militärische Vorkehrungen, um Schleswig gegen jeden Okkupationsversuch zu verteidigen.

Damit waren bewaffnete Auseinandersetzungen unvermeidlich geworden. Der völlig hilflose und aktionsunfähige Bundestag wußte nur noch den Beschluß zu fassen, die preußischen und österreichischen Truppen aus dem Verband des Exekutionsheeres herauszulösen. Die Bundestruppen, so wurde außerdem festgelegt, sollten keinen Widerstand gegen den Durchmarsch preußischer und österreichischer Verbände durch Holstein leisten.

b) Die militärpolitische Lage und das militärische Kräfteverhältnis zu Beginn des Krieges

Der entbrennende Krieg Preußens und Österreichs gegen Dänemark war durch widersprüchliche Züge gekennzeichnet. Einerseits richtete er sich gegen die annexionistische, nationalistische Politik der regierenden Kreise in Kopenhagen und bewahrte die deutsche Bevölkerung Schleswigs vor der drohenden Dänisierung. Zugleich ermöglichte er Schleswig-Holstein, Anschluß an den künftigen deutschen Nationalstaat zu finden. Andererseits handelte es sich nicht um einen revolutionären Kampf des deutschen Volkes. Es waren die reaktionären Interessen der preußischen und der österreichischen Monarchie, für die die Armeen in Bewegung gesetzt wurden. Beiden Mächten lagen, trotz ihrer »patriotischen« Proklamationen, die wirklichen nationalen Interessen fern. Ihre versteckten Ziele bestanden einerseits in der Annexion, wie es Preußen wollte, oder in der Wiederherstellung der alten Real- beziehungsweise Personalunion der Herzogtümer, was Österreich beabsichtigte. Diese widerspruchsvollen Kriegsziele drückten auch der Kriegführung ihren Stempel auf.

Dänemark, militärisch in drei Generalkommandos eingeteilt, setzte die gesamte Armee für den bevorstehenden Feldzug ein. Ihre Ergänzung beruhte auf der allgemeinen Dienstpflicht mit zugelassener Stellvertretung. Das stehende Heer und ein Teil der Reserve bildeten die Feldarmee, deren Stärke etwa 50 000 bis 60 000 Mann betragen sollte. Die älteren Jahrgänge bildeten die Reserveklasse, eine Art von Landsturm. Die Feldarmee bestand aus drei Infanteriedivisionen, einer Kavalleriedivision, der Artilleriereserve, der Infanteriereserve, der Festungsartillerie und den Genietruppen. Allerdings war die Friedensstärke der dänischen Armee von 7500 Mann im Vergleich zur vorgesehenen Kriegsstärke sehr gering. Daraus ergaben sich große Schwierigkeiten bei der Aufstellung der Kriegsformationen. Es mangelte an ausgebildeten Offizieren und Unteroffizieren. Die Mannschaften des Friedensheeres stellten nur einen unzureichenden Kern für die Truppen der Feldarmee. Höhere Kommandoorgane existierten im Frieden nicht, sie mußten erst neu gebildet werden.

Die Bewaffnung der dänischen Infanterie bestand aus gezogenen Vorderladern (hauptsächlich Miniégewehre). Bei der Feldartillerie wurden gezogene Geschütze gerade eingeführt.

Das Exerzierreglement der dänischen Armee war sehr einfach gehalten und dem milizartigen Charakter der Armee durchaus angepaßt. Besonderer Wert wurde in der Taktik auf die Ausnutzung des Feuergefechts gelegt. Grundeinheit für das Gefecht war die Kompanie, während das Bataillon in taktischer Beziehung als Verbindung der vier Kompaniekolonnen fungierte, die sich in zwei oder drei Treffen entwickelten. Diese Vorschriften trugen den damaligen Erfordernissen des Infanteriekampfes durchaus Rechnung.

Das dänische Oberkommando hatte schon Ende November 1863 mit der Mobilmachung der 1. Infanteriedivision begonnen. Bereits vorher war die Ausrüstung der wichtigsten dänischen Befestigungslinien, der Dannewerke, die die Enge zwischen Schlei und Treene sperrten, begonnen worden. Die Mobilmachung erfolgte planmäßig. Die Gesamtstärke der dänischen Armee betrug am 1. 2. 1864 einschließlich der Ersatz- und Garnisonstruppen sowie der Kranken 54 000 Mann.

Die dänische Feldarmee stand unter dem Oberbefehl des Generals de Meza. Neben der Feldarmee, die noch über 500 Pioniere verfügte, standen etwa 800 Festungsgeschütze bereit.

Tabelle 3: Gliederung der dänischen Feldarmee

Verband	Kommandeur	Infanterie (Mann)	Kavallerie (Mann)	Geschütze
1. ID	Gerlach	9400	240	16
2. ID	du Plat	9400	240	16
3. ID	Steinmann	9000	260	16
KD	Hegermann-Lindencrone	—	3000	8
Inf. Res.		4900	—	—
Art. Res.		—	—	48
		32700	3740	104

Das dänische Oberkommando konnte sich bei der Verteidigung der Halbinsel auf günstige Geländeverhältnisse stützen. Den wichtigsten Verteidigungsabschnitt bildete der schmale Raum zwischen Schlei und Treene, den ein Angreifer unbedingt passieren mußte. Er war durch Überschwemmungen auf nur 15 Kilometer eingeschränkt und durch 33 Erdwerke mit 180 Geschützen, die sogenannten Dannewerke, gesperrt worden. Diese eigenartigen Geländeverhältnisse wiederholten sich weiter im Norden. Der östliche Teil der Halbinsel wurde durch die Insel Alsen mit der auf dem Festland vorgelagerten Düppelstellung und durch die Insel Fünen sowie die starke Festung Fredericia gedeckt. Aber nur im Osten konnte ein Angriff erfolgen, da allein hier ausreichende Verkehrsverbindungen bestanden und bedeutende Truppenmassen untergebracht und ernährt werden konnten. Hier war auch eine schnelle Entscheidung zu erzwingen, die allerdings voraussetzte, den Gegner von der Ostsee abzudrängen und an die Westküste zu drücken. Deshalb konzentrierte die dänische Armeeführung die Masse ihrer Truppen im östlichen Teil der Halbinsel.

Dänemark verfügte über 31 Dampfschiffe mit 387 Geschützen, wovon bei Ausbruch des Krieges 26 mit 363 Geschützen verfügbar waren. Außerdem gehörten zum Bestand der dänischen Flotte 10 Segelschiffe und 50 nur zur Küstenverteidigung geeignete Ruderboote mit 80 Geschützen. Die dänischen Flottenkräfte waren in den ersten Kriegsmonaten überlegen. Ihre Aufgabe bestand in der unmittelbaren Unterstützung des Landheeres und in der Sicherung der Inseln, außerdem in der Blockade der preußischen Häfen und der Bekämpfung der preußischen Flotte.

Da die eigenen Landstreitkräfte nur eine geringe Stärke aufwiesen, mußte die dänische Armeeführung versuchen, unter Einsatz ihrer überlegenen Flottenkräfte den gegnerischen Angriff abzuwehren und Zeit zu gewinnen, bis befreundete Mächte zugunsten Dänemarks vermittelten oder mit militärischen Mitteln eingriffen. Die Armee stützte sich auf Befestigungen, welche die Hauptstadt, einzelne Punkte der Inseln und die Halbinsel sicherten. Die erste befestigte Linie, die Danne-

Tabelle 4: Gliederung der preußischen Kräfte

Verband	Kommandeur	Infanterie (Mann)	Kavallerie (Mann)	Pioniere (Mann)	Geschütze
Komb. AK	Prinz Friedrich Karl von Preußen	20 000	3 750	1 200	96
Komb. GID	v. d. Mülbe	9 600	500		14
		29 600	4 250	1 200	110

werke, sollte nach dem Kriegsplan mit allen Mitteln behauptet werden.

Aber gleichzeitig wurde dem Oberbefehlshaber vorgeschrieben, den Verteidigungskampf in den Dannewerken nur so lange fortzusetzen, als es die Rücksicht auf die Erhaltung des Heeres gestattete. Sobald diese Bedingung nicht mehr erfüllt werden konnte, sollte er sich zurückziehen und den Kampf in den weiter rückwärts gelegenen Flankenstellungen weiterführen. Diese Doppelaufgabe war schwer zu erfüllen, trug von Anfang an Unsicherheit in die Armeeführung und lähmte die Entschlußkraft des Oberbefehlshabers.

Preußen und Österreich setzten für den Feldzug gegen Dänemark nicht ihre gesamten Armeen ein, sondern mobilisierten nur Teilkräfte.

Außer den in Tabelle 4 angegebenen Kräften stellte Preußen 7 Festungsartilleriekompanien mit 80 Geschützen bereit. Für den Küstenschutz an der Jade, in Pillau, Kolberg, Swinemünde,

Tabelle 5: Gliederung des österreichischen Korps

Verbände	Infanterie (Mann)	Kavallerie (Mann)	Pioniere (Mann)	Geschütze
1.–4. Inf. Brig.	19 200	—	—	32
Kav. Brig.	—	1520	—	—
3 Pionierkomp.	—	—	600	—
Art. Res.	—	—	—	16
	19 200	1520	600	48

Stralsund, Danzig und Memel standen weitere 6 Festungsartilleriekompanien zur Verfügung.

Von der österreichischen Armee wurde ein Korps unter dem Befehl des Feldmarschalleutnants Baron Gablenz auf den Kriegsschauplatz entsandt.

Somit verfügten die unter dem Befehl des Feldmarschalls Wrangel vereinigten preußischen und österreichischen Truppen insgesamt über 48 800 Mann Infanterie, 5770 Mann Kavallerie, 1800 Pioniere und 158 Geschütze. Einschließlich der Mannschaften der Artillerie erreichten die preußisch-österreichischen Interventionstruppen eine Gesamtstärke von 65 800 Mann. Zahlenmäßig waren sie der dänischen Feldarmee, die sich allerdings auf vorbereitete Verteidigungsstellungen stützte, bedeutend überlegen.

Zu Beginn des Krieges verfügte Preußen über 23 dampfgetriebene Kriegsschiffe mit 117 Geschützen, über 22 Ruderschiffe mit 40 Geschützen sowie über 3 Segelschiffe. Die Aufgabe dieser schwachen Flotte konnte nur darin bestehen, dem verbündeten Heer möglichst die Flanken zu decken, die feindliche Blockade zu erschweren und die Küsten vor dänischen Landungen zu sichern. Im Februar wurde jedoch von Österreich ein Geschwader von 9 dampfgetriebenen Kriegsschiffen mit zusammen 246 Geschützen in Dienst gestellt. Mit seinem Eingreifen in der Nordsee konnte aber wegen des langwierigen Anmarsches aus dem Mittelmeer nicht vor Mai gerechnet werden.

Die strategischen Pläne der Verbündeten stützten sich auf die Vorschläge des Chefs des preußischen Generalstabes. Moltke ging davon aus, daß selbst die Besetzung des gesamten dänischen Festlands den Gegner noch nicht zur Aufgabe des Widerstands zwingen könnte. Infolge der Überlegenheit der dänischen Flotte blieben die Inseln und die Hauptstadt für die Verbündeten unerreichbar. Ein längerer Krieg konnte die Gefahr eines militärischen Eingreifens anderer Mächte heraufbeschwören. Diese Gefahr war nur zu vermeiden, wenn es gelang, die gegnerische Feldarmee auf dem Festland, und da möglichst noch in Schleswig, zu vernichten. Ein etwaiger Rückzug mußte verhindert werden, damit der Gegner nicht die Einschiffungspunkte erreichen und sich auf die Inseln zurückziehen konnte. Deshalb sollten die dänischen Truppen durch einen Frontalangriff auf die Dannewerkstellung so lange gefesselt werden, bis ihr durch den Vorstoß eines starken rechten Flügels der preußisch-österreichischen Armee der Rückzug auf die Stellung bei Düppel abgeschnitten war.

Wie der Feldzugsplan es vorsah, hatten die Truppen am 31. 1. 1864 ihre Ausgangsstellungen eingenommen. Das österreichische Korps konzentrierte sich ostwärts von Rendsburg, die preußischen Truppen bei Kiel und westlich davon. Die österreichischen Kräfte sollten den frontalen Angriff, die preußischen die entscheidende Umfassung durchführen.

2. Die Führung des Krieges und seine Ergebnisse

a) Beginn und Verlauf des Feldzuges bis zur Erstürmung der Düppeler Schanzen

Am 1. 2. 1864 begann der Vormarsch der verbündeten Truppen. Die Österreicher gingen über die Eider bis an die Sarge vor, die Preußen über den Eiderkanal bis an die Eckernförder Bucht, nur auf schwache dänische Vorposten stoßend. In der Nacht zum 4. 2. sollte der Übergang über die Schlei erfolgen. Nach Einnahme der Dannewerke war die sofortige rastlose Verfolgung der zurückweichenden dänischen Truppen geplant, um sie von Flensburg und den Düppeler Schanzen abzuschneiden.

Das dänische Oberkommando hatte in der Dannewerkstellung starke Kräfte versammelt. General de Meza verfügte hier über 38 000 Mann, 96 Feld- und 181 Festungsgeschütze. Die Stellung war in der Front durch Schanzen, Erdwerke, Gräben, Sperren und Überschwemmungen sehr stark. Für die zur Verfügung stehenden Kräfte war sie jedoch zu ausgedehnt. Die Befestigungen waren außerdem teilweise noch nicht vollendet, in einigen Abschnitten auch ungenügend mit Geschützen ausgerüstet. Die Verbindungen innerhalb der Stellung waren noch nicht fertiggestellt. Dazu kam, daß die Wasserläufe zugefroren waren und nur mühsam offengehalten werden konnten.

Feldmarschall Wrangel hatte die strategische Grundidee nicht begriffen, die darin bestand, die dänische Front mit schwächeren Kräften zu fesseln und die Masse der Truppen zur Umfassung der Dannewerkstellung einzusetzen. Statt dessen richtete er das österreichische Korps und die preußische Garde gegen die gegnerische Front und setzte nur das preußische Armeekorps zur Umfassung ein. Zudem wollte Wrangel den frontalen Angriff nur dann in voller Stärke beginnen, wenn sich Erfolge der zur Umfassung eingesetzten Truppen abzeichneten.

Aus dem Bestreben des Prinzen Friedrich Karl, mit seinem Armeekorps am 2. 2. gegen den an der Schlei gelegenen Brückenkopf von Missunde vorzugehen, die gegnerische Aufmerksamkeit abzulenken und eine günstige Stellung für den Übergang aufzuklären, entwickelte sich das Gefecht von Missunde. Trotz des Einsatzes von 64 Geschützen erreichten die Preußen im Artilleriekampf keine bedeutende Wirkung gegen die gut ausgebauten Werke. Sie mußten am späten Nachmittag das Gefecht abbrechen und sich unter heftigem dänischem Feuer zurückziehen.

Damit bewiesen die Dänen, daß sie ihre Stellungen nicht ohne ernsthaften Kampf aufgeben würden. Ein erfolgreiches Übersetzen über die Schlei bot nur weiter abwärts, bei Arnis und Kappeln, Aussicht auf Erfolg. Erst nach längerem Zögern stimmte Wrangel dieser Ansicht zu. Auch jetzt noch zeigte er wenig Neigung, nach geglücktem Forcieren sofort auf Flensburg vorzustoßen, ohne Rücksicht auf die Vorgänge bei den frontal angreifenden Truppen zu nehmen. Das preußische Armeekorps blieb zunächst bei Missunde stehen, da der Übergang über die Schlei erst am 5. 2. erfolgen konnte.

Das österreichische Korps und die preußischen Garden näherten sich erst am 3. 2. den dänischen Vorpostenstellungen. Es entwickelten sich die Gefechte von Jagel und Oberselk, die zum Rückzug der dänischen Vorposten auf die Hauptstel-

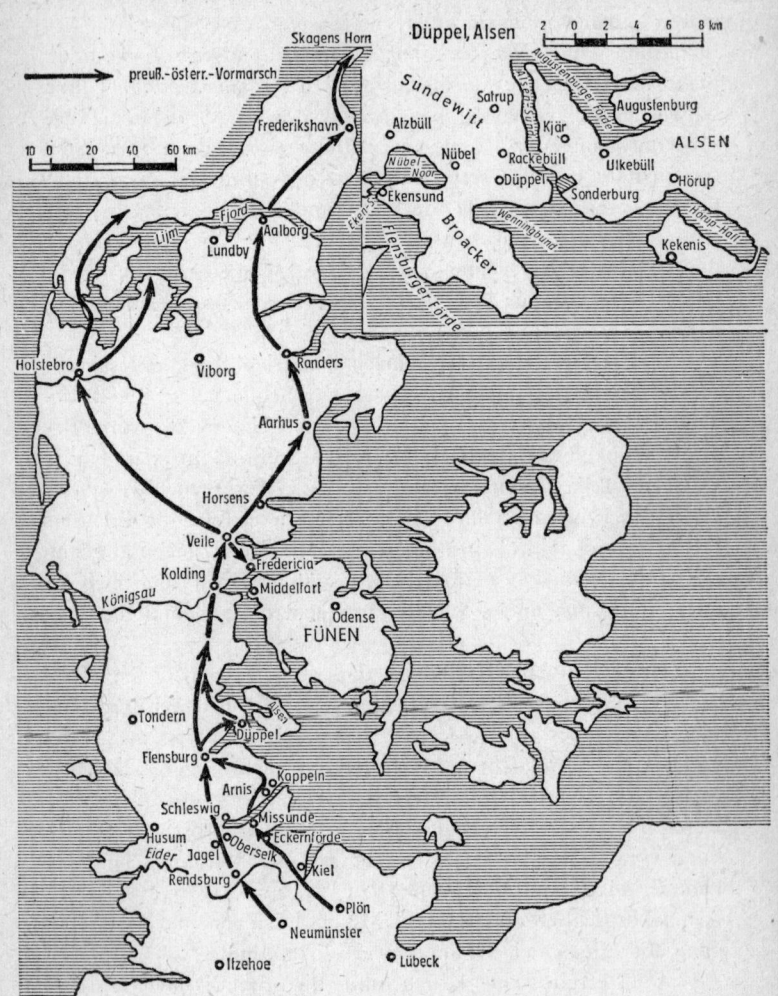

lung führten. Der für den 4. 2. vorgesehene Sturm auf die Dannewerke wurde von den Verbündeten auf Grund des Mangels an schwerer Artillerie verschoben. So gewann das dänische Oberkommando Zeit, neue Entschlüsse zu fassen.

General de Meza gelangte bereits während der ersten kleineren Gefechte zu der Auffassung, daß die vorhandenen Truppen nicht zur wirksamen und erfolgreichen Verteidigung der ausgedehnten Stellungen ausreichten, zumal ihre Ausrüstung und Ausbildung mangelhaft blieben. Aus diesen Gründen faßte am 4. 2. ein Kriegsrat unter seinem Vorsitz den Beschluß, die Stellung sofort zu räumen und den Rückzug anzutreten. Dabei erwies sich die Weisung des Kriegsministeriums als ausschlaggebend, auf jeden Fall die Kampfkraft des Heeres zu erhalten.

Der Rückzug der dänischen Truppen begann in der Nacht zum 6. 2. mit der Marschrichtung auf Flensburg. Obwohl die Dänen auf den vereisten Straßen nur langsam zurückgingen, leitete das verbündete Oberkommando nur sehr zögernd die Verfolgung ein. So konnte der Gegner, der trotz des Mangels an Artillerie erfolgreiche Nachhutgefechte führte und die Verfolgung immer wieder bremste, zwar erschöpft, aber ohne größere Verluste die Stellung bei Düppel erreichen. Die durch ein Infanterieregiment und geringe Artilleriekräfte verstärkte Kavalleriedivision setzte den Marsch zur Deckung von Jütland in Richtung Norden fort.

Damit befanden sich die Dannewerke mit der zurückgelassenen schweren Festungsartillerie schon nach wenigen Kriegstagen in der Hand der Verbündeten. Aber die schlechte Führung der Operationen durch den unfähigen Wrangel, der falsche Ansatz der Kräfte und die überaus große Vorsicht bei der Verfolgung hatten den Operationsplan scheitern lassen. Die dänische Armee konnte trotz des Rückzuges ihre Kampfkraft erhalten. Sie hatte sogar eine neue und den Verbündeten sehr gefährliche Flankenstellung eingenommen.

Zunächst bezogen die preußischen und österreichischen Truppen im Raum Flensburg–Glücksburg–Oeversee Feldquartier. Die Verbündeten benutzten die Ruhepause, um die heranrückenden Verstärkungen abzuwarten.

Dagegen gingen in der dänischen Armee bedeutende Veränderungen vor sich. Der Rückzug aus der Dannewerkstellung ohne vorhergehenden Kampf hatte, obwohl er die Kampfkraft der Armee erhielt, in Dänemark große Empörung hervorgerufen. Die dänische Regierung berief General de Meza ab und

Tabelle 6: Verteilung der dänischen Truppen nach ihrer Reorganisation

Kräfte	Raum
1. ID	Düppeler Schanzen
2. ID, Inf. Res., Art. Res.	Insel Alsen
3. ID	Fredericia, Insel Fünen
Verstärkte KD	Kolding

ernannte zunächst Generalleutnant Lüttichau, später Generalleutnant Gerlach zum Oberkommandierenden. Die Truppen wurden reorganisiert.

Das neue dänische Oberkommando beabsichtigte, die Flankenstellung von Alsen-Düppel und Fredericia-Fünen zäh zu behaupten. Die Grenze zwischen Schleswig und Jütland sollte gesichert und der Gegner durch kleinere Vorstöße beunruhigt werden.

Noch immer hoffte die dänische Regierung auf ein Eingreifen der europäischen Mächte zu ihren Gunsten. Es schien fast so, als sollten sich diese Hoffnungen bald erfüllen. Bereits im Januar 1864 hatte England im Einverständnis mit Dänemark den Vorschlag zu einer europäischen Konferenz erneuert und nach Kriegsausbruch, Anfang Februar, einen Waffenstillstand vorgeschlagen. Es kam aber zu keiner Übereinkunft, da die verbündeten Regierungen die Räumung ganz Schleswigs durch die dänische Armee, also auch die Räumung von Düppel und Alsen, verlangten, während die dänische Regierung den Rückzug der verbündeten Truppen aus dieser Provinz forderte. Daraufhin schlug England die Eröffnung von Verhandlungen ohne vorhergehenden Waffenstillstand vor. Die Regierungen in Berlin und Wien mußten zustimmen, waren aber insgeheim bestrebt, den Beginn der Konferenz so weit wie möglich hinauszuzögern, um noch vorher entscheidende militärische Erfolge zu erreichen.

Die nach dem dänischen Rückzug auf Düppel entstandene Lage zwang das Oberkommando der verbündeten Truppen, neue Entschlüsse zu fassen. Noch galt offiziell als Ziel des Feldzuges, Schleswig als Faustpfand in die Hand zu bekommen. Um dieses Ziel zu erreichen, mußten neue Operationen eingeleitet werden. Diese Aufgabe war nicht einfach, da die dänische Armee den nördlichen Teil Schleswigs gar nicht verteidigte, sich dafür aber an der Ostküste in den schwer angreifbaren Flankenstellungen festgesetzt hatte. Hier hatte sie, unterstützt durch die dänische Flotte, fast ungestörte Verbindungen zu den dänischen Inseln, eine gesicherte Versorgung und die Möglichkeit zu rascher Umgruppierung der Kräfte auf dem Seewege entsprechend den jeweiligen Erfordernissen.

Angesichts dieser Schwierigkeiten wandten sich die Überlegungen im Stabe Wrangels einem anderen Plan zu. Das preußische Armeekorps sollte die dänische Armee am Hervorbrechen aus der Stellung bei Düppel hindern und die hier und auf Alsen stationierten Kräfte binden. Die anderen Truppen – das österreichische Korps und die verstärkten preußischen Garden – sollten die Grenze nach Jütland überschreiten, Fredericia einschließen und die gesamte jütische Halbinsel besetzen. Das verbündete Oberkommando verfolgte die Absicht, bei Waffenstillstands- und Friedensverhandlungen Jütland gegen die noch von den Dänen besetzten Teile Schleswigs auszutauschen.

Als dieser Plan in Berlin und Wien bekannt wurde, entstanden sofort Differenzen zwischen der österreichischen und der preußischen Regierung. Das Abkommen beider Mächte vom Januar 1864 ging nicht über die Besetzung Schleswigs hinaus. Die österreichische Regierung sah in dem Einmarsch in Jütland das Signal zum Ausbruch eines europäischen Krieges. Sie fürchtete vor allem eine Annäherung Englands an Frankreich und die Einmischung dieser beiden Mächte. Deshalb wünschte Wien auch fernerhin die Beschränkung der Operationen auf Schleswig. Österreichische Generale empfahlen die Eroberung von Düppel und Alsen. Nach ihrer Ansicht konnten diese Unternehmen entscheidende Bedeutung erringen oder doch zumindest zur Vernichtung eines großen Teiles der dänischen Armee führen.

Erst am 1. 3. 1864 wurde nach langwierigen Verhandlungen eine Einigung zwischen den Verbündeten erzielt. Einen wesentlichen Anteil daran hatte die Tatsache, daß trotz der Besetzung der jütischen Stadt Kolding am 18. 2. durch preußische und österreichische Truppen die von Wien befürchtete heftige Reaktion der Großmächte ausblieb. Das Abkommen vom 1. 3. sah vor, den Hauptangriff gegen die stärkste Konzentrierung der dänischen Armee, gegen die Stellung Düppel–Alsen, zu richten. Außerdem gestattete es dem Oberbefehlshaber, seine Truppen in Jütland so weit vorzuschieben, wie er es zum Schutze gegen dänische Angriffe für nötig hielt. Österreich und Preußen erklärten in Noten an die Großmächte, daß sie weiterhin zu einem Waffenstillstand auf der Grundlage des beiderseitigen militärischen Besitzstandes oder der gegenseitigen Räumung Jütlands bzw. Düppel–Alsens bereit seien. Weitere Bedingung war die Freigabe der von den Dänen auf hoher See oder in den Häfen beschlagnahmten Schiffe.

Bereits am 10. 2. hatte Wrangel dem preußischen Armeekorps unter dem Prinzen Friedrich Karl den Befehl erteilt, gegen die Düppeler Schanzen vorzugehen. Der Erstürmung sollte eine kurze Beschießung durch Feldartillerie vorausgehen, während Friedrich Karl eine regelrechte Belagerung vorschlug. Am 11. und 12. 2. bezog die Masse seiner Truppen eine Linie, die sich durch das Sundewitt vom Nübel-Noor bis zum Alsen-Sund zog und sich etwa noch 6 bis 8 Kilometer vor den Schanzen befand.

Nach der Fertigstellung der Schiffsbrücke über den Eken-Sund in einer Länge von 165 Metern konnte am 17. 2. auch die wichtige Halbinsel Broaker besetzt werden. Von ihr aus war Feuer gegen die Flanken der dänischen Stellungen möglich. Auch die Nordseite der Flensburger Förde wurde mit starken Batterien besetzt. Schon am 18. 2. wurde mit den gezogenen Geschützen ein Angriff des stärksten dänischen Panzerschiffs gegen die Eken-Sund-Brücke erfolgreich abgewehrt. Zur weiteren Sicherung der Küste gegen dänische Landungsunternehmungen wurde ein großer Teil der Kavalleriedivision eingesetzt.

Nachdem in den ersten Tagen nur einige Scharmützel der Vorposten stattgefunden hatten, begann am 22. 2. das allgemeine Vorgehen der preußischen Truppen. Ihr Ziel bestand zunächst in der gewaltsamen Aufklärung der dänischen Stellungen. Die gewonnenen Ergebnisse bestätigten die Auffassung, daß die Düppeler Schanzen sehr stark und nicht durch einen nur von Feldartillerie unterstützten Angriff zu nehmen waren.

Die Düppeler Schanzen befanden sich auf einer Höhengruppe im südöstlichen Teil des Sundewitt. Sie deckten die Straße nach Sonderburg und Alsen und gestatteten den Dänen, die nach Jütland verlaufende Heerstraße in kurzer Zeit zu unterbrechen. Solange die Verteidiger die Seeherrschaft besaßen, konnte die an den Alsen-Sund und den Wenningbund angelehnte Stellung niemals durch eine Umfassung bedroht werden. Die dänische Flotte dagegen konnte jederzeit beide Flügel der eigenen Truppen unterstützen. Den Kern der Stellung bildete die am Westrand bastionartig vorspringende Mühlenhochfläche, die das Gelände beherrschte.

Die hinter der Stellung liegende Insel Alsen mit der Stadt Sonderburg ermöglichte die Verbindung mit den Hilfsquellen des Staates, bot ungefährdeten Aufenthalt für die Reserven und einen gesicherten Rückzug. Vom hohen Ostufer Alsens konnten dänische Kräfte sowohl einen Rückzug als auch die Verteidigung des rechten Flügels unterstützen. Die Hauptlinie der Stellung bildeten 10 Schanzen, von denen 7 große geschlossene Werke waren. Als die preußischen Truppen anrückten, beseitigten die Dänen bis zu 700 Meter vor den Stellungen alle Deckungen. Alle Gräben, die die Schanzen untereinander verbanden, erhielten durchgehende Palisadierungen. Außerdem wurden zahlreiche Sperren und Hindernisse im Vorgelände angelegt. Hinter der Hauptlinie befand sich noch eine nicht voll ausgebaute Linie aus vier kleineren Werken. Unmittelbar vor den über den Alsen-Sund nach Sonderburg führenden Schiffsbrükken lagen noch zwei kleinere, durch Laufgräben verbundene Schanzen.

Trotzdem hatte die Düppeler Stellung mehrere Schwächen. Es fehlte vor allem an bombensicheren Unterkünften für die Mannschaften. Dadurch wurde die Verteidigung der Schanzen durch die Infanterie erschwert, da die Truppen entweder im Geschützfeuer schwere Verluste erleiden mußten oder erst im letzten Augenblick zur Abwehr eines Angriffs herangeführt werden konnten. Die große Zahl der Werke führte zur Zersplitterung der Kräfte, ihre ausreichende Besetzung erforderte so viel Truppen, daß keine mehr für die Gegenstöße verblieben. Der Aufbau der Werke zwang die Dänen außerdem, Geschütze auf den hochgelegenen Schanzenwällen aufzustellen, wo sie ein deutliches Ziel für die Belagerungsartillerie boten.

In der Stellung von Düppel–Alsen befanden sich die 1. und 2. Division, die Infanteriereserve, 4 Festungsartilleriekompanien, 5 Pionier- und Pontonierkompanien mit insgesamt 26 229 Mann. Die Schanzen waren mit 84 glatten Geschützen, meist schweren Kalibers, ausgerüstet, dazu kamen 4 schwere Geschütze im Brückenkopf und 36 auf Alsen. Die Festungsartillerie bestand also insgesamt aus 124 Rohren, während die Feldartillerie über 48 Feldgeschütze verfügte. Außerdem konnte die Artillerie der bereitliegenden dänischen Schiffe in den Feuerkampf eingreifen.

Angesichts der Stärke der dänischen Stellung schlug der Stab des preußischen Armeekorps vor, auf ihre Erstürmung zu verzichten. Statt dessen sollte den dänischen Truppen in Düppel durch die Eroberung Alsens jede Rückzugsmöglichkeit auf diese Insel abgeschnitten werden. Die Inbesitznahme Alsens mußte die Dänen in eine gefährliche Lage bringen, die Erstürmung von Düppel überflüssig machen und trotzdem eine Kapitulation der dänischen Armee erzwingen.

Prinz Friedrich Karl gelang es, für diesen Plan genügend Anhänger zu finden und den Befehl zu seiner Ausführung zu erreichen. Für den Übergang wurde die Küste bei Ballegaard in Aussicht genommen. Der Gegner in der Düppelstellung sollte durch einen heftigen Artillerieangriff gefesselt werden.

Voraussetzung für ein erfolgreiches Übersetzen der Truppen waren die unbemerkte Aufstellung von 50 bis 60 schweren Geschützen in der Nähe der Übersetzstelle zur Abwehr der dänischen Flotte sowie Windstille und ruhige See.

Gleichzeitig ordnete das Oberkommando die Heranziehung von 36 schweren Belagerungsgeschützen an, falls die geplante Operation scheitern sollte. In diesem Falle sollte der Hauptangriff auf den linken Flügel und das Zentrum der Stellung geführt werden. Hier befanden sich die Schanzen I bis VI, vier große und zwei kleinere Werke, ausgestattet mit insgesamt 51 schweren Geschützen.

Während dieser ganzen Zeit blieben die Kämpfe auf heftige Vorpostengefechte beschränkt. Am 17. 3. unternahmen die Dänen einen Ausfall, um einige Gehöfte zu zerstören, die den Preußen als Stützpunkte dienten. Nach schweren Kämpfen um das Dorf Düppel und den Spitzberg mußten sie sich zurückziehen.

Die Inangriffnahme der Belagerungsarbeiten, für die 7 Pionierkompanien und 2000 Infanteristen und Hilfsarbeiter eingesetzt wurden, verlangte das weitere Vorschieben der Vorposten gegen die dänischen Stellungen. Am 28. 3. erfolgte dazu ein Angriff auf die dänischen Vorposten des linken Flügels. Sie wurden zwar auf die Schanzen zurückgeworfen, aber es gelang den Preußen nicht, sich in den neuen Stellungen einzugraben. Wirkungsvolles Feuer der dänischen Batterien und der Schiffsartillerie richtete unter ihnen große Verluste an. Es drohte ein Gegenstoß, so daß die für den Vorstoß eingesetzte preußische Brigade in die Ausgangsstellung zurückweichen mußte. Die erste Parallele konnte daher nur etwa 900 Meter vor den Schanzen eröffnet werden.

Am 29. 3. traf die preußische Gardedivision (ohne ein in Jütland verbliebenes Regiment) im Sundewitt ein. Sie sollte das preußische Armeekorps verstärken und an dem Unternehmen gegen Alsen teilnehmen, das nun in sein entscheidendes Stadium trat. Am selben Tag waren bereits die zur Unterstützung des Übersetzens bestimmten Kanonenboote der preußischen Flotte vor Stralsund versammelt. Starker Wind verhinderte aber das Auslaufen dieser Flottille, mehrere Boote fielen durch Maschinenschäden aus. Der preußische Befehlshaber erhielt freie Hand, den Übergang nach Alsen auch ohne Mitwirkung der Flotte durchzuführen. Sein Stab legte als Termin für das Forcieren des Alsen-Sundes den 2. 4. fest und zog dazu den österreichischen Brückentrain heran, ließ die Schiffsbrücke über den Eken-Sund abbrechen und requirierte zahlreiche Fischerboote. Am 31. 3. standen 139 Übersetzmittel, auf Wagen verladen, bereit. Mit ihnen konnten in einer Welle etwa 1600 Mann Kampftruppen übergesetzt werden, denen nach jeweils zwei Stunden die nächsten Wellen folgen konnten. Für den Angriff auf Alsen waren 4 Infanteriebrigaden, 2 Jägerbataillone, 3 Eskadronen und 5 Feldbatterien vorgesehen. Die Gesamtstärke dieser Kräfte betrug etwa 20 000 Mann.

Das zur Täuschung des Gegners unternommene Geschützfeuer auf die Düppelstellung erwies sich als so wirksam, daß die Dänen einen Teil ihrer Artillerie zurückziehen mußten. Dagegen mußte das Übersetzen wegen eines aufkommenden Sturms auf den 3. 4. verschoben werden. Da aber der Sturm nicht nachließ, arbeitete die Zeit für die Dänen, die die Landungsvorbereitungen aufklärten und energische Vorbereitungen für die Abwehr trafen. Damit war die hauptsächliche Voraussetzung für einen Erfolg der Preußen, das Überraschungsmoment, verlorengegangen. Der Stab des preußischen Armeekorps sah sich gezwungen, am Abend des 3. 4. das Landungsunternehmen völlig aufzugeben.

Bisher hatte das Oberkommando der Verbündeten nur zögernd Maßnahmen für einen Angriff auf die Düppeler Schanzen ergriffen, weil es das Alsener Unternehmen für aussichtsreicher hielt. Angesichts der neuen Lage entschloß es sich, mit allen Kräften den Angriff gegen die Schanzen weiterzuführen. Schon am 7. 4. eröffneten 62 schwere Geschütze, darunter 44 gezogene, das Feuer auf die Düppeler Schanzen und ihr Hinterland. Kanonen und Mörser wirkten gegen jede einzelne der Schanzen zusammen. Sonderburg wurde zerstört, die dänische Bevölkerung mußte es verlassen. Unter dem starken Feuer suchten die Besatzungen der Werke die Deckungen auf. Klar zeigte sich die Überlegenheit der Belagerungsartillerie. Die dänischen Batterien, die anfangs das Feuer lebhaft erwiderten, mußten bald schweigen, um die Geschütze zu schonen.

In der Nacht vom 7. zum 8. 4. eröffneten die Preußen 200 bis 250 Meter weiter vorn die sogenannte Halbparallele. Am 8. 4. begann nach dem Eintreffen weiterer 20 schwerer Geschütze die Bekämpfung des rechten Flügels der dänischen Stellung. Bereits in der Nacht vom 10. zum 11. 4. konnten die Belagerer 380 bis 470 Meter vor den dänischen Werken die zweite Parallele eröffnen. Sie sollte als Ausgangslinie für den Sturm dienen. Das Oberkommando stand unter dem Druck der verbündeten Regierungen, die einen schnellen Erfolg für die Verhandlungen in London benötigten. Noch vor ihrem Beginn sollten wichtige Faustpfänder gesichert und militärische Trümpfe für das diplomatische Spiel gewonnen werden. Deshalb wurde der Sturm für den 14. 4., vormittags 10.00 Uhr festgesetzt. Dadurch sollten ein vorheriges mehrstündiges Bombardement ermöglicht und die Dänen überrascht werden, die einen Angriff wahrscheinlich in der Nacht erwarteten.

Das dänische Oberkommando hatte sich im März nach heftigen Differenzen mit dem Kriegsministerium für eine völlig defensive Kriegführung entschieden. Nach seiner Meinung schwand die Aussicht auf eine erfolgreiche Verteidigung immer mehr, je mehr der Gegner den Sturm verschob. Die Regierung verlangte jedoch die Verteidigung der Düppelstellung bis zum äußersten. Um die Stellung zu verstärken, wurden eine Infanteriebrigade und eine Batterie von Fredericia nach Alsen verlegt.

Am 13. 4. führten die preußischen Batterien ein besonders heftiges Feuer. In der Schanze I wurden sämtliche Geschütze zerstört, auch die dänischen Batterien auf Alsen litten erheblich. Aber obwohl alle Vorbereitungen getroffen und die Ergebnisse der Beschießung ausreichend waren, setzte das Oberkommando den Sturm zunächst ab. Es war Bismarck gelungen, die Eröffnung der Londoner Konferenz auf den 25. 4. zu verzögern. Die so gewonnene Zeit sollte genutzt werden, um eine dritte Parallele in günstigerer Sturmentfernung zu eröffnen, die stark mitgenommenen Truppen in der vordersten Linie abzulösen und die für den Sturm vorgesehenen Kräfte zu verstärken. Die dritte Parallele wurde in der Nacht vom 14. zum 15. 4. ausgehoben. Sie verlief 250 bis 300 Meter vor den Schanzen.

In diesen Tagen befanden sich die dänischen Truppen im Sundewitt bereits in einer kritischen Lage. Die Verteidigungsfähigkeit der Schanzen war zum größten Teil stark herabgemindert. Auch die Brustwehren und Palisaden boten keine hinreichende Sicherheit mehr. Das Artilleriefeuer des Gegners hatte viele Blockhäuser zerstört und den Verkehr im Innern der Werke fast unmöglich gemacht. Die in erster Linie stehenden Regimenter verfügten statt über 6400 nur noch über 4200 Mann. Ein großer Teil der Geschütze war ausgefallen, so daß am Tage des Sturms in der gesamten Stellung nur noch 85 Geschütze einschließlich der Mörser und Feldgeschütze verwendungsfähig waren. Die Seestreitkräfte mußten wegen starken Nebels und des Abwehrfeuers der preußischen Batterien darauf verzichten, vom Wenningbund aus in den Kampf einzugreifen.

Das dänische Oberkommando erwartete zugleich mit dem Sturm den Übergang nach Alsen und wollte den Schwerpunkt der Verteidigung auf die Insel verlegen, um wenigstens diese zu behalten. Die Düppeler Schanzen sollten geräumt und als

Tabelle 7: Verteilung der dänischen Kräfte
in der Stellung von Düppel–Alsen am 18.4.1864

Raum	Kräfte
Erste und zweite Linie der Düppeler Schanzen	13 Bataillone, 16 Feldgeschütze
	3 Festungskompanien, 54 brauchbare Festungsgeschütze und 11 Mörser
Brückenkopf bei Sonderburg	3 Bataillone, 4 brauchbare Festungsgeschütze
Alsen	13 Bataillone, 32 Feldgeschütze (Reserve)
Alsen	5 Bataillone, 16 Feldgeschütze (Verfügung des Oberkommandos)
Alsen	6 Eskadronen (Küstenbewachung)

Vorpostenstellung nur noch mit schwachen Kräften besetzt werden. Doch die dänische Regierung beharrte darauf, die Düppelstellung selbst unter schwersten Verlusten bis zum äußersten zu verteidigen, da das nach ihrer Ansicht für die Entwicklung der politischen Verhältnisse von großer Bedeutung war. Insgesamt standen etwa 23 000 Mann, 58 Festungsgeschütze, 64 Feldgeschütze und 11 Mörser zur Verfügung.

Tabelle 8: Aufstellung der dänischen Flottenkräfte

Raum	Kräfte
Bei Sonderburg	Panzerkuppelschiff »Rolf Krake« mit 4 Geschützen
Im Stegwig	Raddampfer »Hekla« mit 7 und »Hertha« mit 2 Geschützen sowie 4 Kanonenschaluppen mit je einem Geschütz
Augustenburger Förde	Panzerschoner »Esbern Snare« mit 3 Geschützen
Alsen-Sund	Panzerschraubenfregatte »Danebrog« mit 14 und ein Schraubenkanonenboot mit 6 Geschützen

Die auf Alsen stehenden dänischen Truppen sollten beim Beginn des preußischen Angriffs in ihrer Masse auf das Festland übergehen und die bereits im Kampf befindlichen Truppen unterstützen. Das Oberkommando hoffte, die vordere Schanzenlinie so lange halten zu können. Die Flottenkräfte sollten beide Flügel mit Feuer unterstützen.

Der Sturm der preußischen Truppen war für den 18. 4. um 10.00 Uhr angesetzt. Eine sechsstündige Vorbereitung durch starkes Artilleriefeuer sollte ihm vorausgehen. Für den Angriff auf die Schanzen I bis VI war je eine Sturmkolonne vorgesehen. Ihre Spitzen sollten in Schützenlinie so schnell wie möglich gegen die Schanzen vorgehen und sich davor festsetzen. Erst wenn es den nachfolgenden Arbeitskolonnen gelungen war, die Hindernisse zu beseitigen, sollten die eigentlichen Sturmkolonnen die Schanzen erstürmen und der Besatzung den Rückzug abschneiden.

Die preußischen Kräfte für den Sturm umfaßten insgesamt

40 Bataillone, 5 Eskadronen und 7½ Pionierkompanien in einer Gesamtstärke von rund 37 000 Mann sowie 67 Feldgeschütze. Für die Artillerievorbereitung sollte die Festungsartillerie eingesetzt werden.

Tabelle 9: Aufstellung der preußischen Kräfte für den Sturm auf die Düppeler Schanzen

Zweckbestimmung	Kräfte
Vorposten	11 Kompanien
Sturmkolonnen	46 Kompanien, 5 Pionierkompanien und 144 Mann Festungsartillerie
Hauptreserve	28 Kompanien mit 27 Geschützen
Besatzung der Stellungen Spitzberg-Düppel	51 Kompanien, 5 Eskadronen und eine reitende Abteilung mit 20 Geschützen
Besatzung der Stellung bei Satrupholz	24 Kompanien und 2½ Pionierkompanien mit 20 Geschützen

Am 18. 4. um 4.00 Uhr eröffneten die preußischen Belagerungsbatterien ein verheerendes Feuer gegen die dänischen Stellungen. Die dänische Infanterie wurde in die Deckungen gezwungen, die Reserven gingen zurück. Nur die Artillerie in den Schanzen und die Infanterie in den Laufgräben harrten aus. Der um 10.00 Uhr planmäßig beginnende Sturmangriff traf sie völlig überraschend. In einigen Schanzen erreichten die dänischen Truppen zwar noch die Brustwehren und belegten die Sturmkolonnen mit heftigem Gewehr- und Kartätschen-

Tabelle 10: Aufstellung der Festungsartillerie für die Vorbereitung des Sturms

Abschnitt	Zahl der Geschütze
Rechter Flügel auf der Halbinsel Broacker	3 Batterien mit 12 Geschützen
Front des Hauptangriffs und bei Oster-Düppel	14 Batterien mit 56 Geschützen
Linker Flügel	8 Batterien mit 34 Geschützen
Insgesamt	102 Geschütze

feuer, aber schon eine Viertelstunde später waren die sechs Schanzen der Hauptangriffsfront genommen. Der rechte Flügel der Angriffstruppen begann gegen die zweite dänische Linie vorzugehen, wo sich die dänischen Reservekompanien festgesetzt hatten. Die Preußen erzielten zunächst Erfolge, doch wurden stärkere dänische Kräfte von rückwärts herangeführt, und das Panzerschiff »Rolf Krake« griff vom Wenningbund aus ein. Die Preußen waren vorübergehend zur Verteidigung der genommenen Positionen gezwungen, aber nach dem Fall der Schanze VII war auch die zweite Linie in preußischer Hand.

Das dänische Oberkommando erhielt die Nachricht vom Beginn des Sturms erst, als schon die erste und die zweite Schanzenlinie überrannt waren. Der verspätet angesetzte Gegenstoß der dänischen Reserven wurde von den preußischen Truppen zum Stehen gebracht. Auch die »Rolf Krake« wurde zum Rückzug gezwungen. Die heraneilenden preußischen Reserven warfen die Dänen auf den Brückenkopf bei Sonderburg zurück. Gegen Mittag fielen auch die letzten Schanzen des rechten dänischen Flügels in die Hand der preußischen Truppen, ihre Besatzungen zogen sich unter schweren Verlusten, aber rechtzeitig und geordnet zurück.

Jetzt wandten sich die Preußen gegen den von einer dänischen Brigade verteidigten Brückenkopf. 45 Feldgeschütze eröffneten das Feuer auf die kleinen Werke und die Batterien auf Alsen. Auch die Batterien auf Broacker nahmen an der Bekämpfung der neuen Ziele teil.

Das dänische Oberkommando hatte sich inzwischen entschlossen, den Brückenkopf zu räumen, da er seine Bestimmung erfüllt hatte und es noch möglich schien, die Truppen ohne besondere Schwierigkeiten zurückzuziehen. Gleichzeitig mit der Räumung wurde mit dem Abbau der Brücken begonnen. Als der preußische Angriff auf den Brückenkopf begann, verließen ihn gerade die letzten dänischen Truppen. Die preußische Artillerie versuchte vergeblich, das starke Feuer der dänischen Batterien auf Alsen zum Schweigen zu bringen. Es erlosch erst mit dem Einbrechen der Dunkelheit.

Die bei Satrupholz für einen eventuellen Übergang nach

Alsen bereitgestellten Truppen kamen nicht zum Einsatz, da der Mangel an Übersetzmitteln und die zu erwartende starke dänische Abwehr einen Erfolg ausschlossen. Die Aufgabe dieser Truppen beschränkte sich darauf, dänische Reserven auf Alsen zu fesseln.

Mit dem erfolgreichen Sturm der Preußen auf die Düppeler Schanzen hatten die dänischen Truppen das letzte Stück des schleswigschen Festlands und damit das Ausfalltor aus der Stellung von Alsen verloren. Den preußischen Verlusten von 1201 Mann standen dänische Verluste in Höhe von 4816 Mann gegenüber. Diese Ausfälle waren für die Dänen nur sehr schwer zu ersetzen. Ihre Position für die bevorstehenden Londoner Verhandlungen hatte sich erheblich verschlechtert, aber es war den Preußen nicht gelungen, die in der Düppelstellung eingesetzten Hauptkräfte des Gegners völlig zu vernichten. Die dänische Armee blieb kampffähig, fesselte weiterhin starke preußische Kräfte und konnte auf dem Seewege jederzeit an einen anderen Punkt verlegt werden.

b) Die weiteren Operationen bis zur Niederlage Dänemarks

Nach der preußisch-österreichischen Einigung über den weiteren Vormarsch in Jütland waren am 8. 3. auch die Operationen in den übrigen Richtungen wieder aufgenommen worden. Die preußischen Garden wurden von Kolding aus gegen Fredericia angesetzt, um diese Festung einzuschließen; das österreichische Korps stieß aus dem Raum südlich von Kolding auf Veile gegen die dänischen Truppen vor.

Noch am 8. 3. entwickelte sich bei Veile ein Gefecht. Doch die Dänen zogen sich vor der österreichischen Übermacht auf Horsens zurück, da bei der Stärke des Gegners an Infanterie und Artillerie ein erfolgreicher Widerstand nicht möglich war. Der Kommandeur der dänischen Truppen entschloß sich, den Rückzug nach dem Nordwesten fortzuführen und auf die Insel Mors überzusetzen. Die verfolgenden Österreicher konnten über die Richtung des Rückzuges getäuscht werden, und die für die Einschiffung notwendige Zeit war gewonnen. Die Dänen wären bei energischer Aufklärung und rascher Verfolgung durchaus noch zu erreichen gewesen, da heftige Stürme ihre Einschiffung nach Mors verhinderten. Aber das österreichische Gros kehrte schon am 15. 3. wieder nach Veile zurück.

Nun wurde das österreichische Korps gemeinsam mit den preußischen Garden zur engeren Einschließung der Festung Fredericia eingesetzt. Ihre Aufgabe bestand darin, die in der Festung stehenden Kräfte zu binden und die Entsendung dänischer Verstärkungen nach Alsen zu verhindern. Dabei sollte die Festung beschossen werden, um sie anschließend, wenn möglich, zu erstürmen.

In Fredericia befanden sich neben der eigentlichen Festungsbesatzung die verstärkte 3. Division — insgesamt 12 Bataillone Infanterie, 9 Eskadronen, 3 Feldbatterien, 1 Espingolenbatterie, 3 Festungsartillerie- und 2 Ingenieurkompanien. Die Stärke der Festung beruhte darauf, daß durch Überschwemmungen von Westen her kein Angriff möglich war und daß eine gesicherte Verbindung zur Insel Fünen bestand. Die Festung war mit etwa 200 glatten Kanonen bestückt, ihre Werke waren aber ausnahmslos veraltet. Am 20.3. begannen die Verbündeten mit 5 Batterien die Beschießung der Festung. Doch die Wirkung blieb gering. Sie reichte nicht aus, den Kommandanten zur Übergabe zu zwingen, nur die Masse der Bevölkerung flüchtete nach Fünen.

Da die preußischen Garden in das Sundewitt abrückten, übernahm das österreichische Korps die Einschließung der Festung. Kleinere Teile wurden gegen die im nördlichen Jütland stehenden Dänen abgezweigt. Gleichzeitig trat eine Neuregelung im Oberkommando der Verbündeten ein. Die zögernde und schwankende Kriegführung Wrangels rief in Berlin nur Unzufriedenheit hervor. Der Kronprinz von Preußen, der sich im Hauptquartier als Beobachter befand, erhielt jetzt Vollmachten, durch welche die Führung der Armee faktisch in seine Hände überging.

Nach dem Abzug der preußischen Truppen plante das dänische Oberkommando größere Unternehmungen zum Entsatz Fredericias. Am 6. 4. begannen die in Jütland stehenden Kräfte einen Vorstoß von der Insel Mors bei Silkeborg und Skanderborg. Da sie aber weder Unterstützung aus Fredericia noch Verstärkung aus Alsen erhielten, kamen die angreifenden Truppen im Raum Skanderborg zum Stehen.

Weil sich durch den Verlust der Schanzen von Düppel die operative Lage verschlechtert hatte, entschlossen sich die Dänen, auf jeden offensiven Vorstoß auf dem Festland zu verzichten. Ihre Hauptkräfte sollten sich jetzt auf den Schutz von Jütland und Fünen beschränken. Für Fünen allein war eine Kräftegruppierung von etwa 35 000 Mann vorgesehen. Noch in der Nacht unmittelbar nach dem Sturm auf Düppel begann das dänische Oberkommando, seine Kräfte von Alsen auf dem Seewege nach Fünen zu transportieren und auch sein Hauptquartier dorthin zu verlegen. Alsen behielt nur schwächere Kräfte. Sie sollten die Insel möglichst lange gegen einen Übergang der Preußen verteidigen und den Widerstand selbst dann nicht aufgeben, wenn diese schon auf der Insel festen Fuß gefaßt haben sollten.

Der preußische König forderte anläßlich eines Besuches im Hauptquartier der Verbündeten unter dem Druck seines Ministerpräsidenten eine energische Führung und legte dazu neue Pläne des Generalstabschefs Moltke vor. Danach sollte durch weitere kräftige Schläge ein verstärkter militärischer Druck auf die dänische Regierung ausgeübt werden, um sie zur baldigen Aufgabe ihrer bisherigen Haltung zu zwingen. Dem Oberkommando erschienen dazu die völlige Vertreibung der dänischen Streitkräfte aus dem nördlichen Jütland und die Einnahme von Fredericia am geeignetsten. Für diesen Zweck sollten das österreichische Korps und die preußischen Garden eingesetzt werden, während das preußische Armeekorps im Sundewitt zunächst die auf Alsen verbliebenen dänischen Kräfte fesseln und später den Angriff gegen diese Insel führen sollte. Die preußischen Garden sammelten sich bis zum 26. 4. bei Veile, vereinigten sich bei Aarhus mit der Division Münster und stießen bis Aalborg vor, nachdem der bisherige Chef des Stabes im Oberkommando, General Vogel von Falckenstein, den Befehl übernommen hatte. Hier erhielt sein Kommando am 11. 5. die Nachricht über den Abschluß eines Waffenstillstands. Zu dieser Zeit hatten die Verbündeten den ganzen mittleren und östlichen Teil Jütlands erobert.

Südjütland bis einschließlich Veile hielt das österreichische Korps besetzt. Vor Fredericia war in den ersten Tagen nach dem Fall von Düppel alles ruhig geblieben. Die Dänen arbeiteten energisch an den Befestigungen, die Österreicher bereiteten den Angriff vor. Aber am 26. 4. ordnete das dänische Oberkommando plötzlich die Räumung der Festung an. Der politische und militärische Wert Fredericias rechtfertigte nach seiner Meinung nicht den weiteren Einsatz starker Kräfte. Sie wurden dringend an anderen Stellen gebraucht – auf Fünen und in Nordjütland sowie für Landungsunternehmungen im Rücken des Gegners. Am 29. 4. zogen die österreichischen Truppen kampflos in Fredericia ein. Die freiwillige und überstürzte Räumung der stark befestigten Stadt wirkte niederschmetternd auf die Moral der dänischen Armee. Außerdem verschärften sich die politischen Spannungen in Dänemark.

Im Oberkommando der Verbündeten traten neue Diskussionen über die weitere Kriegführung und ihre Möglichkeiten auf. Da die militärischen Ratgeber des preußischen Königs und auch Bismarck starke Bedenken über die Ausführung des Oberbefehls trugen, setzten sie die sofortige Berufung Moltkes in das Hauptquartier durch. Moltke übernahm Anfang Mai zunächst provisorisch die Geschäfte des Chefs des Stabes im verbündeten Oberkommando. Er sah den wirksamsten Schlag in dem Übergang nach Fünen. Allerdings war diese Operation durch die Stärke der dänischen Truppen auf der Insel und das Eingreifen der dänischen Flotte riskant. Diese Überlegungen und Zweifel an den Ergebnissen dieser Operation veranlaßten die österreichische Führung zur Rückfrage in Wien. Bevor Antwort eintraf, begann der Waffenstillstand.

Am 25. 4. war in London eine Konferenz zur Lösung der schleswig-holsteinischen Frage zusammengetreten. Teilnehmer waren Dänemark, Großbritannien, Schweden, Rußland, Frankreich, Preußen, Österreich und der Deutsche Bund. Unter heftigen Differenzen wurden auf den Druck vor allem der neutralen Großmächte die Bedingungen eines Waffenstillstandes formuliert, der am 12. 5. begann: Beibehaltung der beiderseitigen militärischen Stellungen bei Verbot von Truppenverstärkungen, Verbleib der Zivilverwaltung von Jütland in dänischen Händen, Bezahlung der Lieferungen für die Truppen der Verbündeten.

In den weiteren langwierigen Verhandlungen kam es zu scharfen Kontroversen über das Schicksal Schleswig-Holsteins. Nach wie vor beharrte die dänische Regierung auf einer engen staatlichen Verbindung Schleswigs mit Dänemark und lehnte die Vereinigung des Herzogtums mit Holstein zu einem selbständigen Staat ab. Bismarck nutzte den dänischen Standpunkt aus, um seinerseits die Bildung eines neuen deutschen Mittelstaates, wie es der Bundestag und jetzt auch Österreich wünschten, zu verhindern. Als sich die gänzliche Loslösung der Herzogtümer von Dänemark bei gleichzeitiger Teilung von Schleswig anzubahnen schien, traten sofort unüberbrückbare Gegensätze in der Grenzziehung zutage. Jede der beiden Seiten wollte dem Gegner nur etwa ein Sechstel Schleswigs überlassen. Auch über die Festsetzung der Sprachgrenze als neue Staatsgrenze konnte man sich nicht einigen, da viele Gemeinden gemischtsprachig waren.

Eine von Frankreich vorgeschlagene Volksabstimmung der betroffenen Bevölkerung, auf die Preußen eingehen wollte, wurde von Österreich zurückgewiesen. Wien fürchtete, damit ein gefährliches Beispiel für die unterdrückten Völker im eigenen Land zu geben. Aber auch Dänemark lehnte jede Befragung ab. Obwohl der nur auf vier Wochen abgeschlossene Waffenstillstand um weitere zwei Wochen verlängert wurde, blieb die Grenzfrage ungelöst, und die Londoner Konferenz endete trotz eifriger englischer Bemühungen ergebnislos. Am 25. 6. lief die Waffenruhe ab, die Operationen, für deren Weiterführung sich die Gegner indessen eifrig gerüstet hatten, begannen wieder.

Österreich und Preußen hatten einen Tag zuvor in Karlsbad

Vereinbarungen über die weitere gemeinsame Kriegführung getroffen, obwohl zwischen beiden Bundesgenossen ernste Widersprüche bestanden. Als politisches Ziel einigten sich beide Regierungen auf die Lostrennung Schleswig-Holsteins in der den Umständen nach erreichbaren größten Ausdehnung. Hier gab Österreich, das die Einmischung Englands fürchtete und aus finanziellen Gründen ein baldiges Kriegsende wünschte, den preußischen Forderungen nach. Dafür mußte Preußen von dem Angriff auf Fünen Abstand nehmen, den der preußische Generalstabschef im Hauptquartier forderte. Die weiteren Operationen wurden auf die Eroberung Alsens und ganz Jütlands beschränkt. Gegen Fünen wurde ein Scheinangriff zur Unterstützung der Operationen gegen Alsen gestattet.

Im Oberkommando der verbündeten Armee waren inzwischen bedeutende Veränderungen eingetreten. Bereits am 18. 5. wurde der unfähige Wrangel abberufen. Den Oberbefehl übernahm Prinz Friedrich Karl von Preußen, Moltke wurde nun auch formell Chef des Stabes. Kommandeur des preußischen Armeekorps wurde General Herwarth von Bittenfeld. Auch in der militärischen Spitze der dänischen Armee hatten sich Änderungen vollzogen. Der neueingesetzte Kriegsminister leitete gemeinsam mit dem Oberkommando eine weitere Verringerung der auf Alsen stehenden Truppen ein. Man ging davon aus, daß diese Insel nach dem Fall von Düppel ihre bisherige große strategische Bedeutung verloren hatte und daß dafür die Kräfte auf Fünen unbedingt verstärkt werden müßten. Die Insel Fünen sollte mit großer Hartnäckigkeit verteidigt

Tabelle 11: Verteilung der dänischen Kräfte am Ende des Waffenstillstands

Raum	Bataillone	Eskadronen	Geschütze	Festungsartillerie	Stärke (Mann)
Alsen	12	2	24	3	10000
Fünen	16	4	56	3	16000
Nordjütland	10	24	24	—	10000
	38	30	104	6	36000

werden. Rings um die Küste wurden Minen- und Balkensperren angelegt. Am Strand selbst befand sich eine große Anzahl von Batterien, die untereinander durch Laufgräben verbunden waren.

Aufgabe der dänischen Kräfte war es, Alsen und die nördlich des Lijm-Fjordes gelegenen Teile Jütlands zu halten, auf keinen Fall jedoch Fünen aufzugeben. Die Zersplitterung der Kräfte engte die geringen Möglichkeiten für eine erfolgreiche aktive Verteidigung ein und machte sie mehr als zweifelhaft. Auch die geplanten Landungsunternehmungen einer gemischten Brigade konnten an dieser Lage nicht viel ändern.

Am 25. 6. versammelten sich die verbündeten Truppen in folgenden Räumen: das preußische Armeekorps bei Gravenstein, das österreichische Korps bei Kolding–Tondern, die preußischen Garden bei Randers. Der Übergang auf die Insel Alsen wurde dem preußischen Armeekorps übertragen. Eine seiner Divisionen sollte bei Ballegaard den Übergang ausführen, während die zweite bei Satrupholz damit drohen sollte, um dänische Kräfte abzulenken und zu fesseln. Übersetzmittel waren ausreichend vorhanden, zur Feuerunterstützung wurden 50 schwere Geschütze vorgesehen. Die Dänen, aufmerksam gemacht, konzentrierten jedoch an der vorgesehenen Landungsstelle ihre Kräfte. Nun sollte der preußische Angriff von Satrup aus geführt werden. Die Dänen hatten seit dem Ablauf der Waffenruhe Alsen stark befestigt. Der südliche Teil des Sundes war durch Seeminen gesperrt, längs des hohen Ufers befanden sich Laufgräben. Am Strand standen 64 Geschütze, von denen sich aber nur 18 in dem für das Forcieren bestimmten Abschnitt befanden, darunter keine schweren Kaliber. Die dänischen Flottenkräfte konnten mit dem Panzerschiff »Rolf Krake«, 3 Kanonenbooten, einem Raddampfer, einem Schraubenschoner und 5 Kanonenschaluppen eingreifen. Außerdem lag eine Transportflotte zur Evakuierung der Truppen bereit.

Fast ohne Zwischenfälle erreichte am 29. 6. die erste Welle der angreifenden preußischen Truppen das Ufer der Insel. Die überraschten Dänen eröffneten das Geschützfeuer auf die Landungsboote zu spät und lagen bald unter dem heftigen Beschuß der preußischen Artillerie. Ihre Flotte wagte es nicht, in den Alsen-Sund einzufahren, und konnte so den Übergang nicht stören. Schon kurz nach 3.00 Uhr hatten die Landungstruppen festen Fuß gefaßt und die ersten Batterien genommen. Während die weiteren Wellen übersetzten, drangen die preußischen Truppen, dänische Gegenstöße abwehrend, weiter nach Süden vor. Bei Kjär stießen sie auf die heftige Gegenwehr der herangeeilten dänischen Reserven. Nach schweren Kämpfen wichen die Dänen auf Ulkebüll zurück. Nachdem noch mehrere Gegenstöße gescheitert waren und die Preußen energisch auf Sonderburg vorrückten, wurde gegen 8.00 Uhr der allgemeine Rückzug für die dänischen Truppen angeordnet. Jetzt griff auch die preußische Artillerie von Düppel aus ein, die preußische Besatzung der Düppeler Schanzen überschritt ebenfalls den Sund und nahm Sonderburg. Die Dänen gingen eilig, wobei sie einen starken Sperriegel bildeten, auf die Halbinsel Kekenis zurück. Von hier konnten sie sich – von den Preußen unbehelligt – nach Fünen einschiffen. Die Insel Alsen befand sich in der Hand der Verbündeten. Während eine Division des preußischen Armeekorps die Sicherung im Raum Alsen–Sundewitt übernahm, wurde die andere mit der Masse der Pioniere nach Hadersleben und Kolding verlegt.

Nun bereitete das Oberkommando der Verbündeten den Übergang über den Lijm-Fjord vor. Am 3. 7. kam es bei Aalborg, das die Dänen nur schwach besetzt hatten, und bei Lundby zu kurzen Gefechten. Das Gefecht bei Lundby ist vor allem dadurch bemerkenswert, daß sich hier die klare Überlegenheit des preußischen Zündnadelgewehrs zeigte. Nach den Kämpfen bei Aalborg und Lundby fanden in Nordjütland keine bedeutenden Gefechte mehr statt. Die Dänen zogen sich fast kampflos über den Lijm-Fjord zurück. Am 11. 7. wurde die letzte dänische Abteilung nach Fünen eingeschifft, die Verbündeten stießen kampflos bis Skagens Horn vor.

Nach dem Fall von Alsen und der Räumung Nordjütlands versammelte das dänische Oberkommando auf Fünen alle noch kampffähigen Streitkräfte. Die Befestigungen waren vollendet, so daß ihm ein erfolgreicher Widerstand gegen einen preußisch-österreichischen Angriff möglich schien. Die Seeverbindungen blieben auch weiterhin völlig gesichert. Aber die regierenden Kreise in Kopenhagen sahen der weiteren Entwicklung besorgt entgegen. Sie fühlten sich selbst auf Seeland nicht mehr sicher. Auf die Hilfe des Auslands war seit der Londoner Konferenz nicht mehr zu rechnen. Die französische Regierung riet zum baldigen Nachgeben und hielt auch England davon ab, zugunsten Dänemarks zu intervenieren. Auch die russische Regierung drängte in Kopenhagen auf ein Nachgeben gegenüber den preußischen und österreichischen Forderungen.

Die Wiederaufnahme der Kampfhandlungen Ende Juni 1864 hatte mit weiteren Niederlagen und Verlusten für Dänemark sowie der Räumung des Festlandes geendet. Es bestand keine Aussicht mehr, einen Umschwung zu erreichen, ein weiterer Widerstand mußte auf die Dauer aussichtslos bleiben. Die dänischen Reserven waren erschöpft, das Land befand sich in einer schwierigen Finanzlage. Selbst die moralische Widerstandskraft der Armee und der Bevölkerung zeigte sich stark erschüttert.

Auch die Operationen auf den Seekriegsschauplätzen hatten nicht zu den von der dänischen Regierung erwarteten Erfolgen geführt.

Die dänische Flotte begann ihre Operationen mit der Errichtung einer Blockade in der Ostsee. Diese wurde zwar bis Pillau ausgedehnt, aber nicht sehr konsequent durchgeführt. Nur hin und wieder kam es zu unbedeutenden Zusammenstößen mit aufklärenden preußischen Schiffen, wie am 17. 3. bei Jasmund. Das in der Ostsee befindliche dänische Geschwader war den preußischen Kräften bedeutend überlegen. Das hatte zur Folge, daß diese weder ein ernsthaftes Gefecht suchten noch ihre Landstreitkräfte unterstützen konnten. Lediglich Versuche der Dänen zur Verstärkung und Ausdehnung der Blokkade führten am 24. 4. zum Gefecht am Dornbusch und am 30. 4. zum Gefecht bei Neufahrwasser.

In der Nordsee war zunächst das Auftreten von preußischen Flottenkräften nicht möglich. Am 6. 5. trafen das preußische Geschwader, das sich bei Kriegsausbruch im Mittelmeer befand, und die erste Staffel des österreichischen Geschwaders in der Elbmündung vor Helgoland ein. Das Kommando führte Admiral Tegethoff. Schon am 9. 5. kam es zu dem einzigen bedeutenden Seegefecht dieses Krieges, dem Seegefecht bei Helgoland. Es endete unglücklich für die Verbündeten. Die Dänen waren in der Zahl der Geschütze überlegen. Sie erlitten zwar auch schwere Schäden, waren aber schneller wieder kampfbereit als die Verbündeten. Tegethoffs Geschwader war zum Rückzug auf Helgoland gezwungen und konnte erst später nach Cuxhaven zurückkehren.

Nach dem Ablauf des Waffenstillstands und dem Fall von Alsen wurde die dänische Flotte am nördlichen Ausgang des Großen Belt zusammengezogen, um an der Verteidigung von Fünen mitzuwirken und Truppentransporte nach Seeland zu decken. Damit war für die Verbündeten die Zeit gekommen, sich mit Hilfe des Nordseegeschwaders der nordfriesischen Inseln zu bemächtigen, wo sich nur eine kleine dänische Flottille befand. Am 13. 7. fiel Sylt und am 18. 7. Föhr. Am 19. 7. kapitulierten die dänischen Kräfte. Damit waren die Kampfhandlungen zur See beendet.

Da sich auch die Kriegsflotte nicht fähig zeigte, die für Dänemark ungünstige militärische Entwicklung zu ändern, wuchs die Unruhe in der dänischen Bevölkerung. Die regierenden Kreise des Adels und der Bourgeoisie befürchteten demokratische Bewegungen und eine Bedrohung der Monarchie. Da die eiderdänische Partei in ihren Augen abgewirtschaftet hatte, kam es am 9. 7. zur Bildung einer neuen dänischen Regierung.

Zu dieser Zeit verhandelten die Verbündeten untereinander bereits über die Bedingungen für einen Friedensschluß. Bismarck bestand auf der völligen Abtretung der Herzogtümer und wollte durch eine Operation gegen Fünen den Druck auf Dänemark verstärken. Die österreichische Regierung widersetzte sich den militärischen Plänen gegen Fünen ebenso wie dem Einlaufen des eigenen Geschwaders in die Ostsee. Diese Meinungsverschiedenheiten wurden auch durch das Ersuchen der dänischen Regierung vom 15. 7. um Abschluß eines Friedens nicht beendet. Auf Anweisung Bismarcks setzte das preußische Kommando seine Landevorbereitungen gegenüber Fünen fort, um die dänische Regierung unter Druck zu setzen.

Am 1. 8. konnte schließlich der Vorfrieden unterzeichnet werden, dem aber erst am 30. 10. 1864 der Frieden von Wien folgte. Danach mußten die Herzogtümer Schleswig, Holstein und Lauenburg einschließlich der in Schleswig liegenden jütischen Enklaven an Preußen und Österreich zu gemeinsamer Verwaltung abgetreten werden, ebenso die Insel Amrum und die dänischen Teile der Inseln Föhr, Sylt und Röm. Kriegskontributionen brauchte Dänemark nicht zu zahlen. Drei Wochen nach dem Austausch der Friedensurkunden sollten die verbündeten Truppen Jütland geräumt haben.

Die Ergebnisse des Krieges gegen Dänemark waren bedeutend. Preußen hatte sich als eine militärische Macht erwiesen, mit der man in Europa rechnen mußte. Die gewaltsame Loslösung Schleswig-Holsteins von Dänemark, die im Interesse der militaristischen und reaktionären Kräfte der preußischen Monarchie geschah, beeinflußte den weiteren Verlauf der nationalrevolutionären Krise und den Kampf um den deutschen Nationalstaat. Unvermeidbar mußte die von Bismarck herbeigeführte gemeinsame Verwaltung der beiden Provinzen durch Österreich und Preußen zu Reibungen und Auseinandersetzungen zwischen den beiden Großmächten führen. Diese Lösung konnte nur ein Provisorium sein und barg schon den Zündstoff eines neuen Krieges in sich.

Die Verschärfung des preußisch-österreichischen Dualismus und der Krieg von 1866

1. *Die politische und militärstrategische Vorbereitung des Krieges*

a) Die »deutsche« Politik Preußens und der Beginn der Revolution von oben

Mit dem Ausgang des Krieges gegen Dänemark begannen sich deutlich die Konturen einer gewaltsamen Einigung der deutschen Länder durch Preußen abzuzeichnen. Düppel war nicht nur das herausragende Ereignis des Krieges und der entscheidende strategische Wendepunkt, sondern auch ein schwerer Schlag gegen die Demokratie. Der erfolgreiche Sturm auf die Düppeler Schanzen erleichterte den obrigkeitlichen Weg in der deutschen Frage, den die preußische Regierung unter Bismarck zu gehen entschlossen war, in bedeutendem Maße. Auch das Verhältnis Preußens zu den übrigen Staaten des Deutschen Bundes war davon beeinflußt.

Da Preußen und Österreich gemeinsam gegen Dänemark gekämpft hatten, war während des Krieges ihre Rivalität im Kampf um die Führung in Deutschland zurückgetreten. Sofort nach dem Friedensschluß verschärfte sich der österreichisch-preußische Dualismus. Für Preußen war es wichtig, daß im Sommer 1864 die meisten Regierungen in den Staaten nördlich des Mains ihren Beitritt zum Zollverein erneuerten. Ihnen folgten im Herbst auch die süddeutschen Staaten. Mit Österreich wurde wie mit anderen ausländischen Staaten seitens des Zollvereins ein Handelsvertrag abgeschlossen. Damit war Österreich wirtschaftspolitisch endgültig von den deutschen Ländern getrennt. Preußen hatte eine wichtige Vorentscheidung zu seinen Gunsten erreicht. Die deutschen Klein- und Mittelstaaten sahen sich unter dem Zwang der Umstände genötigt, sich ökonomisch auf die preußische Monarchie als die industriell stärkste Macht zu orientieren. Die Bourgeoisie in den nord-

und mitteldeutschen Ländern richtete ihre politischen Hoffnungen auf Preußen. Auch die preußische Bourgeoisie, die immer noch in Auseinandersetzungen mit der Monarchie und der Regierung stand, gewöhnte sich trotz des Verfassungskonflikts langsam an den Gedanken, daß die Politik Bismarcks am besten ihren Klasseninteressen entsprach. Schon unmittelbar nach dem Krieg gegen Dänemark deutete sich eine Änderung in der Haltung großbürgerlicher Kreise gegenüber der Regierungspolitik an.

Mehr als je zuvor zeigte die Bourgeoisie nach den militärischen Erfolgen der Armee, daß sie nicht gewillt war, die nationale Einigung auf revolutionärem Wege zu erkämpfen. Das demokratische Kleinbürgertum radikalisierte sich zwar, aber die Politik seiner Führer und Parteien blieb schwankend und unentschlossen. Immer noch erwiesen sich die föderalistischen Wünsche als ein ernstes Hemmnis für die Bildung einer gesamtnationalen demokratischen Partei. Gerade das wäre für eine erfolgreiche revolutionäre Politik der kleinbürgerlichen Schichten notwendig gewesen.

Auf die demokratischen Kräfte in Preußen hatten die militärischen Erfolge, vor allem der Sturm auf Düppel, verhängnisvolle Auswirkungen. Zwar begannen sich die Arbeiterorganisationen von dem politischen Einfluß der liberalen Bourgeoisie zu lösen, aber dieser Prozeß ging nur langsam vor sich, und das Eindringen des wissenschaftlichen Sozialismus in die deutsche Arbeiterbewegung wurde durch das lassalleanische Gedankengut stark behindert.

Sowohl die bürgerlichen wie auch die werktätigen Klassen und Schichten zeigten somit große politische Schwächen. Diese und die allmählich in den Vordergrund tretenden Klassenkämpfe zwischen Arbeit und Kapital hatten die bonapartistische Diktatur Bismarcks zur Folge, die sich nach 1864 stärker herauszubilden begann. Die scharfe Spitze der Bismarckschen Politik war eindeutig gegen alle fortschrittlichen und demokratischen Elemente gerichtet. Der siegreiche Krieg gegen Dänemark bestärkte Bismarck und seine Anhänger in ihrer Haltung zur Frage der staatlichen Einheit. Sie wußten aber, daß der Nationalstaat unter preußischer Führung mit den Mitteln und im Einklang mit den Interessen der preußischen Monarchie nur gegründet werden konnte, wenn sie auch einer militärischen Auseinandersetzung mit Österreich nicht aus dem Wege gingen. Österreich war von allen deutschen Fürstentümern der erbittertste Gegner der deutschen Einheit. Die Politik Bismarcks wurde von der Armeeführung unterstützt, doch drängte der preußische Generalstab mehr auf einen Kampf gegen Frankreich und hielt dazu ein Bündnis mit Österreich für notwendig.

Der Entschluß, die Frage des Nationalstaates unter Ausschluß der österreichischen Monarchie zu lösen, war nur die Konsequenz aus der bereits vollzogenen ökonomischen Teilung des Deutschen Bundes. Zur festen Richtlinie der preußischen Politik wurde er nach dem Krieg gegen Dänemark. Angesichts der starken partikularen Widerstände bereitete sich Bismarck darauf vor, eine Veränderung der deutschen Verhältnisse mit gewaltsamen Mitteln durchzusetzen. Er schreckte dabei nicht vor der Anwendung »revolutionärer« Maßnahmen zurück: rigorose Eingriffe in staatliche Beziehungen, Ignorierung rechtskräftiger Beschlüsse des Bundestages und Verletzung des feudalen Legitimitätsprinzips. Diese Bismarcksche Revolution von oben beschleunigte auch die Umwandlung der feudalbürokratischen preußischen Monarchie in eine bürgerlich-junkerliche Monarchie und die faktische Übertragung dieser Herrschaftsform auf die übrigen deutschen Staaten. Die Revolution von oben sollte der demokratischen Volksrevolution, die Bismarck wie die Pest fürchtete, zuvorkommen und einen junkerlich-bourgeoisen Nationalstaat verwirklichen, in dem die Macht der Junkerkaste und ihre Privilegien im Prinzip erhalten blieben.

Die Politik Bismarcks, sein entstehendes bonapartistisches Regime und seine Vorstellungen über den Weg zum deutschen Nationalstaat wurden in der Arbeiterbewegung von den führenden Lassalleanern unterstützt. Dagegen strebten die revolutionären Kräfte um Wilhelm Liebknecht und August Bebel unter dem Einfluß von Marx und Engels leidenschaftlich nach der Volksrevolution und der einigen deutschen Republik.

Der preußisch-österreichische Dualismus verschärfte sich sofort, als über das weitere Schicksal der okkupierten Provinzen entschieden werden sollte. Die gemeinsame Verwaltung, wie sie im Friedensvertrag festgelegt worden war, konnte keine dauerhafte Lösung sein. In aller Eile wollten die regierenden Kreise in Wien den Einfluß Preußens in Norddeutschland durch die Bildung eines neuen Mittelstaates eindämmen. Deshalb unterstützten sie die Ansprüche des Herzogs von Augustenburg, der die Wiederherstellung der legitimen Rechte verlangte, auf die sein Vater zugunsten Dänemarks verzichtet hatte. Österreich begünstigte heimlich die Agitation des Augustenburgers in Schleswig-Holstein. Außerdem hoffte es, durch dieses Eingehen auf die Forderungen der Mittelstaaten seinen dominierenden Einfluß im Bundestag wieder zu stärken. Die Ansichten der österreichischen Regierung waren außer von der Furcht vor Preußen auch von der Tatsache bestimmt, daß Österreich auf Grund der geographischen Gegebenheiten keines der Herzogtümer für sich erwerben konnte.

Mit den österreichischen Wünschen war die Berliner Regierung nicht einverstanden. Da die preußischen Truppen in den Herzogtümern standen, hielt Bismarck die Annexion Schleswig-Holsteins durch Preußen für die allein mögliche Lösung. Er stellte deshalb für die Übergabe dieser Gebiete an den Augustenburger solche militärischen und finanziellen Forderungen, die den neugebildeten Staat faktisch zu einem Anhängsel der preußischen Monarchie machen mußten. Österreich wollte zwar der Errichtung eines preußischen Flottenstützpunktes in Kiel, der Besetzung Rendsburgs und der Oberaufsicht über den geplanten Nord-Ostsee-Kanal, nicht aber der preußischen Militär- und Finanzhoheit zustimmen. Es berief sich auf das Bundesrecht, das keine militärische Unterordnung eines Staates unter einen anderen gestattete, und auf die Fürstensouveränität.

Die österreichischen Beamten ermunterten die Anhänger des Herzogs von Augustenburg in Schleswig-Holstein, im Lande vollendete Tatsachen zu schaffen. Darauf antwortete die preußische Regierung mit einer scharfen Maßnahme: Im März 1865 wurde die Verlegung der Marinestation von Danzig nach Kiel befohlen, was die Spannungen schlagartig verschärfte. Österreich protestierte gegen den einseitigen Schritt Preußens, aber es war in seiner Handlungsfreiheit durch neue Schwierigkeiten in Ungarn und durch seine finanzielle Notlage beschränkt, die sich durch den Krieg von 1864 noch mehr verschlechtert hatte.

Eine von Bismarck erwogene Möglichkeit, Österreich für die Übertragung seiner Rechte in Schleswig-Holstein an Preußen finanziell abzufinden, wurde von Kaiser Franz Joseph verworfen. Er forderte als Gegenleistung Preußens die Grafschaft Glatz, was wiederum König Wilhelm schroff ablehnte, obwohl selbst der Generalstab eine solche Vereinbarung nicht gänzlich verwarf.

In der ersten Hälfte des Jahres 1865 versteiften sich die politischen Differenzen zwischen Preußen und Österreich. Beide Seiten fühlten sich zu dieser Zeit für eine bewaffnete Auseinandersetzung jedoch aus verschiedenen Gründen noch nicht stark genug. Diese betrafen die innenpolitische Lage beider Staaten, die außenpolitischen Beziehungen, die Gewinnung von Bundesgenossen und die Sicherung der Neutralität der europäischen Großmächte. So kam es am 14. 8. 1865 zu einem Stillhalteabkommen, dem Vertrag von Gastein. Die gemeinsame Administration beider Herzogtümer wurde aufgegeben, Österreich erhielt die Verwaltung Holsteins, Preußen die Schleswigs übertragen. Preußen bekam zudem das Recht, einen befestigten Flottenstützpunkt in Kiel anzulegen. Das Herzogtum Lauenburg ging ganz in der preußischen Monarchie auf, die dafür 2,5 Millionen Taler an Österreich zahlte. Der Vertrag von Gastein begünstigte Preußen. Er verschaffte ihm ein Übergewicht gegenüber Österreich und erlaubte Bismarck, in jedem beliebigen Augenblick die Spannung zwischen den beiden Mächten provokatorisch so zu verschärfen, daß sie zum Krieg führten. Auch trat zwischen Österreich und den Klein- und Mittelstaaten eine stärkere Entfremdung ein. In Deutschland kam es zu einem Sturm der Entrüstung über diesen Länderschacher, doch neigten sich führende Kreise der liberalen Bourgeoisie außerhalb Preußens stärker als bisher, wenn auch noch insgeheim, der Politik Bismarcks zu.

Unter den europäischen Mächten hatte der Vertrag von Gastein heftige Reaktionen hervorgerufen. Vor allem die Regierung Napoleons III. zeigte sich äußerst betroffen. Sie antwortete mit einer scharfen Zirkularnote. Diese Haltung war verständlich, denn der Vertrag zwischen Preußen und Österreich widersprach den politischen Zielen des französischen Kaiserreichs. Nach wie vor wollte es die nationalstaatliche Einigung der deutschen Länder soweit wie möglich verhindern, sich alle Schritte dahin jedoch durch die Annexion eines großen Teiles des Saar- und Moselgebietes bezahlen lassen, unter Umständen auch mit Hilfe der deutschen Klein- und Mittelstaaten einen neuen Rheinbund schaffen. Diesen Zielen entsprechend, hatte die französische Diplomatie unmittelbar nach dem Krieg gegen Dänemark große Aktivität gezeigt, um die beiden deutschen Großmächte in einen Krieg hineinzutreiben und dann als Schiedsrichter territorialen Gewinn zu erzielen.

Auch in England hatte der Vertrag von Gastein kein günstiges Echo gefunden, da England dadurch seine Interessen in Nordeuropa und seine Machtstellung in der Nordsee beeinträchtigt glaubte. Rußland stand den preußischen Bestrebungen wohlwollend gegenüber, hatte Preußen doch alles getan, um Rußland im polnischen Aufstand von 1863 zum Sieg zu verhelfen. Der Zarismus sah außerdem die wachsende Macht Preußens als gutes Gegengewicht gegen Österreich an, dessen Schwächung in russischem Interesse lag.

Der Vertrag von Gastein leitete weder eine Dauerlösung des preußisch-österreichischen Dualismus noch des Schicksals Schleswig-Holsteins ein. Er ermöglichte nur eine Pause in dem politischen Ringen Preußens und Österreichs. Schon mit dem Jahreswechsel 1865/66 brachen die Differenzen über die Verwaltung Schleswig-Holsteins und sein endgültiges Schicksal schlagartig wieder aus. Die österreichische Regierung näherte sich erneut der Forderung des Bundestages und der Mittelstaaten, Schleswig-Holstein zu einem selbständigen Großherzogtum innerhalb des Deutschen Bundes zu erklären und dem Augustenburger die Regierung zu übergeben. In Holstein schlossen sich große Teile der Bevölkerung mit Unterstützung der österreichischen Verwaltung zu einer antipreußischen Bewegung zusammen. Sie fand im Januar 1866 in einer Massenversammlung in Altona ihren vorläufigen Höhepunkt.

Angesichts dieser Versteifung der österreichischen Politik entschloß sich Bismarck, nun den Krieg gegen Österreich vorzubereiten und zu einem günstigen Zeitpunkt auszulösen. Er war jedoch gewillt, in ihm nicht allein um die Annexion von Schleswig-Holstein zu kämpfen, sondern ihn vor allem zur Errichtung der preußischen Hegemonie über Norddeutschland als einen ersten Schritt zur Lösung der deutschen Frage auszunutzen. Der Unterstützung durch die preußischen Armeeführer, besonders durch den Kriegsminister und den Chef des Generalstabes, gewiß, die seit dem Herbst 1865 ihre Vorbehalte aufgegeben hatten, schürte er das Feuer mit allen Mitteln. So schreckte er nicht davor zurück, die inneren Schwierigkeiten des Gegners für seine Zwecke auszunutzen. Emigranten sollten in seinem Auftrag eine nationale Erhebung in Ungarn vorbereiten. Der Ministerpräsident des preußischen Königs erwog sogar die Möglichkeit eines Aufstands in den südslawischen Gebieten der Habsburgermonarchie und eine Expedition Garibaldis nach Dalmatien.

Doch Bismarck war sich auch darüber im klaren, daß er für den Krieg gegen Österreich und die Partikularmächte die verschiedenen Klassen und Schichten des deutschen Volkes günstig beeinflussen mußte. Am 9. 4. 1866 brachte Preußen im Bundestag einen Antrag ein, wonach ein deutsches Parlament auf der Grundlage des allgemeinen, gleichen und direkten Wahlrechts einberufen werden sollte, um eine Reform der Bundesverfassung zu beraten. Diesem politischen Manöver Bismarcks trat Österreich schon wenige Tage später mit einer scharfen Anfrage entgegen. Es warf Preußen Verletzungen des Vertrags von Gastein vor und drohte mit der Bundesmobilmachung, falls die preußische Antwort unbefriedigend ausfallen sollte. Jetzt bahnte sich durch das Verhalten Österreichs und die diplomatischen Intrigen Bismarcks die von Preußen gewünschte Krisensituation an.

Große Bedeutung für den sich sprunghaft verschärfenden

Widerspruch zwischen Preußen und Österreich hatte die Haltung Frankreichs. Napoleon III. bot seit Herbst 1865 beiden Staaten mehrmals Waffenhilfe oder wohlwollende Neutralität an, natürlich in Kompensation gegen linksrheinische Gebiete. Seine beiden Verhandlungspartner sprachen sich nicht deutlich dagegen aus. Nach langem Zögern willigte Österreich Anfang Juni 1866 sogar in die Schaffung eines selbständigen deutschen Teilstaates aus den Rheinprovinzen ein. Auch Bismarck sprach in den Geheimverhandlungen von der Möglichkeit territorialer Zugeständnisse. Er erweckte bei Napoleon die Hoffnung, daß seine Wünsche am sichersten von Preußen erfüllt würden. Aber Bismarck hütete sich davor, konkrete und bindende Zugeständnisse zu machen. So erreichte die preußische Diplomatie auf jeden Fall eine wohlwollende Haltung Frankreichs zu Beginn des Krieges.

Auch mit der italienischen Regierung führte die preußische Diplomatie seit dem Winter 1865/66 rege Verhandlungen. Italien hielt einen neuen militärischen Konflikt mit Österreich für unvermeidbar, um mit Venetien den letzten Landesteil vom habsburgischen Joch zu befreien. Auf der Grundlage gemeinsamer antiösterreichischer Interessen wurde am 8. 4. 1866 ein preußisch-italienischer Bündnisvertrag abgeschlossen. Nach diesem Vertrag mußte Italien Österreich den Krieg erklären, sobald die preußische Armee den Kampf aufgenommen hatte. Frieden durfte erst nach gegenseitiger Konsultation geschlossen werden. Außerdem verpflichtete sich Preußen, Italien eine finanzielle Unterstützung für die Vorbereitung des Krieges in Höhe von 120 Millionen Francs zu gewähren. Der Bündnisvertrag hatte eine Geltungsdauer von nur drei Monaten. Bismarck verpflichtete sich damit, in dieser Frist den Krieg zu beginnen, um den Bundesgenossen zu einer aktiven Kriegsvorbereitung anzustacheln. Das preußisch-italienische Bündnis war politisch und militärisch von großer Bedeutung: Es zwang Österreich zum Zweifrontenkrieg und zur Teilung seiner Kräfte. Außerdem rückte es als wichtiger außenpolitischer Schritt in den Kriegsvorbereitungen Bismarcks den Beginn der bewaffneten Auseinandersetzung in unmittelbare Nähe.

Eifrig bemühten sich beide Seiten, die deutschen Klein- und Mittelstaaten auf ihre Seite zu ziehen oder sie wenigstens neutral zu halten. Da diese Staaten das Kräfteverhältnis falsch beurteilten, schlug sich ihre Mehrheit – Sachsen, Hannover, Bayern, Baden, Württemberg und einige deutsche Kleinstaaten – auf die Seite Österreichs. Preußen konnte dagegen die meisten thüringischen und norddeutschen Kleinstaaten als Verbündete gewinnen.

Ende März 1866 ging Preußen zur direkten militärischen Vorbereitung auf den Krieg über. Bismarck nutzte die nach außen sehr scharfe antipreußische Haltung Österreichs dazu aus, es in eine Lage zu manövrieren, die es zum Friedensbrecher stempeln sollte. Am 27. 3. wurden die ersten Einheiten der preußischen Armee auf Kriegsfuß gesetzt und die Armierung der Festungen begonnen. Der demagogische Antrag Preußens von Anfang April, ein deutsches Parlament einzuberufen, beschleunigte die beiderseitigen Rüstungen.

Österreich schob jetzt stärkere Truppen nach Böhmen vor. Ende März waren 10 Bataillone und 10 Eskadronen in Marsch gesetzt. Ebenfalls Ende März erhielten die Urlauber der böhmischen und galizischen Ergänzungsbezirke den Einberufungsbefehl. In den Häfen am Adriatischen Meer bereiteten sich fünf Panzerfregatten zum Auslaufen vor. Die in Venetien stehenden Regimenter wurden auf Kriegsfuß gebracht, ebenso die sich aus der Bevölkerung dieser Provinz rekrutierenden Truppen. Dann erfolgte die Mobilmachung der aktiven Bataillone der Grenzregimenter. Deutlich war zu erkennen, daß sich Österreich auf einen Zweifrontenkrieg einstellte. Diesen Maßnahmen folgte noch im April die Bildung von 5. Bataillonen bei den Infanterieregimentern, die Aushebung von 85 000 Rekruten und die Aufstellung von Freiwilligenkorps. Am 26. 4. wurde die österreichische Südarmee gegen Italien mobilgemacht – woraufhin die italienische Regierung am selben Tag die allgemeine Mobilmachung anordnete – und in der Zeit vom 27. 4. bis zum 7. 5. die Nordarmee.

Diese militärischen Vorbereitungen Österreichs, dessen regierende Kreise zwischen dem Wunsch zur Niederwerfung Preußens und der Furcht vor den Folgen eines Krieges hin und her schwankten, gaben Bismarck und der Armeeführung die erwünschten Vorwände für die eigenen Rüstungen. In der Zeit vom 3. 5. bis zum 12. 5. erfolgte die Mobilmachung der bestehenden 8 Armeekorps und des Gardekorps. Damit war die gesamte preußische Feldarmee auf Kriegsfuß gebracht. Außerdem wurden die Ersatzeinheiten formiert und die Landwehr einberufen.

Auf die preußische Mobilmachung antworteten bis 14. 5. alle deutschen Mittelstaaten außer Hannover und Kurhessen damit, daß sie ihre Truppen ebenfalls mobilisierten. Österreich berief sämtliche Urlauber ein und konzentrierte Truppen in Pest, Wien und Laibach. Die Festungen Theresienstadt und Josefstadt wurden armiert und die Wiederherstellung der Befestigungsanlagen von Krakau und Königgrätz verstärkt fortgeführt.

In dieser Spannungsperiode, da der Krieg gegen Preußen sichtbar näherrückte, versuchte Österreich seine Südfront durch Zugeständnisse zu entlasten. Es bot durch französische Vermittlung der italienischen Regierung an, Venetien zu übergeben, wenn sie sich neutral verhielt. Allerdings wollte die Wiener Hofburg ihre Versprechungen erst nach dem Sieg über Preußen einlösen. Die italienische Regierung lehnte ab, da sie durch ihre Abmachung mit Preußen gebunden war und gegenüber den österreichischen Vorschlägen mißtrauisch blieb.

Getrieben von der Hoffnung, Preußen im letzten Moment durch massiven politischen Druck zum Einlenken zu zwingen, ergriff Österreich sogar die politische Initiative. Es übertrug von sich aus die Entscheidung über Schleswig-Holstein dem Bundestag und verfügte die Einberufung der Stände des Herzogtums Holstein für den 11. 6. nach Itzehoe. Das richtete sich offen gegen die preußischen Absichten und wurde von Bismarck als feindseliger Akt bewertet. Er erklärte, daß sich Preußen nun nicht mehr an die Festlegungen des Vertrags von Gastein halten werde. Schon am 7. 6. rückten preußische Truppen in Stärke von etwa 12 000 Mann von Schleswig aus in Holstein ein. Ihnen standen nur schwache österreichische Einheiten gegenüber: die 4800 Mann starke Brigade Kalik. Die Österreicher konnten nicht mit Verstärkungen rechnen. Sie zogen sich über Altona auf Harburg zurück, von wo sie mit der Eisenbahn nach Süddeutschland transportiert wurden. Preußen übernahm nun auch in Holstein die Regierungsgewalt.

Daraufhin ging Bismarck seinerseits zum Angriff über. Am 10. 6. schlug er eine Reform der Bundesverfassung vor. Der reformierte Deutsche Bund sollte ein Bundesstaat sein und aus allen deutschen Staaten außer Österreich bestehen. Die Annahme des nur allgemein formulierten preußischen Antrags hätte die Unterordnung aller anderen deutschen Staaten unter die Vorherrschaft Preußens bedeutet. Bismarck wollte damit gleichzeitig die österreichische Regierung zu einem aggressiven Handeln provozieren.

Österreich antwortete auf das preußische Vorgehen damit, daß es am 11. 6. die Mobilmachung des Bundesheeres gegen Preußen beantragte. Der von den Mittelstaaten eingeschränkte Antrag, diese Mobilmachung auf das VII. bis X. Bundeskorps zu beschränken, wurde am 14. 6. vom Bundestag mit großer Mehrheit angenommen. Obwohl es sich hier um keine Kriegserklärung handelte, erklärte Preußen seinen Austritt aus dem Deutschen Bund und forderte Sachsen, Hannover und Kurhessen auf, sich ihm anzuschließen, was diese jedoch ablehnten. Der Austritt Preußens aus dem Bundestag widersprach den Bestimmungen der Gründungsakte des Deutschen Bundes. Doch damit begann das bonapartistische Regime Bismarcks, mit den Mitteln einer Revolution von oben die Frage eines deutschen Nationalstaates aktiv zu lösen. Bismarcks Vorgehen, besonders sein Kampf gegen die Demokratie, seine diplomatischen Intrigen und politischen Schachzüge hatten den deutschen Bruderkrieg unvermeidlich werden lassen.

Die Entwicklung der letzten Wochen und Monate und der drohende Kriegsausbruch versetzten die Volksmassen in große Erregung. In Süddeutschland, in Sachsen und im Rheinland kam es zu großen Volksversammlungen und Tumulten. Die liberale Bourgeoisie leistete indirekt, einige ihrer einflußreichsten Politiker und auch die Führung des lassalleanischen Allgemeinen Deutschen Arbeitervereins bereits direkt der Bismarckschen Politik Gefolgschaft. Die kleinbürgerlichen Demokraten in den außerpreußischen Ländern stellten sich trotz kritischer Vorbehalte auf die Seite Österreichs und der Mittelstaaten, da eine fortschrittliche nationale Zukunft in erster Linie von Preußen bedroht war. Sie forderten zur Bildung von Wehrvereinen und zur allgemeinen Volksbewaffnung auf, um diesen Krieg um die Vorherrschaft in Deutschland in einen Volkskrieg für einen demokratischen Nationalstaat und den Sieg der bürgerlichen Demokratie zu verwandeln.

Einen entschlossenen Kampf gegen die Bismarcksche Politik führten in Sachsen und Thüringen Wilhelm Liebknecht und August Bebel. Ihre Aktionslosungen waren: Kampf gegen die Abtretung linksrheinischer Gebiete an Napoleon III., allgemeines Wahlrecht und gleichzeitige allgemeine Volksbewaffnung. Ihre demokratische Zielstellung entsprach den Auffassungen von Marx und Engels, die für eine revolutionäre Verhinderung des Kriegsausbruchs eintraten. Im Fall des Krieges erhofften sie eine Niederlage Preußens, die den revolutionären Kampf gegen die preußische Monarchie und die Regierung Bismarcks bedeutend erleichtern konnte.

Aber die großen Potenzen des Volkes blieben ungenutzt. Die oppositionellen Kräfte des Kleinbürgertums zeigten sich zu sehr zersplittert, die Arbeiterklasse zu schwach und Teile der Arbeiterbewegung zudem durch die lassalleanische Demagogie verwirrt. Bei Ausbruch des Krieges verstärkte sich die Protestbewegung, und es kam in einigen Orten im Zusammenhang mit dem Auszug der Truppen zu Aufläufen der Bevölkerung. Es wurde jedoch deutlich, daß keine starke und gesamtnationale revolutionäre Partei existierte. Das lähmte die Aktionen der Volksmassen und beseitigte jede Aussicht, den Kriegsausbruch zu verhindern. Die bewaffnete Auseinandersetzung begann.

b) Militärische Kräfte und strategische Pläne beider Staaten

Seit Anfang der 60er Jahre hatte der Chef des preußischen Generalstabes, Moltke, Überlegungen hinsichtlich eines Krieges gegen Österreich angestellt, obwohl er einen solchen Krieg zunächst ablehnte. Reale Gestalt nahmen seine strategischen Pläne im Herbst 1865 an, als sich die Spannungen zwischen Preußen und Österreich erneut verschärften. Im Winter 1865/66 legte Moltke einen Operationsplan vor, der den Aufmarsch der preußischen Armee so vorsah, daß er sowohl für eine Offensive wie auch für die Defensive geeignet war. Danach sollten die Hauptkräfte in der Lausitz und Nebenkräfte in Schlesien aufmarschieren. Unmittelbar bei Kriegsausbruch sollte zur Verbesserung der strategischen Fronten Sachsen besetzt werden. Eine energische Offensive gegen Österreich machte Moltke von einem Bündnis mit Italien und der gesicherten Neutralität Frankreichs in den ersten Kriegswochen abhängig. Seit Februar 1866 nahm er an den Ministerrats- und Kronratssitzungen teil, wenn über militärische und militärpolitische Fragen entschieden werden sollte.

Bis zum Frühjahr 1866 hatte Preußen zwar Italien, aber nur wenige deutsche Kleinstaaten (Mecklenburg, Braunschweig, Oldenburg, Anhalt, die Hansestädte und die Mehrzahl der thüringischen Kleinstaaten) als Verbündete gewinnen können. Ihm standen Österreich und alle bedeutenden Staaten des Bundes gegenüber.

Die Kräfte Österreichs und seiner Verbündeten zerfielen entsprechend den militärgeographischen Verhältnissen zwangsläufig in drei Gruppierungen: eine norddeutsche, eine süddeutsche und eine österreichisch-sächsische. Ihre Stärke und ihre Aussichten waren sehr unterschiedlich. Für Preußen lästig und unbequem konnten Hannover und Kurhessen in Norddeutschland werden, sofern sie alle preußischen Verbindungen an den Rhein und nach Schleswig-Holstein unterbrachen. Die Stärke beider Staaten ließ einen langen Widerstand gegen eine preußische Offensive nicht zu, doch wurden dadurch Truppen gebunden.

Auch die süddeutsche Gruppierung war zunächst keine ernsthafte Gefahr. Bayern, Württemberg, Baden und Hessen-Darmstadt verfügten zwar über ein beachtliches Potential, doch benötigten diese Staaten für ihre Rüstungen sehr viel Zeit. Sie bildeten einen Gegner, der sich erst eine einheitliche Organisation und Führung schaffen mußte und deshalb spät zum Einsatz gelangen würde. Doch besaßen die süddeutschen Staaten trotz aller Schwächen ein solches militärisches Gewicht, daß sie Teilkräfte auf sich ziehen konnten.

Die dritte Gruppierung bestand aus der Masse der österreichischen Truppen, die in Böhmen durch die ausgezeichnete sächsische Armee verstärkt werden konnten. Hier vor allem konnte die Kriegsentscheidung fallen. Ein schneller Sieg über die österreichischen Hauptkräfte mußte auch den Sieg über die anderen Gegner Preußens bedeutend erleichtern. Vor allem von dieser Erwägung ließ sich der preußische Generalstab im Frühjahr 1866 bei der weiteren Ausarbeitung des Operationsplanes leiten.

Gegen die Gegner in Nordwest- und Süddeutschland setzte der Generalstab nur geringe Kräfte ein. Die Masse der Kräfte wurde für den Einsatz an der sächsischen und böhmischen Grenze vorgesehen, um von hier einen massiven Stoß nach Böhmen zu führen, noch ehe der Gegner selbst zur Offensive übergehen konnte. Eine wesentliche Voraussetzung dafür sah Moltke in der kürzeren Mobilmachungsfrist der eigenen Armee und dem gut ausgebauten preußischen Eisenbahnnetz. Die in zwei Armeen gegliederten Hauptkräfte sollten von der Lausitz, eine schwächere Armee von Schlesien aus unmittelbar nach vollzogenem Antransport die Offensive beginnen.

Der für diesen Plan zu langsame Ablauf der politischen Ereignisse und die Taktik Bismarcks, Österreich als Angreifer erscheinen zu lassen, zwangen aber dazu, die Feldarmee unter Ausnutzung aller Bahnlinien an der Grenze in einem etwa 400 Kilometer langen Bogen weit auseinandergezogen zu versammeln. In dem vom preußischen Generalstab sorgfältig vorbereiteten Aufmarsch bewährte sich zum erstenmal der Eisenbahntransport in großem Umfang. In 21 Tagen wurden mit nur ganz geringen Abweichungen vom Plan 197 000 Mann,

55 000 Pferde und 5300 Fahrzeuge über Entfernungen von 200 bis 650 Kilometern befördert. Durch diesen schnellen und reibungslosen Transport wurde ein zeitlicher Vorsprung gegenüber der österreichischen Armee erzielt.

Nach der Bereitstellung der Feldtruppen an den Grenzen war die preußische Armeeführung bestrebt, die ungünstige Ausgangslage so schnell wie möglich zu beseitigen und die getrennten Armeekorps durch den Vorstoß nach Böhmen zu vereinigen. Das Bestreben Wilhelms und des Hofes ging jedoch dahin, in den Augen der deutschen Fürsten und der regierenden Kreise der einzelnen Länder nicht als Angreifer zu erscheinen. Deshalb stimmten sie nicht zu, den Truppen nach Abschluß des Antransports das Überschreiten der Grenzen zu befehlen.

Der Generalstab war so gezwungen, die Versammlung der vorgesehenen drei Armeen in Konzentrierungsräumen noch auf preußischem Boden und dabei zugleich eine Annäherung der an der sächsisch-preußischen und preußisch-böhmischen Grenze stehenden Truppen vorzunehmen. Durch einen Linksabmarsch der Hauptkräfte und ihre Annäherung an die in Schlesien stehende Armee sollte diese ausgedehnte preußische Aufstellung verringert werden. Zugleich gab der Generalstab die bisherige Schwerpunktbildung auf, indem er Teilkräfte der in der Lausitz stehenden Gruppierung abzog und sie der schlesischen Kräftegruppe unterstellte. Auf diese Weise erfolgte eine Teilung der gegen Österreich eingesetzten Feldarmee in zwei nahezu gleich starke Gruppen (Elbarmee und 1. Armee im Norden, 2. Armee im Südosten).

Da die 2. Armee von sich aus den Linksabmarsch fortsetzte und in eine Defensivstellung an die Neiße abrückte, mußte auch die 1. Armee erneut eine Seitenverschiebung einleiten, um den gerade erst gewonnenen Vorteil der Annäherung nicht wieder zu verlieren. Infolge dieser forcierten Märsche an die Neiße und der darauf einsetzenden Verschiebung der 1. Armee verlor das preußische Feldheer für einige Tage seine Operationsbereitschaft, bis seine Truppen nach anstrengenden Rückmärschen die alten Ausgangsräume an der Grenze wieder erreicht hatten.

Beide Armeen sollten sich nach Operationsbeginn auf böhmischem Boden, noch außer Reichweite des Gegners, vereinigen und anschließend die gegnerischen Hauptkräfte in einer Generalschlacht vernichtend schlagen. Für den Fall, daß eine Gruppe bereits früher in Kämpfe mit den gegnerischen Hauptkräften verwickelt wurde, sollte sie sich so lange verteidigen, bis ihr die andere Armee zu Hilfe eilen konnte.

Bei Beginn der Operationen stand die preußische Armee in drei Gruppierungen an den Grenzen: Elbarmee und 1. Armee an der Elbe und in der Lausitz, 2. Armee in Schlesien und die sogenannte Mainarmee, die sich gegen Hannover vereinigte. Nominell lag der Oberbefehl in den Händen des preußischen Königs, doch seit dem 2. 6. besaß Moltke das Recht, im Namen des Königs selbständig Befehle an die Führungs- und Kommandoorgane zu erteilen. Damit wurden zum erstenmal in der preußischen Kriegsgeschichte die Operationen offiziell vom Chef des Generalstabes geleitet. Das sollte sich als folgenschwer für die spätere Stellung des preußischen Generalstabes erweisen.

Die Elbarmee unter dem Befehl von General Herwarth von Bittenfeld stand an der Elbe bei Torgau, zwischen Düben und Elsterwerda. Die 1. Armee unter Prinz Friedrich Karl von Preußen war in der Lausitz versammelt, mit dem linken Flügel

Tabelle 12: Zusammensetzung der preußischen Hauptkräfte Anfang Juni

Armee	Verbände	Gesamtstärke (Mann)	davon Infanterie (Mann)	davon Kavallerie (Mann)	Geschütze
Elbarmee	VIII. AK, 14. ID	46000	36000	4600	144
1. Armee	II. AK, 4 ID direkt unterstellt, Kavalleriekorps	93000	72000	10000	300
2. Armee	Gardekorps, I., V., VI. AK, 1 KD	115000	97000	10000	352
		254000	205000	24600	796

zuerst bei Görlitz, später bei Löwenberg. Die 2. Armee unter Kronprinz Friedrich Wilhelm von Preußen stand in Schlesien auf der Linie Hirschberg–Neiße.

Tabelle 13: Verteilung der preußischen Kräfte Anfang Juni

Einsatzrichtung	Gesamt-stärke (Mann)	davon Infanterie (Mann)	Kavallerie (Mann)	Geschütze
Böhmen	254 000	205 000	24 600	796
West- und Süd-deutschland	50 000	41 000	4 000	121
	304 000	246 000	28 600	917

Die Mainarmee, die von General Vogel von Falckenstein befehligt wurde, stand in West- und Süddeutschland.

Im Unterschied zur Stimmung im Lande war die Kampfmoral der preußischen Armee gut. Die im Frühjahr von Bismarck ergriffenen politischen Maßnahmen ließen viele Soldaten glauben, daß dieser Krieg wirklich ein Krieg für die nationale Einigung sei. Diese in der Armee weitverbreitete Stimmung erwies sich als eine der Hauptursachen für ihren Angriffsgeist und ihre Standhaftigkeit während des Feldzugs.

Die österreichische Führung mußte die zur Verfügung stehenden Kräfte auf zwei Kriegsschauplätze, Böhmen und Italien, verteilen und außerdem noch die Kampfhandlungen in Süddeutschland im Auge behalten. Als Hauptgegner kam nur Preußen in Frage, so daß die Masse der Kräfte im Norden zu konzentrieren war. Am Main mußten, von einem geringen österreichischen Kontingent abgesehen, die süddeutschen Bundestruppen allein fertig werden. Bayern sagte zunächst zu, seine Kräfte mit der sächsischen Armee in Böhmen zu vereinigen und im Zusammenwirken mit der österreichischen Nordarmee am Kampf gegen die preußische Hauptmacht teilzunehmen. Aus dieser strategischen Konzeption ergab sich die Aufteilung der österreichischen Kräfte.

Aber die österreichische Heeresleitung konnte sich nicht auf

Tabelle 14: Verteilung der österreichischen Kräfte Mitte Juni

Armee	Oberbefehlshaber	Gesamtstärke (Mann)	davon Infanterie (Mann)	Kavallerie (Mann)	Geschütze
Nordarmee	Benedek	271000	246000	16000	744
Südarmee	Erzherzog Albrecht	143000			248
		414000			992

vorliegende Operationsentwürfe für eine Offensive gegen Preußen stützen, da sie sich im Frühjahr zu einer defensiven Kriegführung entschlossen hatte. Nur im Fall einer preußischen Defensive sollte die österreichische Nordarmee die Offensive eröffnen. Doch weder für diese noch für eine andere Strategie wurden ebenso wie aus den auf dem Kräfteverhältnis beruhenden eigenen und gegnerischen Möglichkeiten alle Konsequenzen gezogen. Der Armeekommandant Benedek selbst wollte viele Fragen nach Kriegsbeginn je nach der Lage lösen. Die Armeeführer einigten sich zunächst, die Nordarmee bei Olmütz zu versammeln und sich dort gegebenenfalls auf die Verteidigung von Wien zu beschränken oder den Vormarsch nach Böhmen anzutreten, um erst dort neue Entschlüsse zu fassen.

Das Armeekommando der Nordarmee entfaltete eine angestrengte Tätigkeit, um noch in den wenigen Wochen vor Kriegsbeginn eine schlagfertige Armee aufzustellen. Dabei mangelte es neben vielem anderem vor allem an Schuhen, was natürlich die Marschleistung der österreichischen Truppen stark beeinträchtigen mußte. Um gegenüber dem preußischen Infanteriefeuer die Schwächen des österreichischen Fußvolkes zu verringern, orientierte Feldzeugmeister Benedek die Truppenführer darauf, bei Feindberührung stets zum Angriff vorzugehen und dabei die Stoßtaktik in Bataillons- und Brigadestärke massiert anzuwenden. Das war eine Kampfesweise, die der Infanterie zwar aktives Handeln ermöglichte, doch zu großen Opfern führen mußte.

Als die volle Kriegsbereitschaft der Nordarmee bei Olmütz

noch gar nicht hergestellt war, erhielt Benedek — nach dem Austritt Preußens aus dem Bund — von der Regierung die dringende Aufforderung, sofort den Vormarsch nach Böhmen zu beginnen. Da das Armeekommando zögerte, erfolgte am 16. 6. eine Weisung des Kaisers an die Nordarmee, sofort in Richtung auf die Versammlungsräume der preußischen 1. Armee und der Elbarmee abzumarschieren. Darauf befahl Benedek am 17. 6. den Vormarsch an die obere Elbe in den Raum Josefstadt — Königinhof. Dort hätte sich die österreichische Armee auf der inneren Operationslinie zwischen den zwei preußischen Kräftegruppen befunden, sofern es ihr gelungen wäre, bis Kriegsbeginn diese Position zu erreichen. Vorgeschobene Kräfte standen an der Iser, um sich mit den Sachsen zu vereinigen und den Anmarsch der Armee zu decken. Der Abmarsch aus dem Raum Olmütz stieß jedoch auf viele Hindernisse, da die meisten Korps immer noch nicht ihre Ausrüstung abgeschlossen hatten.

Bis zum Herannahen des Hauptteiles der Armee sollten sich die nach Böhmen vorgeschobenen Truppen in kein ernsthaftes Gefecht einlassen. Nach vollzogener Vereinigung beabsichtigte Benedek, den von Norden anrückenden preußischen Kräften in einer starken Position eine Entscheidungsschlacht zu liefern. Die österreichische Heeresleitung war in ihrer Entscheidung stark von den preußischen Truppenbewegungen Anfang und Mitte Juni beeinflußt. Den ersten Linksabmarsch hatte man für einen Versuch gehalten, die Gesamtarmee in Schlesien zu versammeln, um von da aus die Offensive zu beginnen. Den Abmarsch der 2. Armee an die Neiße dagegen beurteilte man als eine bloße Demonstration schwächerer Kräfte. Deshalb nahm das österreichische Armeekommando wiederum an, daß die Nordarmee in Richtung Pardubitz—Görlitz auf die preußischen Hauptkräfte stoßen werde. Die in Schlesien stehende preußische Gruppierung, die seit dem 10. Juni aus vier Armeekorps bestand, schätzte es auf nur zwei Armeekorps. Diese falsche Beurteilung der preußischen Kräfteverteilung und Absichten beeinflußte die strategischen Entscheidungen des österreichischen Armeekommandos in verhängnisvoller Weise. Da die bayrische Regierung inzwischen

Tabelle 15: Zusammensetzung der österreichisch-sächsischen Kräfte in Böhmen und Mähren am 25. 6. 1866

Korps	Befehlshaber	Raum	Stärke (Mann)	Geschütze
Sächs. Korps	Kronprinz von Sachsen	Münchengrätz-Turnau	22 500	58
1. mit 1. IKD	Clam-Gallas	Münchengrätz-Turnau	36 000	112
2. mit 2. IKD	Thun-Hohenstein	auf dem Marsch nach Opocno	34 000	88
3. mit 2. RKD	Erzherzog Ernst	nördlich von Pardubitz	32 000	112
4.	Festetics	Josefstadt	31 000	72
6.	Ramming	Opocno	31 000	72
8. mit 1. RKD	Erzherzog Leopold	Josefstadt	35 000	88
10.	Gablenz	Königinhof	30 000	172
Reserve			17 000	28
Gesamtstärke			268 500	802

ihre frühere Zusage über den Einsatz ihrer Truppen in Böhmen rückgängig gemacht hatte, blieb als Verstärkung der Nordarmee nur die sächsische Armee übrig.

Die zahlenmäßige Stärke der Nordarmee und die Stellungen, die sie bis zum 25.6. erreichen konnte, boten die Gelegenheit, sich mit überlegenen Kräften auf die preußische 2. Armee zu werfen, wenn sie in einer günstigen Richtung das Gebirge überschreiten sollte. Doch mußte hier ein durchschlagender Erfolg erzwungen werden, bevor ihr die anderen Armeen zu Hilfe kommen konnten. Das österreichische Armeekommando, vor allem Feldzeugmeister Benedek und der ihn stark beeinflussende Chef der Operationskanzlei, General Krismanič, richtete aber seine ganze Aufmerksamkeit auf die in der Lausitz stehende Gruppierung des Gegners – in ihren Augen die preußischen Hauptkräfte – und setzten gegen die preußische 2. Armee, deren Stärke sie unterschätzten, nur schwächere Kräfte zur Sicherung ein.

Die ursprüngliche Absicht der österreichischen Regierung, alle verbündeten Truppen nach Böhmen heranzuziehen, war am Widerstand der süddeutschen Höfe gescheitert. Soweit ihre Truppen kriegsbereit wurden, sollten diese nur zum Schutz der eigenen Länder und der Bundesversammlung eingesetzt werden. Erst am 27. 6. setzte der Bundestag den Herzog Karl von Bayern als Bundesfeldherrn ein. Bis zu diesem Zeitpunkt existierte keine gemeinsame Absprache über die Kriegführung. Es bestanden aber Vorstellungen, die bayrische Armee (VII. Bundeskorps) mit den anderen süddeutschen Kontingenten (VIII. Bundeskorps) zu vereinigen und dann zur Offensive in nordwestlicher Richtung anzutreten. Vor allem war auch kein Abkommen mit Hannover und Kurhessen über eine schnelle Vereinigung der Streitkräfte mit dem VII. und VIII. Bundeskorps getroffen. An österreichischen Truppen befand sich nur eine aus den Besatzungen der Bundesfestungen gebildete Brigade auf dem süddeutschen Kriegsschauplatz.

Obwohl schon während der Spannungsperiode mit Rüstungen begonnen worden war, hatte man sie in Süddeutschland nicht mit der erforderlichen Intensität betrieben. Nur in Hes-

Tabelle 16: Gegner der preußischen Mainarmee

Verband	Stärke (Mann)	Geschütze
Hannoversche Armee	18 400	24
Kurhessische Armee	7 000	
VII. Bundeskorps	52 000	144
VIII. Bundeskorps	42 000	134

sen-Darmstadt und Nassau waren Mitte Juni die Truppen marschbereit. Alle anderen süddeutschen Staaten überraschte der Ausbruch des Krieges, bevor die Truppen einsatzbereit waren. Jedes der beiden Bundeskorps war der preußischen Mainarmee der Stärke nach ungefähr gleich, an Kavallerie und Artillerie aber weit überlegen. Seitens der Höfe und Regierungen fehlte der Wille zum entschlossenen offensiven Handeln, zumeist wollten sie nur ihr eigenes Land geschützt sehen und für einen gemeinsamen Operationsplan keine Opfer bringen. Selbst die formelle Unterstellung aller Truppen unter den Bundesfeldherrn blieb ohne verbindlichen Einfluß, da dieser Befehlshaber der bayrischen Truppen blieb und deshalb von Württemberg, Baden und Hessen mißtrauisch beobachtet wurde.

Tabelle 17: Kräfteverhältnis Mitte Juni auf den einzelnen Kriegsschauplätzen

Kriegsschauplatz	Preußen	Österreich und Verbündete	Verhältnis
Insgesamt	326 000	390 000	1 : 1,2
Böhmen	278 000	271 000	1 : 1
Deutschland	48 000	119 000	1 : 2,5

Bei den in Tabelle 17 enthaltenen Angaben wurden nur die Kombattanten der Infanterie, Kavallerie und Artillerie sowie die preußischen Reservekorps berücksichtigt, nicht aber Festungsbesatzungen und Truppen, die zur inneren Sicherheit der Länder bestimmt waren. Ein ähnliches Verhältnis wie in bezug auf die Truppenzahl ergab sich auch hinsichtlich der Anzahl der Geschütze. In der Gesamtzahl waren Österreich und seine Verbündeten dem Gegner Preußen 1,3mal überlegen, auf dem böhmischen Kriegsschauplatz verfügten die Preußen über eine geringe Überlegenheit, und in Deutschland war die Artillerie der Bundestruppen mehr als doppelt so stark. Als ein sehr wichtiger Faktor der Kampfkraft muß vor allem die überlegene infanteristische Bewaffnung der preußischen Armee angesehen werden. Die Verwendung des preußischen Zündnadelgewehrs trug in allen Schlachten und Gefechten des nun entbrannten Krieges entscheidend zu den preußischen Siegen bei.

2. Der militärische Verlauf des Krieges und seine politischen Ergebnisse

a) Beginn und Ende des Feldzuges auf dem böhmischen Kriegsschauplatz

Am 16.6. begann die preußische Armee ihre Operationen mit dem Einmarsch der Elbarmee in Sachsen. Die sächsische Armee räumte angesichts der gegnerischen Überlegenheit kampflos das Land. Am 17. 6. zogen sich die Sachsen von Dresden und Wilsdruff über Peterwalde und Altenberg nach Böhmen zurück, wo sie sich an der Iser mit dem österreichischen 1. Korps zu einer Armeeabteilung unter dem Kommando des sächsischen Kronprinzen Albert vereinigten. Die Elbarmee rückte bis zum 18. 6. auf die Linie Dresden–Nossen vor und nahm die Verbindung mit der preußischen 1. Armee auf, die sich zu dieser Zeit bei Görlitz befand. Wie vorgesehen, wurde die Elbarmee dem Kommando der 1. Armee unterstellt, blieb aber als selbständiger Verband bestehen.

Die 2. Armee erhielt am 19. 6. den Befehl, den erneuten Marsch in den Raum Frankenstein–Glatz anzutreten und sich dort für den Vormarsch nach Böhmen bereitzuhalten. Dabei sollte sie mit einem Armeekorps nötigenfalls die 1. Armee unterstützen. Erst am 22. 6. konnte die preußische Heeresleitung der 1. und der 2. Armee den Befehl erteilen, die Grenze zu überschreiten und die Vereinigung in Richtung auf Gitschin zu suchen. Die getrennt vorgehenden Armeen sollten sich gegenseitig unterstützen. Sie sollten wohl beim Zusammentreffen mit dem Gegner nach eigenem Ermessen handeln, aber dabei immer die Lage ihrer Nachbararmeen im Auge behalten. Große Sorgen bereitete dem preußischen Hauptquartier das verspätete Vorgehen der 2. Armee. Sie mußte jetzt unter schwierigen Bedingungen das Riesengebirge überwinden und sich den Einmarsch nach Böhmen erkämpfen. Deshalb wurden die 1. und die Elbarmee aufgefordert, durch ein schnelles Vorgehen den Gegner auf sich zu ziehen und damit die Lage der 2. Armee beim Überschreiten des Gebirges zu erleichtern.

Am 22. und 23. 6. überschritten die 1. Armee und die Elbarmee die Grenze nach Böhmen, nachdem vorher bei den Grenzwachen eine Nachricht über den Kriegszustand mit Österreich abgegeben worden war. Bis zum 25. 6. erreichten sie in enger Fühlung die Linie Gabel–Reichenberg. Am selben Tage stand die 2. Armee noch kurz vor der Grenze im Raum Liebau–Neurode–Glatz–Petschkau–Waldenburg. Um bis zum 28. 6. die obere Elbe zu erreichen, sollte das I. Armeekorps über Trautenau, das Gardekorps über Braunau, das V. Armeekorps über Nachod vorgehen und das VI. Armeekorps dem linken Flügel folgen. Nur dadurch konnte das Gebirge schnell überwunden werden, obwohl sich die drei durch verschiedene Pässe getrennt vorgehenden Kolonnen unter Umständen einzeln dem Gegner stellen mußten. Heftige Kämpfe am Gebirgsausgang waren angesichts der vorrückenden gegnerischen Kräfte zu erwarten, doch rechnete das Oberkommando der 2. Armee auf die Offensive der 1. Armee.

Der am 17. 6. begonnene Vormarsch der österreichischen Nordarmee geschah relativ geschlossen in drei großen Kolonnen: 3 Korps und eine Reservekavalleriedivision marschierten in Richtung Josefstadt–Königinhof, westlich davon 2 Korps und eine Reservekavalleriedivision in Richtung Königgrätz–Josefstadt und links davon eine Reservekavalleriedivision mit der Armeegeschützreserve auf Königgrätz. Das 2. Korps und eine leichte Kavalleriedivision schützten den Marsch an der Grenze

KRIEGSSCHAUPLATZ IN BÖHMEN 1866
(Lage am 20. Juni)

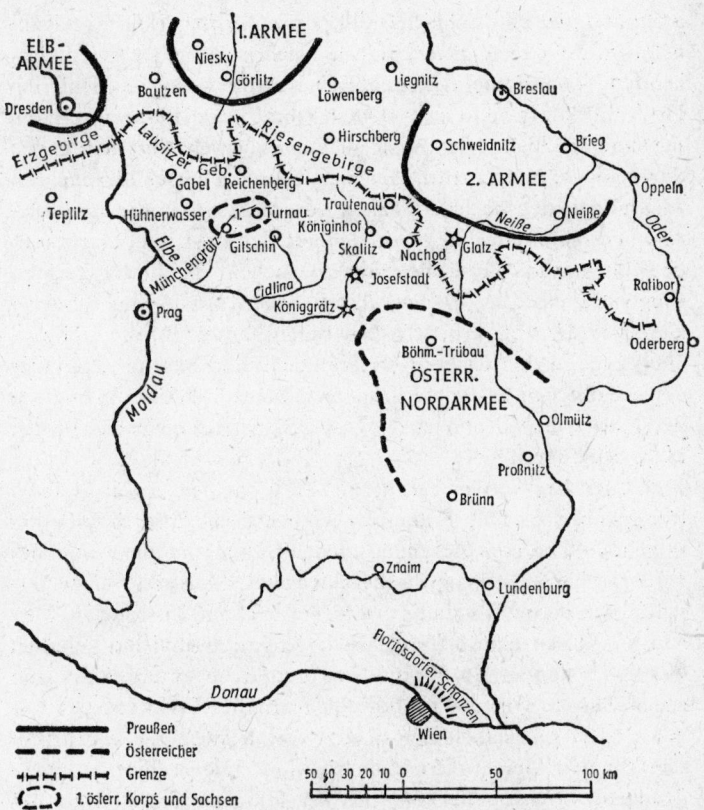

nach Schlesien und sollten dann folgen. Die einzelnen Kolonnen sollten ihre Marschziele im Fußmarsch gestaffelt vom 24. bis zum 27. 6. erreichen. Ruhetage waren nicht vorgesehen. Es gelang der österreichischen Intendanz nicht, die Versorgung der Truppen zufriedenstellend zu regeln. Während einige Korps über ausreichend Lebensmittel verfügten, litten andere Mangel an Brot und Fleisch.

Bereits am 20. 6. entschloß sich Feldzeugmeister Benedek, seine Hauptkräfte am 29. und 30. 6. bei Gitschin zu versammeln und hier eine Schlacht mit der preußischen 1. Armee anzunehmen. Am 25. 6. lagen jedoch Nachrichten über einen drohenden Vorstoß von vier preußischen Armeekorps aus Schlesien im Armeekommando vor. Benedek und seine Berater konnten sich am 25./26. 6. noch nicht zu konsequenten Entscheidungen durchringen. Nach mehrmaligem Schwanken entschloß man sich zögernd, in den nächsten Tagen den Marsch auf die Iser fortzusetzen und weiterhin gegen den aus der Lausitz heranrückenden Gegner die Entscheidung zu suchen. Teile der rechten Flügelkolonne, das 10. und das 6. Korps sowie eine Reservekavalleriedivision, erhielten den Befehl, am 27. 6. die Gebirgsübergänge in den Richtungen Trautenau und Skalitz gegenüber der preußischen 2. Armee zu sperren. Sie sollten den Aufmarsch der Nordarmee sichern und den Gegner bei seinem Erscheinen energisch angreifen.

An der Iser war es bereits am 25. 6. zu den ersten Gefechten gekommen. Der Kronprinz von Sachsen hatte jedoch am folgenden Tag eine Zusammenziehung seiner Truppen und des 1. Korps bei Münchengrätz befohlen, um die Straße nach Gitschin zu sichern. Bis dahin sollte die wichtige Position in Turnau nur durch eine österreichische Kavalleriedivision gehalten werden. Schon am 26. 6. ging eine preußische Infanteriedivision gegen Turnau vor und trieb die gegnerische Kavallerie auf Podol zurück. Zur selben Zeit besetzte die Elbarmee nach kurzem Gefecht den kleinen Ort Hühnerwasser. Die in Turnau eingedrungene Division der preußischen 1. Armee erhielt den Befehl, die Brücke von Podol zu besetzen.

Diese ersten Erfolge der Preußen gefährdeten die Pläne Benedeks, die ja die erfolgreiche Verteidigung der Iser voraussetzten. Da inzwischen auch ein am 26. 6. erlassener Befehl des Armeekommandanten eintraf, die Iserlinie mit Turnau und Münchengrätz zu halten, entschloß sich Kronprinz Albert in der Annahme, ihm stünde nur die preußische Vorhut gegenüber, die verlorenen Positionen zurückzuerobern. Gegen Turnau wurde eine durch Infanterie verstärkte Kavalleriedivision angesetzt, gegen Podol eine österreichische Brigade. Die Sachsen besetzten Münchengrätz.

Inzwischen hatte die preußische Vorhut die österreichischen Vorposten zurückgeworfen und die Brücke von Podol genommen. Zwar gelang es einer österreichischen Brigade noch am Abend des 26. 6., die in Podol eingedrungenen Preußen zu vertreiben und ihnen die Brücke zu entreißen, aber preußische Verstärkungen stellten die alte Lage wieder her. Die daraufhin erfolgenden Angriffe einer zweiten österreichischen Brigade blieben im verheerenden Feuer der Zündnadelgewehre liegen. Erst nach Mitternacht wurde das Gefecht beendet. Preußischen Verlusten von 130 Mann stand eine österreichische Einbuße von 1048 Mann gegenüber. Deutlich zeigte sich das Versagen der österreichischen Stoßtaktik im Feuer der preußischen Infanteriewaffe. Trotz des für die Österreicher verlustreichen Nachtgefechts von Podol blieben die Übergänge über die Iser in preußischer Hand.

Die preußische 2. Armee war inzwischen bemüht gewesen, das Gebirge zu überwinden und aus den Pässen herauszutreten. Ihre Armeekorps hatten schon am 26. 6. die Linie Liebau–Politz–Reinerz erreicht. Die Vorhut des V. Armeekorps besetzte Nachod, von wo sich schwache österreichische Sicherungen nach kurzem Gefecht auf Wysokow zurückzogen. Die Führung der 2. Armee nahm jetzt an, daß sich die Masse der österreichischen Armee noch nicht in Böhmen befand. Sie wollte deshalb sofort nach dem Überschreiten des Gebirges die Armee bei Königinhof konzentrieren und die Verbindung zur 1. Armee herstellen. Da man nicht mit stärkeren österreichischen Kräften rechnete, wurden gegen Josefstadt nur Sicherungen ausgesandt. Das durch eine Brigade verstärkte V. Armeekorps ging über Nachod und Skalitz vor, das I. Armeekorps mit der 1. Kavalleriedivision über Trautenau und das Gardekorps über Eipel. Gleichzeitig sollte das noch in Oberschlesien stehende Detachement in das österreichische Gebiet eindringen und die Eisenbahn zerstören.

Bereits in der Nacht vom 26. zum 27. 6. war das österreichische 6. Korps (in Stärke von etwa 30 000 Mann mit 80 Geschützen) auf Nachod marschiert, ohne zu wissen, daß dies schon von den Preußen besetzt war. Es bewegte sich in drei Staffeln hintereinander auf der Anmarschlinie des preußischen V. Armeekorps. Die preußische Vorhut hatte bereits die Höhen südöstlich von Nachod erreicht und wurde am 27. 6. energisch von einer österreichischen Brigade angegriffen. Sowohl der erste als auch der zweite Angriff der Österreicher brachen im Abwehrfeuer der preußischen Infanterie zusammen. Bei den Preußen trafen nach und nach Verstärkungen ein, bis etwa 7000 Mann mit 12 Geschützen im Kampf standen. Sie wurden von zwei österreichischen Brigaden frontal angegriffen, während eine dritte den rechten preußischen Flügel zu umfassen versuchte.

Es gelang den Österreichern wohl, die Preußen auf beiden Flügeln zu umfassen und zurückzudrängen, diese hielten schließlich aber wieder stand und wehrten einen zweiten österreichischen Angriff erfolgreich ab, bis die ersten Teile des preußischen Gros auf dem Gefechtsfeld erschienen. Ein erneuter österreichischer Angriff, todesmutig vorgetragen, scheiterte wiederum am preußischen Schnellfeuer. Da österreichische Artillerie den preußischen Gegenangriff durch wirksames Feuer verzögerte, konnten sich die Österreicher auf Skalitz zurückziehen. Ihre Verluste im Gefecht von Nachod waren jedoch fast sechsmal so hoch wie die der Preußen. Die linke Flügelkolonne der preußischen 2. Armee hatte sich den Ausgang aus dem Gebirge erkämpft.

Unterschiedlich entwickelte sich am selben Tag die Lage beim preußischen I. Armeekorps. Sein Stab hatte die Aufklärung sehr mangelhaft betrieben, den Marsch unzweckmäßig organisiert und den Höhen an der Marschstraße nur wenig Aufmerksamkeit geschenkt. Diese Höhen konnten aber von einer österreichischen Brigade besetzt werden, die überraschend das Feuer eröffnete. Erst nach heftigem Kampf zog sie sich in eine Stellung beiderseits der Straße nach Königinhof zurück. Da nur schwache Kräfte folgten, kam das preußische Vorgehen

Preußische Landwehr 1866

bald wieder zum Stehen. Die Masse des I. Armeekorps ruhte in Trautenau, sein Kommandeur glaubte die Österreicher in vollem Rückzug. Jetzt aber griffen überraschend drei österreichische Brigaden an, denen später noch eine vierte folgte. Die Preußen mußten Trautenau überstürzt räumen und sich anschließend daran in das Gebirge auf die alten Lagerplätze zurückziehen.

Obwohl die österreichischen Verluste in dem Gefecht bei Trautenau bedeutend höher waren als die preußischen, hatte die rechte Flügelkolonne der 2. Armee doch einen schweren Rückschlag erlitten. Es war ihr nicht gelungen, sich den Weg aus dem Gebirge zu erkämpfen.

Die mittlere Kolonne, das Gardekorps, das als Reserve für die beiden Flügelkolonnen gedacht war, kam an diesem Tag nicht zum Einsatz. Dafür entwickelte sich am 27. 6. ein Gefecht an der oberschlesischen Grenze. Preußische Kräfte wollten entsprechend dem Befehl des Armeeoberkommandos den Bahnhof von Oświęcim besetzen, wurden jedoch über die Grenze auf preußisches Gebiet zurückgeworfen. Auf beiden Seiten kämpften nur schwache Truppenteile.

Vorübergehend schon am Vormittag, endgültig am Abend des 27. 6. befahl der österreichische Armeekommandant dem 4. und dem 8. Korps, die mit der preußischen 2. Armee im Kampf stehenden Truppen des 6. und 10. Korps zu unterstützen. Er trug sich mit der Absicht, am nächsten Tag mit allen Kräften eine Schlacht gegen die Armee des preußischen Kronprinzen anzunehmen. Da aber diese in den Vormittagsstunden des 28. 6. den Angriff nicht fortsetzte und weitere gegnerische Armeekorps nicht aufgetreten waren, hielt sich Benedek für berechtigt, von einer Bindung seiner Armee durch zwei Armeekorps abzusehen und dafür den weiteren Vorstoß gegen die preußische 1. Armee, in seinen Augen offenbar doch die gegnerischen Hauptkräfte, fortzusetzen. Ein wichtiges Motiv für diese verhängnisvolle Entscheidung lag in der ungenügenden Beweglichkeit der Nordarmee, die die Folge ihrer mangelnden Marschfähigkeit und ihres massierten Vormarsches war. Das Armeekommando zweifelte zu Recht an der Möglichkeit, in solch kurzer Zeit die bisherige Operationsrichtung für die ganze Armee so zu ändern, daß sie mit überlegenen Kräften eine Schlacht gegen die preußische 2. Armee annehmen konnte, ohne dabei ein heilloses Durcheinander in den Verbänden und den Trains entstehen zu lassen.

Nachdem die Iser verlorengegangen war, sollte die Vereinigung mit den sächsischen Truppen und dem 1. Korps bei Gitschin vollzogen werden. Zwei der gegen die preußische 2. Armee eingesetzten Korps wollte Benedek zu diesem Zweck wieder mit den Hauptkräften vereinigen. Die Deckung gegen die preußische 2. Armee sollten nur noch das 10. und das 4. Korps übernehmen, dem 10. Korps, das am Tage zuvor den Sieg bei Trautenau errungen hatte, wurde sogar der Rückzug auf Praußnitz befohlen.

In die Bewegung des 10. Korps hinein stieß in den Mittagsstunden das preußische Gardekorps, das den Auftrag erhalten hatte, Trautenau wieder zu nehmen und für das I. Armeekorps den Weg aus dem Gebirge freizukämpfen. Die Österreicher zogen sich vor den anmarschierenden Preußen unter Zurücklassung von Deckungskräften zurück. Eine österreichische Brigade trat jedoch den Rückzug zu spät an und wurde in dem Gefecht von Burkersdorf zerschlagen. Damit hatten die preußischen Kolonnen auch hier den Gebirgspaß überwunden.

Das österreichisch-sächsische Kommando an der Iser trat am 28. 6. mit seinen Kräften von Münchengrätz aus den raschen Rückzug nach Gitschin an, um sich mit den Hauptkräften zu vereinigen. Das Oberkommando der preußischen 1. Armee hatte bei Münchengrätz mit starkem Widerstand gerechnet und seine Truppen konzentriert. Dabei sollte die Elbarmee frontal, die 1. Armee umfassend angreifen. Es gelang jedoch nur, schwache gegnerische Nachhuten zurückzutreiben, da die österreichisch-sächsische Armeeabteilung bereits den Abmarsch vollzogen hatte. Obwohl dabei die Iserlinie völlig überschritten werden konnte, erwies sich der preußische Angriff als ein Stoß ins Leere.

Auch das preußische V. Armeekorps, das nach dem harten Gefecht von Nachod zunächst völlig erschöpft auf die Verfolgung der weichenden Österreicher verzichtet hatte, war in den Mittagsstunden des 28. 6. wieder angetreten. Bei Skalitz traf es auf das österreichische 8. Korps, das auf dem hohen Talrand der Aupa mit dem Rücken zum Fluß stand. Es sollte bis in den frühen Nachmittag diese Stellung halten und dann nach Westen abrücken. Als es den Befehl zum Aufbruch erhielt, waren die Preußen schon nahe. Der Korpskommandant hielt den Rückzug für bedenklich und beschloß, den Kampf aufzunehmen. Die Preußen eröffneten das Gefecht, gewannen aber keine Möglichkeit für ihren Angriff. Daraufhin angesetzte österreichische Angriffe blieben unter schweren Verlusten im preußischen Feuer liegen. Nun stießen die Preußen durch und stürmten Skalitz. Das schwer angeschlagene 8. Korps mußte auf die Stellung des 4. Korps zurückgehen.

Erneut hatten die Österreicher außerordentlich hohe Verluste erlitten. Die ersten Gefechte des Feldzuges hatten – abgesehen von Trautenau – in allen Fällen mit bedeutenden Mißerfolgen der Österreicher geendet. Diese hatten auch nicht die beabsichtigte Entscheidungsschlacht gegen die preußische 1. Armee führen können. Dagegen war es den Preußen gelungen, die Iser zu überwinden und sich auch den Ausgang aus dem Gebirge zu erkämpfen. Die preußischen Armeen waren nun nur noch etwa 50 Kilometer voneinander entfernt, ihre Front verlief in einem rechten Winkel.

Das österreichische Armeekommando hatte im Laufe des 28. 6. feststellen müssen, daß die preußische 2. Armee nicht mit zwei Armeekorps, wie bisher immer angenommen, sondern mit vier Armeekorps angriff. Daher mußte es mit einer energischen Offensive der gesamten Kräfte der 2. Armee rechnen und seine bisherige Absicht überprüfen, nach Gitschin vorzurücken und dort den Truppen der preußischen 1. Armee eine entscheidende Schlacht zu liefern.

In den späten Abendstunden des 28. 6. lagen Feldzeugmeister Benedek die Berichte der Gefechte von Skalitz und Burkersdorf vor. Unter ihrem Eindruck gab die österreichische Führung die bisherige Absicht auf und entschloß sich, am 29. 6. die gesamte Armee im Raum Josefstadt–Königinhof zu versammeln, um sich hier der preußischen 2. Armee zur entscheidenden Schlacht zu stellen. Alle Korps erhielten die Anweisung, Stellungen auf dem Plateau von Dubenetz zu beziehen. Nur das 3. Korps sollte bei Miletin stehenbleiben, wohin sich auch die österreichisch-sächsische Armeeabteilung zurückziehen sollte. Das österreichische Armeekommando hoffte, daß die preußische 1. Armee wie bisher nur langsam vordringen würde. Trotz der veränderten Lage erwartete Benedek immer noch, über eine der beiden gegnerischen Armeen einen Sieg auf dem Schlachtfeld zu erringen, bevor sich die preußischen Kräfte vereinigen konnten.

Bei den befohlenen Bewegungen kam es auch am 29. 6. wiederum zu einigen Gefechten mit den nachdrängenden preußischen Armeen. Der 2. Armee war für diesen Tag die Aufgabe gestellt worden, sich auf der Linie Gradlitz–Pilnikau zu konzentrieren, die Elblinie anzugreifen und sich der 1. Armee zu nähern. Bei Schweinschädel stieß die Vorhut des preußischen

V. Armeekorps auf Truppen des österreichischen 4. Korps. Daraus entwickelte sich ein Gefecht, in dessen Verlauf die Österreicher geschlagen wurden und sich mit schweren Verlusten zurückziehen mußten. Das am Vortag bereits geschlagene 10. Korps zog sich befehlsgemäß unter Zurücklassung eines Regiments über Königinhof zurück. Die Masse des österreichischen Korps konnte unbehelligt abmarschieren, aber das Nachhutregiment wurde bei Königinhof von Einheiten des preußischen Gardekorps angegriffen und über die Elbe zurückgeworfen.

Das Oberkommando der preußischen 1. Armee hatte für den 29. 6. geplant, die Armee zu konzentrieren und einen erneuten Ruhetag einzulegen, weil der Train zurückgeblieben war und die Truppen keine Verpflegung erhielten. Da aber aus dem Hauptquartier mehrmals schnelleres Vorrücken zur Entlastung der 2. Armee gefordert wurde, stießen starke Kräfte auf Gitschin vor. Dort hatte sich die österreichisch-sächsische Armeeabteilung konzentriert. Ihre Führung rechnete mit dem angekündigten Anrücken der Hauptarmee und wollte Gitschin unbedingt halten. Allerdings erwarteten sie am 29. 6. noch keine Kampfhandlungen. Nachmittags griff für sie unerwartet die preußische Vorhut an. Sie errang Anfangserfolge, wurde aber dann von den Sachsen zurückgeworfen.

In den Abendstunden traf im Stab des Kronprinzen Albert der neue Befehl Benedeks ein, der die Konzentrierung der Armee bei Königinhof–Josefstadt festlegte. Damit war jeder weitere Widerstand nutzlos geworden, das österreichisch-sächsische Kommando entschloß sich zum sofortigen Rückzug. Als dieser begann, setzte ein neuer preußischer Angriff ein und erschwerte das Loslösen vom Gegner. Die Preußen stießen vor und zwangen die österreichische Nachhut, sich überstürzt auf Gitschin zurückzuziehen. Dort stauten sich die zurückgehenden Truppen. Der Zugang zur Stadt sollte durch eine sächsische Brigade gesichert werden, die aber ihre Stellungen am späten Abend noch nicht erreicht hatte. So konnten die preußischen Truppen in einem Nachtangriff in Gitschin eindringen. Erst hier stießen sie auf das Gros der sächsischen Truppen, das die Preußen wieder aus der Stadt hinauswarf. Ein zweiter Vorstoß der Preußen scheiterte, erst die Umfassung der Stadt zwang die Sachsen zum Ausweichen. In einem aufreibenden Nachtmarsch versuchten diese und die stark angeschlagenen österreichischen Verbände, so schnell wie möglich Königinhof zu erreichen.

Am 30. 6. stand die preußische Elbarmee bei Liban, die 1. Armee noch um Gitschin. Ihre Kavallerie stieß auf der Straße nach Miletin vor und nahm bei Königinhof Verbindung mit der 2. Armee auf. Es gelang ihr aber nicht, Fühlung mit dem Gegner herzustellen. Die preußische 2. Armee verharrte bei Königinhof an der oberen Elbe. Das preußische Hauptquartier lehnte den isolierten Angriff dieser Armee über die Elbe ab und wartete auf das Vorrücken der Truppen der Elbarmee und der 1. Armee. Nachdem die strategische Vereinigung beider Armeen bis zum 30. 6. gelungen war, verzichtete Moltke zunächst auf die taktische Annäherung, da noch nicht mit Sicherheit eine Schlacht unmittelbar bevorstand und es deshalb galt, die Beweglichkeit zu erhalten.

Die Korps der österreichischen Armee waren in ihrer starken Stellung an der Elbe bisher wenig zur Ruhe gekommen. Der Nachtmarsch, den sie zurückgelegt hatten, erwies sich als sehr kräftezehrend. Infolge von Mißverständnissen kam es in der Nacht zum 30. 6. zur Beschießung eigener Truppen, was fast eine Panik auslöste. Sechs Korps hatten in den vorangegangenen Kämpfen stark gelitten, das 1. war nach dem anstrengenden Rückzug von Gitschin zunächst nicht mehr verwendungsfähig. Benedek mußte feststellen, daß sich die moralische Haltung der Truppen stark verschlechterte. Verluste von etwa 30 000 Mann hatten die Armee bedeutend geschwächt. Die Truppen waren ermüdet und litten unter Mangel an Verpflegung. Der 29. und 30. 6. zeigten zudem, daß die Hoffnung des Armeekommandos, in dieser starken Stellung eine Defensiv-Offensiv-Schlacht gegen die preußische 2. Armee schlagen zu können, trügerisch gewesen war. Außerdem bot die Stellung wohl gute Verteidigungsmöglichkeiten gegen die preußische 2. Armee, aber ihre rückwärtigen Verbindungen wurden durch das unerwartete Vordringen der preußischen 1. Armee gefährdet. Schwache Kavallerieeinheiten tauchten bereits in der Flanke auf.

Zur selben Zeit wurden auch im Armeekommando die Niederlagen von Gitschin, Königinhof und Schweinschädel in ihrem ganzen Umfang bekannt. Unter diesen Umständen entschloß sich Benedek am Nachmittag des 30. 6., die Elblinie ohne Schlacht aufzugeben. Noch am Abend desselben Tages erhielten alle Korps den Befehl, in der Nacht in eine halbkreisförmige Stellung nordwestlich von Königgrätz zurückzugehen. Schwache Kräfte sollten aber bis zum Morgen die weitere Besetzung der alten Stellung vortäuschen.

Wiederum traten die österreichischen Verbände einen schwierigen Nachtmarsch an, den sie im Laufe des 1. 7. in ihrer neuen Stellung hinter der Bistritza beendeten. Es gelang ihnen, sich unbemerkt vom Gegner zu lösen, so daß dieser erst am 1. 7. den Rückzug der Österreicher feststellte. Die preußische Kavallerie war nicht imstande, Richtung und Ziel des gegnerischen Rückzugs aufzuklären.

Da der österreichische Armeekommandant die geschwächte Kampfkraft seiner Truppen erkannte, telegrafierte er am 1. 7. nach Wien an den Kaiser und bat ihn dringend, Friedensverhandlungen einzuleiten, da sonst die vollständige Auflösung der Armee unvermeidlich sei. In Wien rief dieses Telegramm tiefe Bestürzung hervor. Kaiser Franz Joseph billigte einen weiteren Rückzug, der Hof ließ aber erkennen, daß er eine Schlacht erwartete. Immerhin wandte sich die österreichische Regierung sofort mit der Bitte an Napoleon III., zwischen Italien und Österreich zu vermitteln. Die freiwerdenden Kräfte sollten gegen Preußen eingesetzt werden. Benedek, der davon nicht unterrichtet wurde, befahl der Armee, die angewiesenen Stellungen zu beziehen und sie pioniermäßig zu verstärken. Allerdings war er noch zu keinem festen und klaren Entschluß gelangt.

Die preußische 2. Armee begann am 1. 7. mit dem Elbübergang, brach diesen jedoch ab, als die Marschsicherung den Abzug des Gegners feststellen mußte. Es gelang ihr nicht, Fühlung

KRIEGSSCHAUPLATZ IN BÖHMEN 1866
(Lage am 2. Juli)

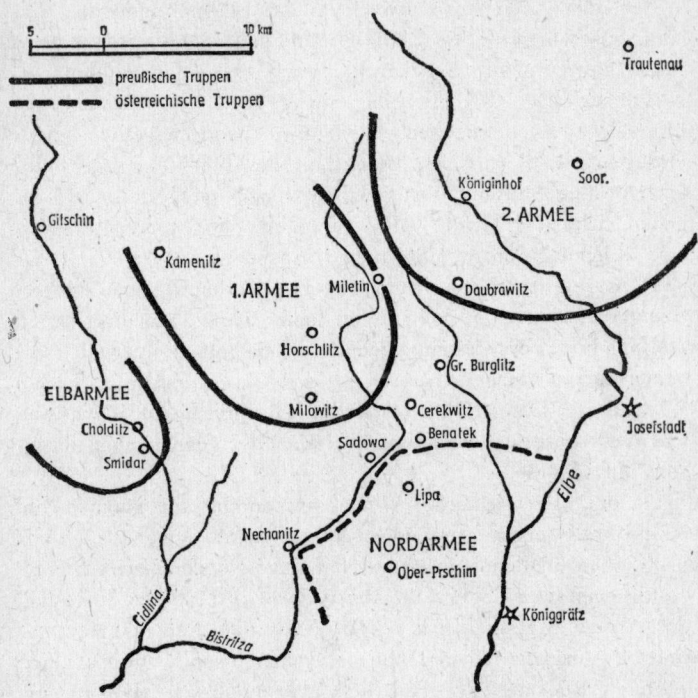

mit den abgezogenen Kräften herzustellen. Auch die preußische 1. Armee setzte ihren Vorstoß in Richtung Königgrätz am 1. 7. fort, während die Elbarmee ihre rechte Flanke sicherte. Jedoch auch diese preußischen Armeen verloren die Fühlung mit dem Gegner. Der Stab der 1. Armee glaubte ihn im Marsch auf Pardubitz und hielt es für notwendig, einen Halt einzulegen, um den Truppen Ruhe zu gönnen und neue Operationen einleiten zu können. Am 2. 7. stand die 1. Armee noch auf der Linie Miletin–Horschlitz–Dobes. Auch die 2. Armee verblieb in ihren Stellungen auf dem linken Elbufer, nachdem sie sich mit dem

I. Armeekorps bis nahe an die Straße Miletin–Gitschin vorgeschoben und mit der Vorhut des Gardekorps die Elbe bei Königinhof überschritten hatte.

Obwohl die preußischen Armeeoberkommandos darauf drängten, ihre Armeen ungestört von den Österreichern zu vereinigen, verzichtete Moltke darauf. Nach seiner Ansicht war mit einem österreichischen Angriff kaum noch zu rechnen, außerdem hatten die beiden anderen Armeen in der Flanke des Gegners gestanden. Vielmehr kam es zunächst darauf an, den Gegner in seiner neuen Stellung aufzufinden. Bei diesem Vorgehen sollten alle anzutreffenden österreichischen Truppen, auch wenn es stärkere Kräfte waren, angegriffen und zur Schlacht gezwungen werden. Deshalb sollten am 3. 7. Aufklärungsabteilungen ausgesandt werden. Dabei rechnete das preußische Hauptquartier damit, die österreichische Armee in einer starken Stellung auf dem linken Elbufer zwischen den Festungen Josefstadt und Königgrätz vorzufinden. Aber schon im Laufe des 2. 7. trafen im Oberkommando der 1. Armee Nachrichten ein, daß sich starke gegnerische Kräfte auf dem rechten Elbufer hinter der Bistritza konzentrierten.

Deshalb entschloß sich das Armeeoberkommando, am Morgen des 3. 7. durch einen eigenen Vorstoß unbedingt eine Schlacht herbeizuführen. Jedoch war man sich nicht völlig über die Absichten des Gegners im klaren. Sein Verhalten deutete nicht auf eine Unterbrechung des Rückzugs, sondern auf den Übergang zum Angriff. Deshalb wurde sofort die Konzentrierung der gesamten Armee gegen die österreichische Stellung an der Bistritza befohlen. Das Oberkommando der 2. Armee wurde aufgefordert, wenigstens mit einem Armeekorps gegen die rechte Flanke der Österreicher vorzugehen und so den beabsichtigten Angriff der 1. Armee zu unterstützen.

Das preußische Hauptquartier griff, nachdem es von diesen Absichten unterrichtet worden war, in die operativen Vorbereitungen ein. Es erwartete jedoch keinen österreichischen Angriff, sondern eine Fortsetzung des gegnerischen Rückzugs über die Elbe. Es kam deshalb darauf an, den Gegner durch den Angriff der 1. Armee zum Stehenbleiben zu zwingen und die 2. Armee zu einem Flankenstoß anzusetzen. Sollte sich bewahrheiten, daß es sich um starke österreichische Kräfte handelte, so erhielt die preußische Heeresleitung die langersehnte Gelegenheit zu einer großen Schlacht. Sie billigte deshalb die von dem Oberkommando der 1. Armee eingeleiteten Maßnahmen. Der 2. Armee wurde befohlen, am 3. 7. die rechte Flanke der österreichischen Aufstellung nicht nur mit einem Armeekorps, sondern mit allen Kräften anzugreifen. Die Elbarmee sollte unter Umgehung des linken österreichischen Flügels direkt auf Königgrätz vorstoßen und sich nicht auf ein frontales Ringen mit österreichischen Kräften einlassen. Gelang dieses Vorhaben, mußte eine Niederlage in der Schlacht für die angegriffenen Truppen zur Katastrophe werden.

Die österreichische Stellung bestand aus einer Reihe von Höhen, welche den Raum zwischen Bistritza, Elbe und Trotina ausfüllten. Der nach Westen gerichtete Teil der Front verlief hinter der Bistritza, an die Trotina lehnte sich der rechte Flügel an. Beherrschende Punkte dieser Stellung waren die Höhen von Maslowed, Chlum, Problus und Hradek. Sowohl alle Dörfer längs des linken Ufers der Bistritza als auch die vorgelagerten Gehölze konnten als starke Stützpunkte dienen. Das Überschreiten der Bistritza und der Trotina war wegen des morastigen Talgrunds für Infanterie überall, für Kavallerie und Artillerie nur auf Brücken möglich. Das erschwerte den Einsatz der preußischen Artillerie, während die auf den beherrschenden Höhen aufgefahrene österreichische Artillerie vortreffliche Feuerwirkung besaß. Bei Lipa schloß sich der nach Norden gerichtete Teil der Stellung an. Er verlief nördlich von Chlum und Nedelischt bis an die Elbe bei Lochenitz.

In der vorderen Linie dieser Stellung wurden das Gelände pioniermäßig verstärkt und Zielmarkierungen für die Artillerie angebracht. Im Rücken der Armee wurden sechs Kriegsbrücken über die Elbe geschlagen – zwei südlich und vier nördlich von Königgrätz. Sie sollten der Armee im Notfall einen schnellen Rückzug über den Fluß ermöglichen.

Die moralische Haltung der österreichischen Truppen, ihr Kampfgeist, hatte sich zwar gebessert, aber noch nicht wieder völlig gefestigt. Die Verluste, die Erschöpfung infolge der Märsche, die ins Ungeheure übertriebenen Schilderungen des preußischen Gewehrfeuers wirkten unvermindert weiter. Hatte Benedek noch am Abend des 1. 7. die Absicht eines weiteren Rückzugs auf Olmütz geäußert, so entschloß er sich am nächsten Tag stehenzubleiben. Auch war es an beiden Tagen nicht gelungen, den Train der gesamten Armee über die Elbe zu führen. Die Übergangsstellen und Rückzugsstraßen blieben für

Tabelle 18 : Aufstellung der österreichischen Truppen vor der Schlacht bei Königgrätz

Verbände	Raum	Stärke (Mann)
2. Korps	Südlich Horschenjowes	28 500
4. Korps	Dorf und Höhe Maslowed-Tschistowes	27 000
3. Korps	Sadowa–Ober-Dohalitz	28 500
10. Korps	Unter-Dohalitz-Mokrowous	18 000
Sächs. Korps	Niederprschim	22 000
1. lKD	Oberprschim	3 000
8. Korps	Wald von Briza	15 500
6. Korps	Wschestar	22 000
1. Korps	Rosnitz	24 000
1. RKD	Rosbjerschitz	3 600
Armeegeschützreserve	Rosbjerschitz	3 000
3. RKD	Strschesetitz	4 000
2. RKD	Briza	4 000
2. lKD	Nedelischt	3 000
Gesamtstärke		206 100

die Truppen nur schwer passierbar. Vor allem hoffte der Armeekommandant, die Truppen durch einen weiteren Ruhetag zu befähigen, in dieser günstigen Defensivstellung endlich die seit Kriegsbeginn gesuchte Entscheidung erzwingen zu können.

Allerdings hatte sich die zahlenmäßige Stärke der Nordarmee stark verringert. Benedek verfügte jedoch noch über acht Korps, von denen er je zwei im Zentrum und auf den Flügeln einsetzte, über fünf Kavalleriedivisionen und 650 Geschütze.

Als Reserve behielt er das 1. und das 6. Korps, die Kavalleriedivisionen und die Armeegeschützreserve in seiner Hand. Durch ihren Gegenangriff im richtigen Zeitpunkt hoffte er, die Schlacht entscheiden zu können.

Die Lage der österreichischen Armee wurde noch kompliziert durch am Tage der Schlacht eintretende personelle Veränderungen im Armeekommando. Eigentlicher Berater des Kommandanten der Nordarmee war nie der Chef des Generalstabes, General Henikstein, gewesen, sondern der Chef der Operationskanzlei, General Krismanič, der die österreichische Führung maßgeblich beeinflußt hatte. Doch infolge der bisher erlittenen Niederlagen verlor Benedek das Vertrauen zu Krismanič und Henikstein und forderte ihre Ablösung. Auf Befehl des Kaisers wurden beide am Morgen des 3. 7., also unmittelbar zu Beginn entscheidender Kämpfe, abgesetzt. An ihre Stelle trat General Baumgarten. Dieser plötzliche Wechsel in der Führung erschwerte dem Armeekommando die Leitung der Operationen.

Auf preußischer Seite wurden fast alle Kräfte zur Schlacht herangezogen. Die zahlenmäßige Stärke der preußischen Armeen, die über insgesamt 702 Geschütze verfügten, hatte sich gegenüber dem Kriegsbeginn nur geringfügig vermindert. Allerdings standen für die Eröffnung der Schlacht nur die 1. Armee und die Elbarmee zur Verfügung, da die 2. Armee infolge ihres langen Anmarschweges erst zu einem späteren Zeitpunkt eingreifen konnte.

Am Morgen des 3. 7. wurde den Truppen der 1. Armee der Befehl zum Beginn des Angriffs erteilt. Drei Infanteriedivisio-

Tabelle 19: Aufstellung der preußischen Truppen vor der Schlacht bei Königgrätz

Armee	Angriffsabschnitt	Stärke (Mann)
1. Armee	Nechanitz-Tschistowes (Swieb-Wald)	85 000
Elbarmee	Nechanitz	39 000
2. Armee	Höhen von Horschenjowes	97 000
Gesamtstärke		221 000

nen gingen parallel zur Straße Horschlitz–Sadowa vor, während eine vierte antrat, als von dort Kanonendonner hörbar wurde. Als sich die preußischen Spitzen Sadowa näherten, eröffneten die österreichischen Batterien das Feuer. Preußische Truppen nahmen das Skalkagehölz, erzwangen dadurch die Räumung Sadowas und drangen in den Hola-Wald bei Ober-Dohalitz ein. Andere Teile besetzten die Zuckerfabrik südlich von Sadowa und Unter-Dohalitz und folgten dem Gegner bis auf die Höhe von Ober-Dohalitz. Ebenso wurden nach kurzem Gefecht Mokrowous und Dohalicha besetzt. Doch dem preußischen Angriff gebot eine mächtige Artillerielinie von 160 Geschützen Halt, die inzwischen auf der Höhe zwischen Lipa und Langenhof Stellung bezogen hatte. Die preußische Artillerie dagegen konnte die Angriffstruppen über das Bistritza-Tal hinweg nicht unterstützen.

Hier wandte sich – unterstützt von der Divisionsartillerie – die Vorhut der anderen preußischen Infanteriedivision gegen vier österreichische Bataillone im Swieb-Wald. Trotz heftigen Widerstands durchquerten die Preußen den Wald und nahmen Tschistowes. Zwar zwangen die Österreicher den Gegner vorübergehend zum Zurückweichen, blieben dann aber selbst in dessen Schnellfeuer liegen. Jetzt zog das österreichische 4. Korps seine gesamte Artillerie (80 Geschütze) nach Maslowed und Tschistowes heran und erneuerte mit 3 Brigaden den Gegenangriff. Die Preußen verloren Tschistowes und konnten sich nur im Südwestteil des Swieb-Waldes behaupten, jedoch gleichzeitig frische Bataillone heranziehen.

Es entwickelte sich ein unübersichtliches Waldgefecht, die preußischen und die österreichischen Truppen vermischten sich, es gab keine einheitliche Leitung und keinen klaren Überblick mehr. Schließlich gelang es den Preußen doch, sich wieder in den Besitz des ganzen Swieb-Waldes zu setzen. Tschistowes dagegen blieb in den Händen der Österreicher, die ihren Angriff mit zwei Brigaden des 2. Korps erneuerten, nachdem sie ihre Artillerielinie auf 120 Geschütze verstärkt hatten. In den erbitterten Kämpfen verloren die preußischen Einheiten den größten Teil des Waldes. Aber jetzt fesselten sie bereits eine bedeutende österreichische Streitmacht: 14 preußische Bataillone mit 24 Geschützen standen gegen 49 österreichische Bataillone mit 120 Geschützen.

Dieses Festbeißen starker österreichischer Kräfte im Swieb-Wald, vorwärts der eigentlichen Stellung des rechten österreichischen Flügels, lag nicht in der Absicht Benedeks, der dadurch die rechte Flanke der eigenen Stellung entblößt sah. Benedek hatte schon gleich nach Beginn dieser Kämpfe den Kommandanten des 4. Korps darauf hingewiesen. Als gegen Mittag der Kommandant der Festung Josefstadt den Anmarsch preußischer Truppen von Gradlitz her meldete, befahl Benedek kategorisch den sofortigen Rückzug des 2. und des 4. Korps. Es mußte schleunigst eine feste Front nach Norden gebildet werden. Aber die um den Swieb-Wald kämpfenden Einheiten waren so ineinander verbissen, daß ein solcher Rückzug nur sehr schwer und unter großen Verlusten für die Österreicher zu verwirklichen war.

Währenddessen waren auch Teilkräfte der preußischen 1. Armee in eine schwierige Situation geraten. Durch die österreichische Artillerie mit vernichtendem Feuer überschüttet, war der Hola-Wald für sie zu einer Hölle geworden. Vergeblich bemühte sich ihre Artillerie, die Infanterie zu unterstützen. Vom linken Ufer der Bistritza aus erzielten die glatten Geschütze gar keine, die gezogenen nur eine geringe Wirkung gegen die hinter dem Höhenkamm hervorragend gedeckten österreichischen Batterien. Die Österreicher ließen sich auch nicht zu einem Artillerieduell verleiten, sondern konzentrierten ihr Feuer auf die gegnerische Infanterie, deren sämtliche Ausbruchsversuche aus dem Wald scheiterten. Nur nach und nach gelang es den Preußen, auf dem rechten Ufer 19 Batterien in Stellung zu bringen. Dadurch verbesserte sich zwar die Lage, aber es kam zu keiner Wendung, weil die aufgefahrenen Geschütze bald großen Munitionsmangel litten. So mußten die hier kämpfenden Truppen der 1. Armee unter erheblichen Verlusten fünf Stunden ausharren. Aber auch österreichische Gegenangriffe gegen den Feind im Hola-Wald und bei Ober-Dohalitz blieben erfolglos.

SCHLACHT BEI KÖNIGGRÄTZ
AM 3. JULI 1866

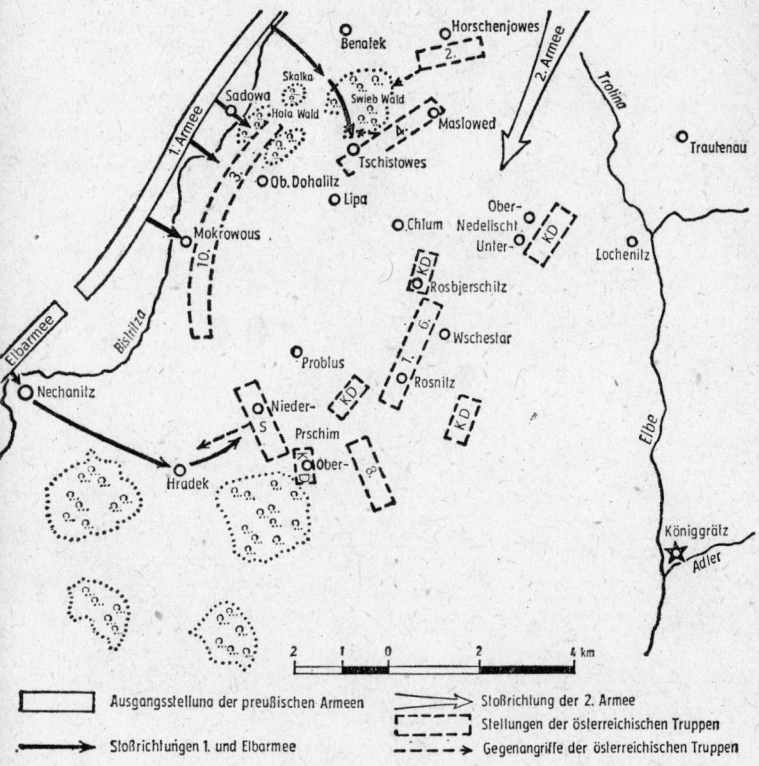

	Ausgangsstellung der preußischen Armeen		Stoßrichtung der 2. Armee
	Stoßrichtungen 1. und Elbarmee		Stellungen der österreichischen Truppen
			Gegenangriffe der österreichischen Truppen

Ein weiteres Vordringen der 1. Armee erwies sich als unmöglich. Ein frontaler Angriff gegen die starke österreichische Stellung über kahle, leicht vom Feuer zu bestreichende Hänge hätte große Opfer gekostet. Eine Entscheidung der Schlacht konnte deshalb nur durch die Flügelarmeen erfolgen. Doch mußte auch ein etwaiger österreichischer Gegenangriff trotz möglicher Anfangserfolge aussichtslos bleiben, da die 1. Armee noch ein Armeekorps, eine Kavalleriedivision und die starke

Artilleriereserve besaß, die sie im Fall einer Krise sofort in den Kampf einführen konnte.

Die Elbarmee hatte erst in der Nacht den Auftrag erhalten, die Österreicher in der linken Flanke zu umfassen und von Pardubitz abzuschneiden. Aber sie wurde durch schlechte Wege aufgehalten und erreichte erst sehr spät Alt-Nechanitz. Sie vertrieb die Sachsen, nahm Nechanitz und marschierte weiter auf Hradek. Aber ihre Hauptkräfte blieben weit hinter den Spitzen zurück, da alle Truppen auf eine einzige, nur notdürftig wiederhergestellte Brücke über die Bistritza angewiesen waren. Deshalb konnte erst gegen Mittag Artillerie gegen die österreichisch-sächsische Stellung bei Niederprschim und Problus eingesetzt werden. Es glückten weder der preußische Umfassungsversuch noch der sächsische Gegenstoß auf Hradek.

Unterdessen befand sich die 2. Armee, die ebenfalls den Angriffsbefehl verspätet erhalten hatte, im Vorrücken auf das Schlachtfeld, dabei durch Regen und aufgeweichte Wege aufgehalten. Gegen 11.00 Uhr hatten die Spitzen des Gardekorps und des VI. Armeekorps die Trotina erreicht, waren aber immer noch mehr als vier Kilometer von dem hart bedrängten linken Flügel der 1. Armee entfernt. Die Marschkolonnen reichten noch bis an die Elbe zurück, mit dem Eingreifen der Hauptkräfte der 2. Armee in die Schlacht konnte so schnell noch nicht gerechnet werden.

Das preußische Hauptquartier hatte erst auf dem Schlachtfeld erkannt, daß der Kampf gegen die gesamte Nordarmee geführt werden mußte. Es erwartete den Angriff der 2. Armee um die Mittagszeit. Da dieser ausblieb, entschloß sich das Oberkommando der 1. Armee gegen 13.00 Uhr doch zu dem verlustreichen Frontalangriff und stellte dafür seine Kräfte hinter dem Hola-Wald bereit. Aber das Hauptquartier griff ein und unterband dieses Vorhaben. Die Entscheidung sollte auf den Flügeln fallen.

Die Marschkolonnen der 2. Armee waren indessen näher gekommen. Teile zielten auf Trotina und auf Ratschitz. Das V. Armeekorps stand mittags bei Choteborek. Das Gardekorps richtete seinen Stoß teils gegen Benatek, teils gegen Horschenjowes. Gegen 13.00 Uhr erstiegen die preußischen Spitzen die Höhe von Horschenjowes, die dort aufgestellten österreichischen Batterien mußten eilig ihre Stellung räumen und sich auf Nedelischt zurückziehen. Damit begann für die Österreicher die kritische Periode der Schlacht. Benedek hatte den Rückzug des 2. und 4. Korps aus dem Swieb-Wald befohlen und gleichzeitig das 6. Korps aus der Reserve zur Unterstützung eingesetzt. Doch den letzteren Befehl zog er zurück, da er angesichts des offenbar zermürbenden Artilleriefeuers an der Bistritza den Gedanken eines Gegenangriffs seiner Reserven auf die preußische 1. Armee erwog. Das rächte sich sofort. Es gelang dem österreichischen 2. Korps nur mit Mühe und Not, die ihm ursprünglich befohlene Stellung zu erreichen, auch das 4. Korps konnte gerade noch in die Front einrücken. Zwischen Chlum und Nedelischt wurden 120 Geschütze in Stellung gebracht. Damit war zwar der zurückgebogene rechte Flügel der österreichischen Aufstellung noch im letzten Augenblick gebildet worden, aber diese Nordfront bestand aus Truppen, die durch die Kämpfe um den Swieb-Wald stark erschüttert waren. Gegen sie rückten frische Verbände an.

Die preußische 1. Gardedivision stieß bis nach Maslowed vor, ihre Geschütze eröffneten den Kampf gegen die überlegene österreichische Artillerie, der ein überraschender Infanterieangriff schwere Verluste beibrachte. Die Verbände des österreichischen 4. Korps wichen und kamen erst an der Straße Nedelischt–Rosbjerschitz zum Stehen. Damit verloren die Österreicher den Schlüsselpunkt ihrer Stellung. Benedek eilte jetzt selbst zu seinem rechten Flügel, warf Truppen gegen Chlum und holte nun das 6. Korps aus der Reserve heran. Doch alle Gegenangriffe auf Chlum scheiterten am dichten und wirksamen Schnellfeuer der preußischen Infanterie. Nachdrängend erreichten die Preußen Rosbjerschitz. Von hier aus feuerte ihre Artillerie auf wirksamste Entfernung mitten in die noch immer regungslos mit Front nach Westen dastehenden österreichischen Reserven. Auch das rechts vom 4. stehende österreichische 2. Korps konnte seine Stellung nicht lange verteidigen und wich auf das linke Ufer der Elbe zurück.

Das aus der Reserve vorrückende österreichische 6. Korps gewann Rosbjerschitz zurück, drang bis nach Chlum vor und zwang die preußische Artillerie, sich hinter die Höhe zurückzuziehen. Aber die österreichischen Erfolge wurden durch das Eingreifen des preußischen I. Armeekorps wieder zunichte gemacht. Nun führte Benedek seine letzte Reserve, das 1. Korps, in den Kampf. Trotz anfänglicher Erfolge endete der Stoß mit einem negativen Ergebnis. Unterdessen hatten preußische Truppen auch Lipa genommen und damit das österreichische 2. Korps zum Rückzug auf Rosnitz gezwungen. In diese Rückwärtsbewegung wurden auch benachbarte Korps hineingerissen. Die Führung der österreichischen Truppen ging völlig verloren, da Benedek auf dem rechten Flügel nicht auffindbar und sein Stab infolge von Verlusten durch Artilleriefeuer nicht mehr arbeitsfähig war. Nur durch den entschlossenen Widerstand einiger Truppenteile wurden die nachdrängenden Preußen aufgehalten und der österreichischen Armee wieder etwas Luft verschafft.

Als die preußische 2. Armee genügend weit herangerückt war, forderte das preußische Hauptquartier den energischen Angriff der Elbarmee auf Problus. Ihr Vorstoß bedrohte die sächsischen Truppen in der Flanke. Aber die preußische Kavallerie hing weit zurück, sie konnte den Erfolg gegen den eingedrückten linken österreichischen Flügel nicht ausweiten. Die Masse der Infanterie war durch die schweren Kämpfe erschöpft, der Angriff noch frischer Kräfte wurde durch österreichische Kavallerie und Artillerie aufgehalten.

Am späten Nachmittag des 3. 7. war die Lage der österreichischen Nordarmee sehr schwierig geworden. Von allen Seiten drängten die preußischen Armeen nach. Ihre Artillerie eröffnete von der Linie Strschesetitz–Langenhof–Rosbjerschitz heftiges Feuer auf die zurückweichenden österreichischen Truppen. Der linke Flügel der 2. Armee näherte sich bis auf zwei Kilometer dem rechten Flügel der Elbarmee, der Ring um die Nordarmee hatte sich fast geschlossen. Die Kavallerie der 1. Armee erschien bereits auf dem Schlachtfeld, um die gegnerischen Truppen zu attackieren. Im letzten Moment konnte die österreichische Reservekavallerie durch eine eigene Attacke auf die preußischen Reiter diesen Angriff zurückweisen. Der österreichischen Reserveartillerie gelang es in der Zwischenzeit, eine starke Feuerlinie aufzubauen. Es begann ein heftiges Artillerieduell, in dem 170 österreichische gegen 188 preußische Geschütze fochten. Währenddessen gingen die einzelnen Korps ziemlich ungeordnet über Placha, Königgrätz, Optanitz und Pardubitz zurück und konnten der völligen Vernichtung entgehen.

Gegen 17.30 Uhr stellten die preußischen Armeen jedes weitere Vordringen ein. Angesichts der starken Erschöpfung der Truppen, der inzwischen eingetretenen Desorganisation und des Mangels an Lebensmitteln befahl das Hauptquartier den Truppen für den 4. 7. Ruhe. Moltke verzichtete auf die Verfolgung des geschlagenen Gegners, obwohl dafür noch ausreichend Kavallerie und frische Truppen eingesetzt werden konnten. Nur die Elbarmee sollte auf Pardubitz nachstoßen, aber auch das unterblieb.

Das Ausbleiben einer sofortigen Verfolgung ermöglichte es dem österreichischen Armeekommandanten trotz der starken Auflösungserscheinungen in seinen Verbänden, sich von den Preußen zu lösen und in den folgenden Tagen wieder ein Mindestmaß an militärischer Ordnung herzustellen. Die Nordarmee hatte große Verluste erlitten (etwa 43 000 Mann gegenüber etwa 9000 Preußen), ihre Kraft war zunächst gebrochen. Das vor Augen, ersuchte Benedek am nächsten Tag das preußische Hauptquartier um einen Waffenstillstand. Bismarck erklärte jedoch, daß ein solcher nur möglich sei, wenn er zu Friedensverhandlungen führe, zu denen Benedek nicht bevollmächtigt war.

In Wien rief die Nachricht von der verlorenen Schlacht tiefe Bestürzung und große Empörung über den Armeekommandanten hervor, dem alle Schuld zugeschoben wurde. Die Regierung vereinbarte mit dem französischen Kaiser, seine Vermittlungsversuche auch auf Preußen auszudehnen. Gleichzeitig wurde die in Oberitalien siegreiche Südarmee nach dem Norden abtransportiert. Ihr Kommandant, Erzherzog Albrecht, und mit ihm einflußreiche Kräfte in den regierenden Kreisen forderten die Fortführung des Krieges gegen Preußen um jeden Preis. Ihr Vorsatz war nicht unbegründet, denn selbst die Nordarmee bestand weiter und konnte in absehbarer Zeit von neuem eingesetzt werden. Österreich hatte zwar bei Königgrätz eine schwere, aber keine vernichtende Niederlage erlitten. Sie mußte nicht unbedingt das Ende des Krieges bedeuten, denn die Reserven und das Potential des Habsburgerstaates waren bei weitem nicht erschöpft.

Zunächst setzte die österreichische Nordarmee ihren Rückzug in drei Kolonnen fort – auf Landskron, auf Mährisch-Trübau, auf Zwittau. Bis zum 7. 7. sollten alle Truppen diese Punkte erreichen und sich dann weiter auf Olmütz zurückziehen. Ein sofortiger Rückzug auf Wien war nicht möglich, da sich auf diesem Marsch die Armee völlig auflösen mußte. Das verschanzte Lager von Olmütz dagegen bot zunächst einen Sammelpunkt, der ohne Gefahr zu erreichen war und wo die Armee ihre Kampfkraft wiederherstellen konnte. Deshalb entschloß sich Benedek, bei Olmütz eine starke Flankenstellung zu errichten und damit das Vordringen der Preußen auf Wien aufzuhalten. Zum unmittelbaren Schutz der bedrohten Hauptstadt wurde das 10. Korps sofort mit der Eisenbahn in Marsch gesetzt. Auch die Masse der Kavallerie sollte in diese Richtung zurückgehen, allerdings nur schrittweise, entsprechend dem preußischen Druck. Das preußische Hauptquartier ging zunächst daran, die Truppen wieder zu ordnen und Verpflegung und Nachschub zu regeln. Infolge dieser Ruhepause verloren die Preußen die Fühlung mit dem Gegner. Erst am 6. 7. stellte die Aufklärung fest, daß sich die Masse der österreichischen Kräfte auf Olmütz, ein geringerer Teil auf Wien zurückzog. Nun entschloß sich das Hauptquartier, auf Olmütz nur die 2. Armee folgen zu lassen, mit der 1. Armee und der Elbarmee aber direkt auf Wien vorzugehen. Das VI. Armeekorps wurde mit der Einschließung der Festungen Josefstadt und Königgrätz beauftragt. Am 7. 7. begann der Vormarsch der Preußen auf breiter Front.

Noch am selben Tag nahm die Kavallerie der 2. Armee wie-

Österreichische Infanteristen 1866

der Fühlung mit dem Gegner. Bei Zwittau kam es zu Nachhutgefechten. Am 8. 7. ging die Elbarmee über Iglau auf Znaim vor, die 1. Armee auf Brünn und die 2. Armee auf Olmütz. Sie sollte eine solche Stellung einnehmen, daß sie die Truppen Benedeks gut beobachten und ihnen folgen konnte, falls diese sich nach Wien wandten, oder nach Schlesien ausweichen konnte, sofern die Österreicher mit überlegenen Kräften angriffen. Doch kam es in den folgenden Tagen nur zu unbedeutenden Zusammenstößen der Kavallerie.

Der preußische Vormarsch schuf für Österreich eine bedrohliche Lage. Noch wirkte sich die vereinbarte Vermittlung Napoleons nicht aus. Man mußte deshalb in Wien selbst schnelle Entschlüsse fassen. Vor allem kam es darauf an, die Hauptstadt vor dem preußischen Angriff zu sichern. Auf die Nordarmee war zunächst nicht in vollem Umfang zu rechnen. Um die Truppen der Südarmee dafür rasch einsetzen zu können, ließ die österreichische Regierung Venetien größtenteils räumen, obwohl sich Italien noch nicht bereit gezeigt hatte, die Kampfhandlungen einzustellen. Weiter beschloß sie, Erzherzog Albrecht zum Oberkommandierenden aller Armeen zu ernennen und den größten Teil der Streitkräfte an die Donau zu verlegen. Aus der Nordarmee, den Korps der Südarmee und den verschiedensten Truppen aus dem Innern des Kaiserreiches sollte bei Wien eine neue starke Feldarmee gebildet und mit ihr notfalls eine Schlacht angenommen werden.

In den bereits besetzten oder unmittelbar vom Gegner bedrohten Landesteilen bot die kaiserliche Regierung den Landsturm auf und forderte die territorialen Militärbefehlshaber und Zivilorgane auf, Insurrektionen und Partisanenkämpfe zu entfachen. Es kam auch zu einzelnen Erhebungen und zu Streifzügen kleinerer militärischer Einheiten im Rücken der preußischen Armee. Da aber diese Kriegführung im vollen Widerspruch zur bisherigen innenpolitischen Regierungspraxis stand und in Friedenszeiten dafür auch keinerlei Vorkehrungen getroffen worden waren, kam eine Insurrektion in Böhmen und Mähren trotz mahnender Aufrufe des Kaisers, hoher Staatsbeamter und Offiziere nicht über Anfänge hinaus. Allerdings sahen sich einige preußische Armeeoberkommandos und Generalkommandos veranlaßt, rigorose Maßnahmen gegen einen drohenden Guerilakrieg zu ergreifen oder der Bevölkerung gegenüber anzudrohen.

Bereits am 9. 7. erhielt Benedek den Befehl, auch das 3. Korps und die sächsischen Kräfte mit der Eisenbahn nach Wien zu senden. Die übrigen Truppen sollten neu formiert und dann ab 14./15. 7. über Preßburg nach Wien in Marsch gesetzt werden. Der Eisenbahntransport dieser Truppen war nicht möglich, er hätte etwa einen Monat beansprucht – eine Zeit, die dem österreichischen Kommando wegen des schnellen Vormarschs der Preußen nicht zur Verfügung stand. Alle diese Maßnahmen zeigten, daß die regierenden Kreise in Wien trotz der Vermittlungsversuche Napoleons III. noch schwankten, ob sie den Krieg gegen Preußen beenden sollten. Die kriegswilligen Kräfte um Albrecht hofften auf eine baldige militärische

Unterstützung durch Frankreich, weil sie erwarteten, daß die Vermittlungsaktion an den preußischen Forderungen scheitern werde.

Mit Sorge und Unruhe mußten aber Hof und Regierung das Anwachsen der nationalen Befreiungsbewegungen in den unterdrückten Provinzen, besonders in Ungarn und Siebenbürgen, und das Anwachsen der bürgerlichen Opposition feststellen. Eine weitere Fortführung des Krieges hing von entscheidenden innenpolitischen Zugeständnissen ab, die von der regierenden Bürokratie und Aristokratie abgelehnt wurden. Sie waren dafür bereit, die Forderungen des Gegners anzuerkennen und auf ihrer Grundlage einen Frieden zu schließen, nachdem Unterhändler am 7. 7. vergeblich ein zweites Mal um einen befristeten Waffenstillstand gebeten hatten. Die in Wien noch nicht bekannten preußischen Forderungen entsprachen im Prinzip den Berliner Vorschlägen zur Bundesreform und liefen auf eine Annexion norddeutscher Gebiete hinaus.

Allerdings begann sich der diplomatische Druck Frankreichs auszuwirken. In Paris verhandelte der preußische Botschafter angestrengt mit Napoleon III. Außerdem tauchte der französische Botschafter in Berlin, Benedetti, am 12. 7. im preußischen Hauptquartier auf. Von dort begab er sich nach Wien, um auch hier die weitere Politik im Sinne seines Herrn zu beeinflussen. Der Krieg war rascher verlaufen, als Napoleon und seine Regierung erwartet hatten. Vor allem überraschten sie die Schlacht bei Königgrätz und ihr Ergebnis. Auf ein militärisches Eingreifen war Frankreich nicht vorbereitet. So mußte Napoleon versuchen, durch beschwörende Worte und Entgegenkommen das preußische Hauptquartier zu bewegen, sich seinen Wünschen zu beugen. Alle kriegführenden Mächte sollten sich dem Schiedsspruch des französischen Kaisers unterwerfen und deshalb alle weiteren Kampfhandlungen ihrer Truppen sofort einstellen.

Inzwischen hatten die preußische Elbarmee am 13. 7. Znaim und die 1. Armee Brünn erreicht. Die 2. Armee ging jetzt in Richtung auf Proßnitz vor. Sie sollte Benedek bei Olmütz festhalten oder ihn nach Norden abdrängen. Aber sie erreichte die neuen Marschziele mit den Spitzenkorps erst am 15. 7. Nur dadurch waren die Korps der Nordarmee in der Lage, ungestört abzumarschieren. Da es der 2. Armee nun nicht mehr möglich war, den Abmarsch des Gegners von Olmütz zu stören, befahl das Hauptquartier der 1. Armee, dem Gegner bei Lundenburg sowohl die Straße nach Wien als auch nach Preßburg zu sperren. Das bedeutete, das unmittelbare Vorgehen auf Wien einzustellen und eine mehr östliche Richtung einzuschlagen. Befand sich wirklich ein großer Teil der Nordarmee auf dem Marsch nach Wien, so mußte mit größeren Kämpfen gerechnet werden. Für diesen Fall wurde die Elbarmee erneut dem Oberkommando der 1. Armee unterstellt.

Im preußischen Hauptquartier bestanden unterschiedliche Vorstellungen über die weitere Kriegführung. Der Ministerpräsident trat für die Aufnahme von Waffenstillstandsverhandlungen ein. Er befürchtete für die nächsten Wochen eine französische Intervention, zudem hielt er die Fortsetzung des Krieges gegen Österreich für nicht im preußischen Interesse liegend. Deshalb trat Bismarck für reale Forderungen an die Wiener Regierung ein und lehnte jede Annexion österreichischen Gebiets ab. Doch um den Gegner schnellstens verhandlungsbereit zu machen, schreckte der Ministerpräsident des preußischen Königs nicht davor zurück, Aufrufe an die tschechische Bevölkerung zu erlassen und die Ungarn zur Insurrektion gegen die Habsburger anzustacheln. Aus kriegsgefangenen Ungarn stellte Bismarck mit Hilfe des Generalstabes eine »Ungarische Legion« auf, deren Kommando der Revolutionsgeneral von 1848, Klapka, übernahm.

Auch der Chef des Generalstabes, Moltke, trat für eine Beendigung des Krieges ein. Die völlige militärische Vernichtung Österreichs lehnte er ab, da er im Kaiserstaat Österreich einen künftigen Bundesgenossen gegenüber Rußland und Frankreich sah. Doch um die eigenen Forderungen durchzusetzen, hielt Moltke die Fortführung der Offensive auf die Donau und unter Umständen den Angriff auf Wien für notwendig. Nach seiner Meinung hatte die vergangene Schlacht den Feldzug gegen Österreich für Preußen entschieden, und die weiteren Operationen sollten nur ein Druckmittel sein, um den Gegner endgültig friedensbereit zu machen.

Im Unterschied dazu verlangten König Wilhelm und seine persönliche militärische Umgebung den rücksichtslosen Vormarsch bis zum triumphalen Einmarsch der preußischen Truppen in Wien. Der Gegner sollte in verletzender Weise gedemütigt und für seinen Kriegseintritt streng bestraft werden. Dieses Verlangen stieß auf die Ablehnung Bismarcks, auch Moltke teilte diesen Standpunkt des Königs nicht. Doch das halsstarrige Beharren des Königs auf seinen Absichten drohte zu einer ernsthaften Gefahr für Preußen zu werden, da es –
– wenn nicht bald eine Vereinbarung mit Wien zustande kam –
zu einer Kriegsverlängerung mit unabsehbaren militärischen und politischen Folgen führen mußte. Außer Frankreich trat auch Rußland für einen baldigen Frieden ein. Deshalb wollte Moltke unbedingt die Vereinigung der österreichischen Nordarmee und der Südarmee verzögern, um den weiteren Widerstand des Gegners zu erschweren. Geringe preußische Kräfte griffen bei Tobitschau und Roketnitz die Kolonnen des österreichischen 8. Korps überraschend an. Von diesem Überfall wurden auch Teile des österreichischen 1. Korps betroffen. Nach diesem Gefecht änderte die Nordarmee ihre Marschrichtung. Sie bog ins Waag-Tal ab und begann den Übergang über die Kleinen Karpaten, um auf diesem Umwege Wien zu erreichen. Bei energischer Verfolgung wäre die Verhinderung dieses Vorhabens möglich gewesen. Aber das Oberkommando der 2. Armee hielt die Vereinigung aller Armeen vor Wien für wichtiger. Als dann am 16. 7. doch noch ein Vorstoß unternommen wurde, war es zu spät. Die Nordarmee war wieder entkommen.

Am 12. 7. war Erzherzog Albrecht in Wien eingetroffen. Am Hof und in der Regierung verstärkten sich bereits die Stimmen, die für die Aufnahme von Verhandlungen mit dem preußischen Hauptquartier waren. Ihnen neigte auch der Kaiser zu. Erzherzog Albrecht dagegen, der immer noch mit einer französischen Intervention rechnete, verlangte unbedingten Widerstand und dazu die Verteidigung Wiens und der Donaulinie. Er setzte Benedeks Abmarsch von Olmütz durch und zog auch das Kavalleriekorps über die Donau zurück. Nur eine schwache Nachhut verblieb nördlich des Stroms. Sie sollte beim Anrücken der Preußen auf die nördlich von Wien in Bau befindlichen Stellungen – die Floridsdorfer Schanzen – ausweichen. Am 16. 7. trafen bei Wien auch die ersten Einheiten aus Italien ein.

Eine Brigade des 10. Korps wurde am 17. 7. nach Blumenau entsandt, um dort den gegen Preßburg vordringenden Gegner aufzuhalten. Außerdem erhielt Benedek den Befehl, die Bewegungen der preußischen Truppen durch Vorstöße abzufangen. Das war bei dem Zustand der Nordarmee jedoch nur schwer ausführbar. Der entbehrungsreiche Marsch hatte die Truppen erneut außerordentlich erschöpft. Die einzige Aufgabe, die sie noch lösen konnten, bestand darin, so schnell es ging, Wien zu erreichen. Dort waren bis zum 20. 7. das 3. und 10. Korps der Nordarmee, vier Kavalleriedivisionen sowie das 5. und 9. Korps der Südarmee versammelt, insgesamt etwa 105 000 bis 110 000 Mann.

Das preußische Hauptquartier rechnete schon vor dem 20. 7. mit etwa 150 000 Österreichern bei Wien und erwartete eine österreichische Offensive. Deshalb wurden zunächst die 1. Armee und die Elbarmee nach Lundenburg und Laa befohlen, um eine günstige Stellung für Angriff und Abwehr gegen die beiden österreichischen Gruppierungen zu haben. Darauf wurde am 19. 7. der Befehl zum Angriff auf die Donaulinie erneuert. Alle drei Armeen sollten sich hinter dem Russ-Bach vereinigen: Die Elbarmee bei Wolkersdorf, die 1. Armee bei Deutsch-Wagram, die 2. dahinter bei Schönkirchen. Sie sollten versuchen, überraschend Preßburg und den dortigen Donauübergang zu nehmen. Im weiteren erwog man den Angriff auf Wien.

Man war sich im preußischen Hauptquartier darüber klar, daß es nicht leicht sein würde, Wien zu erobern. Dort hatte sich die Stimmung seit dem Eintreffen der siegreichen Südarmee wieder etwas gehoben, man blickte hoffnungsvoller in die Zukunft. Die Entschlossenheit zur Verteidigung der Stadt wurde stärker. Die österreichische Hauptstadt war durch eine ausgedehnte verschanzte Linie geschützt. Sie bestand aus einer Reihe von Feldbefestigungen und war mit 430 Geschützen bestückt. Sie lehnte sich mit dem rechten Flügel an die Lobau, mit dem linken an die Donau. In der Mitte klaffte zwar noch eine Lücke mit einer Breite von 7 Kilometern, aber sie konnte schnell provisorisch geschlossen und vor allem durch Truppen ausreichend gesichert werden. Im Floridsdorfer Brückenkopf stand das 10. Korps, rechts davon das 3., links das 9. Korps. Sie bewachten die Donau, während das 5. Korps in Wien selbst stand. Die Lage der Österreicher war also nicht aussichtslos. Sie mußte sich verbessern, wenn die Kräfte der Nordarmee rechtzeitig Wien erreichten. Aber das war in Frage gestellt, sobald es den Preußen gelang, den Paß von Blumenau zu öffnen und Preßburg im Handstreich zu nehmen. Geschah das, so blieb der Nordarmee nur der große Umweg über Komorn. Dann konnte die Entscheidung bei Wien fallen, ohne daß es den Truppen Benedeks möglich war einzugreifen.

Schon am 18. 7. waren die Vorhuten der Preußen nur noch etwa 40 Kilometer von Preßburg entfernt, während das nächste österreichische Korps, das 2. Korps, noch etwa 80 Kilometer zurückzulegen hatte. Noch am 21. 7. waren zur Behauptung dieses wichtigen Punktes nur zwei österreichische Brigaden verfügbar. Erst in der Nacht und am Morgen des folgenden Tages wurden mit Hilfe von Bauernfuhrwerken und der Pferdeeisenbahn die Truppen eines Korps herangebracht. Es war die höchste Zeit, denn schon am 21. 7. hatten zwei preußische Divisionen bei Marchegg die March überschritten, waren bis Stampfen vorgegangen und hatten den Paß von Blumenau erkundet. Für den 22. 7. war der Angriff befohlen. Die Österreicher standen in einer sehr starken Stellung, die sich an die schroffen Berghänge anlehnte. Da ein frontaler Angriff nur geringen Erfolg zeitigte, wurde eine preußische Division zur Umgehung angesetzt. Noch bevor diese wirksam werden konnte, traf die Nachricht vom Abschluß einer befristeten Waffenruhe ein.

Diese Waffenruhe war am 21. 7. für fünf Tage vereinbart worden, nachdem durch französische Vermittlung beide Seiten ihr Einverständnis dazu und zur Aufnahme von direkten Verhandlungen gegeben hatten. Erzherzog Albrecht hatte angesichts des Verlaufs der Kämpfe und des Zustands der Nordarmee seine ursprüngliche Zuversicht verloren. Auch gaben er und seine Umgebung die bisherige Hoffnung auf französische Waffenhilfe auf. Da Kaiser Franz Joseph und der Hof sofortige weitgehende Zugeständnisse an die ungarische Opposition ablehnten, andererseits angesichts des massiven militärischen und politischen Druckes des preußischen Hauptquartiers um den Bestand der Monarchie besorgt waren, willigten sie in die Annahme der Forderungen Bismarcks ein.

Am 22. 7. begannen in Nikolsburg die Verhandlungen über einen Waffenstillstand und einen Präliminarfrieden. Die Kampfhandlungen wurden nicht wieder aufgenommen.

b) Die militärischen Ereignisse in West- und Süddeutschland

Die preußische Mainarmee (Tabelle 13) hatte den Auftrag, nach dem Überschreiten der Grenzen die hannoversche und die kurhessische Armee nach Möglichkeit zu entwaffnen, einen etwaigen Widerstand dagegen rücksichtslos zu brechen. Der Okkupation von Hannover und Kurhessen sollte die Besetzung der Mainlinie folgen. Am 15. 6. standen ihre drei Divisionen bei Altona, Minden und Wetzlar. Dort begannen sie am 15. bzw. 16. 6. den Vormarsch und besetzten schon am 17. 6. Lüneburg, Stade und Hannover.

Weder Hannover noch Kurhessen waren militärisch auf den Krieg gegen Preußen vorbereitet. Der Zustand und die Stärke der Armeen (Tabelle 16) ließen selbst eine vorübergehende Verteidigung beider Länder nicht zu. Die Voraussetzung für eine aktive Kriegführung bestand im schnellen Anschluß an die süddeutschen Korps der Bundesarmee. Deshalb sammelten sich die Hannoveraner bei Göttingen, die Hessen bei Hanau.

Schon am 19. 6. besetzten die Preußen auch Kassel, wo sie den hessischen Kurfürsten gefangennahmen. Die kurhessischen Truppen zogen sich mit der Eisenbahn nach Mainz zurück und blieben hier stehen.

Die Hannoveraner standen indessen bei Göttingen zwischen

WESTLICHER KRIEGSSCHAUPLATZ 1866

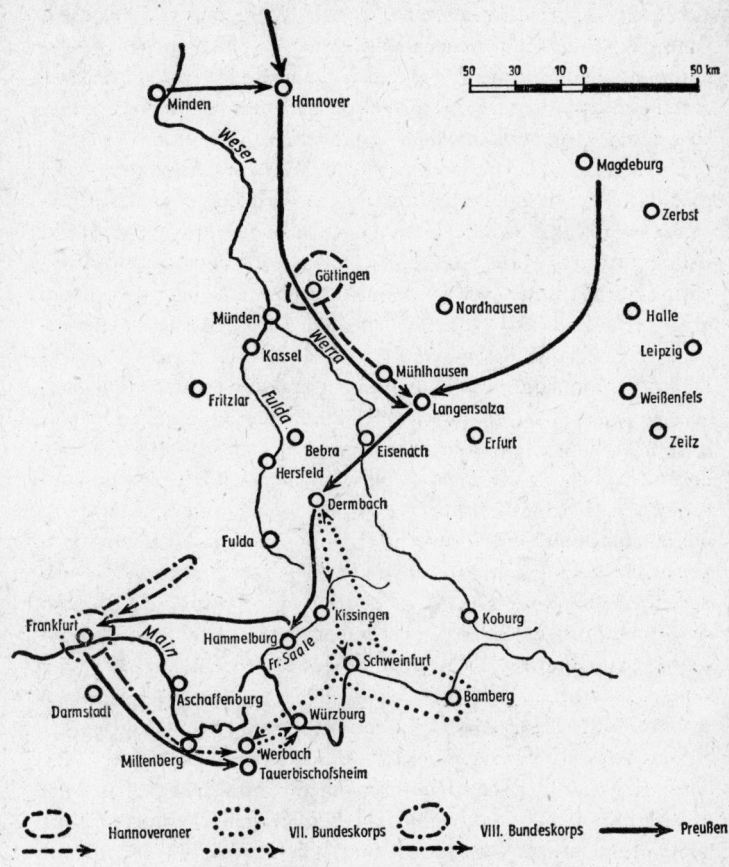

zwei preußischen Divisionen. Es war ihnen gelungen, fast volle Kriegsbereitschaft zu erreichen. Aber ihre Führung einigte sich nicht rechtzeitig über das weitere Verhalten. Man erwog den Marsch nach Süden, eine Verteidigung bei Göttingen und einen Rückzug in den Harz. Die Bayern sagten Hilfe durch das Vorrücken einer Division auf Kissingen zu, und endlich wurde am

20. 6. der Abmarsch über Heiligenstadt auf Eisenach beschlossen. Die Hannoveraner erreichten am 22. 6. Mühlhausen, ohne auf Widerstand zu stoßen. Der weitere Weg wäre frei gewesen, denn der Oberbefehlshaber der Mainarmee hatte mit einer Verteidigung bei Göttingen gerechnet und die Truppen dementsprechend eingesetzt. Das preußische Hauptquartier dirigierte im letzten Moment schwache Landwehrtruppen und Festungsbesatzungen sowie das gothaische Kontingent nach Gotha und Eisenach. Eine kleine Abteilung nahm nordöstlich von Langensalza Aufstellung. So waren am 23. 6. die Hannoveraner umstellt.

Der Stab der Mainarmee hatte jedoch nur ungenügende Aufklärungsergebnisse und ging auf Nordhausen und Göttingen zum Angriff vor. Dadurch wurde der Weg für die hannoversche Armee zunächst wieder frei. Da der preußische Armeeführer glaubte, die Hannoveraner nicht mehr erreichen zu können, wollte er den Truppen Ruhe gönnen und dann gegen Frankfurt a. M. vorgehen. Das Hauptquartier befahl dagegen wiederum, starke Kräfte nach Eisenach zu entsenden. Die hannoversche Armee hatte ebenfalls infolge mangelnder Aufklärung die entstandene Situation nicht erkannt und einen Ruhetag eingelegt. So gelang es den Preußen, sie wieder zu stellen. Sie forderten die hannoversche Armee zur Kapitulation auf. Es kam zu Verhandlungen, aber die Hannoveraner wollten nur Zeit gewinnen; sie hofften auf die ihnen jüngst erneut versprochene bayrische Hilfe.

Am 25. 6. rückte die hannoversche Armee von Mühlhausen ab und konzentrierte sich bei Langensalza. Zu dieser Zeit waren bereits folgende preußische Kräfte zur Stelle: bei Eisenach 12 500 Mann mit 28 Geschützen, bei Kreuzburg und Treffurt 8250 Mann mit 6 Geschützen und bei Gotha 6500 Mann mit 22 Geschützen. Nochmals wurden die Hannoveraner zur Waffenstreckung aufgefordert. Das hannoversche Kommando lehnte diese Aufforderung ab, entschied sich aber auch gegen einen Durchbruch nach dem Süden. Es sollte der Rückmarsch über Sondershausen angetreten werden. Von Gotha aus war eine preußische Abteilung gefolgt und griff nun bei Langensalza an, um den Gegner festzuhalten. Dieses Gefecht endete zwar mit der Niederlage der Preußen, aber der Abmarsch des Gegners war aufgehalten.

In der Nacht vom 27. zum 28. 6. wurden preußische Verstärkungen nach Gotha in Marsch gesetzt. Das hannoversche Kommando hatte für den 28. 6. einen erneuten Angriff gegen die schon geschlagene preußische Abteilung bei Langensalza geplant. Es nahm davon Abstand, als der eilige Anmarsch stärkerer preußischer Verbände bekannt wurde. Am Abend des 28. 6. war der Ring um die Hannoveraner bei Langensalza durch 40 000 Mann geschlossen. Diese Übermacht, die eingetretene Erschöpfung der Truppen sowie Mangel an Munition und Lebensmitteln führten in der Nacht vom 28. zum 29. 6. zur Kapitulation.

Damit war der einzige gefährliche norddeutsche Gegner Preußens ausgeschaltet. Die Mainarmee konnte sich nun gegen die süddeutschen Bundesgenossen Österreichs wenden. Die süddeutschen Regierungen, die ein Zusammenwirken ihrer Truppen mit der österreichischen Armee in Böhmen abgelehnt hatten, konnten sich nur mit Mühe und Not auf eine gemeinsame Kriegführung einigen. Der von dem späteren Bundesfeldherrn Karl von Bayern, der zugleich die bayrischen Truppen befehligte, vorgelegte Operationsplan hatte vorgesehen, mit dem VII. (bayrischen) Bundeskorps von Schweinfurt und mit dem VIII. von Frankfurt a. M. gegen Hersfeld im Fulda-Tal vorzudringen und dort die Hannoveraner aufzunehmen. Dadurch hätten der preußischen Mainarmee 120 000 Mann gegenübergestanden.

Die Nachricht vom Sieg der Hannoveraner bei Langensalza veranlaßte die Bayern zum Weitermarsch gegen den Thüringer Wald. Damit entfernten sie sich vom VIII. Bundeskorps und standen zunächst den Preußen allein gegenüber, nachdem die Hannoveraner kapituliert hatten. Die bayrischen Truppen befanden sich im Raum Wasungen, Meiningen, Schleusingen, Hildburghausen, das VIII. Bundeskorps noch immer bei Frankfurt a.M. Die schnelle Vereinigung aller Kräfte war daher die wichtigste Aufgabe. Man beschloß, diese Vereinigung bei Fulda herbeizuführen, obwohl das eine Art von Flankenmarsch vor der preußischen Front bedeutete. Die Vereinigung in der günstigen Richtung auf Neustadt a. S. hätte einem Rückzug geglichen, dessen moralische Folgen man fürchtete.

Das preußische Hauptquartier befahl der Mainarmee, jetzt energisch gegen die Bayern vorzugehen. Sie sollte den Angriff in Richtung Schweinfurt führen, um die Bayern zu fesseln und sie auf die Verteidigung ihres eigenen Landes zu beschränken. Außerdem sollten die beiden gegnerischen Gruppen voneinander isoliert werden.

Daraufhin traten die Preußen den Vormarsch auf Fulda an, den Vereinigungspunkt der süddeutschen Kräfte. Bei Dermbach wurden am 4. 7. die aus der Rhön heraustretenden bayrischen Spitzen zurückgeworfen. Die Bayern schlugen nun die Richtung auf die Fränkische Saale ein. Sie forderten das VIII. Bundeskorps, das am Osthang des Vogelgebirges gegenüber Fulda stand, zur Vereinigung über Brückenau und Kissingen auf. Aber das Kommando des VIII. Korps schlug unter dem Eindruck der österreichischen Niederlage bei Königgrätz die Versammlung der Kräfte hinter dem Main vor. Trotz der erneuten Forderung des Bundesfeldherrn ging das VIII. Korps am 9. 7. nach Hanau und Frankfurt a. M. zurück, um die eigenen Grenzen und die Bundesversammlung gegen befürchtete preußische Angriffe aus dem Rheinland zu sichern. Damit war die Trennung der Verbündeten vollzogen.

Die preußischen Truppen hatten inzwischen mit drei Divisionen den Vormarsch auf Fulda fortgesetzt. Ihr Kommando wollte den Stoß gegen Frankfurt a. M. richten, da die preußischen Truppen die Fühlung mit dem Gegner verloren hatten. Das Hauptquartier forderte dagegen weiterhin den Angriff über die Fränkische Saale. Er wurde mit zwei Divisionen ausgeführt. Bei Hammelburg und Kissingen kam es am 10. 7. zu Gefechten mit den Bayern, die geschlagen wurden und sich auf Schweinfurt zurückzogen. Der Oberbefehlshaber der Mainarmee gab die Verfolgung der Bayern auf und wandte sich, einer Anregung Bismarcks folgend, erneut gegen Frankfurt a. M. Bismarck sah in der Besetzung der Gebiete nördlich des Mains ein wichtiges politisches Faustpfand.

Für die süddeutschen Bundeskorps war jetzt die Vereinigung ihrer Kräfte außerordentlich dringend geworden. Als Vereinigungspunkt wurde nun Uffenheim südöstlich von Würzburg vorgesehen. Das VIII. Bundeskorps trat den Marsch dorthin an und stand am 13. 7. bei Aschaffenburg. Hier stießen seine Spitzen auf die preußischen Vorhuten. Am 14. 7. kam es zum Gefecht bei Aschaffenburg, in dem die Bundestruppen über den Main zurückgeworfen wurden. Erneut ließ General Vogel von Falckenstein von den gegnerischen Truppen ab und wandte sich wieder gegen Frankfurt, in das die preußischen Truppen am 17. 7. einzogen. Hier erfolgte ein Wechsel in der Führung der Armee. Den Oberbefehl übernahm General von Manteuffel, von dem sich das Hauptquartier ein energischeres Vorgehen gegen die Bundestruppen versprach.

Da die Preußen weder dem VII. noch dem VIII. Bundeskorps nach den Gefechten gefolgt waren, gelang diesen am 17. 7. ihre Vereinigung zwischen Würzburg und der Tauber. Aber auch jetzt gab es keine echte Grundlage für ein gemeinsames Handeln. Die Regierungen in Karlsruhe und Stuttgart verlangten ein vorsichtiges Verhalten ihrer Truppen und das Vermeiden von Kämpfen, die nicht unmittelbar der Sicherung ihrer Grenzen dienten. Dagegen forderte die bayrische Regierung die Wiedereroberung der Mainlinie von Aschaffenburg bis Mainz. Das Kommando der Bundestruppen beabsichtigte eine Offensive gegen den unteren Main, was vom Kommandanten des VIII. Korps abgelehnt wurde. Schließlich einigte man sich auf einen Stoß gegen Aschaffenburg über Lohr und Miltenberg.

Das Oberkommando der preußischen Mainarmee verfügte zu diesem Zeitpunkt über 50 000 Mann mit 120 Geschützen. Außerdem konnte es auf das baldige Eintreffen des bei Leipzig versammelten II. Reservekorps mit 20 000 Mann und 54 Geschützen rechnen, dem der Vormarsch über Hof auf Bayreuth befohlen war. In dieser Situation entschloß sich der Oberbefehlshaber der Mainarmee zum Angriff auf Würzburg. Am 21. 7. begann von Frankfurt a. M. aus der preußische Vormarsch südlich des Mains. Am 23. 7. schwenkten die preußischen Truppen um die Mainberge bei Miltenberg. Vor ihnen erreichten zur selben Zeit die Spitzen des VIII. Bundeskorps die Tauber, die Bayern setzten sich von Würzburg aus auf Lohr in Bewegung. Am 24. 7. standen die Spitzen des VIII. Bundeskorps bei Tauberbischofsheim und Werbach, während sich die Bayern bei Roßbrunn versammelten. Es kam jedoch nicht zur Organisierung des Zusammenwirkens beider Korps bei der Verteidigung der Tauberlinie.

Der preußische Stab vermutete bei Tauberbischofsheim die Hauptkräfte des Gegners. Deshalb neigte er zu äußerster Vorsicht. Aber schon beim ersten Stoß wurde am 24. 7. Tauberbischofsheim mit geringen Kräften genommen. Die Gegenangriffe der württembergischen Division brachen wegen mangelnder Artillerieunterstützung im starken Feuer der preußischen Infanterie zusammen. Die Preußen drangen auf das andere Ufer der Tauber vor und setzten sich dort fest. Auch der nun einsetzende Angriff einer frischen Division der Bundestruppen scheiterte. Da nun auch eine Niederlage der badischen Brigade bei Werbach bekannt wurde, zog sich das VIII. Bundeskorps in Richtung Würzburg zurück.

Es wäre Aufgabe der Bayern gewesen, das VIII. Bundeskorps bei der Verteidigung der Tauberlinie zu unterstützen. Sie konnten jedoch nicht eingreifen, da sich ihre Truppen erst auf dem Marsch mainabwärts befanden. Zwei ihrer Divisionen standen auf der Hochfläche von Würzburg. In ihre Stellung hinein führte am 25. 7. der preußische Vormarsch. Die Bayern wurden überraschend angegriffen und zogen sich nach kurzem Widerstand in eine Stellung westlich von Würzburg zurück.

Am Abend des 25. 7. hatte sich für die Bundesarmee eine ernste Situation entwickelt. Die Truppen waren durch die Anstrengungen und die unglücklichen Gefechte demoralisiert, die Disziplin hatte sich bedenklich gelockert. Die Armee hatte im Rücken die steilen Abhänge des Main-Tales, die wenigen guten Straßen waren durch die zurückgehenden Trosse gesperrt. Ihr Kommando entschloß sich, hinter den Main zurückzugehen, um die Armee zu retten. Aber zunächst war es notwendig, auf den Mainhöhen stehenzubleiben, bis die notwendigen Brücken gebaut waren und die Trosse die Straßen freigemacht hatten.

Die Bayern hatten eine Stellung bei Roßbrunn bezogen. Hier entwickelte sich am 26. 7. ein Gefecht, in dem die Bayern von den Preußen hart bedrängt wurden und sich an einzelnen Abschnitten zurückziehen mußten. Dennoch behaupteten sie Roßbrunn und wollten sogar zum Angriff übergehen. Doch das VIII. Bundeskorps, das links von den Bayern stand, verweigerte die Unterstützung und leitete den Abzug über den Main bereits ein. Nun blieb auch dem VII. Korps nur der Rückzug über den Main, der ohne Störungen und nennenswerte Verluste zügig erfolgen konnte.

Infolge von Verhandlungen über einen Waffenstillstand mit den süddeutschen Staaten kam es nicht mehr zu weiteren Gefechten. Die Bundestruppen zogen sich in ihre Länder zurück, der Krieg in Süddeutschland war beendet. Infolge der mangelnden Kriegsbereitschaft der Bundestruppen, der Zersplitterung ihrer Kräfte und der völlig ungenügenden Koordinierung ihrer Handlungen war es den Preußen ohne große Schlacht gelungen, ihren Gegnern erhebliche Verluste beizubringen und sich in den faktischen Besitz der Territorien nördlich des Mains zu setzen.

c) Die Kämpfe in Oberitalien und zur See

In Italien war nach dem Wiener Kongreß wieder die feudalreaktionäre Ordnung hergestellt worden. Österreich hatte große Teile des Landes in seinem Besitz und übte die absolute Vorherrschaft aus. Es unterstützte in allen italienischen Staaten die Gegenrevolution und schlug die liberalen Revolutionen brutal nieder, die im ersten Drittel des 19. Jahrhunderts in Italien aufflammten. Trotzdem erstarkte die Bewegung für die Einigung Italiens und für seine Unabhängigkeit. Wie in Deutschland gab es eine Strömung, die die Revolution von unten anstrebte, und eine andere Gruppe, die für einen dynastischen Weg der Einigung eintrat. Ein Höhepunkt der nationalen Bewegung war die Revolution von 1848/49. Mit Ausnahme von Piemont paktierten alle Fürsten und der Klerus mit Österreich. Der nationale Befreiungskrieg in Oberitalien und die Volksaufstände wurden von der europäischen Konterrevolution niedergeschlagen.

Trotzdem begann in den fünfziger Jahren von Sardinien-Piemont aus die Einigung Italiens unter der Führung der kompromißbereiten Bourgeoisie, die ein Bündnis mit dem bonapartistischen Frankreich abschloß. Der Krieg Sardinien-Piemonts und Frankreichs gegen Österreich 1859 endete mit einer Niederlage Österreichs. Aus Furcht vor den revolutionären Aktionen der Volksmassen und unter dem Druck Napoleons III. erklärten sich Hof und Regierung in Turin aber mit einem neuen Kompromiß einverstanden. Österreich behielt noch Venetien in seinem Besitz. Das Volk mit seinem Helden Garibaldi kämpfte jedoch weiter und verjagte in allen italienischen Staaten mit Ausnahme des Kirchenstaates um Rom die Fürsten. Unter dem Druck der Volksbewegung wurde 1860 das Königreich Italien ausgerufen. Damit war die national-staatliche Einheit bis auf Venetien und den Kirchenstaat (Rom) vollzogen.

Um Venetien mußte aber noch gekämpft werden. Die italienische Regierung bereitete sich auf einen neuen Krieg gegen Österreich vor und hoffte, die österreichisch-preußischen Gegensätze zur Erreichung ihrer Ziele ausnutzen zu können. Deshalb willigte sie mit französischer Zustimmung in das von Preußen angebotene Kriegsbündnis ein. Sie hielt an diesem Bündnis auch dann noch fest, als ihr von der Wiener Hofburg ein Entgegenkommen angeboten wurde, und lehnte alle Verhandlungen mit Wien über eine friedliche Regelung der venezianischen Frage ab.

Seit 1860 hatte sich die Armee von den ursprünglich sechs Divisionen des sardinischen Heeres auf zwanzig Divisionen vergrößert. Die neuen Divisionen waren jedoch noch nicht ausreichend ausgebildet. Das beeinträchtigte die Schlagkraft der italienischen Armee. Unter den führenden Militärs bestanden unterschiedliche strategische Vorstellungen über die Führung des Krieges. Während eine Minderheit dafür eintrat, gemeinsam mit der Flotte an der Küste der Adria auf Venedig vorzustoßen, die rückwärtigen Verbindungen der österreichischen Südarmee zu unterbrechen und anschließend auf Wien vorzu-

Italienische Soldaten 1866

dringen, war die Mehrheit für den Kampf um das Festungsviereck. Für diese Strategie entschieden sich auch der Hof und die Regierung.

Ebenso lehnte die italienische Armeeführung in voller Übereinstimmung mit den regierenden Kreisen eine energische, nationalrevolutionäre Kriegführung gegen Österreich ab. Die von Garibaldi erneut aufgebotenen Freischaren erhielten eine Richtung zugewiesen, wo sie entsprechend ihrem Charakter kaum voll wirken konnten. Auch in Venetien wurden nur ungenügende Maßnahmen für die Organisierung eines wirksamen Nachrichtendienstes sowie für die Auslösung von Insurrektionen getroffen. Die unter den höheren Offizieren am stärksten verbreiteten strategisch-operativen Grundsätze über die Eröffnung des Krieges und seine Führung beruhten auf den Erfahrungen des Krieges von 1859. Sie erwarteten, daß der entscheidenden Hauptschlacht eine Reihe von Demonstrationen und kleineren Gefechten vorausgingen, deren Ergebnisse die strategischen Pläne und Absichten für die weitere Kriegführung erst bestimmen würden.

Angesichts der mangelnden Kriegsbereitschaft seiner Streitkräfte hatte Italien schon im März 1866 mit seinen Rüstungen begonnen. Bis Mitte Juni verfügte es über 210 000 Mann regulärer Truppen mit 450 Geschützen und über 36 000 Freiwillige mit 40 Geschützen. Hinzu kamen noch 70 000 Mann Festungsbesatzungen.

Tabelle 20: Gliederung der italienischen Feldtruppen

Armee	Befehlshaber	Stärke (Mann)	Raum
Hauptarmee	König Viktor Emanuel (Chef des Stabes: La Marmora)	120 000	Po–Garda-See
Po-Armee	Cialdini	90 000	Ferrara
Freischaren	Garibaldi	36 000	Como

Als sein hauptsächliches Ziel sah das italienische Oberkommando zunächst die Besetzung des Oberitalien beherrschenden Festungsvierecks Mantua–Peschiera–Verona–Legnago an. Dazu sollte die Hauptarmee über den Mincio angreifen und die gegnerische Armee fesseln, die schwächere Po-Armee über den unteren Po gegen die österreichische Flanke vorgehen. Die Operationen sollten erst beginnen, wenn Preußen die Kampfhandlungen gegen Österreich eröffnet hatte. Ab 10. 6. begann die italienische Armee den Vormarsch in die in Tabelle 20 genannten Konzentrierungsräume.

Die italienische Kriegsflotte versammelte sich bei Ancona in der Adria. Sie bestand aus 12 modernen Panzerschiffen und mehreren Holzschiffen (7 Fregatten, 3 Korvetten, 8 Avisos und 3 Kanonenboote). Die in Pola konzentrierte österreichische Marine bestand demgegenüber aus 7 Panzerfregatten und verfügte an Holzschiffen über 1 Linienschiff, 5 Fregatten, 1 Korvette, 7 Kanonenboote, 4 Raddampfer.

Die österreichische Seite hatte frühzeitig die italienischen Kriegsabsichten erkannt. Allerdings war die Wiener Regierung über die letzten Ergebnisse der preußisch-italienischen Verhandlungen in Berlin nicht informiert. Bereits am 26. 4. wurde die österreichische Südarmee (5., 7. und 9. Korps, eine Reservedivision, eine selbständige Kavalleriebrigade) unter Erzherzog Albrecht in Kriegsbereitschaft versetzt. Im Juni waren die österreichischen Kräfte auf dem südlichen Kriegsschauplatz entsprechend Tabelle 21 verteilt.

Tabelle 21: Kräfteverteilung der österreichischen Südarmee im Juni 1866

Kräfte	Stärke (Mann)	Geschütze	Raum
Feldarmee	78 000	168	Verona-Lonigo-Montagnano
Sicherungskräfte	13 000		Südtirol
Sicherungskräfte	16 000	80	Istrien und Friaul
Festungsbesatzungen	36 000		
Gesamtstärke	143 000	248	

Die Absicht des österreichischen Armeekommandos bestand darin, durch aktive offensive Handlungen noch vor dem möglichen Zusammenwirken der beiden italienischen Armeen eine von ihnen isoliert zu schlagen. Die Stellung der Feldarmee bot die Möglichkeit eines schnellen Vorgehens sowohl in Richtung Verona als auch in Richtung Padua. Nur durch die geschickte Ausnutzung der inneren Linie konnte es dem österreichischen Kommando gelingen, das für Italien außerordentlich günstige Kräfteverhältnis (2,7 : 1) auszugleichen.

Am 20. 6. erklärte Italien den Krieg an Österreich, die Feindseligkeiten sollten am 23. 6. beginnen.

Der österreichische Armeekommandant war entschlossen, zuerst einen überraschenden Schlag gegen die italienische Hauptarmee zu führen. Sobald sie den Mincio überschritt, sollte ihr die Südarmee von Verona aus in die linke Flanke stoßen. Andernfalls wollte das Kommando der Südarmee den Fluß überschreiten und, gestützt auf Peschiera, den Gegner zur Schlacht stellen. Am 22. 6. wurde die österreichische Armee in Richtung auf Verona konzentriert. Zur Sicherung der Po-Linie blieben nur geringe Kräfte zurück, der Mincio wurde durch Kavallerie beobachtet. Am 23. 6. stand die Südarmee westlich von Verona in Bereitschaft.

Die italienische Hauptarmee hatte mit dem I., II. und III. Korps, die über je vier Divisionen verfügten, am 21. 6. den Vormarsch gegen den Mincio begonnen, Garibaldi setzte sich über Brescia auf Trient in Bewegung. In der Nacht vom 22. zum 23. 6. begann der Übergang der Italiener über den Mincio auf breiter Front zwischen Goito und Monzambano. Eine Division des I. Korps sicherte auf dem Westufer des Flusses gegen Peschiera; gegen Mantua wurde das II. Korps mit vier Divisionen vorgeschoben.

Nur zögernd wich die österreichische Kavallerie vor der italienischen Armee zurück. Die Führung der Südarmee rechnete damit, daß die Italiener am nächsten Tag mit ihren Hauptkräften gegen die Etsch und auf Verona vorgehen würden. Der österreichische Entschluß sah vor, die Südarmee aus dem Raum von Castelnovo gegen die linke Flanke der italienischen Hauptarmee anzusetzen und den Gegner vom Mincio abzudrängen. Noch am 23. 6. begann der österreichische Vormarsch, am 24. 6. sollte er fortgesetzt und dabei eine Linksschwenkung vorgenommen werden.

Das Oberkommando der italienischen Hauptarmee war ungenügend über die Konzentrierung und die Bewegungen der Österreicher unterrichtet. Da es die Anwesenheit von starken gegnerischen Kräften vor Verona nicht aufklärte, rechnete es nicht mit entscheidenden Kämpfen westlich der Etsch. Die Armee wandte sich am 23. 6. nach Nordosten gegen das Hügelland von Sommacampagna und setzte am 24. 6. diese Bewegung fort. Das den rechten Flügel bildende II. Korps ließ zwei Divisionen vor Mantua zurück und marschierte mit zwei Divisionen auf Roverbella. Das im Zentrum vorgehende III. Korps hatte Villafranca als Ziel. Am linken Flügel ging das I. Korps, von

ITALIENISCHER KRIEGSSCHAUPLATZ 1866

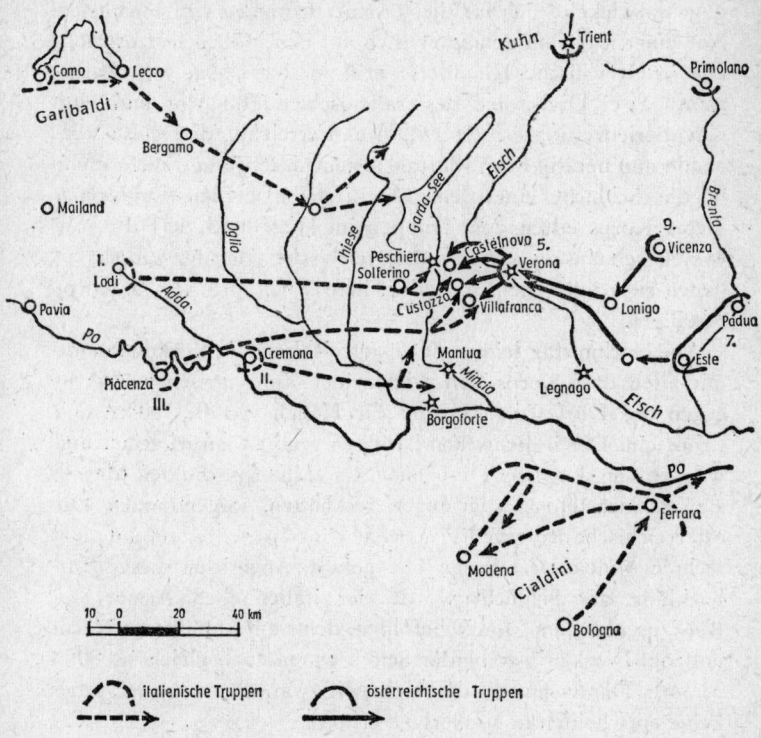

dem eine Division noch vor Peschiera stand, gegen Sommacampagna und Castelnovo vor. Damit richtete sich der Vormarsch des linken Flügels und des Zentrums der italienischen Armee genau auf die österreichische Front. Aus dieser Bewegung von 100 000 Italienern gegen 73 000 Österreicher entwickelte sich am 24. 6. auf historischem Boden die Begegnungsschlacht von Custozza.

Zunächst stießen drei Divisionen des italienischen I. Korps bei den Höhen von Belvedere und Croce auf Kräfte des österreichischen 5. und 7. Korps. Zwar konnte eine vierte Division einen gegnerischen Umgehungsversuch verhindern, aber die Lage entwickelte sich für die Italiener trotzdem sehr ungünstig. Nur einer Division gelang es, sich auf den Höhen festzusetzen. Die österreichische Kavallerie griff in der Ebene von Villafranca zwei Divisionen des italienischen III. Korps und eine Kavalleriedivision erfolgreich an und erreichte, daß diese Verbände nun untätig bei Villafranca stehenblieben und nicht mehr in die Schlacht eingriffen. Die anderen beiden Divisionen dieses Korps eilten den Truppen im Hügelland zu Hilfe. Sie wiesen gemeinsam mehrere österreichische Angriffe zurück, an denen sich außer dem 5. und 7. inzwischen auch das 9. Korps beteiligte.

Am Nachmittag leitete das österreichische Armeekommando mit allen drei Korps den allgemeinen konzentrischen Angriff gegen das Dorf Custozza und die Höhen von Belvedere und Croce ein. Die italienischen Truppen mußten zurückgehen und wurden von den zwei Divisionen des II. Korps, die den Marsch zum Schlachtfeld zu spät angetreten hatten, aufgenommen. Die österreichische Reservedivision hatte inzwischen schon auf dem rechten Mincio-Ufer festen Fuß gefaßt. Angesichts dieser Entwicklung der Schlacht wurde der italienischen Armee der Rückzug über den Mincio befohlen, den sie im Laufe der Nacht vollzog. Die Verluste beider Seiten waren etwa gleich (je 8000 Mann). Damit hatten die Italiener zwar eine schwere, aber keine entscheidende Niederlage erlitten.

Das österreichische Armeekommando verzichtete auf die Verfolgung der geschlagenen Armee. Statt dessen sollten die österreichischen Kräfte für einen Angriff auf die italienische Po-Armee (IV. Korps) eingesetzt werden. Deren Truppen zogen sich jedoch auf die Nachricht von der Niederlage bei Custozza vom Po bis nach Modena zurück. Die Hauptarmee setzte ihren Rückzug bis hinter den Oglio fort, die österreichische Südarmee folgte am 1. 7. über den Mincio, aber schon nach kurzer Zeit stellte sie ihren Vormarsch ein und kehrte auf das andere Flußufer zurück. Auf die Nachricht von der Niederlage der Nordarmee in Böhmen verzichtete das Kommando der Südarmee auf weitere Vorstöße und bereitete sich vielmehr darauf vor, mit der Masse der Kräfte an der Verteidigung Wiens teilzunehmen. Schon am 6. 7. ging die Südarmee hinter die Etsch zurück, und am 9. 7. erhielt sie den Befehl, Venetien zu räumen. Das 5. und 9. Korps rückten nach der Donau ab, mit dem verbleibenden 7. Korps sollte die Isonzolinie gehalten werden. Außerdem blieb das Festungsviereck von österreichischen Truppen besetzt.

Diese günstige Lage ermöglichte es dem italienischen Oberkommando, neue Operationen einzuleiten. Außerdem drängte Preußen, durch ein rasches Vorgehen auf Venedig und in Richtung auf Wien den Abzug weiterer österreichischer Kräfte nach der Donau zu unterbinden. Da sich die schon vor dem Krieg herausgebildeten strategischen Differenzen unter den Armeeführern durch die Niederlage bei Custozza verschärft hatten, dauerte es einige Tage, bis erneut zur Offensive übergegangen werden konnte. Am 12. 7. stand die italienische Armee bei Ferrara. General Cialdini wurde beauftragt, mit zwei Korps über den unteren Po an den Isonzo und mit Teilkräften in das Alpengebiet vorzudringen. Weitere zwei Korps sollten dagegen das Festungsviereck belagern und die Verbindungslinie zum Isonzo freihalten. Am 8. 7. begann die italienische Armee mit dem II. und IV. Korps den Übergang über den Po und besetzte am 11. 7. Rovigo. Eine Division wurde über Bassano nach Tirol entsandt, das Gros ging über Padua und Treviso an die östliche Grenze Venetiens vor. Am 24. 7. überschritt die Armee den Tagliamento und erreichte bis zum 26. 7. die Linie Palmanova–Udine. Die Österreicher hatten nach ihrem Seesieg bei Lissa am 20. 7. aus Istrien und Dalmatien Verstärkungen an den Isonzo herangezogen. Da inzwischen am 22. 7. auf dem nördlichen Kriegsschauplatz Waffenruhe eingetreten war und Verhandlungen zwischen Österreich und Preußen begonnen hatten, gelang es französischen und preußischen Vermittlungen, auch im Süden für den 25. 7. eine befristete Waffenruhe zu vereinbaren. Bis zu ihrem Eintritt kam es nur noch an der Isonzofront zu unbedeutenden Gefechten der beiderseitigen Vorhuten.

Parallel zu den Kampfhandlungen in Venetien entwickelten sich die Operationen Garibaldis gegen Tirol. Seine Kräfte betrugen bis Mitte Juni etwa 40 000 Mann, die er bei Brescia versammelte. Doch die Ausrüstung und Ausbildung dieses Freiwilligenkorps gingen nur langsam voran. Neben Waffen und Geräten fehlte es auch an erfahrenen Ausbildern und geeigneten Kommandeuren. In den ersten Kriegstagen kam deshalb nur ein Teil dieses Korps zum Einsatz. Den Österreichern standen außer den 12 000 Mann regulärer Truppen noch 5000 Tiroler Landesschützen zur Verfügung. Die Masse dieser gut ausgebildeten und ausgerüsteten Kräfte war bei Trient konzentriert, gemischte Abteilungen wurden an die verschiedenen Grenzabschnitte vorgeschoben. Die Absicht war, eine bewegliche Verteidigung mit schnellen Offensivstößen zu führen. Garibaldi richtete seine Hauptanstrengungen gegen das Chiese- und Ledro-Tal, um von da aus über Riva und Tione auf Triest vorzudringen. Gegen den Tomale-Paß und das Stilfser Joch sollten nur Demonstrationen geführt werden. Seine Hoffnung auf eine Insurrektion der italienischen Bevölkerung Südtirols erwies sich als trügerisch. Nur in der städtischen Jugend, der Zahl nach sehr gering, fand er Anhänger und Unterstützung. Nicht zuletzt deshalb konnte die energisch geführte österreichische Verteidigung den Vorstoß des Freiwilligenkorps zurückweisen.

Nach der Schlacht von Custozza zog Garibaldi seine Kräfte auf die Linie Desenzano–Peschiera zurück, um notfalls die Hauptarmee aufzunehmen. Die Österreicher nutzten diesen Rückzug aus und leiteten mehrere Vorstöße zwischen dem Stilfser Joch und dem Garda-See ein. Aber die Offensive mußte auch hier wegen der bedrohlichen Lage in Böhmen eingestellt werden. Am 5./6. 7. ging Garibaldi wieder mit dem inzwischen reorganisierten und verstärkten Freiwilligenkorps zum Angriff in Richtung auf Riva und das Stilfser Joch vor. Nach ersten Kämpfen kam es Mitte Juli zu heftigen Gefechten bei Condino und im Ledro-Tal, durch die ein weiterer Vorstoß des Freiwilligenkorps unterbrochen wurde. Durch das Heranrücken der von General Cialdini nach Tirol entsandten regulären Division entstand aber für die Österreicher eine kritische

Situation. Die italienischen Truppen warfen am 22. 7. bei Primolano und am 23. 7. bei Levico die hier eingesetzten schwachen österreichischen Kräfte zurück und standen schon am 24. 7. vor Trient, wohin der Gegner noch in letzter Minute hatte Reserven verlegen können. Auch hier setzte die Waffenruhe den Operationen ein Ende.

Die österreichische Regierung, die über Venetien hinausgehende Ansprüche Italiens fürchtete, setzte noch Ende Juli eine Brigade und ab Anfang August sogar vier Korps nach Villach und an den Isonzo in Marsch. Es kam aber nicht zu neuen Kämpfen, da die italienischen Truppen unter französischem und preußischem Druck am 10. 8. das bei Österreich verbleibende Gebiet räumten und am 12. 8. der endgültige Waffenstillstand abgeschlossen wurde.

Zur See war es nur zu geringfügigen Operationen gekommen. Am 26. 6. erhielt die Führung der in der Adria befindlichen österreichischen Flottenkräfte die Genehmigung zu Aktionen gegen die italienische Flotte. Sie lief zur Erkundung aus und fand die Italiener im Schutze der Küstenbatterien von Ancona. Die italienische Flottenführung stand offensiven Operationen ablehnend gegenüber. Erst unter dem Druck der Regierung befahl sie für den 17. 7. das Auslaufen der Flotte und griff am 18. und 19. 7. die Insel Lissa an, um sie als Stützpunkt und als Faustpfand für die Friedensverhandlungen zu besetzen. Die gesamte österreichische Flotte unter dem Kommando von Admiral Tegethoff eilte zum Entsatz der Insel herbei. Bei ihrem Angriff am 20. 7., in dessen Verlauf die Österreicher den Rammstoß erfolgreich anwandten, verloren die Italiener 2 Panzerschiffe und gaben die Seeschlacht auf. Zu weiteren Operationen zur See kam es auf Grund des Waffenstillstands nicht mehr.

Am 26. 7. konnte in Nikolsburg der Präliminarfrieden zwischen Österreich und Preußen abgeschlossen werden. Seinem Abschluß gingen noch Auseinandersetzungen im preußischen Hauptquartier voraus, in denen sich Bismarck mit Unterstützung des Kronprinzen und des Chefs des Generalstabes gegenüber dem König und dessen militärischer Umgebung durchsetzen konnte. Dem Vertragsabschluß in Nikolsburg folgte bald auch die Aufnahme von Friedensverhandlungen in Prag, die am 23. 8. mit der Unterzeichnung des Friedensvertrages endeten. Der Deutsche Bundestag wurde aufgelöst, Österreich erklärte sich von vornherein mit jeder Verfassung einverstanden, die Preußen den nördlich des Mains gelegenen Gebieten geben würde. Es sollte sich auch nicht mehr an einem neuen Bund der deutschen Staaten beteiligen. Preußen annektierte Schleswig-Holstein, Hannover, Kurhessen, Nassau und Frankfurt a. M. Außerdem mußte Österreich eine Kriegskontribution zahlen und die Abtretung Venetiens an Italien zusichern. Sachsen bewahrte entgegen den ursprünglichen preußischen Forderungen seine staatliche Existenz, mußte aber bis auf weiteres preußische Besatzungen in Dresden und Königstein dulden. Die übrigen süddeutschen Staaten brauchten keine Gebiete abzutreten, sie mußten jedoch eine Kriegskontribution zahlen. Nur Hessen-Darmstadt trat mit seinem nördlich des Mains gelegenen Landesteil dem Norddeutschen Bund nach dessen Bildung bei. Noch im August schloß Preußen mit den süddeutschen Staaten geheime »Schutz- und Trutzbündnisse« ab, die im Kriegsfall die Unterstellung der süddeutschen Truppen unter preußischen Oberbefehl sicherten.

Erst am 3. 10. konnte in Wien der Frieden zwischen Österreich und Italien geschlossen werden. Österreich trat Venetien an Italien ab. Nur Istrien mit Triest und Südtirol mit Trient verblieben bei Österreich. Damit war die national-staatliche Einigung Italiens fast vollendet.

Die Ursachen des Deutsch-Französischen Krieges von 1870/71 und der Verlauf des Krieges bis zur Schlacht von Sedan

1. Politik und Diplomatie in den Jahren vor dem Krieg und die militärstrategische Planung

a) Der Abschluß der Revolution von oben und die Entwicklung der deutsch-französischen Beziehungen

Mit der Annahme der Friedensbedingungen durch Österreich und die süddeutschen Staaten hatte Bismarck sein wichtigstes politisches Ziel erreicht: Preußen hatte die politische und militärische Vorherrschaft in Deutschland errungen. Mit der gewaltsamen Aufhebung des preußisch-österreichischen Dualismus war auch die Entscheidung über den Weg zum Nationalstaat gefallen. Den regierenden Kreisen in Preußen stand der Weg für eine Neugestaltung der staatlichen Ordnung nach ihren Vorstellungen offen.

Trotz des militärischen Sieges über den Partikularismus der Fürsten verzichtete Bismarck darauf, einen einheitlichen Staat zu bilden. Angesichts der großpreußischen Ziele regierender Kreise und des Junkertums hielt er die Errichtung eines Bundesstaates, zunächst nur nördlich des Mains, für die realste Lösung. Der Hof lehnte die Vertreibung aller Dynastien und die vollständige Annexion der norddeutschen Klein- und Mittelstaaten durch Preußen ab, weil diese restlose Beseitigung der staatlichen Zersplitterung ein Aufgehen der preußischen Monarchie in Deutschland bedeutet hätte. Schließlich wollte Bismarck durch den föderativen Charakter des neuen Staates den späteren Beitritt der süddeutschen Staaten erleichtern.

Bei einer sofortigen Einbeziehung aller deutschen Länder in einen unter preußischer Führung stehenden Bundesstaat befürchtete Bismarck eine Einmischung der französischen Regierung sowie einen allzu starken bürgerlichen Einfluß auf die Installation der politischen Ordnung. Deshalb beschränkte er sich bereits in den Verhandlungen mit Frankreich und Österreich auf einen Zusammenschluß aller deutschen Länder nördlich des Mains zu einem Bundesstaat.

Es bedurfte langwieriger Verhandlungen der preußischen Regierung mit den Einzelstaaten, bis am 24. 2. 1867 der Konstituierende Reichstag zusammentreten konnte, um die Verfassung für einen Norddeutschen Bund zu beschließen. 21 Staaten und Freie Städte vereinigten sich unter Preußens Führung zu einem Bundesstaat. Die beherrschende Stellung Preußens bildete das wichtigste Merkmal der am 17. 4. 1867 angenommenen Verfassung des Norddeutschen Bundes.

Die preußische Krone erhielt das erbliche Präsidium des Bundes übertragen. Ihr waren der Oberbefehl über das Heer und die Bundesflotte, die Leitung der Außenpolitik, die Entscheidung über Krieg und Frieden sowie die Ernennung des Bundeskanzlers vorbehalten. Der Norddeutsche Bund kannte keinen Ministerrat, sondern nur einen einzigen Minister, den Bundeskanzler. Es gab deshalb auch keine dem Reichstag gegenüber verantwortliche Bundesregierung. Das Parlament hatte auch nicht das Recht, über Ernennung und Abberufung des Bundeskanzlers zu entscheiden. Die Kompetenzen des Reichstages erstreckten sich vor allem auf das Budget und das wirtschaftliche Gebiet. Die Wahlen zum Reichstag sollten, dafür war der Druck der Volksbewegung stark genug, nach dem allgemeinen, gleichen und direkten Wahlrecht und nicht – wie ursprünglich geplant – öffentlich, sondern geheim erfolgen.

Struktur und Verfassung des Norddeutschen Bundes entsprachen den Zielen, die die herrschenden Kreise Preußens mit der Revolution von oben verfolgt hatten. Sie waren zugleich Ausdruck der bonapartistischen Diktatur Bismarcks, die allerdings nicht unverhüllt ausgeübt werden konnte.

Trotz aller negativen Seiten war die Bildung des Norddeutschen Bundes ein bedeutender Schritt auf dem Wege der Gründung eines bürgerlichen Nationalstaates in den Grenzen des Zollvereins. Diese Politik entsprach auch den Wünschen der Bourgeoisie, die Bismarck nunmehr fast uneingeschränkt unterstützte. Bereits wenige Wochen nach Kriegsende gab die preußische Bourgeoisie den letzten Widerstand gegenüber Bismarck und dem Hof auf. Im Herbst 1866 nahm das Abgeordnetenhaus das Indemnitätsgesetz an, womit die ungesetzlichen Maßnahmen der Regierung während des Verfassungskonflikts nachträglich sanktioniert wurden. Außerdem förderte die Bildung des Norddeutschen Bundes die Weiterentwicklung der kapitalistischen Produktionsweise, was wiederum das sozialökonomische Gewicht der Bourgeoisie erhöhte.

Die Gründung des Norddeutschen Bundes erleichterte auch die Organisierung der deutschen Arbeiterbewegung im gesamtnationalen Rahmen. Daraus ergab sich notwendig die Stellung von Marx und Engels zur preußischen Revolution von oben und zur Bildung des Norddeutschen Bundes. Nach wie vor verurteilten sie entschieden den preußisch-militaristischen Weg zur staatlichen Einheit. Dennoch empfahlen sie der deutschen Arbeiterbewegung, die jetzt geschaffenen günstigeren Voraussetzungen für ihren Kampf um demokratische Rechte und eine unteilbare deutsche demokratische Republik auszunutzen. Diese konsequente marxistische Linie widersprach prinzipiell dem lassalleanischen Standpunkt der Bejahung des preußischen Weges zur deutschen Einheit.

Marx und Engels warnten aber auch davor, sich auf eine reine Ablehnung der vollzogenen Tatsachen zu beschränken und die Ergebnisse der preußischen Siege ohne Ausnahme rückgängig machen zu wollen. Eine solche Politik hielten sie für völlig unrealistisch. Es gelang der 1869 in Eisenach gegründeten Sozialdemokratischen Arbeiterpartei, den kompromißlosen Kampf für die Einigung des deutschen Volkes auf revolutionärem Wege gegen den preußischen Militarismus richtig mit der Ausnutzung der durch die Bismarcksche Revolution von oben geschaffenen günstigeren Kampfbedingungen zu vereinen.

Die Zuendeführung der Herstellung eines deutschen bürgerlichen Nationalstaates durch Preußen wurde bald nach 1866 zu einer der wichtigsten politischen Fragen. Ihre Lösung hing dabei in hohem Maße von dem Verhältnis zwischen dem Norddeutschen Bund und den süddeutschen Staaten ab. Zunächst versuchte Bismarck, das Zollparlament allmählich durch Erweiterung seiner Kompetenzen zu einem gesamtdeutschen Reichstag umzugestalten. Diese Politik wurde durch die Bourgeoisie des Norddeutschen Bundes und auch durch die liberale Bourgeoisie Süddeutschlands unterstützt. Sie stieß jedoch auf die Ablehnung der Höfe in München, Stuttgart und Darmstadt, großer Gruppen des süddeutschen Adels und Beamtentums und besonders des Klerus. Energischen Widerstand gegen Bismarcks »gesamtdeutsche« Pläne leisteten vor allem die demokratisch eingestellten, zum Teil auch klerikal beeinflußten Volksmassen.

Deshalb orientierte sich Bismarck immer mehr auf eine zweite Möglichkeit des nationalstaatlichen Zusammenschlusses. Sie bestand in der Ausnutzung äußerer Gefahren, um das deutsche Volk im nationalen Abwehrkampf unter preußischer Führung zu vereinigen. Eine derartige äußere Gefahr drohte seit langem von Frankreich her. Bismarck und seine Ratgeber wollten nun nach dem Beispiel von 1859 eine solche krisenhafte Situation herbeiführen, in der die partikularistischen Kräfte unter dem Druck der Nation nicht anders konnten, als sich der preußischen Führung unterzuordnen. Günstige Voraussetzungen dafür waren durch die milde Behandlung der süddeutschen Staaten im Prager Frieden und durch die mit ihnen abgeschlossenen geheimen »Schutz- und Trutzbündnisse« geschaffen.

Die Überwindung des fürstlichen Partikularismus und die Begründung eines deutschen Nationalstaates widersprach den Interessen des bonapartistischen Kaisertums in Frankreich. Im Interesse seiner Selbsterhaltung konnte es keine weiteren Erfolge Bismarcks zulassen. Schon die Ereignisse von 1866 hatten die Stellung Napoleons III. erschüttert. Er konnte sich die weitere Unterstützung durch Bourgeoisie und Armee nur sichern, wenn er nach wie vor den alten Traum des französischen Chauvinismus verfolgte – die Ausdehnung Frankreichs bis an den Rhein. Auch die Bildung des Norddeutschen Bundes ohne Gebietsabtretungen an Frankreich wurde von der chauvinistischen Bourgeoisie als französische Niederlage empfunden. Schon bald nach dem Krieg von 1866 begann ihre Presse »Rache für Sadowa« zu fordern.

Wenn Napoleon III. seinen Thron behalten wollte, mußte er die Gründung eines deutschen Nationalstaates erschweren oder gar in letzter Minute noch verhindern. Zum mindesten sollte Preußen deutsche Gebiete als Kaufpreis für ein weiteres Vorgehen zahlen und somit Frankreichs Stellung als Großmacht und als europäischer Schiedsrichter wieder festigen. Mit dieser Politik wurde Frankreich nach 1866 zum Haupthindernis der deutschen Einigung. Allerdings lag diese Politik im direkten Interesse Bismarcks, der die Drohung mit der französischen Gefahr geschickt auszunutzen verstand, um den Einfluß Preußens in Deutschland auszudehnen.

Zum ersten offenen Zusammenstoß mit Frankreich kam es bereits 1867 in der Luxemburger Frage. Luxemburg hatte dem Deutschen Bund angehört, war aber nicht in den Norddeutschen Bund aufgenommen worden. Trotzdem war noch eine preußische Besatzung in der ehemaligen Bundesfestung Luxemburg verblieben. Der französische Kaiser sah hier eine günstige Gelegenheit, die französische Grenze ohne Komplikationen nach Osten vorzuschieben. Er führte erfolgreiche Verhandlungen mit dem König der Niederlande über die Abtretung Luxemburgs an Frankreich, doch verlangte dieser ein offizielles Einverständnis Preußens, schon allein, um Luxemburg von preußischen Truppen räumen zu können.

Bismarck verhandelte ebenfalls bereits seit Herbst 1866 insgeheim mit Frankreich über die Luxemburger Frage, hatte den Abschluß der Verhandlungen jedoch hinausgezögert. Da Preußen inzwischen öffentlich die Rolle eines Vorkämpfers für die nationalen Interessen übernommen hatte, konnte es jetzt unmöglich die Annexion Luxemburgs durch Frankreich öffentlich unterstützen. Durch eine demagogische Agitation wurde an allen Orten ein Sturm der Entrüstung gegen die französischen Ansprüche entfacht. Außerdem ließ Bismarck zum gleichen Zeitpunkt die geheimen Schutz- und Trutzbündnisse mit den süddeutschen Staaten veröffentlichen. Napoleon III. mußte diesem massiven Druck nachgeben und auf die Annexion Luxemburgs verzichten. Eine Konferenz der Großmächte im Mai 1867 in London beschloß die Neutralisierung Luxemburgs, dessen

Unabhängigkeit garantiert wurde. Das war eine schwere Niederlage für den französischen Bonapartismus.

Die scharfen Gegensätze zwischen Preußen-Deutschland und Frankreich waren aufgebrochen, und es stand zu erwarten, daß der Luxemburger Krise nicht eine Entspannung, sondern eine weitere Verschlechterung der Lage folgen würde. Die Krise um Luxemburg hatte schon an den Rand eines deutschfranzösischen Krieges geführt. Zu ihm kam es aber nicht, weil Preußen und seine Verbündeten noch nicht dazu bereit waren: Der Norddeutsche Bund befand sich noch in der Entstehungsphase, sein Militärsystem war gerade erst eingeführt und das Verhältnis zu den süddeutschen Staaten noch schwankend, unsicher und durch die Vergangenheit stark belastet.

Auch in den folgenden Jahren blieben die preußisch-französischen Spannungen bestehen. Das Verhalten Napoleons III. und seiner Minister zeigte, daß jeder Versuch einer Vereinigung des Norddeutschen Bundes mit den süddeutschen Staaten für sie Anlaß zum Krieg sein mußte. Die preußische Regierung orientierte sich angesichts der wachsenden antipreußischen Stimmung in Süddeutschland und der Unmöglichkeit der Umwandlung des Zollparlaments immer mehr darauf, die nationale Einigung durchzusetzen, indem sie einen Konflikt mit Frankreich herbeiführte.

Auf der anderen Seite war das bonapartistische System in Frankreich durch die Niederlage in der Luxemburger Frage und das Scheitern der Expedition nach Mexiko (1861–1867) in eine Krise geraten. Die Opposition gegen das bonapartistische Regime wuchs in ganz Frankreich. Alle Klassen und Parteien äußerten ihre Unzufriedenheit mit dem bestehenden Regierungssystem. Die Arbeiterklasse begann, sich stärker zu rühren; es kam bereits 1869 zu Barrikadenkämpfen. Um weitere außenpolitische Niederlagen zu verhindern, verlangten besonders die rechten Bonapartisten unter dem Schlagwort »Rache für Sadowa« nach einem Krieg gegen den Norddeutschen Bund. Die außenpolitischen Verhältnisse und vor allem die innenpolitische Krise drängten das bonapartistische Frankreich schnell zum Krieg.

Bismarck wollte die Situation für die Durchsetzung seiner nationalstaatlichen Ziele ausnutzen. Die preußische Regierung und der preußische Generalstab sahen in einem Krieg den besten Weg, ihre Hegemonie auf die süddeutschen Staaten auszudehnen. Günstige Gelegenheit zu diplomatischen Provokationen bot die Frage der spanischen Thronfolge. Nach dem Sturz der spanischen Königin Isabella wandte sich die Regierung in Madrid an den mit dem preußischen Königshaus entfernt verwandten Prinzen Leopold von Hohenzollern, der ihr von dritter Seite empfohlen worden war. Unter Bismarcks Einfluß stimmte auch der preußische König der Kandidatur zu. Das Bekanntwerden dieser Pläne rief in den herrschenden Kreisen Frankreichs eine Welle des Chauvinismus hervor. Sie erklärten die Interessen und die Ehre der Nation für bedroht. Der französische Botschafter Benedetti begann in Bad Ems unmittelbare Verhandlungen mit König Wilhelm I. Der über Bismarcks wahre Absichten nicht unterrichtete König war zur Verständigung bereit. Prinz Leopold zog seine Kandidatur zurück.

Nun aber wollte die französische Regierung ihren Erfolg noch vergrößern. Sie verlangte die Garantie, daß der preußische König auch in Zukunft niemals der Kandidatur eines Hohenzollern zustimmen werde. Das wurde abgelehnt. König Wilhelm I. ließ am 13. 7. 1870 aus Bad Ems ein Telegramm an Bismarck senden, in dem der Inhalt dieser Unterredung mit Benedetti geschildert wurde. Den Text dieser »Emser Depesche« kürzte Bismarck jedoch so, daß ihre Veröffentlichung einen für Frankreich provozierenden Charakter trug. Diese beleidigende Erklärung konnte die bonapartistische Regierung nicht hinnehmen, wenn sie der stärker werdenden Opposition und der anwachsenden revolutionären Welle standhalten wollte. Wenn Napoleon III. seinen Thron noch einmal retten wollte, konnte er auf die Emser Depesche nur mit einer Kriegserklärung antworten.

Schon vor diesem Zeitpunkt hatten Frankreich und der Norddeutsche Bund ihre außenpolitische Aktivität verstärkt. Die französische Regierung hatte schon seit Jahren nach Bundesgenossen gesucht, um mit deren Hilfe Preußen eine vernichtende Niederlage zuzufügen. Dänemark und Österreich hatten ihre gegen Preußen erlittenen Niederlagen noch nicht vergessen und waren bereit, mit Frankreich ein Kriegsbündnis gegen den Sieger von 1864 und 1866 einzugehen. Auch Italien spielte mit dem Gedanken, sich an einem Krieg gegen Preußen zu beteiligen. Aber Österreich mußte auf seine deutschsprachige Bevölkerung Rücksicht nehmen. Die drohende Haltung Rußlands nötigte es zur Vorsicht, und außerdem konnte es frühestens im September in einen militärischen Konflikt eingreifen. Dänemark mußte ebenfalls unter russischem Druck tatenlos bleiben. Italien trat schließlich auch nicht an Frankreichs Seite, weil sich die französische Regierung nicht dazu entschließen konnte, ihre Truppen aus Rom abzuziehen und dadurch dem Kirchenstaat, dem letzten Hindernis für die völlige Einigung Italiens, die Stütze zu entziehen.

Rußland stand Preußen wohlwollend gegenüber. Es sah in einer Niederlage Frankreichs eine günstige Möglichkeit, um die Verträge aufzuheben, die ihm nach dem Krimkrieg aufgezwungen worden waren. England schließlich lehnte ein Eingreifen zugunsten Frankreichs ab. Eine französische Niederlage bedeutete immerhin das Ende des französischen Vormachtstrebens in Europa und schwächte die Stellung Frankreichs in den Kolonien.

Somit stand der französische Bonapartismus in der entscheidenden Situation ohne Verbündete da. Er mußte Preußen-Deutschland allein entgegentreten. Gleichzeitig fand Bismarck günstige außenpolitische Bedingungen vor, um den Konflikt zu lokalisieren und jedes Eingreifen der europäischen Mächte an der Seite Frankreichs zu verhindern.

Noch wichtiger als die Haltung der europäischen Mächte aber war für den Verlauf und den Ausgang des Kampfes die Haltung der süddeutschen Staaten. Napoleon III. hoffte auf die ihm bekannten partikularistischen Neigungen an den süddeutschen Höfen und die seit 1868/69 stärker gewordene antipreußische Haltung großer Bevölkerungskreise. Die Neutralität oder sogar die tätige Waffenhilfe der süddeutschen Staaten sollte ihm den Sieg über Preußen erleichtern. Aber auch hier ging seine Rechnung nicht auf. Wohl begriff die Mehrheit der süddeutschen Bevölkerung die Gefahren, die durch Preußen und seinen Militarismus drohten. Ihr war aber auch die französische Politik mit ihren Annexionszielen bekannt, die die nationalen Interessen des deutschen Volkes bedrohten. Ein französischer Sieg in dem nun unabwendbar gewordenen Krieg hätte die Gründung eines deutschen Nationalstaates für lange Zeit unmöglich gemacht. Deshalb war der Hauptfeind in diesem Augenblick nicht der preußisch-deutsche, sondern der französische Bonapartismus und Militarismus. Der einzig mögliche Standpunkt lautete: den Krieg gegen das Regime Napoleons III. zu unterstützen. Das wurde von den Volksmassen begriffen, ihre antipreußische Stimmung wurde von einer spontanen nationalen Welle in den Hintergrund gedrängt.

Angesichts dieser patriotischen Parteinahme wagten es die süddeutschen Fürsten nicht, sich den in den Schutz- und Trutzbündnissen mit Preußen festgelegten Verpflichtungen zu entziehen. Sie vereinigten ihre Armeen mit denen des Norddeutschen Bundes und stellten sie wie vorgesehen unter preußischen Oberbefehl. Damit war der erste Schritt zum späteren staatlichen Zusammenschluß mit dem Norddeutschen Bund getan.

Am 19. 7. 1870 erklärte Frankreich dem Norddeutschen Bund den Krieg. Damit hatte die Auseinandersetzung begonnen, die beide Gegner seit langem für notwendig hielten und auf die sie sich politisch und militärisch vorbereitet hatten. Das bonapartistische Frankreich begann diesen Krieg, um die Begründung eines bürgerlichen deutschen Nationalstaates zu verhindern und seine chauvinistischen, annexionistischen Ziele durchzusetzen. Es mußte im Interesse der bürgerlichen deutschen Nation geschlagen werden. Darin besteht das entscheidende Merkmal für die Einschätzung des Charakters dieses Krieges. Solange er von Preußen-Deutschland zur Abwehr der französischen Bedrohung geführt wurde, blieb er ein nationaler Befreiungskrieg. Zunächst war es von untergeordneter Bedeutung, daß die preußische Regierung selbst geheime Annexionsgelüste hegte und durch diplomatische Provokationen unmittelbaren Anlaß zum Ausbruch des Krieges gegeben hatte.

Der Krieg stellte die deutsche Arbeiterklasse vor schwierige Fragen. Die französischen Sozialisten konnten sich in ihren zahlreichen Kundgebungen und Demonstrationen eindeutig gegen die chauvinistische Welle und den annexionistischen Krieg wenden. Die deutschen Arbeiter hingegen mußten sowohl die nationalen Interessen berücksichtigen als auch gegen den preußischen Militarismus kämpfen und den Prinzipien des Internationalismus treu bleiben.

Noch vor der Kriegserklärung solidarisierten sich zahlreiche Arbeiterversammlungen mit dem Kampf der französischen Arbeiter gegen den Krieg. Die deutschen Sozialisten lösten erfolgreich die schwierige Aufgabe, sich weder vom deutschen Volk noch von der internationalen Arbeiterbewegung zu isolieren. Sie folgten den von Marx und Engels formulierten Grundsätzen, die auf der Anerkennung der nationalen, gerechten Seite des Krieges und der Forderung nach einer festen Solidarität mit der französischen Arbeiterbewegung beruhten.

Die lassalleanischen Führer allerdings verfielen dem nationalistischen Taumel und unterstützten den Krieg ohne Vorbehalte. Bebel und Liebknecht dagegen demonstrierten vor der ganzen Welt die internationalistische Haltung der deutschen Arbeiterklasse. Als am 21. 7. 1870 im Norddeutschen Reichstag über die Kriegskredite abgestimmt wurde, enthielten sie sich der Stimme. Mit dieser klaren Abgrenzung von den dynastischen Interessen wahrten Bebel und Liebknecht den revolutionären Standpunkt der Sozialdemokratischen Arbeiterpartei und wirkten dem von den herrschenden Klassen entfachten Chauvinismus entgegen. Diese Entscheidung war Zeichen des Mißtrauens gegen Bismarck, Bekenntnis zum proletarischen Internationalismus und zur Einheit des Proletariats beider Länder.

Warnend erhob in diesen Tagen der Generalrat der Internationalen Arbeiterassoziation seine Stimme: »Erlaubt die deutsche Arbeiterklasse dem gegenwärtigen Krieg, seinen streng defensiven Charakter aufzugeben und in einen Krieg gegen das französische Volk auszuarten, so wird Sieg oder Niederlage gleich unheilvoll.«

b) Die Streitkräfte beider Seiten
und ihre strategischen Pläne und Ziele

Mit der Schaffung des Norddeutschen Bundes übernahm der preußische König als Bundesfeldherr den Oberbefehl über das Heer und die Flotte. Die Grundprinzipien des preußischen Militärsystems galten für alle Bundesstaaten. Die Kosten für die Armee wurden für eine längere Zeit festgelegt. Bis 1871 sollte

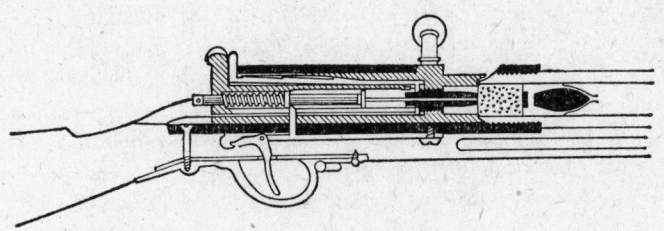

Zündnadelgewehr

die Armee eine Stärke von einem Prozent der Bevölkerung haben. Die Ausgaben sollten je Soldat und Jahr 225 Taler betragen. 1868 machten die Kosten für Armee und Flotte etwa 99,5 Prozent der Gesamtausgaben des Bundes aus. Darin spiegelte sich deutlich die Stellung des Militärs in der gesellschaftlichen Ordnung Norddeutschlands wider. Im Zusammenhang mit der Herausbildung des modernen Kapitalismus und dem Siegeszug der kapitalistischen Industrie in Preußen wandelte sich auch der alte feudalabsolutistische Militarismus, durch die Niederlagen von 1806 und 1848 tödlich getroffen, in den neuen, bürgerlich-junkerlichen Militarismus um. Die militärischen Erfolge der preußischen Armee gegen Dänemark und vor allem gegen Österreich und die deutschen Mittelstaaten begünstigten die wachsende Macht des Militärapparates und den politischen Einfluß der Militärbehörden.

Durch die Bildung des Norddeutschen Bundes wuchs die militärische Schlagkraft des preußischdeutschen Militarismus bedeutend. In den annektierten Provinzen wurden drei neue Armeekorps aufgestellt – das IX., X. und XI. Zu ihnen gehörten auch die Truppen der norddeutschen Kleinstaaten. Die sächsische Armee bildete das XII. Armeekorps, das hessische Heer eine gesonderte 25. Division.

Aufbauend auf den Erfahrungen des Krieges von 1866 verbesserte die Armeeführung die Kavallerie und verstärkte sie zahlenmäßig. Die gesamte Artillerie wurde auf gezogene Geschütze umgerüstet. Das Zündnadelgewehr sollte durch ein neues Modell ersetzt werden. Zum Schutz der Küsten entstanden an den bedrohten Punkten Befestigungen, bestückt mit modernen Geschützen schweren Kalibers und mit Torpedoanlagen. Das Landwehr- und Ersatzwesen fand innerhalb des Bundes eine einheitliche Regelung; die Zahl der Landwehrbataillone erhöhte sich von 116 auf 216. Auch die Mobilmachung sowie die Kriegsformation der Armee wurden nach den Erfahrungen von 1866 neu geordnet. Das Etappen- und das Lazarettwesen wurden neu gestaltet, der Eisenbahn- und der Telegrafendienst vervollkommnet.

Der Krieg von 1866 und seine Erfahrungen veranlaßten den preußischen Generalstab auch zu Schlußfolgerungen in bezug auf die Taktik. Die unteren taktischen Infanterieeinheiten sollten sich um ständiges und festes Zusammenwirken bemühen, auch wenn sich die Bataillone schon beim Eintritt in die Zone des Geschützfeuers taktisch zerlegten. Zur Führung nachhaltiger Schützengefechte sollte vor allem die Kompaniekolonne angewandt werden. Das Schützengefecht bildete nicht mehr ein Hilfsmittel zum Erringen des Sieges, sondern das unter Umständen allein entscheidende Kampfmittel. Da die gesteigerte Feuerwirkung der Infanterie einen Angriff auf die Front des Gegners fast unmöglich machte, orientierte der Generalstab vor allem auf den Angriff in seine Flanken. In der Verteidigung sollte aus der Tiefe gefochten, in der Front die Kräfte nur sparsam eingesetzt werden, während gestaffelt hinter den Flügeln starke Reserven bereitstünden. Auch die Marschordnung der Truppen wurde verbessert.

Die größten taktischen Veränderungen wurden für die Artillerie empfohlen. Sie sollte jetzt nicht mehr einen Zweikampf mit den gegnerischen Batterien führen, sondern im engen Zusammenwirken mit der Infanterie den entscheidenden Angriff vorbereiten oder den gegnerischen Sturm abwehren. Dazu wurde der Grundsatz des Zusammenwirkens aller Waffen betont. Auch die Kavallerie sollte sich nicht mehr wie 1866 hinter der Armee herschleppen, sondern weit vor den eigenen Kräften aufklären und den Gegner beunruhigen.

Diese Schlußfolgerungen aus dem Krieg von 1866 entsprachen im allgemeinen den objektiven Gegebenheiten und konnten die Schlagkraft der Armee des Norddeutschen Bundes bedeutend erhöhen. Allerdings trug die Orientierung auf die Kompaniekolonne nicht der tatsächlichen Entwicklung der Feuerwaffen Rechnung. Die Kompaniekolonne als taktische Einheit war noch zu groß und zu starr, sie bot dem gegnerischen Feuer ein zu großes Ziel. Diese taktische Formation mußte gegenüber einem modern bewaffneten Gegner zu unnötig hohen Verlusten führen, wenn sie nicht auf dem Gefechtsfeld verändert wurde.

Konservative Elemente in der Armeeführung, vor allem König Wilhelm selbst, lehnten eine offizielle Anerkennung der Vorschläge des Generalstabes auf dem Gebiet der Taktik ab. Nur durch die von Moltke angeregte Initiative des Truppengeneralstabes und der Kommandoorgane der Armeekorps und Divisionen konnten – für die einzelnen Verbände unterschiedlich – einige dieser Vorschläge in der Truppe wirksam werden. Erst am Vorabend des Krieges gegen Frankreich fand sich der König bereit, der Ausarbeitung eines neuen Reglements zuzustimmen, doch kamen die Arbeiten nicht über eine verbesserte Fassung des alten Reglements hinaus.

Dagegen konnte der Chef des Generalstabes seinen Standpunkt für eine verbesserte operative Truppenführung durchsetzen. Mitte 1869 wurden die »Verordnungen für die höheren Truppenführer« erlassen. Sie verfolgten das Ziel, eine weitaus größere Selbständigkeit der Kommandoführung der Armeeführer, Kommandierenden Generale und höheren Kommandeure durchzusetzen, dieser jedoch eine größtmögliche Einheitlichkeit der operativen Grundsätze zugrunde zu legen.

Nach dem Vorbild der norddeutschen Armee wurden ab Frühjahr 1867 auch die süddeutschen Armeen reorganisiert. Damit entstanden entscheidende Voraussetzungen für die Unterstellung dieser Armeen unter ein einheitliches preußisches Oberkommando, zugleich begann damit die Ausdehnung des preußischen Militarismus auf das gesamte deutsche Militärwesen. Im Frühjahr 1867 führten die süddeutschen Staaten die allgemeine Wehrpflicht ein. Die Landwehr wurde aufgebaut und die Mobilmachung der Streitkräfte nach preußischem Muster geordnet. Der neue organisatorische Aufbau der Divisionen und Armeekorps glich der preußischen Struktur. Ein neues gezogenes Hinterladergewehr wurde eingeführt, die Artillerie bedeutend vermehrt.

Tabelle 22: Die zahlenmäßige Stärke der Armeen der deutschen Staaten

Staat	Friedensstärke (Mann)
Norddeutscher Bund	304 413
Bayern	50 068
Württemberg	14 124
Baden	13 963
Insgesamt	382 568

Die Friedensstärke aller deutscher Truppen betrug etwa 382 000 Mann.

Mit der in der Nacht vom 15. zum 16. 7. 1870 für das norddeutsche Heer eingeleiteten Mobilmachung und dem Anschluß der süddeutschen Staaten an den Norddeutschen Bund zum Kampf gegen Frankreich erreichte die deutsche Armee eine Gesamtstärke von 1 200 000 Mann und 250 000 Pferden.

Nach der Gründung des Norddeutschen Bundes hatte ein stärkerer Ausbau der preußischen Kriegsflotte mit dem Ziel begonnen, eine leistungsfähige Bundesmarine aufzubauen. Moderne Panzerschiffe waren in Dienst gestellt beziehungsweise in

Tabelle 23: Die Zusammensetzung der deutschen Armee

Armeeteil	Infanterie (Mann)	Kavallerie (Mann)	Geschütze
Feldarmee	462000	57000	1584
Besatzungstruppen	150000	8300	180
Ersatztruppen	147000	17600	282

Auftrag gegeben und mit dem Ausbau der Flottenbasen an der Ost- und Nordseeküste begonnen worden. Am Vorabend des Krieges verfügte der Norddeutsche Bund über 12 größere Kriegsschiffe und 21 Kanonenboote. Auf die strategischen Pläne des Generalstabes übten aber die Fragen des Seekrieges keinen spürbaren Einfluß aus. Auch jetzt blieben die maritimen Interessen der Armeeführung nahezu ausschließlich auf den Küstenschutz beschränkt.

Das Ziel der preußischdeutschen Kriegführung mußte darin bestehen, eine französische Offensive wirksam abzuwehren – das war wegen der süddeutschen Verbündeten politisch wichtig – und den Gegner auf seinem eigenen Territorium vernichtend zu schlagen, bevor sich die europäischen Großmächte einschalteten. Als Kriegsziel wurde die Abwehr der französischen Bedrohung proklamiert, aber sowohl in der preußischen Regierung als auch in der Armeeführung trug man sich von Anfang an insgeheim mit Annexionsabsichten, deren Umfang von den erreichten militärischen Erfolgen abhängen mußte.

Der preußische Generalstab, dessen Autorität sich seit 1866 bedeutend vergrößert hatte, bereitete sich seit langem gründlich auf den Krieg mit Frankreich vor. Schon 1866 hatte Moltke angesichts der Interventionsgefahr, gestützt auf frühere Vorarbeiten, Operationspläne für einen Krieg im Westen vorgelegt. In den Jahren 1867 bis 1869 waren diese Pläne überarbeitet und dem gesteigerten Kräftepotential angepaßt worden. Schon 1869 standen die Grundgedanken für den Aufmarsch und den Ansatz der Kräfte fest, wie sie 1870 verwirklicht wurden.

Moltke und der preußische Generalstab waren seit den fünfziger Jahren von der Notwendigkeit eines Krieges mit Frankreich überzeugt, um die Herstellung eines bürgerlichen Nationalstaates unter preußischer Hegemonie durchzusetzen. Das begünstigte ihr Offensivstreben, war aber nicht die einzige Ursache dafür. Nach ihren militärtheoretischen Lehren konnte der Gegner nur durch eine eigene energisch geführte Offensive schnell niedergeworfen und der Feldzug in relativ kurzer Zeit beendet werden. Das wichtigste Mittel dazu sollte die konzentrische Operation sein. Deshalb sah der Generalstab nicht einen Aufmarsch in der starken Stellung am Rhein, sondern die Konzentrierung aller Kräfte westlich dieses Stromes zum sofortigen Angriff vor, nachdem die Armee in den Garnisonen vollständig mobilgemacht worden war. Nach den Ansichten des Generalstabes bestand das nächste und wichtigste Operationsziel darin, die Hauptmacht des Gegners anzugreifen, wo man sie fand. Entsprechend sollte die allgemeine Operationsrichtung auf Paris verlaufen. Metz sollte umgangen, die französische Armee von ihren Verbindungen abgeschnitten werden.

Moltke ging davon aus, daß die Franzosen, wenn sie ihr Eisenbahnnetz voll für den Aufmarsch ausnutzen wollten, sich in zwei Gruppen bei Straßburg und Metz versammeln mußten, die durch die Vogesen voneinander getrennt und nur in Fußmärschen zu vereinigen waren. Marschierten dagegen die deutschen Streitkräfte westlich des Rheins in der Pfalz zwischen Mainz, Trier und Landau auf, dann standen sie zwischen diesen beiden französischen Gruppierungen auf der inneren Linie. Im Fall einer Defensive des Gegners ergab sich daraus die Möglichkeit, konzentrisch erst die eine und dann die andere zu schlagen oder sich gleichzeitig konzentrisch gegen beide zu wenden, wenn die eigenen Kräfte dazu ausreichten.

Als wahrscheinliche französische Operation erwartete Moltke eine Offensive auf den Main mit dem Ziel, Norddeutschland und Süddeutschland voneinander zu trennen. Den wirksamsten Schutz gegen eine solche französische Operation sah er in der schnellen Offensive aus der Konzentrierung in der Pfalz gegen Flanken und Rücken des vorbrechenden Gegners. Einem etwaigen französischen Angriff auf die Rheinfront oberhalb Mainz sollte durch eine schnelle Offensive nach Nordwesten begegnet

Preußisches Fußvolk 1870/71

werden, um die französischen Kräfte zu zwingen, Front nach Süden zu machen.

Die Absichten des preußischen Generalstabes waren in erster Linie darauf gerichtet, von Anfang an durch eine im Detail sorgfältig vorbereitete und rasche Mobilmachung, durch einen schnellen Vormarsch unter Ausnutzung aller günstigen eisenbahntechnischen Verhältnisse die Initiative zu gewinnen und alle französischen Pläne zu durchkreuzen. Angesichts der eigenen Schnelligkeit und der dadurch bedingten Überlegenheit glaubte Moltke, die Truppen ungestört vom Gegner dicht an der französischen Grenze versammeln zu können. Sollte die französische Seite mit den auf Friedensfuß stehenden Korps einen strategischen Überfall ausführen, dann wollte er die deutschen Ausladungen rechtzeitig an den Rhein zurückverlegen. Damit würde aus der französischen Offensive ein Luftstoß, der sich durch den Gegenstoß der weit überlegen deutschen Kräfte in eine vernichtende Niederlage verwandeln konnte. Dazu sollte ein Teil der deutschen Truppen die französischen Kräfte frontal abwehren, während die übrigen Truppen ihre beiden Flanken umfaßten. Entsprechend diesen strategischen Absichten marschierten die deutschen Armeen auf.

Tabelle 24 fußt auf der etatmäßigen Stärke der Truppen, die bei der Infanterie fast überall, bei der Kavallerie ohne bedeutende Ausnahmen erreicht wurde. Die Stärke der Infanterie verminderte sich nur um etwa 12000 auf 462000 Mann (siehe Tabelle 23). Die volle Stärke der Armee wurde erst am 5. 8. erreicht, da die in den östlichen Provinzen stehenden drei Armeekorps und zwei Kavalleriedivisionen nicht sofort transportiert werden konnten.

Die zur Verteidigung der deutschen Küsten verbleibenden Truppen bestanden aus einer Infanteriedivision, der Gardelandwehrdivision und drei Landwehrdivisionen. Ihre Aufgabe bestand darin, die deutsche Nordseeküste gegen französische Landungsversuche zu sichern. Dabei sollten sie von der Kriegsflotte unterstützt werden.

Tabelle 24: Gliederung und Stärke der deutschen Kräfte

Armee	Raum	Oberbefehlshaber	Infanterie (Mann)	Kavallerie (Mann)	Geschütze
1.	Südöstlich von Trier	von Steinmetz	75000	9600	270
2.	Südlich von Mainz	Prinz Friedrich Karl von Preußen	181000	23400	630
3.	Um Landau	Kronprinz von Preußen	153000	19650	576
Feldtruppen in Deutschland			65000	4500	108

Das preußisch-norddeutsche Heer war in all seinen Teilen sorgfältig auf den Krieg vorbereitet worden. Die preußischen Militärbehörden gingen davon aus, daß die französische Armee modern bewaffnet und gut ausgebildet war sowie eine große Gefechtsstärke besaß. Auch die süddeutschen Heere hatten seit 1866 an Schlagkraft und Stärke gewonnen. Im Sommer 1870 stellten die deutschen Streitkräfte ein schlagkräftiges Instrument in den Händen des preußischen Generalstabes dar.

Frankreichs Streitkräfte befanden sich seit 1868 in einer Umformierung. Sie setzten sich aus der aktiven Armee, der Reserve, der mobilen Nationalgarde und der Marine zusammen, wobei die aktive Armee die Feldarmee bildete. Die Reserve sollte die Feldarmee verstärken und die Besatzungen der Festungen stellen. Darüber hinaus war sie für die Aufstellung einer Reservearmee und die Formierung der Ersatztruppen vorgesehen; die Aufgaben der mobilen Nationalgarde (Mobilgarde) erstreckten sich auf die Komplettierung der Festungsbesatzungen auf französischem Boden und die Auffüllung der Reservearmee. Die Mobilgarde war jedoch kaum ausgebildet und besaß deshalb nur geringen Kampfwert. Entsprechend den Etats sollte die französische Armee am 2. 8. 1870 eine Gesamtstärke von 567 000 Mann haben, davon die Feldarmee 336 000 Mann.

Für die Feldarmee lag ausgezeichnetes Waffenmaterial in ausreichender Menge bereit. Die Infanterie war ausgerüstet mit dem Chassepotgewehr, einem gezogenen Hinterlader mit großer Treffsicherheit und rasanter Flugbahn. Das Chassepotgewehr war erstmalig von den französischen Interventionstruppen 1867 bei der Verteidigung des römischen Kirchenstaates gegen italienische Freischaren mit durchschlagendem Erfolg angewandt worden. Die Artillerie verfügte über mehr als 3000 Geschütze mit gezogenem Rohr und mehr als 5000 mit glattem Rohr, allerdings ausnahmslos Vorderlader. Immerhin konnten daraus etwa 660 Batterien zu sechs Geschützen gebildet werden, aber es stand nur für 164 Batterien die Bespannung zur Verfügung. Neu waren die Mitrailleusen, die die Feuerkraft der Artillerie bedeutend erhöhten.

Schlechter stand es um die noch zu schaffende Reservearmee. Hier mangelte es sowohl an Gewehren als auch an Bekleidung und Ausrüstung. Artillerie und Kavallerie mußten für sie völlig neu aufgestellt werden.

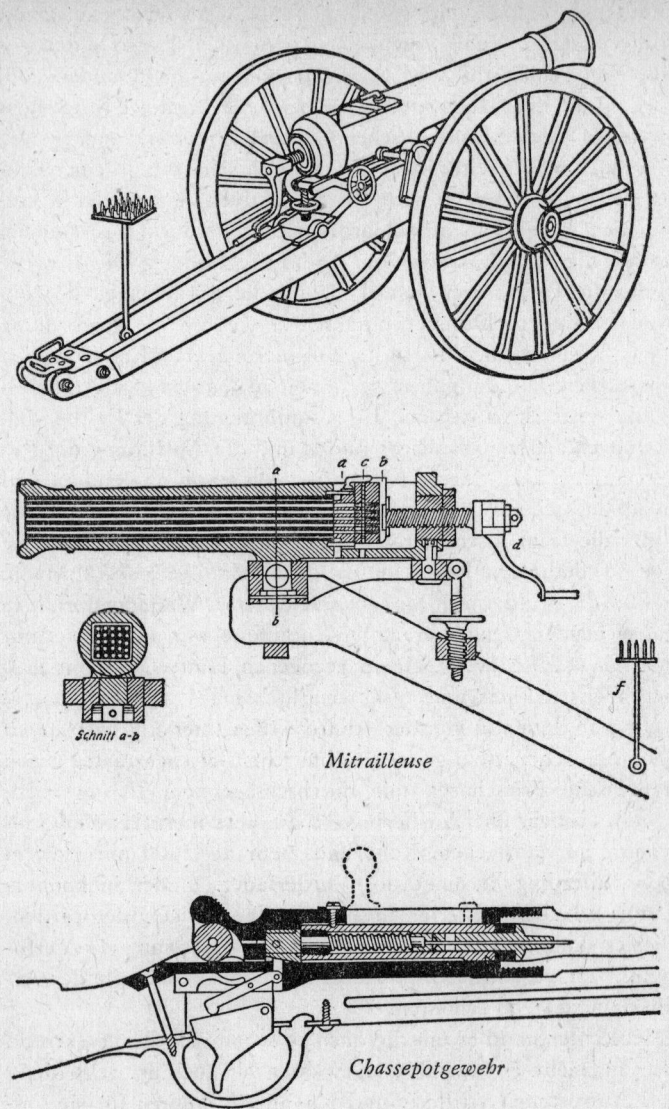

Schnitt a-b

Mitrailleuse

Chassepotgewehr

Die französische Führung konnte also zunächst nur auf die Feldarmee rechnen. Infolge ihrer Struktur – nur ein geringer Teil der Armee war im Frieden in Korps zusammengefaßt – mußten erst größere Verbände zusammengestellt und höhere Stäbe neu geschaffen werden. Die Truppenverbände verfügten im Frieden auch über keine eigene Intendantur. Das Ausrüstungsmaterial war nur an wenigen Orten konzentriert, seine schnelle Verteilung an die Korps war dadurch sehr erschwert. Die einberufenen Soldaten mußten sich erst in ihren Truppenteilen melden, von dort in die Depots und wieder in die Garnisonen zurückbefördert werden. Damit war es von vornherein illusorisch, die Marschbereitschaft der Truppen in den Garnisonen wie vorgesehen am zwölften Tag der Mobilmachung herzustellen. Das traf vor allem auf die Infanterie zu, während Kavallerie und Artillerie einen stärkeren Friedensstand hatten.

Mit der realen Formierung der mobilen Nationalgarde wurde erst während der Mobilmachung begonnen. Erst jetzt begann man Bataillone aufzustellen und sie zu größeren Einheiten zu vereinigen. In den meisten Fällen mußten auch die Kommandeure erst eingesetzt werden. In diesem Zustand war die Mobilgarde nur zur Verteidigung der Festungen geeignet. Starke Kräfte der aktiven Armee mußten aus innenpolitischen Rücksichten in Algerien, Paris und Lyon verbleiben, da das bonapartistische Regime Unruhen oder sogar Aufstände befürchtete.

In der französischen Armee war das Bataillon die kleinste taktische Einheit. Es sollte im Gefecht stets geschlossen handeln, ein Verfahren, das nicht mehr dem Stand der Waffentechnik entsprach. Andererseits war sich die Führung der französischen Armee durchaus der großen Wirksamkeit der modernen Infanteriewaffen bewußt. Ausgehend von den taktisch-technischen Eigenschaften des französischen Infanteriegewehrs betonte sie in den Gefechtsvorschriften vor allem die Verteidigung, die für die Infanterie zur Regel werden sollte. Ein Angriff wurde nur für den Fall gestattet, daß der Gegner durch die Dauer des Kampfes erschüttert war.

Die französische Armeeführung verzichtete auf den Einsatz großer Kavalleriemassen und stellte der Kavallerie vor allem

Aufklärungs- und Sicherungsaufgaben. Sehr gut ausgebildet war die französische Artillerie. Bei ihr wurde vor allem Wert auf einen hohen Grad von Manövrierfähigkeit und Beweglichkeit, auf die Schnelligkeit der Feuereröffnung und die Hartnäckigkeit der Feuerführung gelegt.

Am 15. 7. begann die Mobilmachung der französischen Armee. Sofort zeigten sich alle Mängel der französischen Heeresorganisation. Große Mengen einberufener Reservisten bewegten sich durch das Land, aber die Truppenteile wurden nicht vollzählig. Die Überzentralisation und die Korruption des Verwaltungssystems trugen jetzt ihre Früchte – die Aufstellung der Verbände stockte, es mangelte in den einzelnen Garnisonen an Ausrüstung, Heeresgerät, Pferden, Transportmitteln und Lebensmitteln. Schon in den ersten Tagen wurde klar, daß die französische Armee mit den Rüstungen weit im Rückstand und, entgegen allen Behauptungen des Kriegsministers und der Armeeführung, auf die Auseinandersetzung mit der preußisch-deutschen Armee ungenügend vorbereitet war. Trotz dieser Tatsachen hielten Napoleon III. und seine strategischen Berater an einem offensiven Operationsplan fest, der allerdings auf der irrtümlichen Annahme beruhte, daß die preußische Armee für Mobilmachung und Aufmarsch mindestens 25 Tage benötigen, also nicht vor dem 10. 8. operationsbereit sein würde.

Die französischen Hauptkräfte marschierten an der Mosel, geringere Kräfte im Elsaß auf. Die Verbindung zwischen beiden Gruppen sollte durch ein Korps gesichert werden. Die acht Korps der aktiven französischen Armee bildeten unter dem Oberbefehl des Kaisers die sogenannte Rheinarmee. Alle Korps unterstanden direkt dem Hauptquartier, eine Regelung, die sich auf die Führung der Armee sehr ungünstig auswirken mußte.

Außer den in Tabelle 25 genannten Kräften befanden sich 115 vierte Bataillone mit rund 50 000 Mann in der Aufstellung.

Dem französischen Oberkommando war die zahlenmäßige Überlegenheit der vereinigten deutschen Streitkräfte, die diese nach ihrer Mobilmachung erreicht hatten, durchaus bekannt. Es hoffte, diesen ernsten Nachteil durch Schnelligkeit der Bewegung zugunsten Frankreichs auszugleichen. Das sollte vor allem durch ein rasches Überschreiten des Rheins zwischen Mainz und Straßburg mit nachfolgender Offensive in das Main-Tal und die Trennung der süddeutschen von den norddeutschen Truppen erreicht werden. Dabei wurde allerdings die Kriegsbereitschaft der französischen Armee überschätzt, während man das Nationalgefühl des deutschen Volkes und die Solidarität aller Landesteile verkannte.

Tabelle 25: Gliederung und Aufmarschpläne der französischen Rheinarmee

Truppen-verband	Raum	Stärke (Mann)	Ge-schütze	Mitrail-leusen
Garde	Nancy	20 500	60	12
2. Korps	St. Avold	23 400	72	18
3. Korps	Metz	35 800	96	24
4. Korps	Diedenhofen	26 000	72	18
1. Korps	Straßburg	37 000	96	24
7. Korps	Belfort	9 900	72	18
5. Korps	Bitsch	23 000	72	18
6. Korps	Chalons-sur-Marne	29 900	114	6
Kav. Res.		4 100	30	6
Art. Res.			96	
Pion. Res.		450		
Insgesamt		210 050	780	244

Ein solches Vorgehen konnte nur Erfolg haben, wenn der Aufmarsch und der Beginn der Operationen schnell durchgeführt wurden. Aus diesem Grunde begann am 16. 7. der Aufmarsch der Armee, ohne daß die Truppenverbände in den bisherigen Standorten das Eintreffen ihrer Reserven abwarteten. Das vergrößerte das organisatorische Durcheinander und erschwerte die Lage der Armee, die in den Konzentrierungsräumen auf der Stelle trat, gehemmt durch große Mängel in ihrer Auffüllung und Versorgung. Als Napoleon III. am 28. 7. bei der Armee in Metz eintraf, mußte er sich davon überzeugen, daß diese keineswegs in der Lage war, sofort mit den vorgesehenen Offensivoperationen zu beginnen. Viele Verbände hatten noch nicht ihre volle Stärke erreicht, mehrere Korps waren noch nicht in den befohlenen Stellungen eingetroffen.

Da Frankreich starke, auf einem hohen technischen Stand befindliche Seestreitkräfte besaß, die der preußisch-norddeutschen Kriegsflotte weit überlegen waren, sah der Operationsplan auch Landungen an der deutschen Nordseeküste vor, um die gegnerischen Kräfte zu zersplittern. Dazu verfügte die französische Flotte über 69 Panzerschiffe, 110 ungepanzerte Schiffe mit Dampfantrieb und 116 Transportdampfer. Vom Marinekorps waren für diese Operationen 6000 Mann mit 48 Geschützen vorgesehen.

Das bonapartistische Regime brauchte Siege, um seine Stellung zu festigen. Napoleon III. hielt deshalb an seiner Offensividee fest, in der Hoffnung, sie auch mit den vorhandenen Kräften ausführen zu können, ohne die Armee in eine schwierige Lage zu bringen. Dabei mißachtete er aber, daß sich die französische Aufstellung wohl für einen überraschenden Angriff eignete, dagegen nicht für die Verteidigung.

Die französischen Festungen befanden sich in einem mangelhaften Zustand und konnten der Armee keinen Schutz gewähren, sondern mußten zunächst von ihr geschützt werden. Mußte die Armee lange Zeit untätig in Grenznähe stehenbleiben, so entstanden für sie große Gefahren, wenn die deutschen Truppen planmäßig und ungestört die vorgesehenen Stellungen erreichten. In diesem Fall konnte jederzeit eine der französischen Gruppierungen angegriffen werden. Die beste Maßnahme Napoleons wäre die rechtzeitige Konzentrierung der Armee noch vor Beginn der Kämpfe in größerer Entfernung von der Grenze gewesen. Das aber hätte wie ein Rückzug ausgesehen, und einen solchen Eindruck konnte sich das bonapartistische System mit Rücksicht auf die innenpolitische Lage und die starke Opposition im Lande nicht leisten. Nur der Offensivgedanke konnte die Schwächen der Armee nach außen tarnen, wenigstens so lange, wie die deutschen Streitkräfte noch nicht die Initiative ergriffen hatten.

2. Eröffnung und Verlauf der Kämpfe in der ersten Etappe des Krieges

a) Der Beginn des Feldzuges und die Ergebnisse der Grenzschlachten

Bis Ende Juli blieben die Entschlüsse des französischen Oberkommandos unverändert, obwohl die Armee immer noch nicht zur Offensive fähig war. Der Aufmarsch der deutschen Armeen zwischen Koblenz und Mainz wurde jedoch schon als bedrohlich empfunden. In der Annahme, eine Schlacht gegen die deutsche 1. Armee schlagen zu können, bildeten die Franzosen einen Schwerpunkt der Kräfte im Dreieck Bouzonville–Saargemünd–Metz, wo fünf französische Korps standen. Am 2. 8. erfolgte ein Vorstoß eines Korps auf Saarbrücken, so daß sich der schwache deutsche Grenzschutz nach kurzem Gefecht zurückzog. Daraufhin stellte das französische Oberkommando das Vorgehen ein und entschloß sich, die gesamte Rheinarmee – wie im Operationsplan vorgesehen – im Elsaß zu konzentrieren und mit den bei Metz stehenden Korps am 7. 8. einen Flankenmarsch anzutreten. Diesem Entschluß lag die verhängnisvolle Annahme zugrunde, daß der preußische Aufmarsch noch nicht beendet wäre und deshalb ein etwaiges Gleichgewicht der bei einer Schlacht zum Einsatz kommenden Kräfte bestünde.

Inzwischen war nach schneller und reibungsloser Mobilmachung Anfang August der deutsche Aufmarsch nahezu vollendet. Entgegen allen Befürchtungen hatten die französischen Truppen Ende Juli ihre zeitweise Überlegenheit nicht genutzt. Jetzt veränderte sich das Kräfteverhältnis zugunsten der vereinigten deutschen Streitkräfte, die, gestützt auf ihre große zahlenmäßige Überlegenheit, die Initiative an sich rissen und entschlossene Offensivoperationen einleiteten.

Als erste deutsche Armee überschritt am 4. 8. die 3. Armee die französische Grenze. Sie sollte in Richtung auf Hagenau vorgehen, den Feind aufsuchen und ihn schlagen. Gleichzeitig hatte sie den Auftrag, durch ihr rasches Vorgehen der 1. und 2. Armee das Überschreiten des pfälzischen Höhenrückens zu erleichtern. Darauf sollte sie sich der Bewegung dieser beiden Armeen gegen die Saar oberhalb Saargemünd anschließen. In diesem Raum vermutete das deutsche Hauptquartier die französischen Hauptkräfte. Sie sollten durch eine konzentrische Operation aller drei deutschen Armeen vernichtet werden. Die 1. Armee sollte den linken gegnerischen Flügel, die 3. Armee die rechte Flanke des Gegners, die 2. Armee dagegen den Feind in der Front angreifen. Von vornherein sollte die taktische Vereinigung aller Armeen auf dem Schlachtfeld erfolgen.

Der rechte Flügel der 3. Armee, das bayrische II. Armeekorps, stieß beim Vorgehen auf Weißenburg schon am ersten Tag auf eine Division des französischen 1. Korps (7000 Mann mit 18 Geschützen). Trotz heftigen Artilleriefeuers und der drohenden deutschen Umfassung zogen sich die französischen Truppen erst spät zurück. Zurückgelassene Nachhuten in der Stadt und auf den hinter ihr liegenden Höhen verteidigten sich aber bis zum letzten hartnäckig. Ihre Stellungen konnten von den deutschen Kräften erst nach stundenlangen Kämpfen und unter schweren Verlusten genommen werden.

Der deutsche Erfolg bei Weißenburg am 4. 8. wirkte sich vor allem auf die moralische Kampfkraft beider Seiten aus. Er stärkte insbesondere die Siegeszuversicht der süddeutschen Truppen und demoralisierte die gegenüberstehenden Kräfte. Obwohl dieses Gefecht eine ernste Warnung für die französische Führung darstellte, nahm diese das Ereignis trotz der gewaltigen Übermacht des Gegners nicht allzu ernst. Aus politischen Rücksichten sah sich das französische Oberkommando durch den Erfolg des Gegners sogar gezwungen, seine eigenen Offensivpläne zu beschleunigen und die dazu nötigen Truppenbewegungen einzuleiten.

Die Rheinarmee wurde neu gegliedert (Tabelle 26). Nach ihrer Trennung in zwei große Gruppen erhielten diese faktisch eigene Befehlshaber. Napoleon III. behielt sich aber weiterhin das Oberkommando über die gesamte Rheinarmee vor. Beiden Befehlshabern blieb gleichzeitig das Kommando über ein Korps. Für die Führung beider Gruppen wurden keine besonderen Stäbe gebildet.

Tabelle 26: Neugliederung der französischen Rheinarmee im August 1870

Armeegruppe	Truppen	Konzentrierungsraum
Mac Mahon	1., 5., 7. Korps	Mittleres Elsaß
Bazaine	2., 3., 4. Korps	Nördliches Elsaß, Lothringen

Am 5. 8. ging die deutsche 3. Armee im Elsaß weiter in südlicher Richtung auf den Hagenauer Wald vor. Sie erreichte mit dem bayrischen II. Armeekorps und dem V. Armeekorps den Raum bei Wörth, während sich ihr VI. Armeekorps noch bei Landau sammelte. Am Abend des 5. 8. hatten die Spitzen der 3. Armee Gefechtsberührung mit den Kräften Mac Mahons an der Sauer.

Die Spitzen der 1. und der 2. Armee hatten sich in enger Fühlung miteinander der Saar bis auf einen Tagesmarsch genähert. Am 6. 8. sollten die teilweise noch weit zurückgestaffelten Armeekorps aufschließen. Noch nahm das deutsche Hauptquartier an, daß sich die französischen Hauptkräfte hinter der Saar befänden. Da aber im Laufe dieses Tages ein beginnender französischer Rechtsabmarsch festgestellt wurde, vermutete Moltke, daß sich die Kräfte des Gegners gegenüber der 3. Armee vereinigen wollten und erteilte der 1. und der 2. Armee den Befehl, die Saar zu überschreiten. Dabei rechnete er für diesen Tag nicht mehr mit Kämpfen um den Fluß.

Marschall Mac Mahon, der den Oberbefehl über die im Elsaß stehenden Korps übernommen hatte, beabsichtigte nach der Niederlage bei Weißenburg zunächst keine aktiven Kampfhandlungen. Er wollte seine Korps vielmehr bis zum 7. 8. an der Sauer vereinigen, der deutschen 3. Armee eine Abwehrschlacht liefern und darauffolgend selbst zur Offensive übergehen. Auch das Oberkommando der deutschen 3. Armee wollte noch keine Schlacht annehmen, um den Armeekorps eine ungestörte Schwenkung nach rechts zu ermöglichen. Anschließend sollte entsprechend der Direktive Moltkes der Vorstoß durch die Vogesen in Richtung auf die Saar zur Teilnahme an der vorgesehenen Entscheidungsschlacht erfolgen. Entgegen den Absichten und Erwartungen beider Seiten entwickelte sich jedoch am 6. 8.

aus den Truppenbewegungen die heftige und schwere Schlacht von Wörth.

Die Vorhuten des norddeutschen V. Armeekorps gingen am Morgen des 6. 8. an der Sauer zur Erkundung vor. Sie fanden Wörth feindfrei und stiegen die westlichen Hänge empor. Plötzlich stießen sie auf den Gegner. Sie zogen sich wieder hinter die Sauer zurück, wo sie die südlich von Wörth zum Angriff übergehenden französischen Truppen abwiesen.

Indessen ging die durch den Kanonendonner alarmierte Vorhut des bayrischen II. Armeekorps nördlich von Wörth gegen die Höhen von Fröschwiller vor. Die Absicht bestand darin, einen Stoß in die linke Flanke des Gegners zu führen. Gegen 10.00 Uhr standen bereits zehn deutsche Bataillone (etwa 10 000 Mann) im Gefecht. Nach kurzer Stockung des Gefechts infolge unklarer Befehle wurde der Angriff wieder aufgenommen. Die gesamte Artillerie des deutschen V. Armeekorps fuhr bei Wörth auf, um die unterlegenen französischen Batterien niederzukämpfen. Fröschwiller und Elsaßhausen wurden heftig beschossen. Das Feuer der französischen Truppen verstummte jedoch nicht, die deutsche Infanterie konnte die von ihnen besetzten Höhen nicht erstürmen.

Inzwischen war weiter südlich auch das deutsche XI. Armeekorps auf dem Schlachtfeld eingetroffen. Es entwickelte die Artillerie nordwestlich des Dorfes Gunstett. Auch sie hielt die französische Artillerie nieder, doch wie schon zuvor blieb die Infanterie im französischen Abwehrfeuer liegen. Zwar gab jetzt der Oberbefehlshaber der 3. Armee den Befehl zum Abbruch des Kampfes, aber es war schon nicht mehr möglich, sich ohne schwere Verluste vom Gegner zu lösen.

Die französischen Kräfte standen in einer sehr starken Stellung hinter der Sauer auf steilen Hängen mit einer vorgelagerten, etwa 1000 Meter breiten Talsohle. Der nördliche Flügel war durch ungangbares Waldgelände gesichert, während der linke keine Anlehnung hatte. Auch die sich an die Hänge anschließende Hochfläche war durch dichten Bewuchs aller Art für die Verteidigung sehr günstig. Dagegen blieb die Zahl der zur Verfügung stehenden Truppen für die Verteidigung dieser immerhin sehr ausgedehnten Stellung zu gering. In der Front Wörth–Elsaßhausen–Fröschwiller–südlich des Niederwaldes–Eberbach standen nur fünf Divisionen mit knapp 46 000 Mann vom 1. und 7. Korps. Eine Kavalleriedivision und eine Kavalleriebrigade bildeten die Reserve, jedoch war das Gelände für den Einsatz von Kavallerie weitgehend ungeeignet. Mac Mahon ging in seiner Entscheidung, die Stellung nicht zu räumen, sondern die Schlacht durchzukämpfen, von der falschen Annahme aus, daß die Stärke der deutschen 3. Armee nur etwa 55 000 Mann betrage.

Da ein Abbruch des Kampfes nicht mehr möglich war, hatte das Oberkommando der deutschen 3. Armee inzwischen alle verfügbaren Kräfte herangezogen und damit eine gewaltige zahlenmäßige Übermacht erreicht. Zwischen das preußische V. und das bayrische II. Armeekorps wurde das bayrische I. Armeekorps eingeschoben. Das bayrische II. Armeekorps erhielt den Befehl, weit nach Norden auszuholen, den rechten französischen Flügel zu umfassen und in den Rücken der französischen Stellung zu stoßen. Die württembergische Division wurde auf Gunstett angesetzt. Das bayrische I. Armeekorps erneuerte den Angriff auf Fröschwiller, auch das V. Armeekorps erreichte Erfolge an den Berghängen, die es gegen schwere französische Gegenangriffe behaupten konnte. Es erlitt aber außerordentlich hohe Verluste.

Nun griff auch das preußische XI. Armeekorps wieder in die Schlacht ein. Es ging gegen den Niederwald vor, zerschlug eine französische Kavallerieattacke und wurde dann durch französische Gegenangriffe wieder zurückgeworfen. Erfolgreicher war sein Angriff gegen Elsaßhausen, an dem auch Teile des V. Armeekorps mitwirkten. Durch das Vordringen in diese Richtung wurde die französische Rückzugslinie bedroht.

Der mit den letzten französischen Reserven geführte erbitterte Gegenstoß von Kavallerie und Infanterie scheiterte im Schnellfeuer der deutschen Artillerie und Schützen. Außerdem griffen nun noch zwei frische deutsche Divisionen ein. Die französischen Kräfte erreichten noch einen vorübergehenden Erfolg bei Fröschwiller, aber die deutsche Seite setzte gegen das Dorf

102 Geschütze ein. Außerdem stand bereits deutsche Kavallerie im Rücken der französischen Truppen. In dieser aussichtslosen Situation entschloß sich Mac Mahon zum Rückzug auf Zabern. Zwar leisteten Teile der französischen Reserve noch Widerstand, aber gegen 17.00 Uhr war die Schlacht beendet. Die Masse der in Auflösung begriffenen Truppen Mac Mahons zog sich überstürzt durch Zabern auf Pfalzburg–Saarburg–Lunéville zurück, ein Teil der Armee wählte die Richtung nach Bitsch, und einige tausend Mann wandten sich nach Straßburg. Die französischen Verluste betrugen etwa 19 000, die deutschen etwa 11 000 Mann. Das spricht für die Härte der Kämpfe.

Das Oberkommando der 3. Armee konnte nicht sofort Klarheit über den französischen Rückzug gewinnen. Man glaubte, Mac Mahon wolle Anschluß an die Armee Bazaines in Lothringen gewinnen. Eine energische Verfolgung unterblieb deshalb. Die 3. Armee verlor die Fühlung mit dem Gegner. Als sie am 8. 8. die Vogesen erreichte, hatte sie keine französischen Verbände mehr vor sich.

Die Niederlage in der Schlacht von Wörth war ein schwerer Schlag für das französische Oberkommando. Nicht nur die Offensivpläne Napoleons III. waren gegenstandslos geworden, auch die Korps Mac Mahons fielen zunächst für die weiteren Kämpfe aus. Schon die Nachricht von der Niederlage bei Weißenburg hatte in Paris Unruhe unter den regierenden Kreisen hervorgerufen. Doch statt einen erhofften Sieg nach Paris melden zu können, mußte der französische Marschall mit einer zertrümmerten Armeegruppe das Elsaß räumen.

Nördlich des Elsaß hatte sich die Lage ebenfalls verändert. Das französische 2. Korps stand am 5./6. 8. auf der Linie Spichern–Forbach, rechts dahinter das 3. Korps. Das 4. Korps befand sich längs der Bahnlinie Saargemünd–Teterchen. Zu seiner Unterstützung konnte Marschall Bazaine auf die hinter der deutschen Nied stehenden Garden und auf das zwischen Saargemünd und Bitsch verbliebene 5. Korps Mac Mahons rechnen. Die Korps der Lothringer Gruppe bereiteten sich auf den Abmarsch nach dem Elsaß vor. Mit einem Angriff starker deutscher Kräfte rechneten weder Napoleon III. noch Bazaine.

Die deutsche 1. Armee war schon am 5. 8. entgegen den Weisungen des Hauptquartiers weiter nach Süden vorgegangen und stieß hier auf die Marschlinien der 2. Armee. Trotz der klaren Direktive, das Aufschließen der 2. Armee bei Saarbrücken abzuwarten und erst dann die Saar zwischen Saarlouis und Völklingen zu überschreiten, entschloß sich General Steinmetz, mit seinem Armeekorps am 6. 8. die Saar zwischen Völklingen und Saarbrücken zu überwinden. Am Morgen dieses Tages marschierte bereits die 14. Infanteriedivision durch Saarbrücken auf Spichern. Auf eigene Faust befahl der Kommandeur den Angriff auf die festgestellten französischen Kräfte auf den Höhen von Spichern. Aus diesem Angriff entwickelte sich eine schwere Schlacht, an der von französischer Seite das 2. Korps, von deutscher Seite Truppenverbände und Truppenteile von drei verschiedenen Armeekorps, darunter eines der 2. Armee, teilnahmen. Da jedoch das Zusammenwirken der Verbände nicht organisiert war und keine einheitliche Führung hergestellt werden konnte, verlief der Kampf nur wenig erfolgreich, dafür aber außerordentlich verlustreich.

Das französische 2. Korps unter General Frossard stand in einer sehr starken Stellung auf einem steilen Höhenrücken, deren Zentrum der Rote Berg bildete. Diese natürlichen Hindernisse waren noch durch Schützengräben und Batteriestellungen pioniermäßig verstärkt worden. Frossard verfügte über etwa 24 000 Mann. Drei seiner Divisionen entwickelte er in der ersten Linie seiner Stellung, die Masse der Artillerie feuerte von der sehr starken Position auf dem Roten Berg. Frossard war schon deshalb zu einer hartnäckigen Verteidigung entschlossen, um dem Train die Möglichkeit zu geben, die in Forbach liegenden riesigen Armeevorräte abzutransportieren.

Den ersten angreifenden deutschen Truppen gelang es nicht, die französische Stellung zu erstürmen. Ihre Artillerie konnte anfangs die französischen Geschütze nicht niederhalten, die deutsche Infanterie kam nicht weiter als bis an den Fuß des Berges. Erst als am Nachmittag geringe Erfolge bei Stiring erreicht wurden, gelang auch der Sturm auf die Höhen. Ein französischer Gegenstoß warf jedoch die deutschen Sturmtruppen wieder von dem Höhenrand zurück. Nun traf Hilfe durch weitere Kräfte der 1. Armee ein, aber da sie planlos in das Gefecht eingriffen, ging jeglicher Überblick über die Handlungen der einzelnen Verbände verloren. Als erste stürmten Einheiten des VIII. Armeekorps gegen den Roten Berg und den Gifertwald vor. Später griff noch eine Division des III. Armeekorps der 2. Armee in die Schlacht ein. Gegen Abend hatten sich am Höhenrand der Forbacher Berge etwa 40 deutsche Kompanien festgesetzt. General Frossard hatte sein ganzes Korps in den Kampf eingeführt und verfügte nur über eine geringe Reserve. Angriffe und Gegenangriffe lösten einander ab, und erst mit einbrechender Dunkelheit gelang es den deutschen Truppen, die Höhen zu erstürmen. Da deutsche Einheiten inzwischen in der linken französischen Flanke bei Forbach die rückwärtigen Verbindungen des Gegners bedrohten und noch immer keine Kräfte des französischen 3. Korps auf dem Schlachtfeld eintrafen, entschloß sich Frossard bei Einbruch der Dunkelheit zum Rückzug über Oettingen auf St. Avold. Von deutschen Einheiten nicht bedrängt, konnten die französischen Truppen diese Bewegung geordnet ausführen. Ihre Verluste in dieser Schlacht betrugen etwa 4000 Mann, die der deutschen Truppen etwa 5000.

Wie der Erfolg von Wörth war auch der deutsche Sieg bei Spichern von großer Tragweite. Zwar behielt das 2. Korps seine Kampfkraft, doch der vorgesehene Rechtsabmarsch der Armeegruppe Bazaines wurde unter dem Eindruck der Niederlage und des Rückzugs sofort aufgegeben. Die Schlacht bei Spichern hob die Moral der deutschen Armeen und erschütterte das innere Gefüge der französischen Rheinarmee. Die Nachricht von beiden Niederlagen brachte nicht nur den Kaiserthron ins Wanken, sie zerschlug auch alle Hoffnungen auf Waffenhilfe aus dem Ausland. Ein Frankreich, das schon in den ersten Tagen solche Niederlagen hinnehmen mußte, war in den Augen Europas nicht mehr bündnisfähig.

Die Schlachten von Wörth und Spichern hatten trotz der errungenen Erfolge allerdings auch die Absichten des deutschen Hauptquartiers durchkreuzt, durch eine konzentrische Operation die Entscheidungsschlacht in Grenznähe zu schlagen. Der militärpolitische und strategische Fehlschlag wurde aber zum Teil durch die Tatsache wettgemacht, daß die französische Armee völlig die Initiative verlor.

Das Oberkommando der französischen Armee stand vor der ernsten Notwendigkeit, mit beiden Armeegruppen sofort den Rückzug anzutreten, um sie westlich der Mosel zu versammeln, neu zu ordnen und Reserven heranzuziehen. Napoleon III. und seine Umgebung erwogen einen Rückzug bis Châlons-sur-Marne. Dort sollten sich Mac Mahon und Bazaine wieder vereinigen und eine neue Aufstellung zum Schutz von Paris beziehen. Die dafür notwendigen Bewegungen wurden am 7. 8. eingeleitet. Das 6. Korps sollte bei Châlons-sur-Marne stehenbleiben. Das 3. Korps zog die detachierten Divisionen heran und marschierte hinter die deutsche Nied. Die Garden und das 4. Korps marschierten in Richtung Metz. Auch das bei Spichern geschlagene 2. Korps war bestrebt, so schnell wie möglich wieder den Anschluß an die Armee zu gewinnen.

Aber inzwischen hatten sich die Entschlüsse der französischen Führung wieder geändert. Dafür waren vor allem innenpolitische Gründe ausschlaggebend, die alle militärischen Erwägungen in den Hintergrund drängten. Die in Paris als Regentin verbliebene Kaiserin und die Regierung erhoben entschieden Einspruch gegen die Pläne, auf Châlons zurückzugehen. Sie vertraten die Ansicht, daß ein solcher Rückzug zu Beginn des Krieges den Sturz der schon erschütterten Monarchie verursachen könnte. Unter ihrem Druck und auch nach Einspruch verschiedener Generale, die eindringlich auf den schlechten Zustand der Truppen nach dem relativ kurzen Rückzug bis Metz hinwiesen, verzichtete Napoleon III. auf seine Fortsetzung. Zwei weitere Korps sollten die bei Metz stehende Armee verstärken.

Schließlich wurde in Paris eine neue Regierung gebildet und gleichzeitig der Kaiser bewogen, am 13. 8. den Oberbefehl über die Rheinarmee an Marschall Bazaine abzugeben. Er blieb aber noch bis zum 16. 8. bei der Armee und nahm weiterhin Einfluß auf die militärische Führung. Das komplizierte die Lage im französischen Oberkommando noch mehr.

Noch vor der Ernennung Bazaines hatte sich die französische Führung entschlossen, den deutschen Armeen östlich von Metz entgegenzutreten. Die Garde, das 2., 3., 4. und 6. Korps erhielten Befehl zur Konzentrierung bei Metz. Damit konnte die französische Führung hier auf etwa 200 000 Mann rechnen. Die deutschen vereinigten Streitkräfte verfügten zwar über eine große Überlegenheit, aber man konnte darauf hoffen, einzelne Teile der deutschen Armeen beim Übergang über die Mosel zu schlagen. Zudem konnte man sich auf die große Festung stützen, die allerdings noch ungenügend auf den Kampf vorbereitet war. Hatte das französische Oberkommando am 10. 8. zunächst beabsichtigt, die deutschen Truppen in einer Stellung westlich der französischen Nied zwischen Pange und Etranges zu erwarten, so stellte sich bald heraus, daß die gewählte Stellung nicht für eine hartnäckige Verteidigung geeignet war. Die Armee wurde bereits am 11. und 12. 8. auf die Hochfläche von Metz zurückgezogen und dort auf engem Raum konzentriert. Durch das Verharren der Armeegruppe Bazaines vor und bei Metz wurde den Truppen Mac Mahons, die sich weiterhin in Richtung Lunéville zurückzogen, jede Möglichkeit genommen, sich in kurzer Zeit mit dem Gros der Rheinarmee zu vereinigen.

b) Die Fortsetzung des Feldzuges bis zu den Schlachten und der Einschließung von Metz

Die deutschen Truppen hatten nach den Schlachten vom 6. 8. die Fühlung mit dem zurückweichenden Gegner verloren. Die Führung der deutschen Armeen erkannte noch nicht, daß die französische Armee durch die Niederlage schwer getroffen war, und verzichtete deshalb auf die Verfolgung durch starke Kavallerieverbände. Außerdem hatte die 2. Armee ihren Aufmarsch noch nicht abgeschlossen. Dieser war noch durch die Abweichung der 1. Armee von der befohlenen Vormarschrichtung erschwert. Die Truppen der 1. und 2. Armee hatten sich bei Saarbrücken zusammengeballt. Sie mußten erst geordnet und für die kommenden Operationen neu gruppiert werden.

Das deutsche Hauptquartier hatte inzwischen begriffen, daß die angestrebte Entscheidungsschlacht an der Saar infolge des französischen Rückzuges nicht mehr möglich war. Es erwartete nun die Konzentrierung der gegnerischen Hauptkräfte an der Mosel. Das neue Ziel für die Operationen der deutschen Armeen war deshalb die angenommene französische Moselstellung zwischen Metz und Toul. Das bedeutete eine Schwenkung der deutschen Armee aus der bisherigen Front nach Westen. Die französischen Truppen an der Mosel sollten durch die 1. und die 2. Armee in der Front und gleichzeitig durch die 3. Armee umfassend auf dem rechten Flügel konzentrisch angegriffen und zu einer Entscheidungsschlacht gezwungen werden. Erneut sollte in diesem Fall die taktische und strategische Vereinigung der 1. und der 2. Armee mit der 3. Armee auf dem Schlachtfeld erfolgen.

Alle drei Armeen begannen am 10. 8. den Vormarsch. Die 1. Armee, die den inneren Schwenkungsflügel bildete, konnte ihren Truppen Ruhe gönnen, denn sie hatte nur einen kurzen Marsch durchzuführen. Ihr Ziel war Metz. Die 2. Armee wurde auf Pont-à-Mousson angesetzt, während die 3. auf Nancy dirigiert wurde. Die 3. Armee lag weit zurück. Sie konnte infolge des schwierigen Berggeländes der Vogesen nur langsam gegen die Saar vorrücken, wo sie erst am 12. 8. eintraf. Von ihr als dem schwenkenden Flügel wurden nun große Marschleistungen verlangt.

Die deutsche Kavallerie handelte weit vor den Hauptkräften. Sie stieß in die Lücke zwischen den beiden französischen Gruppierungen, drang bis an die Mosel vor und klärte bereits am 11. 8. die französische Aufstellung bei Metz auf. Das deutsche Hauptquartier rechnete nach dieser Aufklärung mit einer eventuellen französischen Gegenoffensive und hielt deshalb beim weiteren Vormarsch große Vorsicht für geboten. Am 13. 8. erreichte die 1. Armee die deutsche Nied, die 2. Armee stand in der Gegend südlich von Metz. Sie besetzte Pont-à-Mousson, ihre Kavallerie streifte bereits jenseits der Mosel gegen Toul und die Straße Metz–Verdun.

Nachdem die 3. Armee die Saar überschritten hatte, erhielt

sie am 12. 8. den Auftrag, statt in die rechte Flanke des bei Metz stehenden Gegners in Richtung Nancy-Toul vorzugehen. Das Hauptquartier hatte inzwischen festgestellt, daß die Truppen der Armeegruppe Mac Mahons nicht auf die Hauptkräfte der Rheinarmee bei Metz, sondern auf Châlons zurückgegangen waren. Das führte zu einer bedeutenden Ausdehnung der Marschbreite und zur Teilung der Kräfte.

Die zahlenmäßige Verringerung der auf Metz angreifenden Truppen vergrößerte die Gefahr eines französischen Gegenstoßes. Die 1. Armee wurde deshalb angewiesen, am 14. 8. an der französischen Nied stehenzubleiben. Die 2. Armee sollte weiter gegen die Mosel vorgehen, aber das III. und IX. Armeekorps auf ihrem rechten Flügel zur Deckung gegen die um Metz stehenden Kräfte anhalten.

Das die französischen Hauptkräfte bildende Gros der Rheinarmee unter dem Kommando Bazaines hatte sich inzwischen ostwärts von Metz auf relativ engem Raum versammelt. Es bestand aus fünf Korps und einer Brigade – insgesamt etwa 175 000 bis 200 000 Mann mit 540 Feldgeschützen. Nach seiner Kommandoübernahme am 13. 8. trug sich Bazaine noch am selben Tag mit der Absicht, zum Angriff auf die sich nähernden Truppen, besonders die deutsche 1. Armee, überzugehen. Mangelnde Aufklärungsergebnisse, fehlender Offensivwille des neuen Oberbefehlshabers und seines Stabes sowie die Anwesenheit des Kaisers ließen diese Absicht nicht ausreifen. Eine Verteidigung Metz' schien angesichts der langsam verlaufenden Fortifikationsarbeiten und der angenommenen geringen Lebensmittelvorräte nicht erfolgversprechend. Entgegen den aus Paris kommenden Forderungen entschloß sich Bazaine schließlich zum Rückzug auf Verdun. Er mußte ausgeführt werden, noch bevor die Spitzen der deutschen Armee die Mosel überschritten hatten.

Das französische Oberkommando befahl die Ausführung des Entschlusses für den Morgen des 14. 8. Die Bewegungen wurden verzögert durch die geringe Anzahl von Brücken und den umfangreichen Troß. Erst in den Mittagsstunden traten die Truppen den Rückzug an. Das 3. Korps unter General Decain, das den Rückzug decken sollte, räumte am Nachmittag ebenfalls die Hochfläche von Borny. In diese Bewegung stieß die auf Colombey vorgehende Vorhut des preußischen VII. Armeekorps hinein. Der Kommandeur der Vorhut vermutete in der französischen Bewegung einen überraschenden Angriff auf die rechte Flanke der 2. Armee und griff die gegnerischen Kräfte an. Die französischen Truppen mußten ihren Marsch unterbrechen und wieder nach Osten Front machen, um sich des deutschen Angriffs zu erwehren. Damit begann die Schlacht von Colombey–Nouilly.

Da ein Zurückgehen hinter die Festungswerke von Metz noch nicht möglich war, nahm das französische 3. Korps die alte Stellung von Grigy bis zum Vallieres-Bach wieder ein und schob eine Division bis Colombey vor. Als Rückhalt blieb die Garde bei Queuleu stehen. Außerdem wurde hinter dem linken Flügel bei Mey eine Division des 4. Korps aufgestellt. Damit waren in eine sieben Kilometer breite Front sieben französische Divisionen eingerückt.

Die Teilkräfte des preußischen I. und VII. Armeekorps nahmen nach heftigem Kampf Colombey, wiesen einen französischen Gegenangriff ab und besetzten auch Planchette sowie die dahinter gelegenen Höhen. Dort stießen sie auf starke gegnerische Kräfte. Weiteres Vordringen war unmöglich. Sie entgingen sogar selbst einer Vernichtung nur, weil weitere Divisionen des I. Armeekorps als Verstärkung heranrückten und auch die Masse des VII. Armeekorps, unterstützt von 60 Geschützen, gegen Coincy angriff. Nur langsam gewannen hier die deutschen Kräfte Boden, immer wieder von französischen Gegenstößen bedrängt.

Ebenso sah es weiter nördlich bei Lauvallier und Nouilly aus. Die französischen Truppen wichen nur in heftigen Kämpfen gegen Bellecroix und Borny zurück. In dieser Lage griff auf dem linken französischen Flügel das 4. Korps an. Es versuchte, den rechten deutschen Flügel durch einen Angriff auf Villers-l'Orme zu umfassen. Die französischen Kräfte gewannen schnell einige der verlorenen Punkte zurück, stießen aber dann auf die am Vallieres-Bach mit Front nach Norden entwickelte starke

Französische Soldaten 1870/71

deutsche Artillerie. Hier wurde der französische Angriff aufgehalten, Reserven wehrten den bei Villers-l'Orme und Nouilly drohenden Stoß ab.

Nachdem beim preußischen VII. Armeekorps weitere Verstärkungen eingetroffen waren und auch Truppen der 2. Armee in den Kampf eingriffen, zogen sich die französischen Truppen befehlsgemäß unter die Geschütze der Festung Metz zurück. Die Verluste der deutschen Truppen betrugen etwa 4900 Mann, die der französischen etwa 3600. Trotz ihres Zurückgehens auf Metz hatten französische Kräfte dem deutschen Angriff standgehalten. Auch war ihr Abmarsch nach Westen, mit Ausnahme des 4. Korps, durch die Schlacht von Colombey–

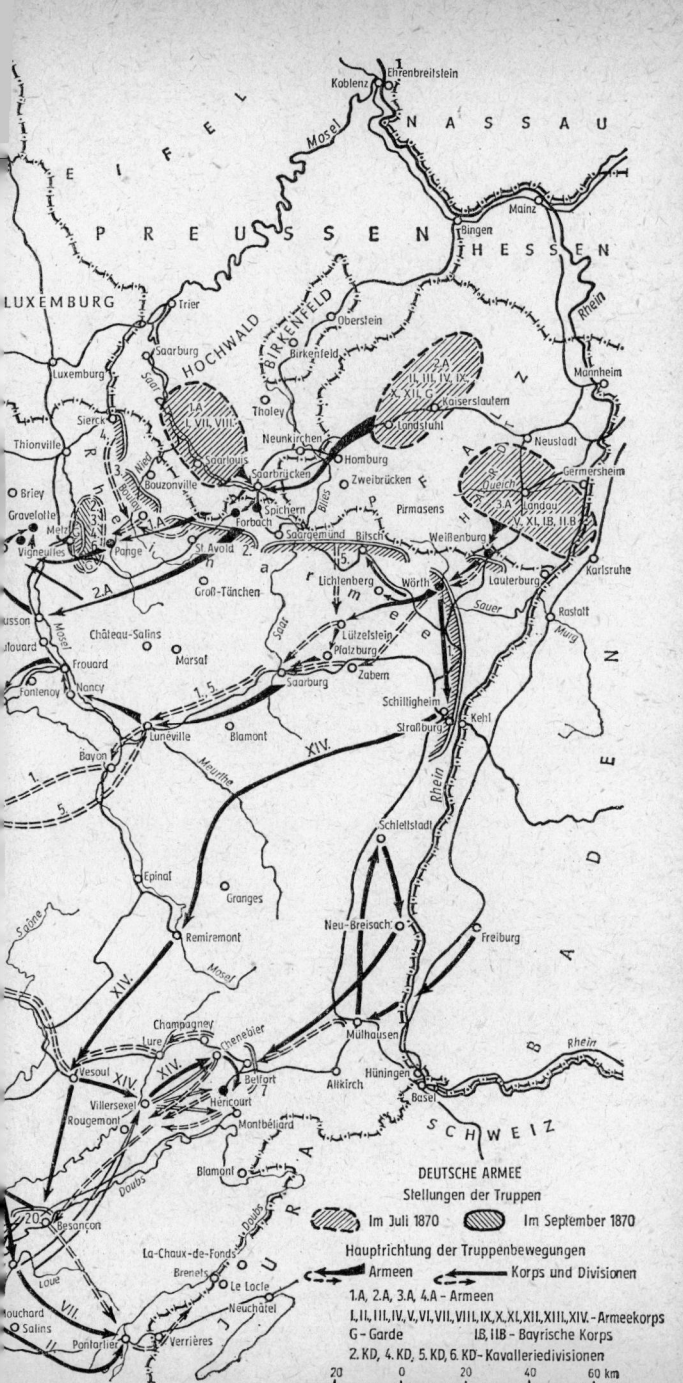

DEUTSCH-FRANZÖSISCHER KRIEG 1870/71

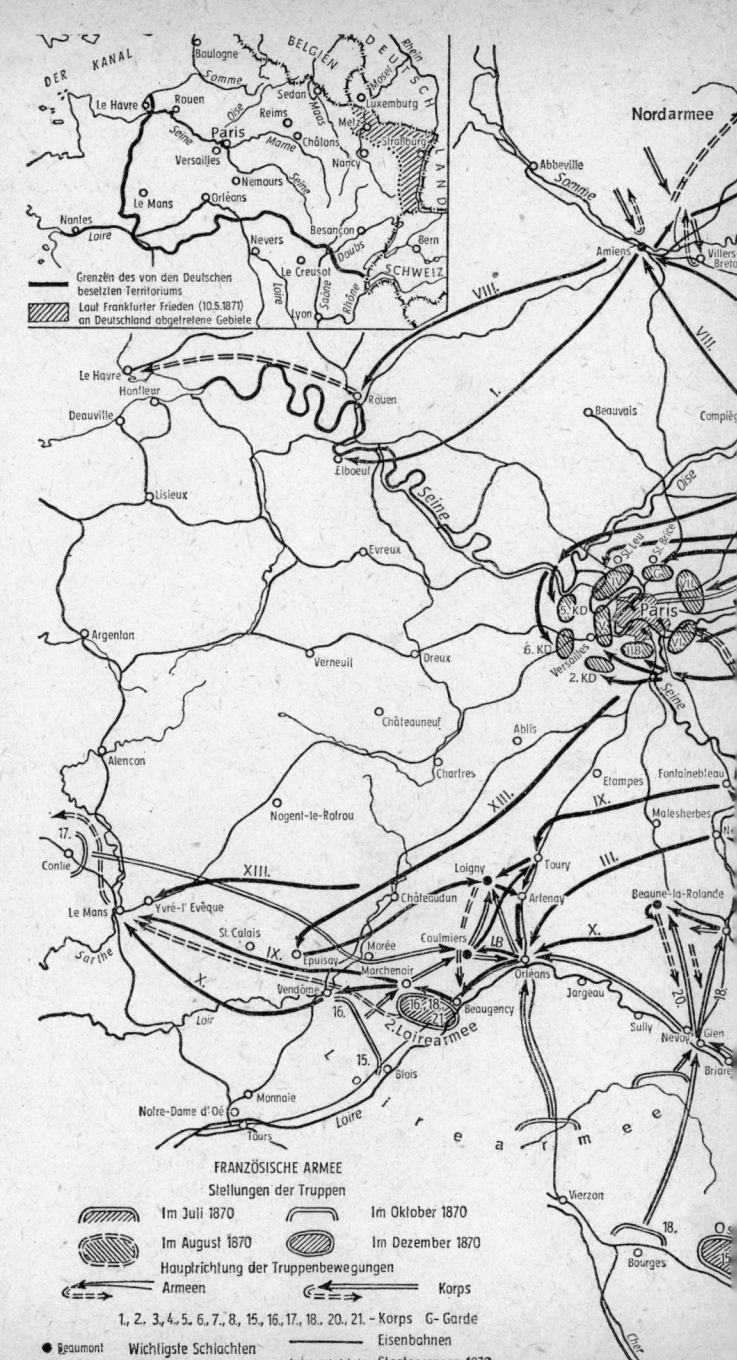

Nouilly nicht weiter verzögert worden, denn inzwischen hatten die Truppen der Rheinarmee, die ihren Abmarsch während des deutschen Angriffs fortsetzten, die Straßen und Brücken in und bei Metz freigemacht. Das von Moltke angeordnete Stehenbleiben des rechten Flügels der deutschen 2. Armee, die südlich von Metz vorrückte, um am 15. 8. bei einer Fortsetzung der Schlacht genügend Kräfte einsetzen zu können, erschwerte dagegen in den nächsten Tagen den Kampf westlich der Mosel ganz erheblich.

Auch am 15. 8. setzten die französischen Truppen den Marsch in Richtung Verdun fort. Die Korps sollten zunächst auf einer Hauptstraße und zwei Nebenstraßen die Hochfläche von Gravelotte ersteigen und von dort aus in zwei Kolonnen über St. Hilaire und Etain weitermarschieren. Die vorauseilende Kavallerie erreichte Jarny und Vionville, das 2. Korps Rezonville. Ihm folgte das 6. Korps. Das 3. Korps stand bei Vernéville, war jedoch nicht vollzählig. Die Garde war bei Gravelotte versammelt. Das 4. Korps kam auf den durch zahlreiche Fuhrwerke versperrten Straßen nicht durch und verblieb nördlich Metz. Bei Metz standen auch noch zwei Divisionen des 3. und 4. Korps. Am 16. 8. sollte der Marsch fortgesetzt werden. Der Aufbruch verzögerte sich aber durch die Verstopfung der Straßen mit Trainfahrzeugen und durch die ungenügende Marschbereitschaft der Truppen bis zum Nachmittag. An diesem Tag verließ der Kaiser endgültig die Rheinarmee und eilte nach Châlons.

Im deutschen Hauptquartier kam man auf Grund der Aufklärungsergebnisse am 15. 8. zu der Auffassung, daß die französische Armee auf dem westlichen Mosel-Ufer in vollem Abzug auf die Maas ostwärts von Verdun begriffen sei. Die deutsche Armeeführung wollte dem mit einem raschen Vorstoß gegen die Straße Metz–Verdun begegnen. Die 1. Armee wurde südlich Metz gegen die Seille herangezogen, wobei sie bei Courcelles ein Armeekorps zur Sicherung der rückwärtigen Verbindungen zurückließ. Die 1. Armee bildete gewissermaßen eine rückwärtige Staffel der 2. Armee, der bei den geplanten Operationen die Hauptrolle zugedacht war. Die 3. Armee, die ihren

SCHLACHT VON VIONVILLE–MARS-LA-TOUR AM 16. AUGUST 1870

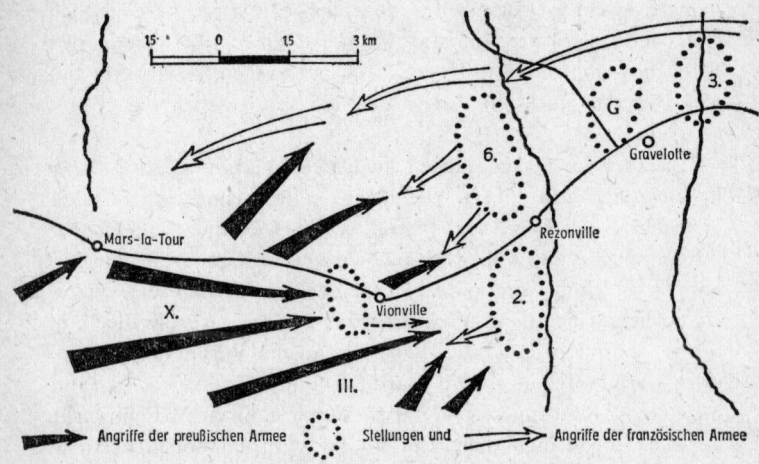

Marsch auf Châlons fortsetzte, war für eine direkte Unterstützung zu weit entfernt.

Das Oberkommando der 2. Armee glaubte, daß sich die französischen Truppen eilig auf die Maas zurückzogen. Ihrer aufklärenden Kavallerie gelang es am 15. 8. nicht, sich ein klares Bild von der wahren Lage zu verschaffen. Prinz Friedrich Karl und sein Stab befürchteten, bei einer Veränderung der Vormarschrichtung aller Armeekorps nach Norden, wie es Moltke verlangte, nur noch die französischen Nachhuten zu fassen. Deshalb setzten sie nur zwei Armeekorps (III. und X.) nach Norden ein. Die Kavallerie holte in einem weiten Bogen aus, die übrigen Armeekorps wurden zur Parallelverfolgung gegen die Maas oberhalb Verdun eingesetzt. In der Nacht vom 15. zum 16. 8. standen die gegnerischen Armeen – ohne es zu wissen – nebeneinander an der Mosel mit der Front nach Westen.

Für den Vormarsch nach Norden hatte das III. Armeekorps

noch am Abend des 15. 8. bei Noveant die Mosel überschritten. Am Morgen des 16. 8. entdeckte die Kavallerie französische Truppen bei Vionville, gegen 9.00 Uhr führte sie bereits einen überraschenden Feuerüberfall auf das französische Lager. Der Kommandierende General gab den Befehl zum Angriff, obwohl die Meldungen seiner Patrouillen zeigten, daß es sich hier um das Gros der Rheinarmee handelte. Auf Grund dieses Entschlusses, die Franzosen trotz ihrer erdrückenden zahlenmäßigen Überlegenheit anzugreifen, entwickelte sich die Schlacht von Vionville–Mars-la-Tour.

Der erste Angriff einer ganzen Division auf den Gegner wurde durch einen französischen Gegenangriff zurückgewiesen. Doch auch eine über die Höhen von Tronville vorgehende Division griff die französischen Truppen sofort an. Unter Verstärkung des linken Flügels durch eine Kavalleriedivision schwenkte das III. Armeekorps rechts ein und setzte seinen Angriff in Richtung Metz fort. Es gelang ihm, Vionville zu nehmen und sich auf der Hochfläche zu entfalten. Auch Flavigny wurde bald genommen, und nun entwickelte sich eine nach Nordosten gerichtete Front quer über die Hauptrückzugslinie der französischen Armee hinweg. Sie reichte vom Bois de Vionville über Flavigny und Vionville fast bis an die südlich von St. Marcel verlaufende alte Römerstraße heran. Hier standen zwei Divisionen des III. Armeekorps sowie zwei Kavalleriedivisionen und eine Brigade des X. Armeekorps. Im Zentrum der Aufstellung und westlich von Vionville nahm eine zahlenmäßig starke Artillerie den Kampf auf.

Die französischen Truppen, die den deutschen Kräften weit überlegen waren, hatten folgende Stellung eingenommen: zwischen der Römerstraße und der Straße von Rezonville das 6. Korps, links davon bis zum Wald von St. Arnould das 2. Korps und noch weiter links eine Brigade des 5. Korps. Die Garde stand dahinter bei Gravelotte. Angesichts der starken Überlegenheit hätten durch einen entschlossen geführten massiven Angriff das preußische III. Armeekorps völlig zerschlagen und die Fortsetzung des Abmarschs nach Westen auf Verdun erzwungen werden können. Aber Bazaine glaubte, daß ihm auf dem linken Mosel-Ufer bereits die gesamte deutsche 1. und 2. Armee und auch Teile der deutschen 3. Armee gegenüberstünden. Er konnte sich nicht entschließen, die Armee völlig von Metz zu lösen, und hielt außerdem während der gesamten Schlacht starke Kräfte bei Gravelotte als Reserve bereit, um den von ihm befürchteten Angriff der deutschen Hauptkräfte in einer Defensivschlacht abzuwehren.

Trotzdem gestaltete sich die Lage des preußischen III. Armeekorps äußerst bedrohlich. Seine Infanterie- und Kavallerieangriffe scheiterten meist unter schweren Verlusten. Außerdem begann sich die französische Front nach Nordwesten auszudehnen und drohte die deutschen Truppen zu umfassen. Mühsam gewannen die deutschen Truppen nur in Richtung auf Rezonville Raum. Auch hier wurde der deutsche Angriff durch eine Attacke der französischen Kavallerie zum Stehen gebracht. Zwar trat preußische Kavallerie zum Gegenangriff an, konnte auch die französische Front längs der Straße von Rezonville durchbrechen und sogar Bazaines Stab zerstreuen, mußte aber ihren Erfolg mit großen Verlusten bezahlen. Auch die kurz darauf unternommene Attacke einer ganzen Kavalleriedivision auf den rechten Flügel scheiterte am französischen Abwehrfeuer.

Gegen 14.00 Uhr kam das Gefecht seitens der deutschen Truppen, obwohl die ersten Kräfte des X. Armeekorps eintrafen, völlig zum Erliegen. Die Infanterie war erschöpft, ihre Verluste waren im Feuer der Chassepotgewehre ungeheuer. Für einen notwendigen Angriff auf französische Artillerie nördlich von Rezonville wurde eine Kavalleriebrigade eingesetzt. Es gelang ihr, die französischen Stellungen zu attackieren und die Batterien zur Flucht zu zwingen. Der Kavallerieverband erlitt einen Verlust von fast 60 Prozent seines Bestands (deshalb der »Todesritt der Brigade Bredow« genannt), doch das vernichtende französische Artilleriefeuer hörte hier auf, und der drohende Angriff der Infanterie wurde verhindert.

Nun kam die Schlacht für eineinhalb Stunden völlig zum Stehen. Beide Seiten sammelten neue Kräfte. Zuerst ergriffen die französischen Truppen die Initiative und führten einen Angriff gegen Tronville durch. Doch das Kräfteverhältnis hatte sich zu dieser Zeit etwas zugunsten des deutschen Gegners verbessert. Die Hauptkräfte des X. Armeekorps erschienen auf dem Schlachtfeld, nahmen die zurückweichenden Verbände auf und stellten zum Teil im Gegenangriff die alte Lage wieder her.

Der Stab der deutschen 2. Armee forderte, obwohl ein durchschlagender Sieg für die zahlenmäßig unterlegenen Truppen nicht möglich war, die Fortsetzung des Angriffs. Dabei konnten beide Armeekorps nur durch geringe Teile des VIII. und IX. Armeekorps unterstützt werden, die inzwischen in Eilmärschen das Schlachtfeld erreichten. Truppen des X. Armeekorps unternahmen nach 17.00 Uhr den Versuch, durch Mars-la-Tour in die Flanke und den Rücken der französischen Kräfte zu gelangen, die ihre Front durch das 3. und 4. Korps bis zum Bach von Jarny verlängert hatten. Der Angriff wurde unter ungeheuren Verlusten abgewehrt, die Reste der deutschen Einheiten fluteten auf Tronville zurück. Die französische Führung, die kurzsichtig die Größe des hier erreichten Erfolgs verkannte und außerdem auch nicht bereit war, die Gunst der Stunde kühn zu nutzen, setzte nur geringe Kräfte zum Nachstoß ein. Aus den Gegenangriffen der deutschen Kavallerie entwickelte sich das größte Reitergefecht des Krieges. Der linke deutsche Flügel zog sich gegen Abend auf Mars-la-Tour zurück, das unbedingt gehalten werden sollte.

Gegen 19.00 Uhr wurde den Truppen vom Oberbefehlshaber der deutschen 2. Armee noch einmal ein Angriff befohlen. Doch nur das III. Armeekorps griff an, seine Infanterie war jedoch völlig erschöpft, so daß es kaum Erfolge erreichte. Auch die Attacken der Kavallerie scheiterten nach geringen Anfangserfolgen. Gegen 22.00 Uhr fielen die letzten Schüsse.

Auf deutscher Seite waren zuletzt etwa 65 000, auf französischer 120 000 Mann eingesetzt. Die deutschen Verluste betrugen etwa 16 000, die französischen etwa 17 000 Mann. Es war den deutschen Kräften nicht gelungen, die überlegene französische Armee aus ihren Hauptstellungen zu vertreiben. Da Marschall Bazaine sich auf eine reine Defensivschlacht beschränkte, gelang es seinen Truppen ebenfalls nicht, den verlorenen Boden zurückzugewinnen und sich die Rückzugsstraße nach Verdun wieder zu öffnen. Dieses operative Ergebnis wirkte sich noch dadurch günstiger für die deutschen Truppen aus, daß Bazaine sich in seiner vorgefaßten Ansicht bestätigt sah, ihm ständen die 1. und 2. Armee gegenüber und er habe deren Angriff mit Erfolg abgewehrt. Er versteifte sich auf dieses Urteil, um mit scheinbar stichhaltigem Grund darauf zu verzichten, auf einer nördlich gelegenen Route beschleunigt zur Maas zurückzugehen oder in den Morgenstunden des kommenden Tages die erschütterten deutschen Truppen anzugreifen.

Mit dem Stillstand der Rheinarmee bei Metz war eine wesentliche Vorentscheidung gefallen. Das deutsche Hauptquartier erreichte dadurch das Ziel, das es bisher vergeblich angestrebt hatte: Der französische Oberbefehlshaber mußte nun wirklich eine Schlacht mit allen seinen Korps gegen die deutschen Hauptkräfte an der Mosel annehmen. Dabei rechnete Bazaine allerdings nicht mit einer baldigen Wiederaufnahme des deutschen Angriffs und nahm an, daß die Rheinarmee Zeit hätte, sich sowohl auf die Verteidigung als auch auf den Rückzug nach Westen vorzubereiten. Auch dem Stab der Rheinarmee schien es angesichts der durchstandenen Kämpfe notwendig, vor einer Fortsetzung des Rückzugs auf die Maas Munitionsvorräte und Lebensmittel zu ergänzen. Um ein Risiko zu vermeiden, entschloß sich Bazaine, die eingenommene Stellung zu räumen und auf starke Positionen nordwestlich von Metz zurückzugehen. In voller Ordnung bezog die Rheinarmee eine stärkere Stellung auf dem Höhenrücken bei Amanvillers westlich Metz. An das auf dem linken Flügel stehende 2. Korps schlossen sich nach rechts das 3., 4. und 6. Korps an. Hinter dem linken Flügel standen auf der Hochfläche von Plappeville die Garde, drei Kavalleriedivisionen und zwölf Batterien. Bei St. Ruffine im Mosel-Tal wurde eine Brigade des 5. Korps aufgestellt.

Der preußische Generalstab hatte am 17. 8. bis zum Mittag sieben Armeekorps und drei Kavalleriedivisionen der 1. und 2. Armee für eine Schlacht zur Verfügung. Da sich die französischen Kräfte jedoch zurückzogen, wollte er die Zeit nutzen, um die Truppen für einen Angriff am 18. 8. zu konzentrieren. Um einen neuen vereinzelten Angriff eines Armeekorps zu unterbinden, hatte Moltke das Vorgehen starker Kavallerietruppen nach Norden untersagt. Die Folge davon war, daß an diesem Tag keinerlei Nachrichten über den Verbleib der französischen Rheinarmee im Hauptquartier eintrafen. Am Abend des 17. 8. standen, beginnend vom rechten Flügel, das VII., VIII., IX., III., X., XII. Armeekorps und das Gardekorps in einer von Vaux bis Mars-la-Tour nach Norden gerichteten Front. Rechts davon stand die 1. Kavalleriedivision, links die 6. und 5. Rückwärts bei Pont-à-Mousson war das II. Armeekorps konzentriert. Das I. Armeekorps und die 3. Kavalleriedivision überwachten Metz am linken Moselufer.

Für den 18. 8. befahl das deutsche Hauptquartier der 2. Armee, in Staffeln, vom linken Flügel beginnend, nach Norden vorzugehen. Das VIII. Armeekorps sollte diese Bewegung rechts begleiten, das VII. Armeekorps gegen Metz sichern. Das VI. Armeekorps wurde in Richtung auf die Maas belassen. Da Moltke keine genauen Angaben über die Stellungen des Gegners besaß, sollte die Armee bereit sein, die Rheinarmee anzugreifen, wenn sie auf der nördlichen Straße nach Westen abmarschierte; sie sollte nach Metz hin rechts einschwenken, wenn Bazaines Korps bei Metz stehenblieben.

Am Morgen des 18. 8. bildeten die nach Norden gerichtete deutsche und die nach Westen gerichtete französische Front fast einen rechten Winkel. Die inneren Flügel berührten sich fast, die äußeren waren etwa 20 Kilometer voneinander entfernt. Gegen 5.00 Uhr begann die deutsche 2. Armee den Marsch nach Norden. Sie kam nur langsam vorwärts, da sie jederzeit den Gegner erwartete und deshalb gefechtsbereit vorging. Die ersten Nachrichten vergrößerten die Ungewißheit über das Vorhaben des Gegners. Einerseits besagten sie, daß starke französische Kräfte ostwärts von Gravelotte ständen, andererseits gegnerische Truppen auf Briey abmarschierten. Schließlich nahm das Hauptquartier an, daß sich das Gros der französischen Armee noch auf dem Plateau zwischen Point du Jour und

Montigny-la-Grange befände und von hier den Abmarsch nach Nordwesten versuchen werde. Es wies deshalb die 2. Armee an, mit starken Kräften den rechten gegnerischen Flügel zu umfassen, zugleich durch Artillerie den Gegner in der Front so lange zu beschäftigen, bis die Umfasssung vollendet sei.

In Wirklichkeit hatte Bazaine inzwischen seine Front bis St. Privat und Roncourt verlängert. Der französische Marschall wollte die deutschen Truppen in dieser für die Verteidigung günstigen Stellung vernichtend abwehren, um sich anschließend durch einen mächtigen Gegenstoß die Straße nach Verdun erkämpfen zu können. Dabei unterschätzte Bazaine die anmarschierenden deutschen Truppen genauso, wie er die Möglichkeit eines Defensivsieges mit nachfolgendem Offensivstoß überschätzte. In sträflicher Weise nahm er dabei die Konsequenz in Kauf, daß im Fall einer eigenen Niederlage eine Vereinigung mit den Truppen Mac Mahons unmöglich wäre und die Rheinarmee in Metz völlig eingeschlossen werden könnte.

Der geplante deutsche Angriff machte eine Rechtsschwenkung der Armee notwendig. Somit mußte sich die Schlacht für beide Armeen als ein Kampf mit völlig verkehrter Front entwickeln. Die Stärke der Truppen war auf beiden Seiten etwa gleich – rund 180 000 Mann. Jedoch wurden auf französischer Seite nicht alle Verbände eingesetzt, so daß die deutschen Kräfte im Kampf eine geringe Überlegenheit hatten.

Das VII. Armeekorps sollte sich von Süden her gegen die rechte französische Flanke wenden, das VIII. Armeekorps über Gravelotte frontal angreifen. Dem IX. Armeekorps wurde Vernéville, der vermeintliche rechte Flügel, als Angriffsziel zugewiesen. Das Gardekorps sollte über Habonville, das XII. Armeekorps über St. Marie-aux-Chênes ausholen. Das III. und das X. Armeekorps wurden als Reserven befohlen.

Gegen Mittag wurde die Schlacht mit einem Artillerieangriff des IX. Armeekorps bei Amanvillers eröffnet. Das Armeekorps kam dabei in eine kritische Lage, da seine Infanterie stundenlang schutzlos dem Feuer der Chassepotgewehre und Mitrailleusen ausgesetzt war, ohne selbst zum Angriff übergehen zu können. Zu dieser Zeit begannen auch das VIII. und Teile des

VII. Armeekorps der 1. Armee von sich aus den Angriff. Sie entwickelten ihre Artillerie beiderseits von Gravelotte und ließen die Infanterie vorgehen. Es gelang ihnen, den Gegner aus den vorgeschobenen Positionen auf die Hauptstellung zurückzuwerfen. Dann aber blieben die Angriffe im wirkungsvollen französischen Feuer liegen. Auch der Einsatz starker deutscher Artillerie konnte die Lage nicht ändern.

Bis in die frühen Nachmittagsstunden hatten sich die Kämpfe auf der Linie St. Ruffine–Rozerieulles–Point du Jour–Montigny-la-Grange–Amanvillers–St. Privat–Roncourt zu einer Frontalschlacht entwickelt. Die französische Stellung erwies sich als eine zwölf Kilometer lange geschlossene Feuerlinie, die sich links an die Mosel anlehnte und sich rechts der Orne näherte. Dabei verfügte Bazaine noch über eine starke Reserve – die Garde. Von einer Umfassung durch die deutschen Truppen war zunächst noch keine Rede, ein frontaler Sturm dagegen mußte mit riesigen Blutopfern verbunden sein. Ein von General Steinmetz überstürzt befohlener Vorstoß durch die Enge von St. Hubert scheiterte unter schweren Verlusten. Der rechte deutsche Flügel geriet in Unordnung und teilweise in Auflösung.

Zu dieser Zeit traf das Gardekorps bei St. Ail und Habonville ein. Teile der Garde nahmen mit Unterstützung des XII. Armeekorps St. Marie-aux-Chênes. Wenig später eroberte das IX. Armeekorps Champenois. Aber dann blieb auch hier der Angriff stecken. Gegen 17.15 Uhr griff das Gardekorps auf St. Privat an, wo man jetzt den rechten französischen Flügel vermutete. Sein Stoß traf auf die Front des Gegners, auf das 4. und 6. Korps, und blieb im gegnerischen Feuer liegen.

Das sächsische XII. Armeekorps hatte inzwischen noch weiter auf Roncourt ausgeholt und damit die Umgehung der gegnerischen Stellung eingeleitet. Hier nun fehlte es an den französischen Reserven, die Bazaine zurückhielt. Deshalb entschloß sich der Befehlshaber des 6. Korps, das den rechten französischen Flügel bildete, Roncourt zu räumen, seine Kräfte bei St. Privat zu versammeln und zum Schutz der rechten Flanke unbedingt den Wald von Jaumont zu halten. Das sächsische XII. Armeekorps nahm Roncourt und wandte sich nach Süden gegen St. Privat. Damit war die französische Aufstellung umfaßt. Gegen 20.00 Uhr nahmen die deutschen Truppen St. Privat. Das französische 6. Korps wich ins Mosel-Tal zurück. Nun trafen die bisher zurückgehaltenen Reserven ein – aber es war zu spät. Auch das französische 4. Korps mußte den Rückzug antreten, hielt allerdings Amanvillers noch die ganze Nacht.

Auf dem rechten deutschen Flügel kam es gegen Abend noch einmal zu heftigen Kämpfen. Das II. Armeekorps traf bei Gravelotte ein und griff auf unmittelbaren Befehl König Wilhelms erneut durch die Enge von St. Hubert an. Es konnte jedoch mit seinen Frontalangriffen nur wenig Boden gewinnen, und die einbrechende Dunkelheit beendete den Kampf. Hier räumten die französischen Kräfte ihre Stellungen erst am Morgen des 19. 8.

Als Folge der vielen mißglückten Frontalangriffe in Kompaniekolonne waren die deutschen Verluste in dieser Schlacht sehr hoch. Sie betrugen etwa 20 000 Mann gegenüber 11 700 Mann an französischen Verlusten. Besonders das Offizierskorps hatte viele Tote und Verwundete. Es gab viele Regimenter und Bataillone, die fast keinen Offizier mehr besaßen. Die Infanteristen hatten spontan die geschlossene Gefechtsformation der Kompaniekolonne und -linie aufgegeben und sich in Schützenschwärme aufgelöst.

Die französische Armee hatte allerdings eine schwere Niederlage erlitten. Sie mußte sich auf Metz zurückziehen und stand damit vor der Gefahr der völligen Einschließung. Den deutschen Truppen war es aber nicht gelungen, das ihnen vom Hauptquartier gestellte Ziel zu erreichen, die Rheinarmee in der Schlacht zu vernichten. Unter den Geschützen von Metz blieb sie zunächst unangreifbar. Die nächste Aufgabe der deutschen Truppen bestand deshalb darin, die um Metz zusammengedrängten Korps Bazaines völlig einzuschließen und von jeder Verbindung nach außen abzuschließen. Damit konnten sie den größten Teil der französischen Feldarmee faktisch aus den Kampfhandlungen ausschalten.

Das deutsche Hauptquartier entschloß sich, dafür einen Teil der 1. und der 2. Armee einzusetzen. Die übrigen Armeekorps sollten sich dagegen sofort gegen die Armee Mac Mahons wenden. Daraus ergab sich eine neue Gliederung der deutschen Kräfte.

Sofort nach Erlaß der entsprechenden Befehle am 19. 8. gingen die für die Einschließung von Metz bestimmten Truppen an die Erfüllung ihrer Aufgabe. Das deutsche Hauptquartier beurteilte die Lage der französischen Rheinarmee sehr ungünstig, da nach seiner Ansicht in Metz höchstens für 12 bis 14

Tabelle 27: Gliederung der deutschen Kräfte nach der Einschließung von Metz

Armee	Befehlshaber	Verbände
Belagerungsarmee Metz	Prinz Friedrich Karl von Preußen	I., II., III., VII., VIII., IX., X. AK, 3. RD, 1,. 3. KD
Maasarmee	Kronprinz Albert von Sachsen	Gardekorps, IV., XII. AK, 5., 6. KD
3. Armee	Kronprinz von Preußen	V., VI., XI., bayr. I., bayr. II. AK, württemb. und bad. Div., 2., 4. KD

Tage Lebensmittelvorräte vorhanden waren. Am Ende dieser Zeit mußte Bazaine entweder einen Ausbruch versuchen oder kapitulieren. Im Hinblick auf einen solchen Ausbruchsversuch wurden die Einschließungstruppen bereits aufgestellt. Das X. Armeekorps besetzte das Mosel-Tal nördlich von Metz und die Waldgegend bei St. Privat. Die Höhenrücken bis Moscou-Ferme hielt das II. Armeekorps. Rechts davon schlossen sich das VII. und VIII. Armeekorps an, das letztere zog seine Linie quer durch das Mosel-Tal südlich Metz. An der Seille stand das I. Armeekorps, im Nordosten die 3. Reservedivision. Die Lücken zwischen den Verbänden wurden durch Kavallerie geschlossen. Auf der Westseite von Metz wurden das IX. und das III. Armeekorps bei St. Marie-aux-Chênes und Vernéville aufgestellt.

Inzwischen hatte sich die französische Rheinarmee im Schutz von Metz von den Niederlagen erholt und wieder in einen kampffähigen Zustand versetzt. Sie verfügte noch über eine Stärke von etwa 160 000 bis 170 000 Mann. Sowohl die Truppen als auch die Festung verfügten – wie inzwischen festgestellt worden war – über ausreichend Munition. Kompliziert schien nur die Lebensmittelversorgung zu sein, da eine große Zahl von Bewohnern der umliegenden Dörfer nach Metz geflüchtet war. Tatsächlich waren hier auch große Vorräte vorhanden.

Die Rheinarmee hatte auf dem linken Mosel-Ufer folgende Aufstellung eingenommen: 2. Korps am Mont St. Quentin, eine Brigade des 5. Korps bei Longeville, das 3. Korps westlich von Plappeville, rechts davon das 4. Korps auf dem Höhenzug von Le Coupillon und das 6. Korps mit einer Kavalleriedivision nördlich der Moselforts. Hinter dieser vorderen Linie standen das Gardekorps östlich Plappeville, eine Kavalleriedivision bei Longeville und die Armeeartilleriereserve der Rheinarmee bei Ban St. Martin.

Für Bazaine gab es nach seinen Fehlentscheidungen vom 16. und 17. 8. nur die Alternative: durchbrechen oder kapitulieren. In seinem Stab wurde – als einige Nachrichten über die Armee Mac Mahons vorlagen – zunächst eine Bewegung nach Nordosten erwogen, um den Gegner zur Umgruppierung zu zwingen. Am 26. 8. erfolgten Truppenverlegungen vom linken auf das rechte Mosel-Ufer. Gegen Mittag waren das 2., 3., 4. und 6. Korps vor dem Fort St. Julien versammelt. Offenbar bereiteten sie sich zum Angriff auf das preußische I. Armeekorps und die 3. Reservedivision zwischen Marlroy–Charly–Barbe vor.

Bazaine beschränkte sich auf die Demonstration. Der von ihm einberufene Kriegsrat sprach sich unter seinem Einfluß für das Verbleiben bei Metz aus, weil es angeblich an Munition fehlte, ein Durchbruchsversuch die Armee gefährden und Metz ohne die Armee nicht gehalten werden könnte. Der Bonapartist Bazaine hielt den Krieg für verloren. Deshalb sah er seine Aufgabe darin, die Armee als Faustpfand für die Friedensverhandlungen zu erhalten und sie gegebenenfalls sofort zum Kampf gegen drohende revolutionäre Unruhen in Frankreich einzusetzen. Hatte Bazaine in den Schlachten westlich von Metz, wenn auch ohne Kühnheit und Wagemut, noch das Ziel verfolgt, nach erfolgreicher Abwehr der deutschen Angriffe den Abmarsch von Metz zu beginnen, diesen Gedanken schließlich auch noch in den ersten Einschließungstagen verfolgt, so gab er jetzt dieses Vorhaben völlig auf. Auch aus diesem Grund wurde den Truppen am späten Nachmittag des 26. 8 der Rückmarsch in die alten Stellungen befohlen.

Das deutsche Hauptquartier sah sich sogar gezwungen, am 27. 8. das preußische II. und III. Armeekorps aus der Einschließungsfront herauszuziehen, um sie gegen die heranziehende Entsatzarmee Mac Mahons zu verwenden. Dadurch wurde der Einschließungsring um Metz entscheidend geschwächt, die Eingeschlossenen erreichten die zahlenmäßige Überlegenheit. Aber Bazaine nutzte diese günstige Situation nicht aus. Bereits am 28. 8. konnten die detachierten deutschen Armeekorps wieder zurückgezogen werden. Sie wurden jetzt in ausreichender Entfernung hinter der westlichen Einschließungsfront aufgestellt, um rechtzeitig an jeder gefährdeten Stelle eingreifen zu können.

Auf die Nachricht Mac Mahons hin, daß er im Anmarsch sei, führte die Rheinarmee am 31. 8. wieder große Truppenbewegungen durch. Sie verlegte das 3., 4., und 6. Korps in die erste Linie auf der Nordostseite der Festung, das 2. Korps und die Garde in die zweite Linie. Dieser Konzentration standen zunächst nur die 3. Reservedivision und drei Brigaden des preußischen I. Armeekorps gegenüber. Das Oberkommando der Einschließungstruppen traf sofort alle Maßnahmen zur Abwehr des erwarteten Ausfalls. Das III. Armeekorps und eine Kavalleriedivision wurden herangerufen, auch das II. Armeekorps stand bereit.

Der französische Aufmarsch verzögerte sich. Bazaine hatte wohl den Truppen gegenüber den Ausbruch als Ziel des Angriffs bezeichnet, in Wirklichkeit jedoch eine Loslösung der Armee von Metz nicht beabsichtigt. Er wollte erreichen, daß die Armeekorps der deutschen Einschließungsarmee ebenfalls an Metz gebunden blieben und nicht gegen Mac Mahon eingesetzt werden konnten. Darunter litt die Energie der französischen Kampfführung beträchtlich. Erst am Nachmittag des 31. 8. ließ sie die Schlacht von Noisseville mit einer heftigen Kanonade eröffnen. Die französischen Kräfte verfügten zunächst über eine Übermacht, aber die deutschen Truppen stan-

FESTUNG METZ

den in einer günstigeren Stellung. Bis zum Abend, an dem das Gefecht auf Grund der Dunkelheit beendet wurde, erreichten die französischen Truppen zwar kleine örtliche Erfolge und besetzten einige Dörfer – darunter Noisseville –, konnten aber die gesteckten Ziele außerhalb von Metz nicht erreichen. Am Morgen des 1. 9. ging der Kampf, durch starken Nebel behindert, weiter. In heftigen Kämpfen wurden alle weiteren französischen Angriffe vereitelt, die deutschen Kräfte gewannen alle am Vortag verlorenen Positionen zurück. Daraufhin gab Bazaine den Befehl zum Rückzug. Die Armee ging unter dem Schutz der Geschütze von Metz zurück. Sie hatte etwa 3400

Mann verloren. Die deutschen Verluste betrugen etwa 3000 Mann.

Das Zögern der französischen Führung und ihr unentschlossenes Verhalten blieben nach dieser Niederlage für die Rheinarmee weiterhin symptomatisch. Natürlich hätte ein geglückter Durchbruch noch nicht unbedingt die Rettung der Armee bedeutet. Zweifellos hätte aber ein Sieg über die Einschließungstruppen den französischen Verbänden einen moralischen Auftrieb gegeben, die Chancen für die Weiterführung des Krieges hätten sich erhöht, und vor allem wären durch weitere Ausbruchsversuche noch stärkere deutsche Kräfte bei Metz gebunden worden. So aber konnte die Rheinarmee nicht als entscheidendes Gewicht in die Waagschale des Kampfes fallen.

In Befürchtung weiterer französischer Angriffe verstärkte die deutsche Truppenführung die Stellungen ihrer Truppen an der Einschließungsfront. Das VII. Armeekorps wurde auf das rechte Mosel-Ufer verlegt, weil dort neue Angriffe zu erwarten waren. Sie selbst unterließ jedoch alle aktiven Kampfhandlungen, da das Schicksal der Armee Bazaines nach Meinung des Hauptquartiers besiegelt war.

c) Die Umgruppierung der deutschen Kräfte in Ostfrankreich und die Schlacht von Sedan

Während der Ereignisse bei Metz hatte die 3. Armee ihren Vormarsch langsam fortgesetzt, die kleinen Vogesenfestungen umgangen, um sie anschließend entweder durch Handstreich oder nach kurzer Beschießung zu nehmen bzw. einzuschließen. Am 8. 8. wurde vergeblich Bitsch beschossen. Am 9. 8. wurde Lützelstein von den Franzosen geräumt. Am selben Tag ergab sich Lichtenberg. Pfalzburg wurde vom XI. Armeekorps eingeschlossen. Marsal ergab sich am 14. 8. Am 15. 8 erreichte die 3. Armee mit den Voraustruppen Nancy und die obere Mosel. Sie rückte ohne größere Kämpfe weiter nach Châlons vor. Bis zum 18. 8. drang sie bis nördlich von Toul vor, und am 20. 8. wurde Commercy genommen.

Für die deutsche Kriegführung begann ein neuer Operationsabschnitt. Die französische Rheinarmee war in Metz matt gesetzt, nur bei Châlons und bei Paris standen weitere gegnerischen Truppen. Moltke setzte im deutschen Hauptquartier durch, daß als nächstes Ziel die Zerschlagung der Armee Mac Mahons, der letzten im Felde stehenden französischen Armee, ins Auge gefaßt wurde. Erst dann sollten sich die deutschen Armeen nach Paris wenden. Die deutsche Führung vermutete die Armee Mac Mahons bei Châlons. Sie entschied sich, die 3. Armee und die Maasarmee in westlicher Richtung so anzusetzen, daß die 3. Armee den Gegner bei Châlons auch in seiner rechten Flanke angreifen und nordwärts von Paris abdrängen konnte.

Diese Operationen konnten nicht sofort begonnen werden, da sich die Maasarmee erst formieren und dann zur 3. Armee aufschließen mußte. Deshalb wurde für die 3. Armee eine zweitägige Ruhepause bei Ligny-en-Barrois befohlen. Zugleich verlangte das Hauptquartier von allen Kommandeuren, die taktischen Lehren des 18. 8. zu beachten und die verlustreichen Frontalangriffe in geschlossenen Gefechtsformationen künftig zu vermeiden. Erst am 23. 8. brachen beide Armeen gemeinsam auf. Die Maasarmee erreichte die Maas zwischen Verdun und Commercy, die 3. Armee war mit ihren Hauptkräften etwa einen Tagesmarsch voraus. Das entsprach voll und ganz den Absichten des deutschen Hauptquartiers. Die Festungen Toul (vergeblicher Sturmversuch am 16. 8.) und Verdun wurden von deutschen Truppen nur beobachtet. Der Chef des preußischen Generalstabes holte zu dem nach seiner Meinung entscheidenden Schlag gegen die französische Armee aus, der den Krieg beenden sollte.

Tatsächlich sammelte sich seit Anfang August eine französische Armee unter Mac Mahon bei Châlons.

Das 1. Korps war noch durch die Kämpfe bei Weißenburg und Wörth schwer erschüttert, und auch das 5. und 7. waren teilweise in die Niederlage verwickelt gewesen. Vor allem aber hatten moralischer Halt und Disziplin der Truppen unter dem fortwährenden Rückzug und den mangelhaften Leistungen der Intendantur gelitten. Nur das neugebildete 12. Korps war davon nicht betroffen. Zu ihm gehörten auch vier Marineregimenter, eine Elitetruppe, die ursprünglich für Landungen in Deutschland vorgesehen war. Doch schon nach den ersten Niederlagen waren alle Landungspläne aufgegeben worden, und die dafür aufgestellten Truppen wurden eilig der Feldarmee zugeführt.

Tabelle 28: Zusammensetzung der französischen Armee bei Châlons zu Beginn der zweiten Operationsphase

Korps	Stärke (Mann)	Geschütze	Mitrailleusen
1. Korps	44000	96	24
5. Korps	25000	72	18
7. Korps	28000	72	18
12. Korps	32000	150	18
Kav. Res.	5000	12	6
Insgesamt	134000	402	84

Die Lücken in den anderen Korps hatte das Kriegsministerium durch Ergänzungsmannschaften und Marschbataillone auffüllen können. Es war gelungen, annähernd die etatmäßigen Stärken zu erreichen. Das verlorengegangene Artilleriematerial wurde ersetzt. Nur die Kavallerie konnte man nicht so schnell wieder auffüllen.

Nach dem Eintreffen Napoleons III. in Châlons am 17. 8. hatte ein Kriegsrat Mac Mahon den Oberbefehl über die Armee von Châlons übertragen. Aus der Situation ergaben sich für die Armee Mac Mahons zwei Aufgaben, deren gemeinsame Lösung aber kaum möglich war. Sie mußte Paris decken und sich mit Bazaines Rheinarmee vereinigen, über deren Schicksal noch nichts bekannt war. Nur nach der Vereinigung konnte an eine Feldschlacht mit kräftemäßig weitaus überlegenen deutschen Armeen gedacht werden. Zur Sicherung von Paris wäre es zweckmäßig gewesen, die Armee bis in die Nähe der Hauptstadt zurückzuführen und – gestützt auf die hier vorhandenen Befestigungen und reichen Hilfsmittel – den deutschen Truppen unter Umständen auch eine Schlacht anzubieten. Selbst im Falle einer Niederlage konnte die Armee nicht vernichtet und die Stadt angesichts von mehr als 100 000 Mann der französischen Feldarmee auch nicht eingeschlossen werden.

Ein Rückzug auf Paris bedeutete aber auch, die Rheinarmee Bazaines ihrem Schicksal zu überlassen. Gleichzeitig mußte der Kampf mit geringeren Kräften fortgeführt werden. Nachdem am 19. 8. Bazaine mitgeteilt hatte, er hoffe, sich längs der Nordgrenze über Montmédy nach Châlons durchschlagen zu können, entschloß sich Mac Mahon, am 21. 8. mit der Armee zunächst nach Reims zu marschieren. Das Kriegsministerium forderte dagegen energisch die Vereinigung beider Armeen. Die Aufklärung berichtete jedoch, daß sich die deutsche 3. Armee bereits auf dem Marsch nach Paris befände. Mac Mahon wollte sich gerade in Reims die Möglichkeit sichern, entweder auf einem Umweg Paris noch zu erreichen oder Bazaine entgegenzumarschieren.

In diesen Tagen forderten sowohl der Ministerrat als auch die Kaiserin entschieden, die Armee von Châlons solle der Rheinarmee sofort zu Hilfe eilen. Mac Mahon widersetzte sich dieser Forderung, weil er die Gefahren erkannte, die sich dann aus seiner Stellung inmitten deutscher Truppen ergeben mußten. Schließlich aber beugte er sich den Forderungen aus Paris: Um die Regierung zu stützen, um die innenpolitische Lage zu stabilisieren und die immer drohender werdende öffentliche Meinung zu beschwichtigen, mußte auf jeden Fall der Versuch unternommen werden, die in Metz eingeschlossene Rheinarmee zu retten. Für die Erhaltung der Dynastie wurde die letzte im Felde stehende französische Armee leichtfertig aufs Spiel gesetzt.

Am 23. 8. setzte sich die Armee Mac Mahons von Reims aus in Marsch, um über Montmédy längs der belgischen Grenze auf Bazaine zu stoßen. Die schlechte Verpflegungslage zwang zu zeitraubenden Umwegen. Am 25. 8. stand die Armee in der Gegend von Vouziers–Rethel. Seit Beginn des Marsches machte sich wieder die mangelnde Organisation bemerkbar, die Marschkolonnen kreuzten sich, es kam zu stundenlangen

Stockungen, es fehlte an Verpflegung. Trotzdem hatten die französischen Truppen bei entschlossenem Handeln noch den Vorteil der Überraschung auf ihrer Seite. Sie standen zu diesem Zeitpunkt fast in der Flanke der nach Westen gerichteten deutschen Heeresfront, während das deutsche Hauptquartier den Gegner immer noch vor sich in der Richtung auf Paris vermutete.

Am 23. 8. hatten die deutsche 3. Armee und die Maasarmee ihre gemeinsame Bewegung begonnen. Ihre Gesamtstärke betrug 184 000 Mann und 800 Geschütze. Bis zum 25. 8. setzten sie ihren konzentrischen Vormarsch auf Châlons fort. Das Hauptquartier schenkte den eintreffenden Nachrichten über den Abmarsch der französischen Armee zunächst keinen Glauben. Dies änderte sich, als die Aufklärungsergebnisse häufiger wurden und sich auch ausländische Nachrichten über Stellung und Absichten der Armee von Châlons mehrten.

Noch am Abend des 25. 8. traf Moltke Vorbereitungen, um die 3. Armee und die Maasarmee zum Rechtsabmarsch nach Norden einzudrehen. Der an der oberen Aisne stehenden Maasarmee wurde befohlen, sofort auf Varennes, also in nordwestlicher Richtung, zu marschieren. Die beiden bayrischen Armeekorps sollten ihr folgen. Die bei St. Dizier stehende 3. Armee selbst ließ Moltke zunächst noch weiter nach Nordwesten ausholen. Die Kavallerie traf bereits am 26. 8. bei Grand-Pré auf Teile der französischen Armee. Nunmehr wurde die Maasarmee mit den beiden bayrischen Armeekorps mehr in nordöstlicher Richtung angesetzt. Zur Unterstützung wurden zwei Armeekorps der Einschließungsarmee von Metz heranbefohlen, die Mac Mahon den Weg verlegen sollten. Gleichzeitig änderte die 3. Armee ihre Marschrichtung auf Ste. Menehould und leitete damit ebenfalls den Rechtsabmarsch ein.

Die für die französische Führung – von ihr aber nicht erkannte – günstige Lage war vorüber. Mac Mahon war mit seiner Armee nicht weit nach Osten gekommen. Er hatte die Masse seiner Truppen in Erwartung eines Angriffs zwischen Vouziers und Chesne zusammengehalten, so daß sie nach fünf Tagen Marsch noch nicht einmal 60 Kilometer zurückgelegt hatten. Durch dieses Zögern und die schnellen Gegenmaßnahmen des deutschen Hauptquartiers verlor der Vorstoß nach Metz bereits zu diesem Zeitpunkt jede Erfolgsaussicht. Am 27. 8. marschierte die Armee auf Grund übertriebener Nachrichten mit der Front nach Süden auf, um anschließend den Marsch nach Nordosten fortzusetzen.

Diese nutzlose Marschiererei führte zur Auflösung der Disziplin. Nur ein rascher Rückzug nach Nordwesten konnte die Armee von Châlons noch retten, um sich einer von Süden drohenden Umfassung zu entziehen. Dementsprechend beschloß Mac Mahon am 28. 8., die Armee nach Mézières marschieren zu lassen. Aber während die Truppen schon die notwendigen Bewegungen begannen, trafen neue, entschiedene Befehle des Kriegsministers aus Paris ein. Sie verlangten kategorisch den weiteren Marsch auf Metz. Die bereits begonnenen Bewegungen wurden von Mac Mahon rückgängig gemacht, noch am selben Tag wurde der Marsch nach Osten wieder aufgenommen.

Inzwischen war die deutsche Maasarmee bereits bis an die Maas herangekommen und beherrschte diese bis Stenay, den französischen Truppen so den Weg nach Metz verlegend. Daraufhin versuchte Mac Mahon, sein Ziel weiter ausholend über Carignan zu erreichen. Die mehrfachen Befehlsänderungen, die für die Soldaten sinn- und ziellosen Märsche wirkten immer demoralisierender auf die französischen Truppen. Auch die Versorgung der Armee hatte sich kaum gebessert. Der Zusammenhalt der Verbände wurde immer schwächer.

Nachdem das deutsche Hauptquartier völlige Klarheit über die Lage gewonnen hatte, sandte es noch am 28. 8. die detachierten Armeekorps der Einschließungsarmee nach Metz zurück. Die Maasarmee ging nun in Richtung auf Buzancy und Beaumont vor, während zu ihrer Linken die 3. Armee in Eilmärschen auf Grand-Pré und Vouziers vordrang. Die Hauptmasse der Kavallerie wurde auf dem linken Flügel der Armeen zusammengezogen. Sie sollte die Verbindungen des Gegners unterbrechen und einem etwaigen Rückzug nach Westen entgegentreten.

In einer konzentrischen Operation rückten die deutschen

Truppen auf die Maas vor. Deshalb gelang es nur dem linken französischen Flügel, die Maas bei Mouzon und weiter unterhalb ohne Kampf zu erreichen. Während diese Verbände übersetzten und auf Carignan vorrückten, wurden die beiden südlichen Korps bei Nouart und anderen Punkten von den Spitzen der Maasarmee bereits in Gefechte verwickelt, die ihre Bewegungen sehr hemmten.

Am 30. 8. standen schon starke deutsche Kräfte an der Maas – bei Nouart das XII. Armeekorps, bei Buzancy die Garden und das IV. und II. Armeekorps. Obwohl Mac Mahon von seiner Kavallerie nur geringe Aufklärungsergebnisse erhielt und infolgedessen kaum über die deutschen Bewegungen unterrichtet war, hielt er immer noch an seinem Vorhaben fest, an diesem Tag mit der gesamten Armee die Maas zu überqueren. Das gelang nur zum Teil. Die deutsche Maasarmee war weiterhin auf Beaumont vorgegangen, die 3. Armee sollte den Raum Beaumont–Chesne erreichen. Am Mittag des 30. 8. wurde das französische 5. Korps, das völlig erschöpft bei Beaumont rastete, überraschend vom preußischen VI. Armeekorps angegriffen. Die Franzosen faßten sich schnell und führten einen Gegenangriff, der aber zurückgeworfen wurde. Der Einsatz der gesamten Artillerie des IV. Armeekorps, der noch die Artillerie des XII. und des bayrischen Armeekorps zu Hilfe kamen, zwangen die Franzosen zum Rückzug auf Mouzon. Die Bayern waren indessen durch Teile des französischen 7. Korps angegriffen worden. Sie warfen den Gegner ebenfalls nach Norden zurück. Das Gardekorps drang nach Beaumont vor, heftige Kämpfe entwickelten sich, in deren Verlauf die französischen Kräfte in das Maas-Tal zurückgeworfen wurden. Der Einbruch der Dunkelheit beendete diese Kämpfe südlich der Maas.

Unter dem Eindruck der Niederlage des 5. Korps, in die auch große Teile des 7. und 12. Korps verwickelt worden waren, entschloß sich Mac Mahon noch am Abend des 30. 8. zum allgemeinen Rückzug auf Sedan und zur vorläufigen Aufgabe des weiteren Marsches in Richtung auf Metz. Seine Absicht bestand darin, die Truppen in und bei Sedan zu sammeln und mit Lebensmitteln und Munition zu versorgen. Mac

Mahon begab sich in diese äußerst gefährliche Lage, eingekeilt zwischen der belgischen Grenze und einem überlegenen und zum Kampf entschlossenen Gegner, weil er den Abmarsch nach Mézières fortsetzen wollte, sobald ihm weitere Nachrichten aus Metz und vom Gegner vorlagen.

Die Armee von Châlons langte völlig ermüdet, erschöpft und demoralisiert in Sedan an. Sie hatte das Vertrauen zur Führung und in die eigenen Kräfte verloren. Seit dem Abend des 30. 8. befand sich auch Napoleon III. mit dem Stab der Armee in Sedan. Obwohl die meisten französischen Korpsführer es für das beste hielten, sofort auf Mézières zurückzugehen, ehe der Rückzug in dieser Richtung ernsthaft bedroht wurde, sah Mac Mahon davon ab. Nach Mézières wurde das neu aufgestellte 13. Korps befohlen. Am 31. 8. wollte er den völlig aufgelösten Truppen noch Ruhe gönnen, um mit ihnen am nächsten Tag oder noch später eine Schlacht gegen die Maasarmee zu schlagen. Dabei war jedoch die Aufklärung ungenügend, auch wurden die wichtigsten Maasübergänge nicht zerstört, so daß sie unversehrt in die Hände des Gegners fielen. Am 31. 8. verblieben die französischen Truppen in folgenden Räumen: 7. Korps nordwestlich von Sedan bei Floing, 12. Korps südlich der Stadt bei Bazeilles, 5. Korps bei der östlichen Vorstadt der Festung, 1. Korps hinter dem Givonne-Bach.

Bis zum Abend des 31. 8. waren die deutschen Armeen dicht an die in und um Sedan zusammengedrängten französischen Truppen herangekommen und hatten ihre operative Vereinigung vollzogen. Die Maasarmee hatte auf beiden Chiers-Ufern eine Stellung von Mouzon bis zur belgischen Grenze erreicht. Der Weg nach Osten war den französischen Truppen abgeschnitten. Die 3. Armee rückte an die Maas heran, die sie an diesem Tage von Remilly bis westlich Donchery beherrschte. Südlich von Mézières kam sie bereits mit dem gerade heranrückenden französischen 13. Korps in Berührung. Die weiter rückwärts stehenden Teile dieser Armee – das VI. Armeekorps und die 5. Kavalleriedivision – machten Front gegen die Eisenbahnlinie von Reims und Mézières. Damit war den französischen Kräften auch der Rückzug nach Westen abgeschnitten.

Im Rücken hatten sie die belgische Grenze. Das deutsche Hauptquartier rechnete aber auch mit dem Übertritt der französischen Armee auf belgisches Gebiet. Bismarck forderte die belgische Regierung auf, in einem solchen Falle den Gegner sofort zu entwaffnen. Im Weigerungsfall würden die deutschen Truppen sofort in Belgien einrücken.

Da das deutsche Hauptquartier annahm, die französische Armee werde am 1. 9. versuchen, unter Zurücklassung ihres Trosses nach Mézières zu gelangen, wurde in der Nacht vom 31. 8. zum 1. 9. die 3. Armee über die Maas vorgeschoben und stellte sich quer zur Straße Sedan–Mézières auf. Indessen standen die französischen Truppen immer noch in dem engen Dreieck, das vom Floing-Bach, der Maas und der Givonne begrenzt wurde. Den östlichen Teil der Front von Bazeilles bis zu den Höhen westlich der Givonne hielten das 12. und das 1. Korps besetzt. Im Norden schloß daran bis Floing das 7. Korps an, verstärkt durch eine Brigade des 5. Korps. Dieses diente als Reserve der Armee. Besondere Befehle für den 1. 9. waren nicht an die Truppen ergangen. Der Stab Mac Mahons rechnete an diesem Tag nicht mit einer Schlacht und hielt den Rückzug auf Mézières auch jetzt noch für ausführbar.

Die Schlacht von Sedan begann am 1. 9. mit dem massierten Feuer der deutschen Artillerie auf das südöstlich von Sedan liegende Dorf Bazeilles. Das der 3. Armee unterstellte bayrische I. Armeekorps ging gegen 4.00 Uhr über die Maas, seine Angriffe scheiterten jedoch am gegnerischen Widerstand. Obwohl die französischen Führer bereits die anmarschierenden Einheiten des XII. Armeekorps sahen – von Remilly her rückte das IV. Armeekorps heran –, hofften sie in völliger Verkennung der Lage, gegenüber der deutschen Maasarmee einen völligen Sieg zu erringen, ehe noch der linke Flügel der deutschen 3. Armee wirksam in die Kampfhandlungen eingreifen könnte.

Schon in den Morgenstunden wurde deutlich, daß sich die französische Armee nicht nur in einer strategisch fast aussichtslosen Lage, sondern auch in einer taktisch unglücklichen Situation befand. Die deutschen Truppen rückten mit starker Artillerie konzentrisch heran. Bei ihrer weiteren Annäherung mußte

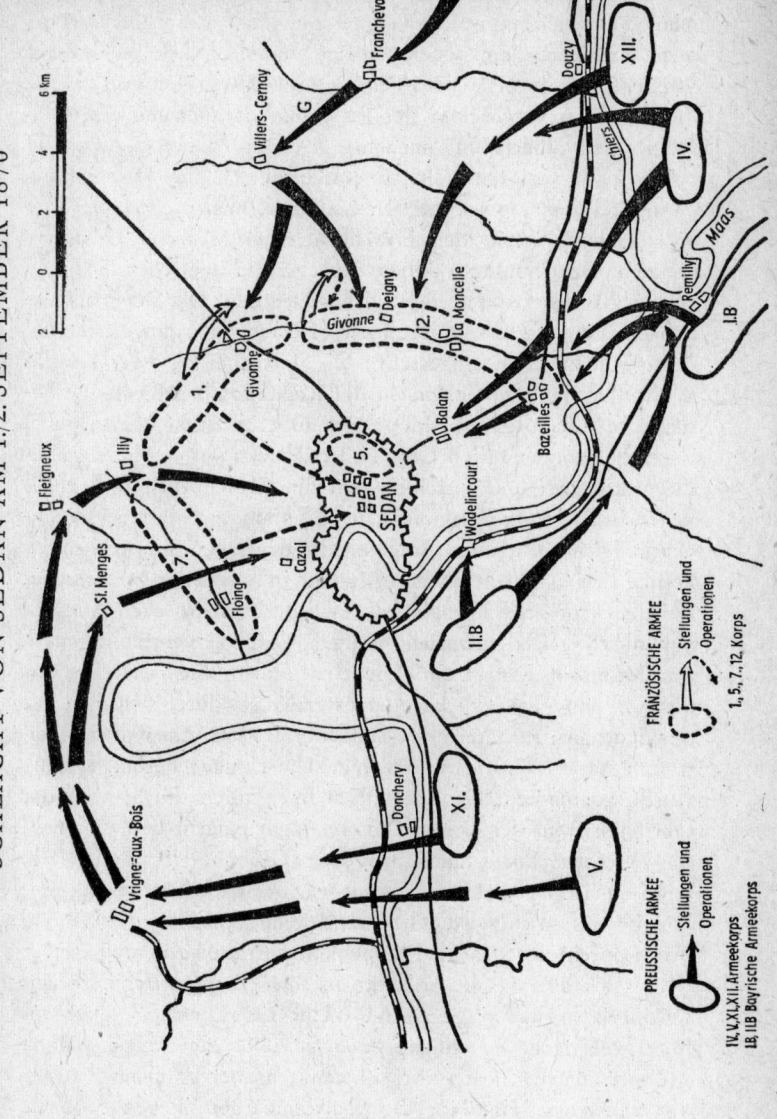

unweigerlich der Moment eintreten, in dem die deutschen Geschütze den gesamten vom Gegner besetzten Raum mit wirksamem, vernichtendem Feuer belegen konnten. Nach Beginn der Schlacht trat infolge der Verwundung Mac Mahons bei La Moncelle ein Wechsel in der französischen Führung ein. Den Oberbefehl übernahm zunächst General Ducrot, der die Schlacht für verloren hielt. Er entschloß sich, die Truppen aus ihren Stellungen ostwärts von Sedan herauszuziehen, bei Illy zu versammeln und den Durchbruch bei Mézières zu unternehmen. Dazu mußten jedoch zunächst die deutschen Truppen an der Givonnefront zurückgedrängt werden. Die Befehle wurden erlassen, die ersten Truppenverschiebungen eingeleitet, jedoch bald wieder eingestellt. Die Ursache lag bei General Wimpffen, der eine Vollmacht der Regierung besaß, die ihn berechtigte, an Stelle Mac Mahons den Oberbefehl zu übernehmen. Trotz der verzweifelten Lage hoffte er noch auf einen Sieg über die Maasarmee und entschloß sich zum Durchbruch an der Givonne in Richtung Carignan. Die schon abmarschierten Divisionen kehrten zurück und brachten die deutschen Truppen durch heftige Gegenangriffe an der Givonne in schwierige Situationen. Bei den deutschen Truppen, die sich der französischen Angriffe nur durch außerordentlich heftiges Feuer erwehren konnten, trat Munitionsmangel ein. Die Artillerie mußte zeitweilig aus dem Givonne-Tal zurückgezogen werden, wodurch sich die Lage der deutschen Infanterie verschlechterte. Doch das baldige Eintreffen starker Kräfte führte einen Umschwung herbei. Deigny wurde genommen. Gegen 10.00 Uhr standen die Spitzen des Gardekorps an der oberen Givonne zum Angriff bereit, ebenso das IV. Armeekorps auf dem rechten Givonne-Ufer hinter dem bayrischen I. Armeekorps. Damit war der Plan General Wimpffens bereits gescheitert. Es bestand keine Aussicht, den Durchbruch durch diese starke Truppenkonzentration zu erzwingen.

Das XI. und das V. Armeekorps sowie die württembergische Felddivision waren gegen 6.00 Uhr bei Donchery über die Maas gegangen. Sie gingen zunächst über die Straße Sedan–Mézières nach Norden vor, schwenkten aber dann nach Osten auf St. Menges ein. Nur die Württemberger blieben beobachtend bei Mézières stehen. Die deutschen Kräfte drangen zunächst ungehindert vor, da die französischen Truppen den zur hartnäckigen Verteidigung gut geeigneten Engpaß von St. Albert nicht besetzt hatten. Erst bei St. Menges trafen sie auf zurückgehende französische Einheiten. Die deutschen Truppen besetzten nach harten Kämpfen Floing und entwickelten sich gegen Illy. Hier wurde ihr Vordringen durch eine starke französische Artilleriegruppe aufgehalten. Die Artillerie des VI. und XI. Armeekorps überschüttete die französischen Truppen darauf mit heftigem Feuer. Die Infanterie umfaßte sie gegen Fleigneux. Gegen 10.00 Uhr erzwangen sich das Gardekorps, das XII. und das bayrische I. Armeekorps auch die Übergänge über die Givonne bei Garenne. Damit war der Ring um die französische Armee fest geschlossen. Die deutschen Truppen stießen an der Givonnefront bis Fond de Givonne und Balan vor. Die Gardekavallerie drang im Givonne-Tal nordwärts vor und nahm auch hier die Verbindung mit der 3. Armee auf. Unter dem massiven deutschen Druck begannen die französischen Einheiten von Illy zu weichen.

Ihr Versuch eines Ausbruchs bei Floing scheiterte unter schweren Verlusten. Nun kreuzte sich bereits das Feuer der Batterien der 3. Armee und des Gardekorps. Die Lage der französischen Truppen begann katastrophal zu werden.

General Wimpffen warf die Reserve, das 7. Korps, nach Norden. Gleichzeitig wich aber das 12. Korps zurück. Ihre Bewegungen kreuzten sich, die Verwirrung und Desorganisation in der eingeschlossenen französischen Armee wurden noch stärker. Nur eine Division des 7. Korps verteidigte erbittert die Höhen nördlich Cazal. Sie wurde gegen 13.00 Uhr vom preußischen XI. und V. Armeekorps angegriffen. Der französische Widerstand begann zu erlahmen, vor allem durch das immer wirksamer werdende Feuer der deutschen Artillerie, das von allen Seiten auf den Gegner einwirkte.

Noch einmal unternahmen sieben französische Kavallerieregimenter einen tollkühnen Versuch, durch ihre Attacke die Lage zu verändern. Ihr Angriff zerschellte an der Enge von St. Albert, die zerschlagenen Schwadronen fluteten zurück, die deutsche Infanterie stieß sofort nach und nahm Cazal. Nun drängte sich die französische Infanterie im Bois de la Garenne zusammen, aber teilweise immer noch Widerstand leistend. General Wimpffen entschloß sich, noch einmal einen Durchbruch nach Osten zu versuchen. Diese Idee war jedoch unausführbar, denn das französische Oberkommando hatte die Armee nicht mehr in der Hand. Nur noch etwa 6000 Mann griffen auf Balan an und warfen die hier eingesetzte bayrische Infanterie zurück, doch scheiterte jedes weitere Vordringen.

Sedan wurde um diese Zeit schon vom linken Maas-Ufer her beschossen. Das preußische Gardekorps griff den Bois de la Garenne an, nachhaltig unterstützt von starker Artillerie, und nahm zwischen 17.00 und 18.00 Uhr den Wald ein. Die aufgelösten französischen Truppen drängten sich nun in Sedan im alten Lager der Festung zusammen. Die Artillerie der Maasarmee war der vordringenden Infanterie über die Givonne gefolgt und feuerte nun völlig ungehindert in die dicht zusammengedrängten Truppenmassen.

Die französischen Truppen wurden in einem Dreieck von etwa 3 Kilometer Seitenlänge von 456 Geschützen umschlossen, das heißt etwa 150 je Frontkilometer, eine für die damalige Zeit mächtige Artilleriekonzentration. Die deutschen Batterien bestrichen von allen Seiten den ganzen noch von französischen Kräften besetzten Raum. Unter diesen Bedingungen war eine Weiterführung des Kampfes sinnlos und unmöglich. Schon gegen 16.30 Uhr wurde auf den Trümmern des Schlosses von Sedan die weiße Flagge aufgezogen, die deutschen Truppen stellten die Kampfhandlungen aber erst nach dem Eintreffen von bevollmächtigten Unterhändlern ein.

Ihre Verhandlungen über eine Kapitulation dauerten bis zum Vormittag des 2. 9. Es kapitulierten 85 000 Mann, an ihrer Spitze Kaiser Napoleon III. 16 000 Mann waren gefallen und verwundet und 21 000 schon vorher gefangengenommen worden. 3000 Mann konnten nach Belgien entkommen, ein Teil der Kavallerie hatte sich in das Innere Frankreichs gerettet und war nicht bei Sedan eingeschlossen worden. Die deutschen Verluste betrugen 9000 Mann. Insgesamt sahen die Kapitulationsbedingungen vor: Die gesamte französische Armee wird für kriegsgefangen erklärt, ausgenommen sind Offiziere, die sich aber verpflichten müssen, nicht weiter gegen Deutschland zu kämpfen. Alle Waffen, Fahrzeuge, Munition, Geldmittel und die Adler und Fahnen der Truppen waren unverzüglich, die Festung Sedan bis zum Abend des 2. 9. zu übergeben.

Der Feldzug gegen die französischen Armeen hatte mit einem großen Erfolg für das deutsche Heer geendet. Die Rheinarmee befand sich in Metz fest umklammert, Mac Mahons Armee war vernichtet, Napoleon III. in deutscher Hand. Nun hätte der Krieg politisch beendet werden können, denn Frankreich stellte kein Hindernis mehr für die Bildung eines bürgerlichen deutschen Nationalstaates dar. Militärisch war nach Ansicht des preußischen Generalstabes der Krieg gewonnen, denn die französische Feldarmee bestand nicht mehr oder war fest eingeschlossen.

Zwar war der Feldzug anders verlaufen als ihn der ursprüngliche strategische Plan vorgesehen hatte, denn statt einer entscheidenden Generalschlacht zwischen der Saar und der Mosel hatte es sich als notwendig erwiesen, weiträumige Operationen in Ostfrankreich durchzuführen, in deren Verlauf von starken Teilkräften mehrere Schlachten geschlagen werden mußten. In keinem Gefecht war es der französischen Armee gelungen, den Vormarsch des Gegners auf die Dauer ernstlich zu gefährden. Der strategisch-operative und taktische Erfolg lag eindeutig auf Seiten der deutschen Truppen; trotzdem bedeutete die Schlacht von Sedan nicht das Ende des Krieges, sondern nur den Schlußpunkt seiner ersten Etappe.

Die Fortführung des Krieges gegen die Französische Republik bis zum Waffenstillstand

1. *Militärpolitische und strategische Ziele beider Seiten in der zweiten Etappe des Krieges*

a) Die militärpolitische Lage nach dem Sturz des Kaiserreiches und ihr Einfluß auf den Charakter des Krieges

Die chauvinistische Welle zu Beginn des Krieges hatte die sich ausbreitende antibonapartistische Bewegung in den Massen des französischen Volkes nur kurze Zeit beeinflussen können. Der Krieg, die Unentschlossenheit der Führung und ihre Unfähigkeit, zielstrebig und rasch zu handeln, die Desorganisation der Armee, die katastrophalen Niederlagen und schließlich die frechen Lügen der korrupten Regierung verschärften die Lage schon in den ersten Augusttagen.

In einigen wichtigen Großstädten brachten die Kommunalwahlen am 6. und 7. 8. den Republikanern den Sieg. Am 8. 8. wurde die Regierung umgebildet. Einen Tag später kam es zu gewaltigen Kundgebungen in Paris, auf denen Arbeiter die Republik forderten. Die bürgerlichen Abgeordneten wollten jedoch das Kaiserreich für die Interessen ihrer Klasse ausnutzen, solange es brauchbar war. Sie versuchten mit allen Mitteln, die revolutionäre Volksbewegung einzudämmen und abzuwürgen. Die Regierung verstärkte die Garnison von Paris und verschärfte unter Ausnutzung des Belagerungszustandes den Terror.

Die in unglaublicher Schnelligkeit aufeinanderfolgenden militärischen Ereignisse brachten durch ihre negativen Ergebnisse den bonapartistischen Thron ins Wanken. Das Imperium sollte die Kapitulation von Sedan nicht überleben. Zwei Tage hatte man die Nachricht verheimlicht. Während die bürgerlichen und kleinbürgerlichen Politiker noch am 3. 9. bestrebt waren, durch einen Kompromiß mit den Bonapartisten die Massenbewegung niederzuhalten, und sogar die Errichtung einer Militärdiktatur vorschlugen, setzte am Abend dieses Tages in den Arbeitervorstädten von Paris eine Welle von Kundgebungen und Demonstrationen ein, die sich am 4. 9. noch steigerte.

Die revolutionäre Bewegung fegte das Kaiserreich hinweg. Unter ihrem Druck mußte die gesetzgebende Versammlung die Errichtung der Republik proklamieren. Unter dem General Trochu wurde eine provisorische Regierung gebildet. Obwohl sie offiziell als »Regierung der nationalen Verteidigung« bezeichnet wurde, war eines ihrer Hauptziele die Bekämpfung der revolutionären Arbeiterbewegung.

Eine erfolgreiche Verteidigung Frankreichs gegen die deutschen Armeen und ihre Vertreibung aus Frankreich waren nur möglich bei der restlosen Ausschöpfung des wirtschaftlichen, militärischen, politischen und moralischen Potentials des Landes. Das erforderte den Aufruf zum Volkskrieg, die Bewaffnung der Volksmassen und besonders der Arbeiterklasse der Industriegebiete und hier vor allem von Paris, ohne die an einen erfolgreichen Kampf überhaupt nicht zu denken war. Die französische Arbeiterklasse in Waffen, das aber war die Revolution in Waffen.

In dieser Situation schwankte die bürgerliche Regierung keinen Augenblick – sie stellte ihr Klasseninteresse höher als die nationalen Interessen. Schon vom ersten Tag ihres Bestehens an beschritt sie den Weg von der nationalen Verteidigung zum nationalen Verrat. Während sie für die Öffentlichkeit Aufrufe zum Kampf gegen die Deutschen erließ, hielt sie es in Wahrheit für eine Torheit, Paris gegen eine Belagerung halten zu wollen. Ihr Prinzip lautete: Wir können uns nicht verteidigen, wir sind entschlossen, uns nicht zu verteidigen. Heimlich nahm sie Verbindungen zu Bismarck auf, um die Bedingungen für einen Waffenstillstand zu erkunden. Insgeheim sah sie ihren Hauptfeind im französischen Volk und seinen werktätigen Schichten, die sie mehr fürchtete als die deutschen Armeen.

Der Sturz des Kaisertums und die Ausrufung der Republik hatten die politische Situation völlig verändert. Der französische Bonapartismus als Haupthindernis für die Bildung eines Nationalstaates in Deutschland war ausgeschaltet. Damit entfiel jeder Grund zur Weiterführung des Krieges. Jetzt konnte der Frieden schnell herbeigeführt werden, und zwar auf einer Grundlage, die den Interessen beider Nationen entsprach. Aber nunmehr zeigte sich deutlich, daß die herrschenden Kreise des Norddeutschen Bundes und der süddeutschen Staaten unter dem nationalen Banner noch ihre besonderen Klasseninteressen verborgen gehalten hatten. Diese reaktionären und chauvinistischen Kräfte waren entschlossen, den Krieg auch gegen die Französische Republik weiterzuführen, um diese wieder zu beseitigen und das Land auszurauben. Dabei hatten sie vor allem die Annexion Elsaß-Lothringens im Auge.

Ihre antidemokratischen Klassenziele bestimmten ausschließlich die preußisch-deutsche Politik und Strategie. Somit wurde der Charakter des Krieges grundlegend verändert. Aus dem Krieg für den bürgerlichen Nationalstaat entstand ein konterrevolutionärer Eroberungskrieg im Interesse der deutschen Ausbeuterklassen.

Unter diesem Gesichtspunkt kam es für die französische Arbeiterklasse darauf an, ihre Regierung zum entschlossenen Kampf gegen die deutschen Interventen zu zwingen und die nationale Verteidigung selbst aktiv zu organisieren, ohne auch nur einen Augenblick das wahre Wesen der provisorischen Regierung zu vergessen. Die deutsche Arbeiterklasse dagegen mußte sich entschieden gegen die Annexionspolitik ihrer Regierungen wehren und für einen gerechten und schnellen Frieden mit der Französischen Republik, für einen Frieden ohne Annexionen und Kontributionen kämpfen und so die wahren nationalen Interessen vertreten.

Die deutschen Arbeiter, und vor allem ihre organisierte Vorhut, wurden diesen Forderungen gerecht. Sie wandten sich unter äußerst schwierigen Bedingungen entschlossen gegen die Fortführung des Krieges und den geplanten Raub französischen Bodens. Schon am 5. 9. erließ der Parteivorstand der Sozialdemokratischen Arbeiterpartei einen Aufruf gegen die Annexion Elsaß-Lothringens und für den Abschluß eines gerechten Friedens mit der Französischen Republik. Am 9. 9. wurden die führenden Funktionäre der Partei verhaftet und in Ketten auf eine Festung verschleppt. Weitere Verhaftungen folgten. In den wichtigsten deutschen Staaten wurden alle Volksversammlungen verboten.

Aber die Partei der revolutionären deutschen Arbeiter beugte sich dem Terror nicht. Ab 21. 9. 1870 erschien jede Nummer des »Volksstaats« mit der Losung: »Ein billiger (gerechter) Friede mit der französischen Republik! Keine Annexionen! Bestrafung Bonapartes und seiner Mitschuldigen!«

Trotz des Terrors lehnten alle sozialistischen Abgeordneten des Norddeutschen Reichstags bei der nächsten Abstimmung über die Kriegskredite am 28. 11. die erneute Bewilligung von Kriegskrediten ab. Die lassalleanisch eingestellten Abgeordneten waren durch den Druck der Arbeiter dazu gezwungen worden. Die preußische Regierung reagierte prompt auf diese nach ihrer Meinung ernste Bedrohung: Gegen Jahresende wurden August Bebel und Wilhelm Liebknecht wegen angeblichen Landesverrats verhaftet. Der einmütige und entschiedene Kampf der sozialistischen deutschen Arbeiter gegen die Fortsetzung des Krieges zur Unterdrückung des französischen Volkes bewies, daß die Prinzipien des proletarischen Internationalismus in der deutschen Arbeiterklasse feste Wurzeln geschlagen hatten, und entsprach voll und ganz der gegebenen Lage.

Dagegen hatten die herrschenden Klassen seit Anfang September vor einer völlig neuen Situation gestanden. Die erste Phase des Krieges, von den Grenzschlachten bis zur Kapitulation der Armee Mac Mahons bei Sedan, hatte mit großen militärischen Erfolgen für die deutschen Armeen geendet. Die französische Feldarmee war völlig ausgeschaltet – sie befand sich zum Teil in deutscher Gefangenschaft, zum Teil war sie in Metz eingeschlossen. Frankreich verfügte in dieser Zeit über keine größeren Truppenverbände.

Nach den Ansichten des preußischen Generalstabes war damit die militärische Kraft Frankreichs gebrochen und der Sieg errungen. Frankreich konnte nun ohne große Schwierigkeiten zur Erfüllung der deutschen Forderungen gezwungen werden. Zwar war das Kaiserreich unter den Schlägen der deutschen Armee zusammengebrochen, aber auch der neugebildeten Republik, deren völkerrechtliche Existenz von den deutschen Regierungen nicht anerkannt wurde, schien kein weiterer Widerstand mehr möglich zu sein. Die Militärs und Politiker rechneten gemeinsam damit, nun ohne weitere langwierige Operationen die Französische Republik existenzunfähig zu machen und ihre territorialen und finanziellen Forderungen realisieren zu können. Deshalb glaubten sie zunächst auch, die sich stärker regende sozialistische Bewegung im eigenen Lande sowie die Haltung der europäischen Großmächte nicht berücksichtigen zu müssen.

Ihre Einschätzung der militärpolitischen und strategischen Lage beruhte jedoch auf einem Trugschluß. Mit dem industriellen Aufschwung in der zweiten Hälfte des 19. Jahrhunderts konnten Kriege zwischen zwei sozial-ökonomisch etwa gleich starken Mächten nicht mehr in jedem Fall durch kurze vernichtende Schläge, durch eine Generalschlacht entschieden und beendet werden. Der Gewinn einer oder mehrerer Schlachten mußte noch nicht den Sieg im Krieg bedeuten, solange der geschlagene Staat auch weiterhin über Menschenreserven, über Kader, über ein starkes wirtschaftliches Potential und über einen festen Willen zur Fortführung des Kampfes verfügte. Besonders die Volksmassen konnten zu einer gewaltigen Kraft werden, wenn sie sich aus patriotischer Begeisterung und demokratischer Überzeugung hingebungsvoll für die nationale Verteidigung einsetzten.

Alle diese Faktoren wurden von der deutschen Armeeführung unterschätzt. Sie hielt es für ausgeschlossen, daß eine Regierung in Frankreich fähig sei, in kurzer Frist neue schlagkräftige Streitkräfte aufzustellen. Andererseits rechneten Moltke und das Hauptquartier auch nicht genügend mit den Konsequenzen, die sich aus der Tatsache ergaben, daß starke Kräfte in den folgenden Wochen vor Metz gebunden waren und Paris die Masse der Armee fesseln würde. Obwohl in absehbarer Zeit mit weiteren Reserven aus dem eigenen Land nicht gerechnet werden konnte, hielt man die geringen Kräfte, die im freien Felde verfügbar waren, für völlig ausreichend. Die kommenden Ereignisse sollten dem preußischen Generalstab eine harte Lektion erteilen, die er nur teilweise begriff.

Wenn auch die »Regierung der nationalen Verteidigung« die Bewaffnung der Volksmassen, vor allem deren revolutionärer Teile, mehr fürchtete als die junkerlich-bourgeoisen Aggressoren, so sah sie sich doch zunächst veranlaßt, den Krieg fortzusetzen. Eine sofortige Kapitulation war im Interesse der Klassenherrschaft der Bourgeoisie nicht möglich – das konnte die soziale Revolution bedeuten. Die an die Macht gelangten bürgerlichen Parteien wollten den herrschenden deutschen Klassen Elsaß-Lothringen nicht ohne weiteres überlassen und außerdem noch Kontributionen zahlen. Zunächst verfolgte die Regierung in Paris noch das Ziel, die territoriale Integrität Frankreichs zu bewahren, doch im weiteren Ablauf der Ereignisse kristallisierte sich immer deutlicher die Neigung zum nationalen Verrat heraus.

Trotz ihrer Abneigung gegen die Volksbewaffnung sah sich die provisorische Regierung unter dem Druck der Massenbewegung und auch ihrer radikalen Elemente gezwungen, die Weiterführung des Krieges unter der Losung »Nationale Verteidigung der Republik« zu proklamieren. Faktisch wurden alle französischen Männer aufgefordert, in die mobile Nationalgarde einzutreten. Die Bevölkerung der bereits besetzten oder vom Feind unmittelbar bedrohten Landesteile wurde aufgerufen, sich den Franktireurabteilungen anzuschließen oder sie zu unterstützen und den Volkskrieg gegen die Interventen zu entfachen. Für die Fortsetzung des Krieges konnte sie damit trotz der für damalige Verhältnisse ungeheuren Verluste an Menschen und Material auf ein bedeutendes Potential zurückgreifen.

Das neugebildete 13. Korps war der Katastrophe von Sedan entgangen, es wich in Eilmärschen auf Paris zurück, wo sich ein 14. Korps in Aufstellung befand. Außerdem waren sowohl von der Rheinarmee als auch von der Armee von Châlons zahlreiche Teile ins Innere Frankreichs gelangt, die als Kader für die Aufstellung neuer Verbände dienen konnten. Frankreich verfügte über eine große Anzahl gedienter Offiziere und Unteroffiziere. Sie konnten zur Formierung neuer Armeen herangezogen werden, für die 1 290 000 kriegsdienstfähige Männer verfügbar waren. Diese waren jedoch noch unausgebildet, so daß die Aufstellung der neuen Armee einige Zeit beansprucht hätte. Gewiß waren aus diesen Männern neue schlagkräftige Einheiten zu bilden.

Mehr als 100 000 Mann ausgebildete Truppen waren noch in der Hand der Regierung (Zuzüge aus Algerien, Feldtruppen, die der Einschließung entgangen waren, Ersatztruppen, Reservisten, die ihre Truppenteile nicht mehr erreicht hatten.). Sie konnten das Gerippe einer neuen Armee abgeben und gleichzeitig die französischen Rüstungen decken. Für die spätere Zeit war noch mit den Marinetruppen, den Zoll- und Forstwächtern, den Franktireurabteilungen und der mobilisierten Nationalgarde zu rechnen. Ihre Gesamtzahl kann mit etwa 877 000 Mann angenommen werden. Damit standen der Regierung weit über zwei Millionen waffenfähige Männer zur Verfügung.

Ebensowenig fehlte es in Frankreich an Waffen. Es waren insgesamt etwa 2700 Feldgeschütze, an Gewehren etwa 870 000 Hinterlader und 1 200 000 gezogene Vorderlader vorhanden. Außerdem war der weitaus größte Teil Frankreichs nicht besetzt. Hier konnten ohne Schwierigkeiten weitere Waffen und Ausrüstungsgegenstände produziert werden. Das Land verfügte trotz der Niederlagen noch über einen ausreichenden kommerziellen Kredit bei den anderen Mächten. Es vermochte seine Häfen offenzuhalten und die Einfuhr der notwendigen Rohstoffe für die hochentwickelte Waffen-, Ausrüstungs- und Bekleidungsindustrie, vor allen Dingen in Bourges, zu sichern. Die Masse der Bevölkerung begrüßte den Sturz des bonapartistischen Regimes. Sie vertraute der provisorischen Regierung, sie war entschlossen, die Republik mit allen Mitteln gegen die deutschen Eindringlinge zu verteidigen. Besonders darin lag eine gewaltige Reserve für die französische Regierung, die sie nur nutzen mußte.

Der Sitz der Regierung blieb Paris, ein Teil sollte als sogenannte Delegation der Regierung in Tours die nationale Verteidigung organisieren. Noch im September wurde eine Reihe bedeutender Rüstungsmaßnahmen durchgeführt. Die Waffenfabrikation wurde freigegeben, die inzwischen in Paris aufgebotene Nationalgarde wurde bewaffnet und in Verbänden organisiert. Bestimmte Maßnahmen, wie die Bezahlung der Franktireurs und ihre Unterstellung unter den Kriegsminister, teilweise Wahl der Offiziere und Aufhebung der bis dahin geltenden Beförderungsgesetze, festigten das Ansehen der Regierung und wirkten sich auch günstig auf die neuen Truppenteile aus.

Von den noch in der Aufstellung befindlichen neuen Korps war das 14. nach Abschluß der Ausrüstung ebenso wie das bereits aufgestellte 13. für Paris vorgesehen, während in den Provinzen die Korps 15 bis 18 gebildet werden sollten. Hauptsammelplatz dieser Kräfte war der Raum hinter der Loire. Ende September befanden sich etwa 60 000 Mann um Orléans, andere Verbände wurden im nordwestlichen Frankreich, bei Rouen und Elbeuf, bei Vernon und Evreux, und in Südostfrankreich um Besançon gebildet.

Hatte bis Mitte September – von einigen Ausnahmen abgesehen – die französische Bevölkerung nicht direkt in die militärischen Operationen eingegriffen, so änderte sich jetzt das Bild. Gewillt, die Republik zu verteidigen, reihten sich unter dem Einfluß der Regierungspropaganda und dem Aufruf des berühmten Dichters Victor Hugo folgend, immer mehr Männer in die Abteilungen der Franktireurs ein, die die deutschen Verbindungen attackierten, kleine Abteilungen und Stützpunkte überfielen und in manchen Gegenden zeitweise für den Gegner Aufklärung und Nachrichtenübermittlung fast unmöglich machten. Das für die deutsche Führung überraschende und bedrohliche Auftreten der Franktireurs, das ab Mitte September noch zunahm und dem sie mit brutalem Terror entgegenzuwirken versuchte, drückte eindeutig die grundlegende Veränderung im Charakter des Krieges aus.

Die außenpolitische Situation Frankreichs erwies sich wohl als schwierig, doch seine Niederlagen hatten seine Stellung inmitten der anderen Großmächte noch nicht radikal verschlechtert. England, vor allem Österreich und in gewissem Sinne auch Rußland zeigten sich durch die Gefahr einer völligen Niederwerfung Frankreichs und seiner weitgehenden Schwächung sowie durch den entstehenden Machtzuwachs Preußen-Deutschlands sehr beunruhigt. Schon bald nach der Bildung der »Regierung der nationalen Verteidigung« begab sich der ehemalige Ministerpräsident Thiers auf eine Reise nach London, Wien und Petersburg, um sich die Unterstützung der Großmächte sowie ihre Vermittlung für einen Friedensschluß mit günstigen Bedingungen für Frankreich zu sichern.

Aber diese Mission scheiterte. Es kam nicht zur Bildung einer gemeinsamen Front der neutralen europäischen Großmächte zugunsten Frankreichs. Italien nutzte den Abzug der französischen Hilfstruppen aus dem römischen Kirchenstaat, um Rom zu besetzen und als neue Hauptstadt dem Königreich einzugliedern. Die russische Regierung kündigte am 31. 10. die Bedingungen des Pariser Vertrages von 1856. Diese Vorgänge offenbarten die Widersprüche, die zwischen den neutralen Großmächten bestanden und ihren Zusammenschluß gegen Deutschland verhinderten. Trotzdem konnte Frankreich noch auf eine spätere diplomatische Intervention hoffen und sicher mit englischer Unterstützung für seine Rüstungen rechnen.

Insgesamt gesehen war der Krieg keineswegs entschieden. Beide Seiten mußten im Gegenteil noch mit erbitterten und langwierigen Kämpfen rechnen. Allerdings hing ein französischer Sieg davon ab, inwieweit die »Regierung der nationalen Verteidigung« alle Kräfte des Landes zum entschlossenen und kompromißlosen Kampf mobilisieren würde. Sie durfte die Volksbewaffnung nicht nur verkünden, sondern mußte sie mit letzter Konsequenz durchführen.

b) Die Einschließung von Paris und die Belagerung der ostfranzösischen Festungen

Nach der Waffenstreckung der französischen Armee bei Sedan beabsichtigte das deutsche Hauptquartier, den unterbrochenen Vormarsch auf Paris sofort wieder aufzunehmen. Die Stadt sollte besetzt werden, um ein weiteres Faustpfand zu besitzen, mit dem Frankreich zur Erfüllung der deutschen Forderungen gezwungen werden könnte. Mit ernsthaftem Widerstand in freiem Felde rechnete der preußische Generalstab noch nicht. Moltke hielt eine energische Verteidigung der über reiche Hilfsquellen und ausgedehnte Befestigungen verfügenden französischen Hauptstadt unter Umständen für möglich. Er nahm aber Anfang September mit Bestimmtheit an, daß dann eine Einschließung genügen würde, um Paris nach wenigen Wochen allein schon auf Grund des Mangels an Lebensmitteln zu Fall zu bringen. Überlegungen und Pläne für eine Weiterführung des Krieges und einen Belagerungsangriff auf Paris bestanden noch nicht.

Trotz der errungenen Siege befanden sich die deutschen Armeen in einer komplizierten Lage. Ihre eine Hälfte blieb zunächst durch Straßburg und Metz fest gebunden. Auch die notwendige Bewachung der Gefangenen, die Einschließung zahlreicher kleinerer Festungen und die Sicherung der rückwärtigen Verbindungen fesselten starke Kräfte. Für den Vorstoß auf Paris standen somit nur etwa 150 000 Mann zur Verfügung. Der ursprünglich aufgestellte Belagerungspark war bereits vor den ostfranzösischen Festungen eingesetzt. Für Paris mußte deshalb erst im eigenen Land ein neuer Belagerungspark aufgestellt werden. Dieser Mangel und die Notwendigkeit, die Truppen mit Ersatz zu versehen, wirkten hindernd auf die Entscheidungen des Hauptquartiers.

Immerhin wurde bereits am 2. 9. eine Reihe von Anordnungen für den Vormarsch getroffen. Bei Sedan blieben das XI. und das bayrische I. Armeekorps zur Bewachung der Gefangenen zurück. Alle anderen Kräfte sollten den Marsch auf Paris antreten: die Maasarmee über Laon gegen die Nordfront von Paris, die 3. Armee über Reims gegen die Pariser Südfront.

Noch vor dem am 4. 9. beginnenden deutschen Vormarsch hatte das französische 13. Korps Schwierigkeiten gehabt, seinen Rückzug nach der Hauptstadt zu vollziehen. Es gelang den französischen Truppen jedoch, den vorgeschobenen deutschen Verbänden bei Rethel auszuweichen und auf einem großen Umweg am 13. 9. Paris zu erreichen, bevor die deutschen Kräfte dort eintrafen.

Während ihres Vorrückens – noch am 4. 9. wurde Reims besetzt – stießen die junkerlich-bourgeoisen Eroberer zum erstenmal in diesem Kriege auf einen sich versteifenden passiven Widerstand der Bevölkerung, auf wachsende Feindseligkeit und auf bewaffneten Widerstand. Franktireurs überfielen zum Beispiel bei Nangis, Villeneuve und Rubelle Kavalleriepatrouillen und kleinere Abteilungen des bayrischen II. Armeekorps. Die französischen Freischärler gefährdeten die Verbindungslinien der deutschen Truppen und zwangen das deutsche Hauptquartier, stärkere Kräfte zur Sicherung des rückwärtigen Gebiets einzusetzen. Dabei gingen deutsche Truppen brutal gegen die französische Bevölkerung vor. Verdächtige Personen wurden nach einem formalen Kriegsgerichtsverfahren erschossen, ganze Dörfer wurden rücksichtslos eingeäschert. Das schwächte den Volkskampf jedoch nicht ab, sondern verstärkte ihn nur. Sowohl im oberen Elsaß als auch im Rücken der auf Paris vorgehenden deutschen Armeen kam es immer häufiger zu Kämpfen mit Franktireurs.

Während des deutschen Vormarschs durch die Champagne bereiteten sich die Franzosen darauf vor, Paris energisch zu verteidigen. Gleichzeitig verstärkten die provisorische Regierung und ihre Delegation in Tours ihren Eifer, eine neue Feldarmee aufzubauen, deren Stärke und Kampfkraft ausreichen sollte, Paris im Falle einer Belagerung zu entsetzen.

Die geographische Lage von Paris begünstigte eine hartnäckige Verteidigung. Die Seine, die Marne, der Ourcq-Kanal und der Kanal von St. Denis setzten einem Angriff von Süden, Osten und Norden erhebliche Schwierigkeiten entgegen. Sie und das von steilen Hängen begrenzte Tal zwischen Versailles und Sèvres gliederten die nächste Umgebung von Paris in sieben Abschnitte, die alle gute Verbindungen nach Paris hatten und auch die Querverbindung der Verteidiger gewährleisteten, während sie die Verbindungen innerhalb der Angriffsarmeen und deren gegenseitige Unterstützung empfindlich schmälerten.

Zur Verteidigung der Stadt waren 16 größere Forts und mehrere kleinere selbständige Schanzen erbaut worden, die in Verbindung mit der 1,5 bis 4,5 Kilometer zurückliegenden bastionierten Stadtumwallung ein starkes Befestigungssystem bildeten. Bei Ausbruch des Krieges waren die Wälle und Festungswerke der Hauptstadt zur Verteidigung ausgerüstet und durch neue Anlagen soweit wie möglich verstärkt worden. Vor der Nordfront waren Teiche und Bäche angestaut und die Gräben der Forts mit Wasser gefüllt worden. Von der Seine bis zur Anstauung des Rouillon-Baches war eine zusammenhängende Verteidigungslinie entstanden. Auch im östlichen Vorland wurden pioniermäßig Verteidigungsanlagen errichtet. Die Höhenzüge auf dem linken Seine-Ufer wurden befestigt.

Nur die Anlagen auf der Halbinsel Gennevilliers und links der Bievre konnten nicht mehr vollendet werden. Bei Annäherung der deutschen Truppen wurden die Seine- und Marne-Brücken in der Nähe der Stadt mit Ausnahme einiger weniger gut gesicherter Eisenbahn- und Straßenbrücken gesprengt. Außerdem zerstörten die Verteidiger sämtliche außerhalb der Forts nach der Stadt führenden Wege gründlich und legten im Gelände noch zahlreiche künstliche Hindernisse und Sperren an.

Tabelle 29 : Zusammensetzung der zur Verteidigung von Paris bereitstehenden Truppen

Truppengattung	Stärke (Mann)	Geschütze
Linientruppen	75 000 bis 80 000	—
Mobilgarden	115 000	—
Nationalgarden	195 000	—
Freikorps	18 000	—
Artillerie		2627
davon Festungsartillerie der Stadt		805
davon Festungsartillerie der Forts		1389

Insgesamt verfügte die französische Führung zur Verteidigung der Hauptstadt über mehr als 350 000 Mann. Allerdings waren diese Truppen bunt zusammengewürfelt, mangelhaft ausgebildet und ausgerüstet und deshalb mindestens zu Beginn der Einschließung nicht in vollem Maße im freien Feld zu Ausfällen und energischen Gegenangriffen zu verwenden. Darauf aber mußte sich die aktive Verteidigung der Festung im Zusammenhang mit der entschlossenen Ausnutzung der starken Befestigungen konzentrieren. Die zuverlässigsten Truppenteile dieser Armee von Paris bildeten die Matrosen, die zur Verteidigung der Forts eingesetzt wurden, und die aus den Arbeitervororten stammenden Bataillone der Nationalgarde. Ein großer Teil der Linientruppen war durch die bisher erlittenen Niederlagen demoralisiert.

Der Unterstützung der Festungsartillerie diente eine neugebildete Flußflottille aus fünf schwimmenden Panzerbatterien, sechs gedeckten Dampfschaluppen, einer Jacht und neun Kanonenbooten. Im Laufe der Zeit wurden aus dem reichlich vorhandenen Geschützmaterial auch 124 Feldbatterien geschaffen.

Das Kommando der Verteidigung von Paris lag in den Händen des Präsidenten der französischen Regierung, General Trochus. Obwohl er von dem Gedanken beherrscht war, daß es eine Torheit sei, Paris zu verteidigen, sahen er und sein Stab sich gezwungen, zunächst alle Anstalten zu einer hartnäckigen Verteidigung zu treffen.

Die Stadtumwallung wurde in neun Verteidigungsabschnitte unterteilt, sechs auf dem rechten und drei auf dem linken Seine-Ufer. Die Verteidigung der Wälle wurde der Nationalgarde übertragen. Sie stellte auch die erste Reserve. Die Mobilgarde bildete die zweite, die Linientruppen die dritte Reserve. Es zeigt sich hier von Anfang an das Bestreben, die revolutionären Elemente von Paris am meisten dem Feuer auszusetzen. Die vorgeschobenen Befestigungen wurden in vier Abschnitte unterteilt. Das 13. und 14. Korps übernahmen zunächst die Verteidigung des Vorfeldes.

Sowohl Munition als auch Lebensmittel waren ausreichend vorhanden. Damit war Paris insgesamt gut auf eine mehrwöchige Belagerung vorbereitet. Die Verteidigung mußte bei einer geschickten Führung einen langwierigen Verlauf nehmen, auch wenn Entsatz nicht sofort möglich war. Ein starker Mangel der Verteidigung bestand allerdings darin, daß es an einer ausreichenden Anzahl bereits ausgebildeter Feldtruppen fehlte. Auf ihre baldige Heranbildung aus den vorhandenen Kräften mußte die französische Führung größten Wert legen.

Angesichts dieser Lage, über die sich das deutsche Hauptquartier inzwischen informiert hatte, war es unmöglich, die rasche Einnahme von Paris durch einen gewaltsamen Angriff zu erzwingen. Der Chef des preußischen Generalstabes entschloß sich jetzt endgültig, die verfügbaren Feldtruppen für die nächste Zeit auf eine enge Einschließung von Paris zu beschränken. Dafür konnten Mitte September etwa 150 000 Mann mit 620 Feldgeschützen eingesetzt werden. Ihnen fiel indessen gleichzeitig die Aufgabe zu, mögliche, aber nicht wahrscheinliche Entsatzversuche des Gegners abzuwehren. Moltke rechnete jedoch mit dem baldigen Nachrücken der bei Sedan zurückgelassenen Armeekorps. Den baldigen Fall von Paris erwartete er außer durch Hunger auch durch innere Unruhen. Damit schätzte wohl der Generalstab die Angst der besitzenden Klassen vor der »roten Republik« richtig ein, unterschätzte aber zugleich die Stärke der Verteidigungskräfte.

Die zur Verfügung stehende Feldartillerie war für eine Beschießung der Riesenstadt völlig nutzlos. Der neu formierte Belagerungspark, vor allem schwere Artillerie, konnte in ausreichender Menge erst nach der Sicherstellung einer leistungsfähigen Eisenbahnverbindung herbeigeschafft werden. Das setzte den Fall von Toul und die Beseitigung der Folgen der Sprengung des Eisenbahntunnels von Nontueil-sur-Marne voraus.

Der Entschluß des deutschen Hauptquartiers legte für die Einschließung von Paris folgendes fest: Die Maasarmee sollte mit starken Kräften Argenteuil besetzen und mit drei Armeekorps die Einschließung von Paris vom rechten Seine-Ufer unterhalb der Stadt bis an die Marne übernehmen. Ihre Kavallerie sollte über Poissy die Verbindung mit der Kavallerie der 3. Armee herstellen. Die 3. Armee hatte den Ring um Paris zu schließen. Die Armeen sollten so nah wie möglich an die Stadt herangehen, aber den Feuerbereich der Befestigung vermeiden. Ihnen wurde befohlen, die von ihnen eingenommenen Stellungen sofort zu befestigen. Die Kavallerie der 3. Armee sollte gegen Orléans und die Loire aufklären, um Klarheit über die dort in Aufstellung befindlichen französischen Einheiten zu erhalten. Für die 3. Armee wurde weiter festgelegt, daß sie etwaige Entsatzversuche ein bis zwei Tagesmärsche vor der Stadt entschieden zurückzuweisen habe.

Am 16. 9. stand die Maasarmee bei Nanteuil und nordöstlich davon zwischen Meaux und Brie-Compte-Robert. Die 3. Armee hatte die Ostseite von Paris erreicht. Brücken über die Marne und Seine wurden geschlagen und ein Brückenkopf bei Villeneuve St. Georges gebildet. Am 18. 9. setzten beide Armeen den Vormarsch fort und schlossen am 19. 9. die Einschließung von Paris ab. Das IV. Armeekorps stand im Norden an der Seine unterhalb von Paris, das Gardekorps an der großen Straße Paris–Lille, weiter östlich davon das XII. Armeekorps bis zur Marne.

Im Bereich der Maasarmee war es nicht zu Kampfhandlungen gekommen. Nur im Bereich der 3. Armee – südlich von Paris – entwickelte sich ein erbittertes Gefecht. Das V. Armeekorps rückte am 19. 9. auf Versailles vor. Es wurde bei Villecoublay–Bicêtre vom französischen 14. Korps angegriffen, konnte aber die Angriffe erfolgreich zurückschlagen. Außerdem kam ihm das bayrische II. Armeekorps zu Hilfe. Die französischen Truppen wurden von weitaus überlegenen Kräften auf beiden Flügeln umfaßt und wichen großenteils aufgelöst auf Paris zurück.

Die Truppen der 3. Armee standen am 19. 9. in folgender Aufstellung: V. Armeekorps bei Versailles, bayrisches II. Armeekorps rechts davon auf der Hochfläche von Bicêtre, VI. Armeekorps an den Straßen von Paris nach Fontainebleau und Orléans und daneben an der Marne die württembergische Division. Das XI. Armeekorps und das bayrische I. Armeekorps hatten sich auf ihrem Marsch von Sedan den Hauptkräften bereits bis auf zwei Tagesmärsche genähert.

Zu derselben Zeit, da die deutschen Truppen einen festen Ring um Paris zu legen begannen, führte die provisorische Regierung erste Geheimverhandlungen mit Bismarck. Bereits am 10. 9. hatte der neuernannte Außenminister Jules Favre mit Bismarck Gespräche anzubahnen gesucht. Dieser lehnte zunächst ab, erklärte sich dann aber unter dem Einfluß der englischen Botschaft doch zu Aussprachen bereit. Am 19. 9. trafen sich Favre und Bismarck. Die Verhandlungen sowohl über einen Waffenstillstand als auch über einen Friedensschluß scheiterten zunächst, weil die provisorische Regierung wie die regierenden Kreise insgesamt noch nicht gewillt waren, die annexionistischen Gebietsforderungen des Gegners zu erfüllen.

Nach der Niederlage in dem Gefecht vom 19. 9. verzichtete das Kommando der Armee von Paris auf weitere Ausfälle. Die provisorische Regierung wollte sich in Paris auf die bloße Verteidigung beschränken, das Schwergewicht des Widerstands dagegen in die Provinzen verlegen. Der Innenminister Gambetta sollte die Leitung der Delegation der Regierung in Tours übernehmen. In Paris wurden die Feldtruppen hinter die äußeren Befestigungswerke zurückgenommen. Nur eine Division verblieb auf der Hochfläche von Vincennes. Zur Sicherung der Halbinsel von Gennevilliers und der nordwestlichen Stadtumwallung besetzte das 14. Korps den Raum von St. Denis. Außerdem wurden dort noch Marscheinheiten und Mobilgarden eingesetzt. Westlich der Hauptstadt standen unter General Ducrot etwa 30 000 Mann.

Zum Schutz der Südfront wurden zwei Divisionen des 13. Korps eingesetzt. Die Reserve bildete eine Division Nationalgarde. Damit standen hier unter General Vinoy etwa 42 000 Mann. Die Verteidigung der Nordfront erfolgte ausschließlich durch Mobil- und Nationalgarden. Da die deutschen Truppen keinen gewaltsamen Angriff begannen, nutzten die französischen Kräfte die gewonnene Zeit zum Ausbau der noch unvollendeten Verschanzungen und zur Ausbildung der Truppen.

Die deutschen Truppen beschäftigten sich zunächst ebenfalls mit dem Ausbau ihrer Stellungen, mit der Sicherstellung der Unterkünfte und der Verpflegung, was bei den auf engem Raum zusammengedrängten Verbänden große Schwierigkeiten bereitete, und mit der Herstellung sicherer Verbindungen. Die Maasarmee dehnte sich nach rechts über die Halbinsel Argenteuil aus und trat am 21. 9. mit den Vorposten der 3. Armee in Verbindung. Damit war Paris auch von Westen völlig abgesperrt. Die Einschließungslinie verlief wie folgt: Chaton westlich von Paris–Argenteuil–Höhen von Montmorency im Nordwesten–Morée-Bach im Norden–Marne-Noisy-le-Grand-Ormesson–Villeneuve St. Georges–Höhenränder südlich Paris–Versailles–Bougival.

Inzwischen war es zu einigen wichtigen Ereignissen im Osten Frankreichs gekommen, wo deutsche Truppen die französischen Festungen belagerten.

Von größter Bedeutung war vor allem der schnelle Fall von Straßburg und Toul, da er in unmittelbarem Zusammenhang mit den Operationen von Paris stand. Deshalb wurden hier stärkere Belagerungskräfte angesetzt, während man sich vor Metz auf die feste Einschließung des Gegners beschränkte und die Kapitulation durch Aushungern erreichen wollte.

Tabelle 30: Von den Deutschen belagerte bzw. eingeschlossene Festungen

Festung	Besatzung (Mann)	Geschütze
Metz	175000	1498
Straßburg	23000	Zahl unbekannt
Toul	2300	über 70
Neu-Breisach	5500	Zahl unbekannt
Schlettstadt	1900	120
Verdun	6000	140
Soissons	Besatzung nicht bekannt	
Bitsch	Nur von schwachen Kräften besetzt	
Pfalzburg	Nur von schwachen Kräften besetzt	

Vor Toul stand eine Division des XIII. Armeekorps. Am 23. 9. wurde die Beschießung mit 62 schweren Belagerungsgeschützen aufgenommen. Die Festung fiel noch am selben Tag. Langwieriger war der Kampf um Straßburg. Gegen diese Festung wurden 40000 Mann, 200 gezogene Kanonen und 88 Mörser eingesetzt. Nach einer erfolglosen Beschießung am 25. und 26. 8. begann am 30. 8. die regelrechte Belagerung, der Belagerungspark bestand aus 124 schweren Geschützen. Die Beschießung erfolgte ohne Rücksichtnahme auf die Stadt und die Bevölkerung. Zahlreiche Kulturdenkmäler wurden zerstört. Straßburg kapitulierte erst am Morgen des 28. 9. nach mehreren erfolglosen Ausfällen der Besatzung, nachdem keine Hoffnung auf Entsatz mehr bestand und die Vorräte der Garnison an Lebensmitteln und Munition nahezu verbraucht waren.

Der Fall von Toul und Straßburg erleichterte die Lage der deutschen Armeen bedeutend. Einerseits war nun ein großer Teil des für die Belagerung von Paris notwendigen Materials verfügbar, und die Belagerungstruppen konnten für andere Aufgaben eingesetzt werden. Zum anderen stand der Belagerungsarmee von Paris nun die Eisenbahnverbindung zur Saar für den dringend benötigten Nachschub zur Verfügung.

Vor Paris kam es von Mitte September bis Mitte Oktober nur zweimal zu größeren Gefechten. Die französischen Truppen, die ihre Stellungen eifrig ausbauten, unternahmen am 30. 9. einen Ausfall mit stärkeren Kräften an der Straße von Fontainebleau und Orléans gegen das VI. Armeekorps bei Thiais und Choisy-le-Roi. Sie erlitten dabei schwere Verluste und mußten sich auf ihre Ausgangsstellungen zurückziehen, beeindruckten die Belagerungstruppen und deren Führung aber sehr. Gefechte fanden auch bei Villejuif und Hautes Bruyeres statt.

Am 10. und 16. 10. trafen die 17. Division und die Gardelandwehrdivision vor Paris ein. Gerade in dieser Situation unternahm die Garnison von Paris am 13. 10. einen neuen Ausfall. Dieser Stoß, an dem 26 000 Mann mit 80 Geschützen beteiligt waren, richtete sich gegen die bayrischen Truppen an der Südfront. Die Franzosen erreichten zwar Anfangserfolge, mußten sich aber am Nachmittag wieder in den Bereich der Forts zurückziehen.

Die Lage vor Metz hatte sich den ganzen September hindurch kaum verändert. Die Kapitulation bei Sedan und der Sturz des Kaiserreichs bestärkten Bazaine in seinem Entschluß, mit der Rheinarmee in Metz zu verbleiben und auf ernsthafte Durchbruchsversuche zu verzichten. Eine gewisse Möglichkeit zum Durchbruch bestand einige Zeit in der Richtung auf Straßburg und Toul, die der Rheinarmee als Stützpunkte dienen konnten. Damit rechnete auch das Kommando der Belagerungsarmee und verstärkte die Truppen im Südosten von Metz. Bazaine aber verstand wohl, daß ein solcher Durchbruch nach dem Süden einen großen Teil der Mannschaften und Offiziere retten, die Rheinarmee jedoch durch die sofort einsetzende Verfolgung jeden taktischen und organisatorischen Zusammenhang verlieren würde. Dagegen hatte er nur die Erhaltung der Armee im Sinn, um sie nach Kriegsschluß als Instrument zur Niederwerfung der Volksmassen einsetzen zu können. Möglichenfalls wollten die Bonapartisten mit ihrer Hilfe und unter der Führung Bazaines auch das Kaiserreich wieder errichten. Eine solche Zielsetzung schloß auch ernsthafte Kämpfe aus, um die Belagerungstruppen unaufhörlich zu beunruhigen und zu fesseln und ihnen große Verluste beizubringen.

Nach inzwischen erfolgten Erhebungen verfügten die Besatzung der Festung und die Einwohner, deren Zahl durch geflüchtete Landbewohner auf 70 000 angewachsen war, zu Beginn der Einschließung über Vorräte für drei Monate. Die Rheinarmee besaß selbst Vorräte für 40 Tage. Jedoch war sie in der Lage, sich durch Requisitionen in der näheren Umgebung der Festung und das Abschlachten von Pferden für eine längere Zeit zu versorgen. Da auch Munition ausreichend zur Verfügung stand, besaßen die Verteidiger zunächst alle Möglichkeiten, Metz noch lange Zeit zu halten.

Die Belagerungsarmee wagte es angesichts des Kräfteverhältnisses nicht, einen regelrechten Angriff auf Metz zu unternehmen. Die Stärke der Festung und der darin befindlichen Rheinarmee machte einen Erfolg von vornherein unwahrscheinlich. Deshalb beschränkte sich das deutsche Kommando auch in der Folge darauf, die französischen Truppen auszuhungern und damit zur Kapitulation zu zwingen. Es konnte der deutschen Führung auch nicht entgehen, daß Bazaine keine ernsthaften Anstrengungen unternahm, den Belagerungsring zu durchbrechen. Erst am 22. und 23. 9. unternahmen die französischen Kräfte wieder einige kleinere Ausfälle an der Nord- und Nordostseite der Festung. Am 27. 9. folgte eine Unternehmung gegen Paltre und das Schloß von Mercy-les-Metz. In beiden Fällen wurden Teilerfolge erreicht, doch die Truppen bald zurückbefohlen, da das Ziel dieser Vorstöße begrenzt war. Sie sollten lediglich alle erreichbaren Vorräte in den Ortschaften vor und innerhalb der deutschen Vorpostenlinie gewaltsam einbringen.

Schon Anfang Oktober begann sich die Lage der eingeschlossenen Armee zu verschlechtern. Die Zahl der Pferde der Kavallerie schmolz zusammen. Ohne Kavallerie aber war die Armee nicht mehr für größere Operationen im freien Feld zu verwenden. Nach dem Fall von Straßburg kam als Nahziel eines Ausbruchsversuchs nur noch Thionville in Frage. Deshalb verstärkte das Kommando der Belagerungsarmee wieder die Truppen im Norden.

Am 7. 10. kam es jedoch zu einem französischen Angriff auf der Talsohle an der Mosel, aus dem sich das Gefecht von Ladonchamps entwickelte. Bazaine hatte einen Vorstoß nach Norden mit starken Kräften auf beiden Flußufern befohlen, um erneut Lebensmittelvorräte zu gewinnen. Das gelang zu einem großen Teil, wenn auch die französischen Truppen sich vor den überlegenen deutschen Kräften bald zurückziehen mußten. Die Rheinarmee hatte damit ihren letzten großen Angriff bei Metz geführt.

Die Lage in und außerhalb der Festung war im Oktober durch häufige Regenfälle sehr erschwert. Die Unterbringung und Versorgung der Truppen war mangelhaft, auf beiden Seiten brachen Seuchen aus. Die Rheinarmee litt von Tag zu Tag mehr Mangel, sie verfügte nur noch über geringe Vorräte. Unter der Bevölkerung der Stadt verstärkten sich die politischen Spannungen. Das Bürgertum trat für die baldige Übergabe ein, während die ärmeren Schichten sowie die demokratischen Kräfte die Fortführung der Verteidigung verlangten. Im Fall von Verhandlungen mit dem Feind drohten sie mit einer revolutionären Erhebung.

Nach dem 23. 10. gingen die Lebensmittelvorräte zur Neige. Statt in dieser Situation alle Kräfte der noch kampffähigen und starken Armee zusammenzufassen und den Durchbruch unter Einsatz auch des letzten Mannes zu versuchen, entschied sich ein Kriegsrat der Rheinarmee unter dem starken Einfluß

Bazaines am 24. 10., Verhandlungen mit dem Gegner aufzunehmen. Bazaine wollte damit den freien Abzug seiner Armee oder einen Waffenstillstand mit Verproviantierung erreichen. Das wurde abgelehnt. Daraufhin kapitulierte Bazaine unter den gleichen Bedingungen wie die Armee von Châlons bei Sedan.

Ohne alle ihre Möglichkeiten ausgenutzt, ohne ernsthaft den Ausbruch versucht zu haben, marschierte die Rheinarmee in die Gefangenschaft, weil Bazaine und die bonapartistischen Offiziere seines Stabes wohl zum Kampf gegen die Republik, nicht aber gegen die deutschen Armeen bereit und bis zum äußersten entschlossen waren. 173 000 französische Soldaten wurden gefangengenommen, die Belagerer verloren während der Belagerung von Metz rund 9000 Mann. Der schnelle Fall von Metz hatte große operative Bedeutung. Zwei deutsche Armeen wurden frei, um in den Kampf gegen die neu aufgestellten oder in Aufstellung befindlichen Armeen der Französischen Republik einzugreifen.

Vor Paris waren bis Ende Oktober und auch danach keine wesentlichen Veränderungen vor sich gegangen. Das deutsche Hauptquartier hatte weitere Kräfte an die Einschließungsfront herangezogen. Die vor Metz freigewordene 2. Armee begann ihren Vormarsch in südwestlicher Richtung und näherte sich den neu aufgestellten französischen Armeen. Aber es war noch immer nicht möglich, die regelrechte Belagerung von Paris zu beginnen, da das schwere Artillerie- und Pioniermaterial mit der Eisenbahn nur bis 70 Kilometer vor Paris gebracht werden konnte und von dort mit Pferd und Wagen weitertransportiert werden mußte.

Der unermüdliche Einsatz der Franktireurs und einzelner Bataillone der inzwischen in größerem Umfang organisierten Mobilgarde rings um die deutschen Belagerungsarmeen vor Paris hatte dazu geführt, daß das Hauptquartier einzelne Truppenverbände aus dem Einschließungsring herausziehen und zur Sicherung der rückwärtigen Verbindungen einsetzen mußte. Diese Verminderung der Belagerungstruppen benutzte die Pariser Garnison zu einzelnen Angriffen. So wurde ein Ausfall über die Seine in Richtung auf St. Germain geplant. Um ihn ausführen zu können, mußte vorher Bougival genommen werden. Der aus dieser Absicht hervorgegangene Angriff führte am 21. 10. zum Gefecht von La Malmaison. Das angreifende 14. Korps wurde an beiden Flanken von den deutschen Truppen umfaßt und nach hartem, erbittertem Kampf zurückgewiesen. Daraufhin wurde der Ausfall nach Westen aufgegeben. Nun sollte im Norden Luft geschaffen werden.

Am 28. 10. befahl das französische Kommando einen Angriff auf Le Bourget. Der Ort wurde nach hartnäckigem Kampf genommen. Zwar konnte er am 30. 10. vom Gegner zurückerobert werden, doch mußte dieser dafür erhebliche Kräfte einsetzen und hohe Verluste in Kauf nehmen. In den Kämpfen um Le Bourget waren vor allem die Nationalgarden ohne Lebensmittel und ohne Verstärkungen dem mörderischen Feuer ausgesetzt. In dieser Handlungsweise der Armeeführung in Paris zeigte sich erneut deutlich ihre Haltung gegenüber den bewaffneten Volksmassen.

Das Eintreffen der Nachricht über den Fall von Metz, der Verlust von Le Bourget, die großen Opfer – alles das führte dazu, daß es am 31. 10. zu starken Unruhen in Paris kam, die sich gegen die Regierung und gegen einen Waffenstillstand richteten und in denen ein demokratisches Regime gefordert wurde. Die regierungstreuen Mobilgarden warfen jedoch die Bewegung nieder. Einerseits wurden nun zwar Wahlen für die Pariser Stadtverwaltung ausgeschrieben, aber andererseits die politischen Rechte der in der Nationalgarde erfaßten Pariser faktisch völlig beschnitten. Durch Terror und Demagogie erreichte die Regierung die Mehrheit. Sie war nun jedoch weniger als je zuvor entschlossen, die Verteidigung von Paris energisch zu führen. Trotzdem unternahm sie nach außen hin Maßnahmen für großangelegte Operationen, während sie durch Thiers erneut geheime Verhandlungen mit Bismarck aufnahm.

In Paris inzwischen eintreffende Nachrichten von der Bildung der Loirearmee stärkten den Widerstandswillen der Besatzung und der städtischen Bevölkerung. Unter ihrem Druck begann die Pariser Armeeführung Vorbereitungen für einen großen Ausfall gegen die Belagerungstruppen. Dazu sollte besonders ein starker Angriff gegen die westliche Einschließungslinie geführt werden. Bereits in den ersten Novembertagen wurden die in der Stadt vorhandenen zahlreichen Streitkräfte zu größeren Truppenverbänden vereinigt und in drei Armeen gegliedert.

Tabelle 31: Gliederung und Stärke der Streitkräfte von Paris im November 1870

Armee	Kommandeur	Zusammensetzung	Stärke (Mann)	Geschütze
1.	Thomas	Nationalgarden	130 000	
2.	Ducrot	Linientruppen, Mobilgarden	100 000	300
3.	Vinoy	Mobilgarden, Linientruppen	70 000	

Die 1. Armee war zur Besetzung der Stadtumwallung und zur Aufrechterhaltung der Sicherheit innerhalb der Stadt bestimmt. Dabei war es Praxis, daß die Arbeiterbataillone ins Feuer geführt wurden und die bürgerlichen Bataillone für »Ruhe und Ordnung« sorgten. Die 2. Armee sollte die Ausfälle gegen die Einschließungsarmee ausführen. In ihr waren die für die Regierung zuverlässigsten und auch schlagkräftigsten Truppen zusammengefaßt, die notfalls auch gegen das Volk von Paris und die Nationalgarde eingesetzt werden konnten. Die 3. Armee sollte bei größeren Ausfällen Scheinangriffe an anderen Abschnitten unternehmen. In den Forts und Außenwerken standen 80 000 Mann Mobilgarden, in den Befestigungen von St. Denis 35 000 Mann. Die Gesamtstärke der in Paris verfügbaren Streitkräfte betrug damit gegen Ende November mehr als 400 000 Mann. Demgegenüber verfügte das deutsche Hauptquartier Ende November vor Paris nur über etwa 200 000 Mann.

Nachrichten über einen Sieg der inzwischen zur Offensive übergegangenen Loirearmee bei Coulmiers am 14. 11. veranlaßten General Trochu, die Pläne für den Ausfall zu ändern. Er

Tabelle 32: Zusammensetzung der deutschen Belagerungstruppen um Paris

Armee	Raum	Stärke (Mann)	Geschütze
3.	Südfront von der Seine südöstlich Rueil bis an die Marne bei Noisy-le-Grand	115 000	etwa 425
4. (früher Maasarmee)	Nordfront, anschließend an die Endpunkte der 3. Armee an Seine und Marne	65 000	rund 250

nahm an, daß die deutsche Führung nunmehr die Einschließungsfront im Süden erheblich schwächen würde, weil sie der Loirearmee Truppen entgegenwerfen müßte. Nun sollte durch einen Ausfall nach Osten mit anschließender Drehung des Stoßes nach Süden bei Fontainebleau Verbindung zur Loirearmee, die einer Nachricht von der Regierungsdelegation aus Tours zufolge gleichzeitig angreifen sollte, hergestellt werden. Die 2. Armee wurde zum Übergang über die Marne im Abschnitt Joinville–Neuilly bestimmt. Die 3. Armee sollte die Aufmerksamkeit der deutschen Kräfte durch Scheinangriffe auf Epinay, Buzanval und L'Hay ablenken. Am 28. 11. erfolgte die Konzentrierung der 2. Armee bei Vincennes. Da sich der Brückenschlag verzögerte, wurde der Angriff auf den 30. 11. verschoben. Nur eine Division der 3. Armee unternahm bereits am 29. 11. einen Ablenkungsangriff.

Das deutsche Hauptquartier hatte zu dieser Zeit infolge der aus dem Süden drohenden Gefahr eine Veränderung in der Aufstellung seiner Armee vorgenommen. Die 4. Armee dehnte ihre Front weiter nach Süden aus und setzte einen Teil des XII. Armeekorps auf das linke Marne-Ufer bei Noisy-le-Grand über. Das II. Armeekorps der 3. Armee wurde hinter der Südfront an der Yvette aufgestellt.

Der französische Hauptstoß richtete sich am 30. 11. gegen den rechten Flügel der württembergischen Division zwischen Brie-sur-Marne und Champigny über die Halbinsel Joinville hinweg. Die französische 2. Armee griff mit zwei Korps frontal, mit einem flankierend an. Die Württemberger wurden zurückgeworfen. Die Franzosen nahmen Champigny und Brie und wandten sich gegen Villiers. Es gelang ihnen aber nicht, in die rechte und linke Flanke der deutschen Gefechtsordnung vorzustoßen. Die Dunkelheit beendete den Kampf. An der Nordfront fanden an diesem Tage Scheingefechte statt, um den Gegner zu täuschen. Noch in der Nacht führte das deutsche Hauptquartier bedeutende Verstärkungen an die gefährdete Stelle heran. Es handelte sich um Teile des II., VI. und XI. Armeekorps. Am 1. 12. hatten sie bereits bedeutende Kräfte konzentriert. Die französischen Truppen griffen an diesem Tage nicht an, ihr Oberkommando ließ sie in ihren exponierten Stellungen ausharren, um die deutsche Führung zu zwingen, hier noch stärkere Kräfte im verlustreichen Frontalangriff einzusetzen. Am 2. 12. eröffneten die deutschen Truppen den Gegenangriff. Sie konnten Brie und Champigny nur zum Teil und auch dann nur vorübergehend zurückerobern. Die jetzt verstärkten französischen Truppen wurden wirksam durch die Artillerie der Forts unterstützt, und die im Frontalangriff vorgehenden deutschen Truppen erlitten hohe Verluste.

Seinerseits ergriff der französische Armeeoberbefehlshaber am 3. 12. die Initiative zur Weiterführung des Angriffs. Alle Divisionen wurden auf das linke Ufer der Marne geworfen, eine starke Artillerielinie wurde gebildet. Bei Brie wurde erneut gekämpft, aber jedes Vorgehen auf Villiers scheiterte. Die deutschen Kräfte hielten auch den von ihnen besetzten Teil von Champigny. Wieder beendete die Dunkelheit die Kämpfe.

Moltke und der Stab der Maasarmee beurteilten die Lage nach wie vor sehr ernst und trafen Maßnahmen, um unter teilweiser Aufhebung der Belagerung die Verfolgung der ausgebrochenen Truppen sofort aufnehmen zu können. Entsprechende Befehle zur Umgruppierung wurden bereits erlassen. Doch das französische Kommando sah davon ab, die schon ermatteten und demoralisierten Truppen erneut ins Gefecht zu führen, die in diesen Gefechten etwa 12 000 Mann verloren hatten (deutsche Verluste etwa 5000 Mann). Die französischen Angriffstruppen traten in der Nacht zum 4. 12. den Rückzug an.

2. Der weitere Verlauf des Krieges bis zum Eintritt des Waffenstillstands

a) Der Volkskrieg in Frankreich und der Kampf um den Entsatz von Paris

Noch vor der endgültigen Einschließung von Paris war durch die Maßnahmen der »Regierung der nationalen Verteidigung« die Formierung neuer Truppen in Süd- und in Westfrankreich eingeleitet worden. Organisierung und Leitung des nationalen Widerstands übernahm die »Delegation der provisorischen Regierung« in Tours. An ihre Spitze trat jetzt der Innenminister Gambetta, der Anfang Oktober im Ballon die belagerte Hauptstadt verlassen und in Tours auch noch die Funktion des Kriegsministers übernommen hatte.

Den Hauptsammelplatz für die entstehenden neuen Verbände bildete der weite Landstrich hinter der Loire. Zu seiner Deckung standen zunächst eine aus Mobilgarden bestehende Territorialdivision und eine Kavalleriedivision zur Verfügung. Sie waren in der Gegend von Orléans aufgestellt worden. In Nevers, Bourges und Vierzon wurde aus den dort eingetroffenen Marsch- und Mobilgardenbataillonen, die durchweg mit dem modernen Chassepotgewehr ausgerüstet waren, zunächst das 15. Korps aufgestellt. Es bestand Ende September bereits aus drei Divisionen mit zugeteilter Kavallerie, insgesamt etwa 60 000 Mann. Im nordwestlichen Frankreich sammelten sich um Rouen und Elbeuf Mobilgarden, Marineinfanterie und Marschbataillone. Sie sollten die Westarmee bilden. Zu ihrem Schutz standen 14 000 Mann an der Andelle, im Wald von Lyon und bei Neufchâtel. Die Eisenbahn von Rouen nach dem Süden wurde durch 4000 Mann gesichert. In Südostfrankreich wurde ein zur Verteidigung der Vogesenpässe bestimmtes Korps gesammelt.

Die Aufstellung aller dieser Truppen machte rasche Fortschritte, weil sie überall von der Bevölkerung rückhaltlos unterstützt wurde und diese bereit war, sich für die Verteidigung des republikanischen Frankreichs einzusetzen. Die erste

Aufgabe der bereits kampffähigen Verbände bestand vor allen Dingen in der Verschleierung und Deckung der weiteren Rüstungen. Sie sollten einen lebhaften Kleinkrieg entfesseln, sich aber nicht auf ernstere Gefechte einlassen. Dabei sollten sie eng mit den Franktireurs zusammenwirken, die trotz ihrer Unterstellung unter den Kriegsminister immer noch selbständig operierten. Die seit Ende September rings um die Einschließungslinie von Paris operierenden Franktireurs unternahmen zahlreiche Angriffe, besonders gegen die mit Requisitionen beauftragten Abteilungen der deutschen Kavallerie.

Das deutsche Hauptquartier hatte zwar in Erfahrung gebracht, daß die Republik neue Truppen aufstellte, Moltke kannte jedoch nicht ihre Stärke, unterschätzte sie auch bei weitem und traute den frischen Verbänden noch keine bedeutende Kampfkraft zu. Trotzdem sah er sich veranlaßt, energische Maßnahmen zu ergreifen. Obwohl Moltke die eigenen militärischen Aussichten sehr günstig beurteilte, begann er doch damit zu rechnen, daß der Kampf noch längere Zeit fortgesetzt werden müsse. Da die Masse der Truppen vor Paris und Metz gebunden war, bestanden nur geringe Möglichkeiten, größere Operationen gegen die entstehenden jungen Armeen der Republik zu beginnen. Um sich wenigstens gegen einen Angriff von Süden zu sichern, mußte die 3. Armee stärkere Teilkräfte für einen Vorstoß an die Loire bereitstellen.

Das bayrische I. Armeekorps wurde bei Arpajon versammelt. Ihm wurde auch die 22. Infanteriedivision unterstellt. Die 2. Kavalleriedivision sollte in der linken Flanke der Bayern vorgehen, die 6. das Gelände westlich von Arpajon sichern und die 4. die Beobachtung gegen Orléans übernehmen. Diese unter dem Befehl des Generals v. d. Tann stehende Armeeabteilung begann am 8. 10. in drei Kolonnen ihren Vormarsch gegen Orléans. Die 2. und 4. Kavalleriedivision, die an den Flanken vorgingen, sollten den Gegner umfassen. Am 10. 10. kam es bei Artenay zu einem Gefecht mit schwachen französischen Kräften, in dessen Verlauf der Gegner zurückwich. Bevor das 15. Korps unter Zurücklassung einer starken Nachhut hinter die Loire zurückgehen konnte, entwickelte sich am 11. 10. das Gefecht von

Franktireurs 1870/71

Orléans. Die französischen Truppen wurden geschlagen und zogen sich hinter die Sauldre zurück. Die deutschen Kräfte nahmen Orléans. Vorhuten stießen bis zur Loire vor.

Von der Armeeabteilung erwartete das deutsche Hauptquartier die Vernichtung des französischen 15. Korps, den Vorstoß auf Tours und Bourges. Aber das Kräfteverhältnis ließ eine solche Operation nicht zu. Die Armeeabteilung blieb bei Orléans stehen, die 22. Infanteriedivision und die 4. Kavalleriedivision wurden nach Paris zurückgerufen. Bei Châteaudun kam es am 18. 10. und vor Chartres am 21. 10. zu Gefechten mit Franktireurs. Auch in anderen Gegenden wurde der nationale Widerstand der Bevölkerung gegen die deutsche Besatzung immer stärker und somit zu einer Bedrohung für die Belagerungstruppen.

Zu dieser Zeit standen dem deutschen Oberkommando jedoch keine freien Verbände zum Einsatz an der Loire zur Verfügung. Die Armeeabteilung v. d. Tanns mußte von der Operationsbasis Orléans aus die Belagerungstruppen vor Angriffen französischer Truppen decken, die in die Sologne zurückgeworfen und bei Gien und Blois erneut versammelt worden waren. Auch im Norden von Paris waren in der Richtung auf Amiens Entsendungen notwendig, um den immer stärkeren Widerstand des Gegners zu brechen. Das nach dem Fall von Straßburg formierte XIV. Armeekorps unter General v. Werder hatte Anfang Oktober neugebildete französische Verbände bei Epinal geschlagen, sie bis Besançon verfolgt und am 26. 10. Gray erreicht. Das alles aber waren nur Notlösungen. Es fehlten dem deutschen Hauptquartier die Kräfte und Mittel, um mit der notwendigen Entschiedenheit den nach Meinung Moltkes durch Sedan schon gewonnenen Krieg zu Ende zu führen. Hier wurde deutlich die Anfang September getroffene Fehleinschätzung der Lage offenbar.

Jedoch setzte die Kapitulation von Metz mit einem Schlag zwei Armeen frei, die jetzt Operationen gegen die neuen französischen Armeen aufnehmen konnten. Allerdings mußte dazu erst ein neuer Aufmarsch vollzogen werden. Deutlich zeichneten sich um diese Zeit drei Räume ab, von denen aus die französischen Kräfte Versuche zum Entsatz von Paris unternehmen konnten. Es waren dies der Norden mit Rouen–Amiens–St. Quentin, die Gegend an und südlich der Loire und der Südosten an der Saône. Deshalb wurden den bei Metz freiwerdenden Armeen folgende Aufgaben gestellt:

Die 2. Armee, bestehend aus dem III., IX. und X. Armeekorps sowie der 1. Kavalleriedivision, sollte über Troyes–Chaumont gegen Bourges–Nevers–Chalon-sur-Saône vorgehen, wo stärkere französische Truppenansammlungen vermutet wurden.

Die 1. Armee – I., VII. und VIII. Armeekorps sowie die 3. Kavalleriedivision – sollte Metz besetzen, Thionville und Montmédy belagern, die Gefangenen abführen und dann über Compiègne marschieren, um im Raum zwischen der unteren Seine und der Oise die Sicherung gegen Entsatzversuche von Norden zu übernehmen.

General Werder, dessen Armeekorps nach dem Fall von

Schlettstadt und Neu-Breisach durch eine Reservedivision verstärkt worden war, erhielt den Auftrag, die Belagerung Belforts zu decken, die Linie Dijon–Dôle zu halten und Truppenansammlungen bei Langres und Besançon zu stören.

Diese Operationen kamen jedoch nicht so zur Ausführung, wie sie geplant waren. Noch während sich die Armeen in Marsch setzten, ergriffen die französischen Truppen für das deutsche Hauptquartier überraschend die Initiative.

Den ganzen Oktober hindurch wurden die Rüstungen in den nicht besetzten Gebieten Frankreichs eilig fortgesetzt. Es war geplant, nach dem 15. noch elf weitere Korps aufzustellen. Die Aufstellung der größeren Heereskörper schritt rasch fort. Unter dem Schutz des 15. und 16. Korps erfolgte die Aufstellung des 17. und bei Nevers die des 18., während ein anderer Verband bei Châteaudun, Brou und Nogent-le-Rotrou die Lücke zwischen den Heeresmassen an der Loire und den im nordwestlichen Frankreich verteilten Streitkäften ausfüllte.

Eine Gruppierung stand in der nördlichen Normandie und in der Picardie, eine zweite um Rouen und eine dritte auf dem linken Seine-Ufer. An diese Gruppierungen schlossen sich 8000 Mann zur Deckung des Abschnitts zwischen Euse und Blaise, 7000 Mann Besatzung von Dreux und 8000 Mann in der Gegend von Evreux an. Das Ziel der Rüstungen war, 600 000 Mann mit 1400 Geschützen so schnell wie möglich ins Feld stellen zu können. Der Schwerpunkt der Aufstellungen und auch der ersten Operationen lag an der Loire.

Ein französischer Kriegsrat beschloß am 24. 10. den Angriff auf Orléans. Er sollte von Teilen des 16. und zwei Divisionen des 15. Korps unter dem Befehl des Generals d'Aurelle de Paladines ausgeführt werden. 13 Kavallerieregimenter sollten gleichzeitig die Rückzugslinie des Gegners nach Paris bedrohen. Der Hauptangriff war von Westen vorgesehen, während Teile der französischen Truppen Orléans von Osten angreifen sollten. Nach der Einnahme von Orléans war zunächst nicht geplant, weiter nach Norden vorzustoßen. Orléans sollte als Basis für weitere Operationen ausgebaut werden. Ferner war beabsichtigt, ein verschanztes Lager für 200 000 Mann zu errichten. Von hier aus sollte dann später die große Offensive auf Paris beginnen, unterstützt durch schwächere Kräfte von Norden und von der Seine her.

Dem General d'Aurelle standen zunächst etwa 70 000 Mann gegen knapp 20 000 Mann deutsche Truppen bei Orléans zur Verfügung. Streifende deutsche Kavallerie entdeckte bereits am 7. 11. die auf Meung und Charsonville vorrückenden französischen Kräfte. Die deutschen Truppen verließen Orléans, um nicht abgeschnitten zu werden, und zogen sich auf Coulmiers zurück. Hier entwickelte sich am 9. 11. ein heftiges Gefecht, in dem sie geschlagen wurden. Da ihr rechter Flügel umfaßt war, gingen sie eilig auf Artenay zurück. Von dort wichen sie, von französischen Truppen nicht verfolgt, auf Toury aus, wo sie wieder Verbindung zu den Armeen vor Paris herstellten. Der französische Erfolg war vor allem von großer moralischer Bedeutung. Er stärkte den Kampfwillen der Soldaten und der Volksmassen und belebte überall die Rüstungen. Allerdings wurden seine militärische Bedeutung und die Auswirkungen auf die weitere Kriegführung vor allem von der Regierungsdelegation unter Gambetta überschätzt.

Der Erfolg der französischen Kräfte bei Coulmiers und die drohende Offensive zum Entsatz von Paris zwangen das deutsche Hauptquartier, seine bisherige Unterschätzung der französischen Widerstandskraft aufzugeben und sich auf eine anstrengende Kriegführung im Innern Frankreichs einzustellen. Der Schwerpunkt der Operationen wurde jetzt an die Loire verlegt. Nachdem das II. Armeekorps bei Paris eingetroffen und die Einschließung von Paris durch die Besetzung der Halbinsel von Gennevilliers vervollständigt worden war, wurde nun eine aus vier Infanterie- und vier Kavalleriedivisionen bestehende Armeeabteilung unter dem Befehl des Großherzogs von Mecklenburg-Schwerin gebildet. Sie vereinigte sich am 12. 11. bei Angerville. Ihre Stärke betrug etwa 65 000 bis 70 000 Mann mit 232 Geschützen.

Hatte die 2. Armee am 10. 11. die Linie Troyes–Chaumont erreicht, so wurde ihr jetzt eine mehr westliche Richtung, auf die Straße Paris–Orléans, gegeben. Sie sollte im Zusammenwirken mit der Armeeabteilung die bei Orléans an der Loire stehenden französischen Truppen angreifen und vernichten. Bei einer Fortsetzung der französischen Offensive noch vor Eintreffen der 2. Armee erwog Moltke sogar die Öffnung des Belagerungsringes südlich von Paris und den sofortigen Einsatz der dadurch freiwerdenden Armeekorps und Divisionen gegen die Loirearmee.

Die Führung der Armeeabteilung glaubte ebenso wie das Hauptquartier, daß Paris von Westen her entsetzt werden sollte, da zu dieser Zeit bei Orléans völlige Ruhe anhielt. Deshalb wurde die Armeeabteilung zunächst nördlich von Châteaudun aufgestellt. Von hier aus wurden Vorstöße in westlicher Richtung und dann auf Le Mans–Nogent-le-Rotrou unternommen. Sie erwiesen sich als Stöße ins Leere.

Am 17. 11. erreichten die Spitzen der 2. Armee die Straße Paris–Orléans. Ihre Aufklärung und die Operationen der Armeeabteilung ergaben einwandfrei, daß französische Truppen in voller Stärke vor Orléans standen und vor allem von Südosten her neue Kräfte heranzogen. Im deutschen Hauptquartier rechnete Moltke mit einer baldigen französischen Großoffensive auf Paris. Deshalb wurde am 22. 11. die Armeeabteilung aus der Gegend von La Ferte–Nogent-le-Rotrou gegen die Loire auf Beaugency eingedreht. Sie sollte sobald wie möglich Anschluß an die 2. Armee gewinnen. Am 25. 11. wurde die Armeeabteilung der 2. Armee unterstellt, am 27. 11. gewannen die beiden Gruppierungen in der Gegend von Châteaudun Fühlung.

Nach den Kämpfen bei Coulmiers hatten die französischen Truppen eine Stellung nördlich von Orléans bezogen, um ein verschanztes Lager anzulegen und weitere Verstärkungen abzuwarten. Der Wald von Orléans, der eine gute Stellung sowohl für Angriff als auch für Verteidigung bot, wurde stark besetzt. In der Folge trafen die Truppen des 16. Korps, das auf dem linken Flügel stehende 17. Korps und starke Franktireursabteilungen ein. Bei Gien bildete sich aus 40 000 Mann das 20. Korps. Dorthin rückte auch eine Division des 18. Korps. Aus diesen Kräften wurde jetzt die Loirearmee formiert, deren

Befehl General d'Aurelle übernahm. Ihre Stärke betrug etwa 200 000 Mann.

Vom Befehlshaber der Loirearmee forderte die Regierung in Tours den baldigen Angriff zum Entsatz von Paris. Als der Stab der Loirearmee Einwände dagegen erhob, da er die Absichten der Besatzung von Paris nicht kenne und die Operationen erst koordiniert werden müßten, übernahm Gambetta faktisch selbst die Leitung der Operationen. Sein Plan sah vor, am Loing abwärts über Nemours und Malesherbes der Pariser Ausfallarmee entgegenzustoßen. Dadurch sollten die Belagerungstruppen gleichzeitig von ihren Verbindungen nach Osten abgeschnitten werden. Zunächst sollte der rechte Flügel der Armee und dann die Mitte angreifen.

Die deutschen Kräfte im Raum zwischen Paris und Orléans befanden sich zu diesem Zeitpunkt in einer schwierigen Lage. Zur unmittelbaren Abwehr des französischen Stoßes kamen, solange die Armeeabteilung noch nicht herangerückt war, nur die etwa 75 000 Mann der 2. Armee in Frage. Dabei stand das Land rings um die deutschen Truppen in Aufruhr; Aufklärung und Nachrichtenübermittlung waren gestört, die Versorgung der Truppen erschwert. Besonders die ungenügende Ausnutzung des Eisenbahnnetzes bereitete dem preußischen Generalstab größte Sorge. Wichtige Strecken waren immer noch durch Sprengungen und Festungen gesperrt, freie Strecken wurden durch die Franktireurs ständig gestört, so daß die Zahl der Transporte viel zu gering war. Moltke verlangte deshalb von allen Armeeführern, durch Streifzüge und drakonische Maßregeln den Volkswiderstand zu brechen. Er erreichte damit allerdings nur geringe Erfolge, schwächte aber zugleich die Kampftruppen bedeutend.

Hatte der Chef des preußischen Generalstabes immer wieder die Führung der 2. Armee gedrängt, ihr Vorgehen auf Orléans zu beschleunigen, so mußte er entgegen seinen Aufforderungen eine vorsichtigere Kriegführung anraten, als am 25. 11. ein neuer Ausbruchsversuch der Pariser Garnison in Verbindung mit dem Vorstoß der Loirearmee drohte. Aber auch von sich aus entschloß sich das Oberkommando der 2. Armee, erst den französischen Angriff abzuwehren, um dann den Gegner bei Orléans frontal und flankierend anzugreifen. Damit überließ es der Loirearmee die Initiative.

Am 26. 11. befahl Gambetta dem 18. und 20. Korps, die den rechten Flügel der Loirearmee bildeten, das Vorgehen auf Beaune-la-Rolande. Um diesen Ort entwickelte sich am 28. 11. eine Schlacht, nachdem das französische 18. Korps über Juranville und das 20. Korps über Boiscommun vorgedrungen waren. Sie stießen auf das geschwächte preußische X. Armeekorps, dessen 10 000 Mann mit 70 Geschützen eine starke Stellung besetzt hielten. Somit griffen zunächst 60 000 Franzosen mit 138 Geschützen bedeutend unterlegene deutsche Kräfte an.

Für die deutschen Truppen standen jedoch erhebliche Verstärkungen in unmittelbarer Nähe des Gefechtsfeldes. Die französischen Kräfte drängten zunächst das X. Armeekorps zurück und umfaßten erfolgreich seinen linken Flügel. Es gelang nur mit Mühe und Not, diesen Angriff des französischen 18. Korps zum Stehen zu bringen. Das 20. Korps griff den rechten deutschen Flügel an. Um Beaune-la-Rolande wurde erbittert gekämpft. Am Nachmittag trafen die deutschen Verstärkungen ein und warfen die französischen Kräfte zurück. Die französischen Verluste betrugen etwa 4000, die deutschen 1000 Mann.

Die Führung der 2. Armee erwartete eine Wiederholung des Angriffs und verfolgte deshalb die französischen Truppen nicht. So konnten sich diese ungehindert zurückziehen. Durch ihren Angriff sowie das starke Auftreten der Franktireurs war es zu einer Verzettelung der deutschen Kräfte gekommen. Ihre Kampfkraft ließ infolge Ermüdung der Mannschaften sichtbar nach. Außerdem war die deutsche Kavallerie infolge der erfolgreichen Tätigkeit der Franktireurs nicht in der Lage, Angaben über die gegnerischen Stellungen zu beschaffen.

Am 30. 11. ging in Tours die Nachricht ein, daß schon am 29. 11. der große Ausfall der Pariser Garnison beginnen sollte. Es erschien dringend geboten, alles zu seiner Unterstützung zu unternehmen. Das im Zentrum der Loirearmee stehende 15. und die den linken Flügel bildenden Korps (16. und 17. Korps) wurden zu einer Rechtsschwenkung auf Pithiviers angesetzt;

war diese ausgeführt, sollten das 18. und 20. Korps erneut vorgehen. Für die Deckung der linken Flanke war das 21. Korps vorgesehen. Bei der Rechtsschwenkung mußten die französischen Kräfte von etwa 90000 Mann auf die Armeeabteilung des Großherzogs stoßen, dessen Streitmacht sich inzwischen auf 35000 Mann verringert hatte. Die 2. Armee gewann durch dieses Manöver der Loirearmee zwar ihre Bewegungsfreiheit wieder, aber ihre Führung, die immer noch auf eine Defensive eingestellt war, begriff nicht sofort die neue Lage.

Am 1.12. errang die Loirearmee bei Villepion einen taktischen Erfolg. Diese Tatsache und die falsche Nachricht von einem erfolgreichen Durchbruch durch die Einschließungsarmee von Paris bestimmten die französische Führung zu einem entschiedeneren Vorgehen. Das 15., 16. und 17. Korps sollten am 2. 12. ihre Bewegungen beschleunigen. Daraus entwickelte sich am selben Tag die Schlacht von Loigny-Poupry. Das 15. und 16. Korps stießen hier auf bedeutende deutsche Kräfte. Im Verlauf heftiger Kämpfe schlugen die deutschen Truppen nur unter großen Schwierigkeiten alle französischen Angriffe zurück, sie erlitten dabei große Verluste.

Infolge dieser Schlacht war das Vordringen des linken Flügels der Loirearmee nach Norden zum Stehen gekommen. Dieser Mißerfolg, die durch Kälte und Hunger erzeugte Demoralisierung sowie die Nachrichten vom Herannahen starker deutscher Verbände, die sich zum Angriff gegen die Loirearmee bereitstellten, veranlaßten den Stab der Loirearmee zu dem Plan, die Truppen beschleunigt in die Stellungen vor Orléans zurückzunehmen. Allerdings hätten das 16. und 17. Korps erst durch einen Vorstoß gegen den rechten Flügel der deutschen Kräfte den Rückzug nach Orléans erkämpfen müssen. Da der Befehlshaber beider Korps darauf verzichtete und sich in westlicher Richtung zurückzog, erleichterte er den gegnerischen Vorstoß auf Orléans.

Das Oberkommando der deutschen 2. Armee erhielt am 2. 12., nachdem es am Vortag noch ergebnislos einen Angriff auf die weit auseinandergezogene Linie der Armee erwartet hatte, vom Hauptquartier den Befehl, von der Verteidigung zum Angriff überzugehen und auf Orléans vorzustoßen. Am 3. 12. trafen die Verbände der 2. Armee auf das auf der Linie Artenay–Toury stehende französische 15. Korps. Die französischen Kräfte waren im Begriff, den Rückzug anzutreten, verteidigten jedoch zunächst hartnäckig ihre Stellungen. Um Artenay tobte ein erbittertes Artilleriegefecht. Erst gegen Mittag konnten Artenay und Chevilly von den deutschen Truppen genommen werden. Auch bei St. Germain-le-Grand, bei Santear und Chilleurs kam es zu Gefechten. Tapfer kämpfend gingen die Franzosen in den Wald von Orléans zurück.

Der deutsche Stoß hatte das französische 15. Korps hart getroffen. Obwohl die anderen Korps von den Kämpfen am 3. 12. wenig berührt wurden, waren auch sie durch die vorherigen Mißerfolge stark erschüttert. Der Stab der Loirearmee entschloß sich daher, den Rückzug über die Loire fortzusetzen. Doch die Regierungsdelegation in Tours befahl, die Stellung vor Orléans bis zum äußersten zu halten. Da es auch dem 18. und 20. Korps nicht gelang, Orléans zu erreichen, stand für die Verteidigung der Stadt nur das 15. Korps zur Verfügung.

Am 4. 12. traten die deutschen Truppen zum Angriff gegen die Befestigungen auf der Linie Gidy–Carcottes an. Vor allem bei Carcottes und vor Orléans entwickelten sich heftige Kämpfe. Das Gefecht wurde abends aber abgebrochen, ohne daß es dem Angreifer gelungen war, die Stadt zu erreichen. Das gelang den Truppen der Armeeabteilung erst in der Nacht, nachdem die französischen Truppen freiwillig ihre Stellungen geräumt und den Rückzug über die Loire angetreten hatten. Mit der Aufgabe von Orléans teilte sich die Loirearmee endgültig in zwei Gruppierungen. Das 15., 18. und 20. Korps gingen auf dem linken Ufer in Richtung Salbris zurück, das 16. und 17. Korps marschierten am rechten Ufer in Richtung Beaugency weiter.

Das französische 15. Korps hatte in der Schlacht von Orléans etwa 20 000 Mann verloren, die zumeist in Kriegsgefangenschaft geraten waren. Dem standen deutsche Verluste von nur 1700 Mann gegenüber. Zwar war es nicht gelungen, die Loirearmee durch einen konzentrischen Angriff zu vernichten, aber ihre Teilung stellte einen Erfolg dar. Dagegen hatte die Offensive der Loirearmee mit dem Ziel, Paris zu entsetzen, mit einer Niederlage geendet. Damit war die deutsche Belagerungsarmee vor Paris einer ernsten Gefahr entgangen.

Während der Ereignisse vor Paris und an der Loire begannen auch im Norden und Südosten Frankreichs neue Kämpfe. Besonders Nordfrankreich stellte durch seine zahlreichen Festungen einen guten Sammelraum für Truppenaufstellungen dar. Lille bot sich geradezu als Stützpunkt an, und die Somme mit Abbeville, Amiens, Péronne und Ham bildete eine starke Verteidigungslinie. Hier sollte ebenso wie an der Loire eine starke Armee aufgestellt werden. Diese Truppen wurden zunächst von General Bourbaki und dann von General Faidherbe befehligt. Den Kern dieser Nordarmee bildete das 22. Korps.

Zunächst sammelten sich etwa 15 000 Mann um Lille. Auf die Nachricht vom Vormarsch deutscher Truppen gegen die Somme wurden alle verfügbaren Kräfte sofort bei Amiens vereinigt. Hier standen unter General Favre etwa 17 500 Mann mit rund 50 Geschützen, während 8000 Mann Mobilgarden mit 12 Geschützen eine verschanzte Stellung südlich von Amiens bezogen. Außerdem bildete sich unter General Briand bei Rouen in der Normandie eine zweite Gruppierung in Stärke von 43 000 Mann mit 27 Geschützen. Die französische Nordarmee bildete eine ernste Gefahr für die deutsche Belagerungsarmee vor Paris. Sie bedrohte außerdem Ende Oktober/Anfang November die rechte Flanke der nach Westen marschierenden deutschen 2. Armee.

Im Oktober hatte das deutsche Hauptquartier aus Mangel an Kräften nur einige schwache Abteilungen der 4. Armee zur Deckung der Belagerung von Paris gegen Angriffe von Norden eingesetzt. Nach dem Fall von Metz wurden Teile der 1. Armee unter General Manteuffel (VIII. Armeekorps und Teile des I. Armeekorps) gegen die französische Nordarmee angesetzt. Ihre Stärke betrug etwa 30 000 Mann und etwa 130 Geschütze. Die deutsche Armeeführung vermutete die französischen Kräfte im Raum Rouen.

Am 16. 11. wurde der 1. Armee der Befehl zum Vormarsch

an die Oise erteilt, die am 20. 11. im Raum Compiègne überschritten wurde. Aber erst am 26. 11. gingen Nachrichten über die Konzentrierung französischer Truppen bei Amiens ein. Der Stab der 1. Armee beschloß den Angriff, wollte aber erst alle Truppen versammeln. Die angreifenden deutschen Kräfte stießen jedoch schon vorher auf den Gegner. In dem Treffen von Villers-Bretonneux am 27. 11. gelang es der zahlenmäßig überlegenen deutschen Armee, die französischen Truppen zu schlagen und sie zur Räumung von Amiens zu zwingen. Die Zitadelle von Amiens kapitulierte allerdings erst am 30. 11. Die französischen Kräfte zogen sich von Amiens auf Arras zurück.

Nachdem etwa zur gleichen Zeit auch La Fère gefallen war, standen dem Oberkommando der 1. Armee zwei volle Armeekorps und eine Kavalleriedivision zur Verfügung. Mit diesen Kräften wurde der Marsch auf Rouen fortgesetzt. Die Stadt wurde am 5. 12. nach kurzem Gefecht vom Gegner geräumt. Von hier aus stießen die deutschen Truppen nach Vernon an der Seine, nach Evreux und Dieppe mit der Absicht vor, Le Havre im Handstreich zu nehmen. Das Hauptquartier verlangte diesen Vorstoß, um die über diesen Hafen laufenden Einfuhren von Kriegsmaterial aus den USA zu unterbinden. Doch die 1. Armee mußte sich wieder gegen die französische Nordarmee an der Somme wenden; der Vorstoß auf Le Havre wurde angesichts der voraussichtlich starken Verteidigung der Hafenstadt eingestellt. Unter General Faidherbe standen das französische 22. und 23. Korps (etwa 43 000 Mann mit 82 Geschützen) an der Hallue und ostwärts von Amiens. Durch ihre Konzentrierung wollte die Nordarmee die deutschen Truppen am Angriff auf Le Havre hindern, dessen Besitz für die Ausrüstung der neuen französischen Feldtruppen von größter Bedeutung war. Dabei wurde sie insbesondere durch die Arbeitermassen in den nordfranzösischen Industriegebieten und Städten aktiv unterstützt.

Starke Teilkräfte des preußischen I. Armeekorps mußten aus Furcht vor den Arbeitern von Rouen und den bei Le Havre stehenden französischen Kräften an der unteren Seine zurückbleiben. Deshalb verfügte das Kommando der 1. Armee für die

Operationen gegen Faidherbe nur über das verstärkte VIII. Armeekorps mit über 22 000 Mann. In Amiens hatten sich die Arbeiter erhoben und die schwache Besatzung in der Zitadelle eingeschlossen. Die deutschen Truppen besetzten zwar erneut die Stadt, mußten aber durch eine starke Besatzung ihre Feldtruppen schwächen. Auch in anderen Orten erhoben sich die revolutionär gesinnten Arbeiter gegen die fremden Bedrücker oder beunruhigten die deutschen Stäbe durch ihre drohende Haltung. Aus diesem Grund und angesichts der Gesamtlage wies das Hauptquartier die 1. Armee an, ihre Bewegungen vorübergehend einzustellen.

Erst am 23. 12. stieß die deutsche 1. Armee auf Albert vor, um durch einen Angriff auf die französischen Feldtruppen auch die revolutionären Arbeiter zu treffen. Die Nordarmee stand in einer starken Stellung am ostwärtigen Ufer der Hallue. Hier entwickelte sich am selben Tag ein rein frontaler Kampf, in dem die französischen Truppen einige Dörfer und die Hallue-Übergänge verloren, ihre Stellung aber im wesentlichen erfolgreich verteidigen konnten. Auch am 24. 12. erreichten die deutschen Truppen keine bedeutenden Erfolge. Trotzdem entschloß sich die Führung der Nordarmee am nächsten Tag zum Rückzug, als Truppen des Gegners in der Flanke angriffen. Die deutschen Kräfte folgten über Albert bis vor Cambrai und Arras. Dann wandte sich die 1. Armee mit Teilkräften eilig nach Rouen zurück, um auch in dieser Richtung den Gegner wieder zurückzudrängen und das hier stehende I. Armeekorps zu unterstützen. Im Norden blieb das VIII. Armeekorps in einem weiten Bogen von Amiens bis Bapaume zum Schutz der Pariser Belagerungsarmee stehen. Eine Reservedivision übernahm die Belagerung von Péronne.

Im Südosten Frankreichs hatte sich Anfang Oktober bei Langres und Epinal eine Vogesenarmee in Stärke von etwa 30 000 Mann versammelt. Dahinter wurden bei Dijon, Besançon und Lyon größere Verbände aus Nationalgarden, Mobilgarden und Franktireurs formiert. Gegen diese französischen Truppen setzte das deutsche Hauptquartier nach dem Fall von Straßburg das XIV. Armeekorps (etwa 25 000 Mann) unter General Werder ein. Es wurde zu diesem Zweck in vier selbständige Brigaden gegliedert, die eine Zuteilung von Kavallerie und Artillerie erhielten, um unabhängig voneinander operieren zu können. Diese Truppen stießen von Straßburg aus in südwestlicher Richtung durch die Vogesen vor. Neben der Fesselung der hier stehenden französischen Kräfte sollte das XIV. Armeekorps das für die Versorgung der deutschen Armee dringend benötigte südostfranzösische Eisenbahnnetz in seine Hände bringen.

Der Befehlshaber der Vogesenarmee, General Cambriels, schob dem Gegner den größten Teil seiner kampffähigen Truppen (15 000 Mann) an die Meurthe entgegen. Hier, an den Ausgängen der Vogesenpässe, entwickelten sich harte Kämpfe, in deren Verlauf die französischen Truppen am 10. 10. Bruyeres räumen mußten. Am 22. 10. kam es zu neuen Gefechten hinter dem Ognon. Jetzt konzentrierten sich die französischen Kräfte bei Dôle und Auxonne, bei Besançon und Dijon. Am 31. 10. kam es zu Gefechten bei Dijon, in deren Ergebnis die deutschen Truppen die Stadt besetzten.

Trotz dieser Erfolge war die Lage der deutschen Kräfte in diesem Raum schwierig. Die Vogesenarmee konzentrierte sich bei Besançon in einer Stärke von 45 000 Mann mit etwa 40 Geschützen. In dem Raum zwischen Dôle, Pesmes und Auxonne formierte der italienische Nationalheld Garibaldi, der sich der französischen Republik sofort zur Verfügung gestellt hatte, aus Freiwilligenabteilungen eine zweite Vogesenarmee. Sie hatte Ende Oktober eine Stärke von 12 000 Mann mit 6 Geschützen erreicht. Weiter abwärts im Saône-Tal bei Nevers war ein weiteres Korps von etwa 18 000 Mann mit 20 Geschützen in Aufstellung. Außerdem bedrohten 12 000 Mann, meist Mobil- und Nationalgarden, von Langres aus die rechte Flanke der deutschen Verbindungen. Besonders niederdrückend wirkte sich auf die deutschen Truppen der Franktireurkrieg aus. Er zwang das Kommando des XIV. Armeekorps, zahlreiche starke Abteilungen auszusenden, die dabei große Verluste erlitten. Die Kampfkraft der Feldtruppen wurde dadurch empfindlich geschwächt.

Somit waren die Franzosen ihrem Gegner in diesem Raum bedeutend überlegen. Deshalb wurden die Kräfte des Generals Werder durch die Unterstellung von zwei Reservedivisionen zu einer Armeeabteilung verstärkt. Sie sollte die elsässischen Festungen einschließlich Belfort belagern, die Verbindung nach Epinal sichern, Dijon und Gray halten und auf Chalon vordringen. Vorläufig sah sich Werder gezwungen, bei Vesoul eine beobachtende Stellung einzunehmen. Die 1. Reservedivision wandte sich zunächst gegen Schlettstadt, das sich nach Beschießung am 24. 10. ergab. Ernstere Kämpfe entstanden um Neu-Breisach und das Fort Mortier, die erst nach neuntägigem Beschuß am 10. 11. kapitulierten. Einen Tag früher war auch Verdun gefallen. Nun marschierte die Division nach Belfort.

Ende November entfalteten die französischen Kräfte eine größere Aktivität. Am 24. 11. gingen auch die Truppen Garibaldis von Autun gegen Dijon vor und griffen am 26. 11. vier deutsche Bataillone an, die Division Cremer (10 000 Mann) marschierte von Süden her nach Gevrey. Der Gegner setzte alle verfügbaren Kräfte gegen Garibaldi ein und unternahm gegen ihn einen Vorstoß. Angesichts des entschlossenen Widerstands der Truppen Garibaldis wurde der deutsche Vormarsch bald eingestellt. Während sich die Tätigkeit der Franktireurs unter dem Einfluß Garibaldis in diesen Wochen noch mehr verstärkte und das ganze bereits okkupierte Land unsicher machte, kam es Ende November noch zu einigen größeren Gefechten. Da es dem deutschen Kommando an Etappentruppen mangelte, mußte es zum Schutz der rückwärtigen Verbindungen der 2. Armee, den es inzwischen übernommen hatte, die eigenen Feldtruppen zu Streifzügen gegen die Franktireurs einsetzen. Die Armeeabteilung war deshalb nicht in der Lage, den geforderten Angriff gegen die französische Vogesenarmee aufzunehmen. Belfort wurde allerdings eingeschlossen. Am 24. 11. kapitulierte Thionville nach dreitägiger Beschießung. Eine der freiwerdenden Divisionen wurde für die Belagerung der Festungen an der Nordgrenze eingesetzt, die andere marschierte nach Süden, um den Raum zwischen der Armeeabteilung Werder und der 2. Armee gegen den Volkskrieg zu sichern.

Mitte Dezember stieß eine deutsche Brigade gegen Langres vor und warf die französischen Kräfte in die Festung zurück. Am 18. 12. drangen zwei Brigaden nach Süden gegen Nuits vor, wo sich ein für beide Seiten sehr verlustreiches Gefecht entwickelte. In seinem Ergebnis zogen sich die französischen Kräfte auf eigene Reserven zurück, die deutschen Truppen blieben bei Dijon stehen. Hier erwarteten sie einen französischen Angriff, der jedoch unterblieb. Für den gesamten Rest des Monats Dezember herrschte in diesem Raum Ruhe. Nur bei Belfort waren die französischen Kräfte ständig aktiv, die Einschließungstruppen mußten immer wieder verstärkt werden.

Nach den Erfolgen bei Orléans Anfang Dezember beabsichtigte das deutsche Hauptquartier, die Offensive so schnell wie möglich fortzusetzen und der ständigen Bedrohung aus dem Süden ein Ende zu bereiten. Das Ziel bestand in der schnellen und vollständigen Vernichtung der Loirearmee. Nach den eben erst errungenen Siegen schlug der preußische Generalstab die Lehren des November in den Wind und beurteilte die Fähigkeiten der Regierungsdelegation unter Gambetta, den energischen Widerstand fortzusetzen, geringschätzig. Die zwei Gruppen der Loirearmee waren inzwischen in zwei selbständige Armeen umgewandelt worden: die 1. Loirearmee unter General Bourbaki mit drei Korps bei Bourges und die 2. Loirearmee unter Chanzy am rechten Loire-Ufer bei Beaugency. Die Truppen der 1. Loirearmee waren zunächst nicht zu neuen Kampfhandlungen fähig, sie waren völlig erschöpft und demoralisiert. Die 2. Loirearmee befand sich in einem besseren Zustand.

Gegen die 2. Loirearmee wandte sich die Armeeabteilung des Großherzogs von Mecklenburg-Schwerin. Sie brach am 7. 12. von Orléans auf. Ihre Führung erwartete keinen französischen Widerstand. Deshalb war die Front der Truppen fast 15 Kilometer auseinandergezogen. Die einzelnen Verbände hatten nur noch eine geringe Stärke. Die Zahl der Infanteristen der Armeeabteilung war auf etwa 27 000 Mann gesunken. Ohne es zu ahnen, marschierten die deutschen Kräfte geradewegs der 2. Loirearmee entgegen, die aus etwa 110 000 Mann bestand. Chanzy war entschlossen, den deutschen Angriff anzunehmen und zurückzuschlagen.

Am 7. 12. entwickelte sich für die Führung der Armeeabteilung überraschend bei Meung ein für die französischen Truppen erfolgreiches Gefecht. Daraufhin wurde am 8. 12. die Front der deutschen Truppen auf die Hälfte verkürzt. Bei Cravant kam es zu heftigen Kämpfen. Die französischen Kräfte griffen mit Schwung an, und die deutschen Truppen erlitten nur deshalb keine Niederlage, weil der linke französische Flügel untätig abwartete, statt in die Schlacht einzugreifen. Die Führung der Armeeabteilung sah der Fortsetzung des französischen Angriffs am kommenden Tag mit großer Sorge entgegen. Indessen hatte die 2. Armee den Vormarsch auf Bourges aufgenommen. Vor dieser drohenden Gefahr verlegte die französische Regierungsdelegation ihren Sitz von Tours nach Bordeaux.

Nachdem General Chanzy am 7. 12. die ihm gegebenen Möglichkeiten nicht erkannt hatte, entschloß er sich für den 10. 12. zu einem neuen Vorstoß in der Erwartung, von der 1. Loirearmee unterstützt zu werden. Am 9. 12. ordnete Moltke angesichts der französischen Erfolge an, daß das Oberkommando der 2. Armee wieder die Führung aller Kräfte an der Loire übernimmt. Es wurde angewiesen, die Armeeabteilung sofort mit allen zur Verfügung stehenden Kräften zu unterstützen.

Die Führung der 2. Armee entschloß sich, Orléans zu halten und mit ihren gesamten Kräften die Verbände der 2. Loirearmee auf beiden Flügeln zu umfassen, um sie entscheidend zu schlagen, wenn sie länger standhielten. Ohne Kenntnis von diesen Veränderungen griff Chanzy am 10. 12. die deutschen Stellungen an. Die französischen Kräfte erreichten Teilerfolge, aber auch dieser Tag endete ohne Entscheidung.

Da nun jedoch klar wurde, daß die von der 1. Loirearmee erwartete Hilfe nicht eintraf, und die Kampfkraft der Truppen bedenklich absank, entschloß sich der Stab der 2. Loirearmee zum Rückzug hinter die Loire. Hinter ihrem tiefeingeschnittenen Tal sollte die Verteidigung neu organisiert werden. Dadurch wurde die Schlacht von Beaugency–Cravant beendet und die 2. Loirearmee der Vernichtung entzogen. In den dreitägigen

Kämpfen hatte die Artillerie die Hauptrolle gespielt. Vor allem durch ihre geschickte und massierte Anwendung erreichte die deutsche Führung, daß die Angriffe der überlegenen französischen Kräfte nicht den erwarteten Erfolg zeitigten.

Die Absicht des deutschen Hauptquartiers bestand darin, die 2. Loirearmee durch schnelle und hartnäckige Verfolgung bis Tours handlungsunfähig zu machen. War das gelungen, dann sollte die Armeeabteilung die 2. Loirearmee von Chartres aus, die deutsche 2. Armee von Orléans aus die 1. Loirearmee in Schach halten. Am 11. 12. begann die Armeeabteilung die Verfolgung der 2. Loirearmee. Auch die 2. Armee blieb im Vormarsch nach Westen. Am 14. 12. stießen die deutschen Truppen wieder auf den Gegner. Es kam zu unbedeutenden Gefechten, nicht aber zu der von Moltke dringend angestrebten Schlacht, da der Stab der 2. Armee erst seine Truppen aufmarschieren ließ, Chanzy rechtzeitig den Loire-Abschnitt räumen und sich auf Le Mans zurückziehen konnte. Am 17. 12. besetzten die deutschen Truppen kampflos Vendôme. Hier stellte das Oberkommando der 2. Armee den Vormarsch ein, da es ein rasches weiteres Vorgehen nicht verantworten wollte.

Ermüdung und moralische Zermürbung der deutschen Truppen nahmen katastrophale Ausmaße an, die Truppenstärken sanken rasch ab. Wenn diese Einheiten nicht sofort eine längere Ruhepause erhielten, mußten sie bald am Ende ihrer Kampfkraft sein. Auf neue Truppen aus Deutschland war nicht zu rechnen, die von dort herangeführten Reserven reichten gerade zum Ausgleich der hohen Verluste. Unter diesen Umständen war nicht an eine Weiterführung der Offensive zu denken und die Ausdehnung des besetzten Gebiets nach Westen nicht zu erwarten.

Die Fortsetzung des Krieges stellte den preußischen Generalstab vor Aufgaben, die er kurzfristig nur lösen konnte, wenn eine ständige Zuführung starker Reserven ermöglicht und die Ressourcen des eigenen Landes mehr als bisher in den Dienst der Kriegführung gestellt wurden. Moltke verlangte deshalb vom Kriegsminister die sofortige Überführung auch der letzten Landwehrtruppen, die Einberufung aller bisher noch nicht ausgebildeten kriegsdienstpflichtigen Männer und das teilweise Aufgebot des Landsturms. Um die riesigen Offiziersverluste einigermaßen zu ersetzen, schlug er die Ernennung von Unteroffizieren zu Offizieren vor. Bis sich die tatsächlich beschlossenen Maßnahmen auswirken konnten, wurden die 2. Armee in den Raum Orléans und die Armeeabteilung in den Raum Chartres zurückgezogen und auf die Defensive beschränkt. Auch der 1. Armee wurde die Einstellung ihrer Bewegungen empfohlen, sie wurde bei Beauvais zusammengefaßt.

Diese Ruhepause benutzte der Stab der 2. Loirearmee zur Reorganisation und Auffrischung seiner völlig demoralisierten Verbände. Nach wie vor verfolgte er die Absicht, Paris zu entsetzen. Als erster Schritt dazu war ein Angriff auf Chartres und Mantes vorgesehen. Dadurch sollte Versailles bedroht werden. Am 22. 12. traf aus Paris die Nachricht ein, daß die Lebensmittelvorräte zur Neige gingen und daß sich die Stadt nur noch bis zum 20. 1. 1871 halten könne. Bis dahin mußten unbedingt energische Aktionen unternommen werden. Es wurde ein Zusammenwirken aller französischen Armeen erwogen. Die 2. Loirearmee sollte über Chartres und Evreux vorgehen, die 1. Loirearmee über Nogent-sur-Seine und Château-Thierry und die Nordarmee über Beauvais und Compiègne. Die Einheitlichkeit des Handelns sollte den Erfolg des Angriffs sichern.

Die Regierungsdelegation verwarf diesen Plan, weil er mit großen Schwierigkeiten und Risiken verbunden war. Zudem setzte Gambetta schon zu dieser Zeit auf eine Operation der im Osten Frankreichs stehenden Kräfte. Unter diesen Umständen sah sich die 2. Loirearmee gezwungen, allein anzugreifen und einen erneuten Versuch zur Rettung von Paris zu unternehmen.

Zur selben Zeit setzte jedoch auch eine neue deutsche Offensive gegen die 2. Loirearmee ein. Am 1. 1. 1871 erhielt die deutsche 2. Armee durch das Hauptquartier den Befehl zum Angriff auf die in Le Mans stehenden französischen Verbände. Zur Überwachung der 1. Loirearmee, die man noch bei Bourges vermutete, wurden zwei Armeekorps von Paris nach Montargis und an die Yvonne herangezogen. Bis zum 6. 1. war die

2. Armee, deren Stärke durch die Auflösung der bisherigen Armeeabteilung auf vier Armeekorps und drei Kavalleriedivisionen erhöht worden war, bei Morée und Vendôme versammelt. Das XIII. Armeekorps wurde gegen die linke französische Flanke angesetzt. Eine Division blieb an der mittleren Loire bei Orléans stehen.

Die 2. Loirearmee war im Lager von Le Mans konzentriert. Je eine Division standen bei Nogent-le-Rotrou, bei St. Calais hinter dem Braye-Bach und bei Château-Renauld. Bereits am 5. 1. stießen die deutschen Vorhuten auf die vorgeschobenen französischen Truppen. Es entwickelten sich lebhafte Gefechte, die auf Grund der Geländebedingungen (Höhenzüge, dichte Bebauung, Erdwälle mit Hecken um die Felder und tiefer Schnee) für den Angreifer sehr schwierig waren. Die deutsche Artillerie konnte kaum in die Kämpfe eingreifen. Am 6. 1. kam es zu schweren Kämpfen auf dem linken Flügel bei St. Amand und Montoire sowie am Azay-Bach. Auf dem rechten Flügel wurden Freteval und Beaumont erreicht. Das Ziel der deutschen Führung bestand darin, unbeirrt durch die in ihrer linken Flanke stehenden französischen Verbände, konzentrisch auf Le Mans vorzudringen und die 2. Loirearmee vernichtend zu schlagen.

Am 7. 1. entwickelten sich erbitterte Gefechte bei Villechauve, um Equisay und am Braye-Bach. In ihrem Verlauf umfaßte die deutsche 2. Armee mit 58 000 Mann Infanterie, 15 000 Mann Kavallerie und 324 Geschützen die zahlenmäßig überlegene 2. Loirearmee auf beiden Flügeln. Erst am 8. 1. gelang es den deutschen Truppen dann, durch erfolgreiche Gefechte die Bedrohung ihrer linken Flanke zu beseitigen. Durch Glatteis und Schneestürme blockierte Straßen und das heftige, zielsichere Feuer der französischen Schützen, die geschickt das Gelände ausnutzten, ließen nur sehr langsame Bewegungen zu. Am Abend des 8. 1. stand die deutsche 2. Armee, wenn auch völlig erschöpft, etwa 40 Kilometer vor Le Mans.

Für den 9. 1. war der Vormarsch bis Yvré-l'Evêque, auf eine Linie etwa 10 Kilometer vor Le Mans, vorgesehen. Eine Abteilung sollte zur Sicherung von Vendôme zurückbleiben.

Schneestürme und Glatteis sowie häufige Sperrungen und Zerstörungen der Straßen erschwerten und verlangsamten immer noch den Marsch. Das französische Feuer zwang zu großer Vorsicht. Trotzdem wurden die vorgeschobenen Truppen Chanzys zurückgedrängt, die stark ermüdeten deutschen Divisionen näherten sich der französischen Hauptstellung.

General Chanzy rief die Truppen seiner Armee auf, ihre Stellungen hartnäckig zu verteidigen. Er befahl den in der ersten Linie stehenden Divisionen, den Gegner sofort anzugreifen und die bereits verlorenen Stellungen zurückzuerobern. Das war zwar angesichts der geringen Kampfkraft unausführbar, aber aus den Vorstößen der französischen Truppen am 10. 1. entwickelten sich harte Kämpfe, die den Beginn der bis zum 12. 1. andauernden Schlacht von Le Mans bildeten. Die deutsche 2. Armee nahm Parigné und Changé. Der von ihr unternommene Angriff auf das Huise-Ufer endete dagegen erfolglos.

Trotz der Rückschläge dieses Tages blieb die Führung der 2. Loirearmee entschlossen, vor Le Mans eine Entscheidung zu erzwingen. Die Armee wurde durch eine frische Division verstärkt, die geflüchteten Soldaten wurden gewaltsam in die Stellungen zurückgeführt. Die Führung hoffte, die deutschen Truppen ermüden und abweisen zu können. Darauf bestand aber angesichts der völligen Erschöpfung und Ermattung der französischen Truppen wenig Aussicht. Für den 11. 1. befahl Chanzy Widerstand bis zum äußersten. An diesem Tag gelang es den deutschen Armeekorps, trotz falscher Befehle ihres Oberbefehlshabers, die französischen Stellungen in blutigen und verlustreichen Kämpfen an den Flanken zu durchbrechen und die Vorstadt Pontlieue zu erreichen. Am 12. 1. ging der deutsche Sturm erfolgreich weiter, die französische Schlachtlinie löste sich auf, einzelne Verbände traten überstürzt und fluchtartig den Rückzug an. Yvré-l'Evêque und die Vorstadt Pontlieue wurden genommen. Die Truppen der deutschen 2. Armee drangen in Le Mans ein, mußten aber bis in die tiefe Nacht schwere Straßenkämpfe führen.

In der Hoffnung, der bedrängten Hauptstadt nun noch über Evreux zu Hilfe kommen zu können, wollte Chanzy mit den

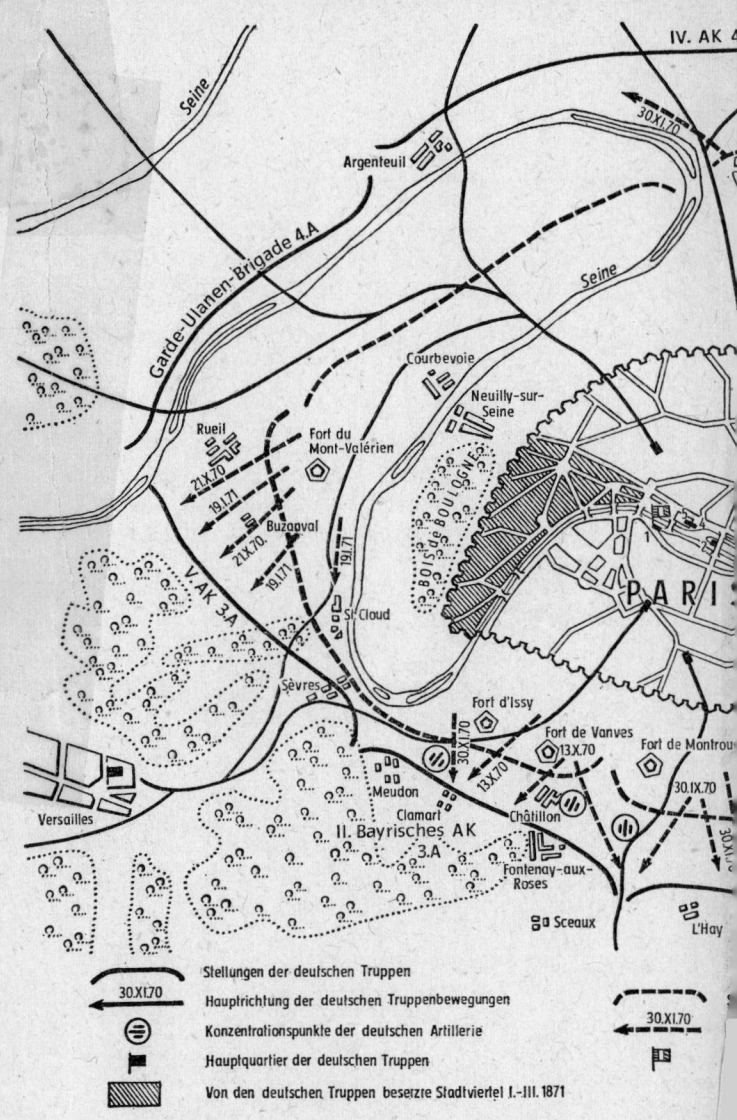

von Péronne, erreicht zu haben. Die Stadt wurde aber sofort wieder belagert und fiel am 9. 1. Die deutschen Truppen nahmen die Verfolgung der abmarschierenden Nordarmee auf, ohne sie jedoch anzugreifen.

Den Oberbefehl über die 1. Armee übernahm zu dieser Zeit General Goeben, da General Manteuffel nach Südostfrankreich gerufen wurde. Die 1. Armee stand jetzt mit einem bei Amiens nordwärts gebogenen Flügel an der Somme. Sie sollte sich ausschließlich auf die Sicherung der Belagerung von Paris nach Norden beschränken. In der Tat hatte auch General Faidherbe aus der Hauptstadt die Nachricht über einen bevorstehenden großen Ausfall erhalten. Er beschloß, mit der Nordarmee anzugreifen und der deutschen Belagerungsarmee die rückwärtigen Verbindungen abzuschneiden. Bei St. Quentin wollte er die beiden Korps seiner Armee vereinigen und dort abwarten, bis sich Paris regte. Bereits am 18. 1. kam es zu einer Gefechtsberührung mit der deutschen 1. Armee, die ihre Kräfte rechtzeitig bei St. Quentin zusammengezogen hatte. Die Kräfte der französischen Nordarmee waren 40 000, die deutschen Truppen 32 000 Mann stark.

Trotz ihrer Überlegenheit war die Lage der Nordarmee sehr ungünstig. Blieb sie bei St. Quentin stehen, konnte sie von Südosten, Süden und Westen umfaßt werden. Am 19. 1. kam es zur Schlacht bei St. Quentin. Die deutschen Truppen griffen den Gegner in seiner Flanke an und warfen die französischen Truppen, die immer wieder Gegenangriffe unternahmen, in heftigen Kämpfen zurück. General Faidherbe beschloß als einzigen Ausweg den Rückzug auf Cambrai, obwohl dieser nur unter schwierigsten Bedingungen erfolgen konnte. Der überstürzte Nachtmarsch und die eisige Kälte führten bei einigen Truppenteilen zur völligen Auflösung. Die Nordarmee nahm Aufstellung im Festungsdreieck Lille–Douai–Valenciennes.

Die deutsche 1. Armee verfolgte sie nicht weiter, sondern kehrte wieder nach der Somme um. Ihr Oberkommando scheute eine weitere Ausdehnung des Kriegsschauplatzes nach Norden und eine neue Belagerung, wofür es auch an Belagerungartillerie mangelte. Aber erst nachdem am 25. 1. das von noch kampffähigen Truppen nordwärts auf Alençon zurückgehen, aber der deutsche Druck und die Befehle Gambettas zwangen ihn in die Richtung auf Laval hinter die Mayenne. Er wurde nur durch schwache deutsche Kräfte verfolgt, die Masse der 2. Armee blieb bei Le Mans stehen. Es zeigte sich, daß die 2. Loirearmee durch die deutsche Offensive auf Le Mans faktisch aufgelöst war. Sie hatte allein 25 000 Mann an Kriegsgefangenen verloren, 50 000 Mann hatten ihre Truppenteile verlassen. Ihr Bestand war auf die Hälfte abgesunken, mit ihrem erneuten Auftauchen im freien Felde konnte in der nächsten Zeit nicht mehr gerechnet werden.

Da inzwischen in Nordfrankreich Gefahr für die Belagerungsarmeen entstand, zog das deutsche Hauptquartier das XIII. Armeekorps nach Rouen, um dort das I. Armeekorps abzulösen. Das IX. Armeekorps wurde bei Orléans konzentriert. Der Rest der 2. Armee – III. und X. Armeekorps mit drei Kavalleriedivisionen, insgesamt 36 000 Mann mit 186 Geschützen – wurde bei Le Mans zur Sicherung gegen die Reste der 2. Loirearmee belassen. Ihre Führung schob die 4. Kavalleriedivision nach Alençon und die verstärkte 1. Kavalleriedivision nach Tours vor.

In Nordfrankreich war die französische Nordarmee nach der Schlacht an der Hallue (23./24. 12. 1870) zunächst in Ruhequartiere im Bereich von Arras zurückgegangen. Am 2. 1. 1871 versammelte sie sich an der Scarpe, um dem bedrohten Péronne zu Hilfe zu kommen. 57 französischen Bataillonen standen anfangs nur 16 deutsche Bataillone gegenüber, die schnell auf Bapaume zurückgeworfen wurden. Am 3. 1. entbrannte die Schlacht von Bapaume. Die deutschen Kräfte wurden in die Stadt zurückgedrängt, konnten sich aber dort bis zum Abend halten.

Die deutsche Führung beschloß den Rückzug der Truppen hinter die Somme, da es an Munition mangelte und die zahlenmäßige Überlegenheit des Gegners zu stark war. Zugleich hob sie die Belagerung von Péronne auf. In dieser Situation ging die französische Nordarmee jedoch auf Arras zurück. Ihre Führung glaubte ihren Zweck, die Aufhebung der Belagerung

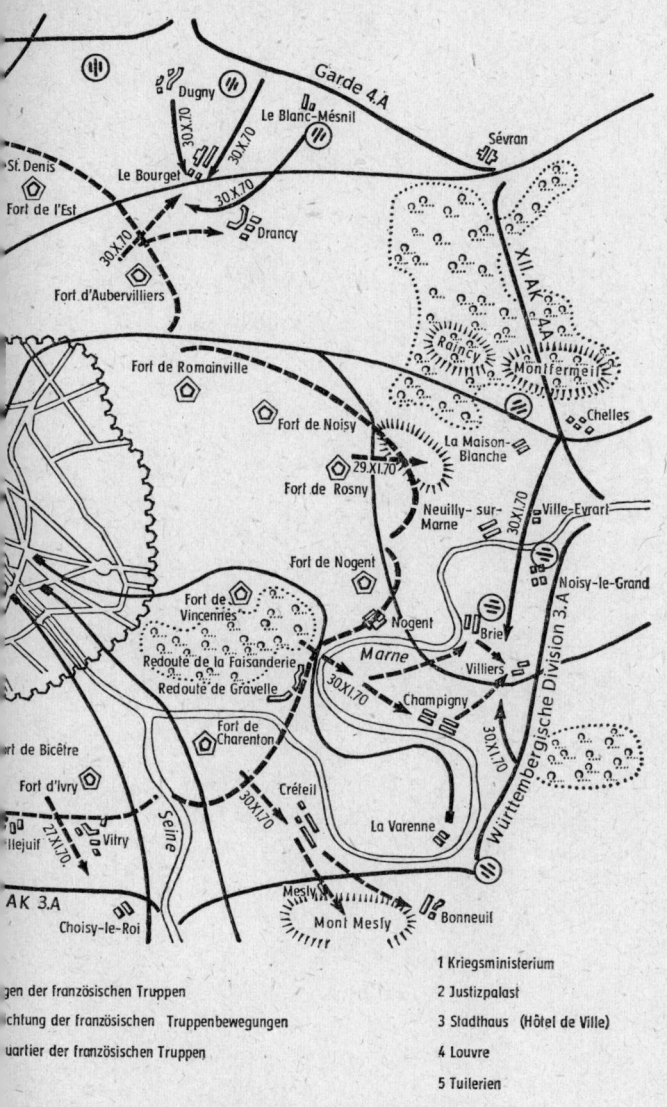

der 2. Armee abgegebene XIII. Armeekorps bei Rouen eingetroffen war, konnte jede Gefahr für die Belagerungsarmeen von Paris von Norden her als beseitigt angesehen werden.

b) Die Schlußkämpfe um Paris und der Feldzug in Südostfrankreich

Im Zusammenhang mit der komplizierten Kriegslage im November 1870 traten im deutschen Hauptquartier in Versailles zwischen Bismarck und Roon einerseits und dem Generalstab, besonders dessen Chef, andererseits große Differenzen über die weitere Kriegführung auf, die sich noch bis zum Waffenstillstand Ende Januar 1871 verschärften. Entgegen den Erwartungen Moltkes konnte der Krieg nicht mit der Vernichtung bzw. Gefangennahme der Armee des Gegners beendet werden. Die Französische Republik zeigte sich trotz aller reaktionären Elemente in der provisorischen Regierung noch keinesfalls bereit, die räuberischen Forderungen des Norddeutschen Bundes und der süddeutschen Staaten zu erfüllen und Frieden zu schließen.

Bismarck fürchtete, daß der lang andauernde Kampf vor Paris und an der Loire die neutralen Mächte zur Intervention ermuntern, solche Staaten wie Österreich, Dänemark und Italien sogar zur Einmischung veranlassen würde. Auch die Verhandlungen mit den süddeutschen Regierungen über den Anschluß ihrer Staaten an den Norddeutschen Bund litten unter dieser mißlichen Situation. Außerdem wollte Bismarck die Schwierigkeiten in der Kriegführung benutzen, um den Einfluß des Generalstabes auf die Entscheidung politisch-strategischer Fragen zu verringern und den eigenen zu vergrößern. Platz und Funktion der militärischen Führungsorgane im Herrschaftssystem des künftigen deutschen Kaiserreiches sollten stärker als im Norddeutschen Bund von ihm als leitendem Reichsminister abhängig sein. Ohne Bedenken kritisierte Bismarck die Kriegführung Moltkes und des Generalstabes und verlangte, den Krieg um jeden Preis in kürzester Zeit zu beenden. Dazu forderte er die sofortige Beschießung von Paris, um die Stadt zur Übergabe zu zwingen, und die rücksichtslose Unterdrückung des Franktireurkrieges.

Dagegen war der preußische Generalstab bemüht, die bis Sedan errungenen Erfolge auch für eine größere politische Unabhängigkeit von der Regierung auszunutzen. Der schon gewonnene starke Einfluß auf alle Entscheidungen des Hauptquartiers sollte durch die Schwierigkeiten des Krieges keineswegs verkleinert werden. Die Kritik Bismarcks an der Strategie Moltkes und seiner operativen Führung rief deshalb Empörung und Verbitterung im Generalstab hervor. Die geforderte Beschießung von Paris hielt Moltke für sinnlos, solange es keine Möglichkeit gab, nicht nur Belagerungsgeschütze in ausreichender Zahl, sondern auch soviel Munition nach Paris zu transportieren, daß ein begonnenes Bombardement bis zur Übergabe fortgesetzt werden konnte. Die offensichtliche Unfähigkeit der eigenen Truppen, den gegnerischen Widerstand wirklich entscheidend zu brechen, rief im Generalstab und bei seinem Chef Unsicherheit, Sorge und eine gereizte Stimmung hervor. Der Generalstab war deshalb bemüht, Bismarck jeden Einblick in die wahre Kriegslage zu verwehren oder doch zu erschweren. Gleichzeitig suchte er militärische Erfolge in jeder Hinsicht, weil nur auf diesem Weg sein Ansehen erhalten und die Differenzen mit Bismarck zu seinen Gunsten beigelegt werden konnten.

Die gegebene Situation zwang den Generalstab Mitte Dezember, seine strategische Konzeption zu verändern. Für seine weitere Kriegführung plante er, die Masse der Streitkräfte in einer Zentralstellung nördlich der Loire zu versammeln und die neu aufgestellten französischen Truppen in wiederholten kurzen Vorstößen zu zerschlagen. Diese Defensiv-Offensiv-Strategie ergab sich zwar aus der Bindung großer Teile des preußischdeutschen Feldheeres vor Paris, sie sollte aber die Fortsetzung des Krieges über einen längeren Zeitraum ermöglichen sowie die Französische Republik zermürben und konterrevolutionäre Bestrebungen in Frankreich gegen sie hervorrufen. Moltke wollte die Kriegführung gegen die bürgerlich-demokratische Republik so lange verschärfen, bis endlich ihr Sturz erfolgt wäre.

Inzwischen hatte sich das Kommando der französischen Kräfte in Paris nach dem gescheiterten Ausfall bei Villiers–Champigny (30. 11. bis 2. 12.) bemüht, die Truppen wieder zu ordnen und ihre Kampfkraft wiederherzustellen. Das wurde auch dazu ausgenutzt, Arbeiterbataillone, die der Regierung gefährlich erschienen, unter verleumderischen Vorwänden aufzulösen. Die Generale entwickelten einen neuen Plan für einen Ausfall. Die Truppen sollten sich über die Halbinsel Genevilliers hinweg den Weg nach Westen bahnen. Dieser Plan wurde jedoch aufgegeben, da kaum noch Hoffnung auf Hilfe durch die Loirearmee bestand. Statt dessen wurde ein Massenausfall nach dem Norden erwogen. Er sollte sich gegen die am Morée-Bach in einer Front von 45 Kilometer Länge stehenden drei deutschen Armeekorps (81 000 Mann) richten. Als Termin für diesen Angriff wurde der 21. 12. vorgesehen. Man wollte dabei mit überlegenen Kräften gegen die deutschen Truppen vorgehen. Zuerst galt es, Le Bourget zu erstürmen, während die 3. Armee gleichzeitig den rechten Flügel der deutschen Stellung angreifen sollte. Erst dann sollte die 2. Armee gegen den Morée-Bach bei Aulnay und le Blanc-Mesnil vorgehen.

Die Einschließungstruppen erhielten rechtzeitig Nachricht über den zu erwartenden französischen Angriff. Sie hatten lange Zeit Ruhe gehabt und sich auf die Verteidigung ihrer Stellungen vorbereiten können. Außerdem wurden Verstärkungen für die gefährdete Frontstelle bereitgestellt. Schon der französische Angriff auf Le Bourget am 21. 12. scheiterte. Die hier eingesetzten Mobilgarden des Departements wurden mit vernichtendem Artilleriefeuer empfangen. Ein Teilerfolg bei Ville-Evrart wurde nicht entschlossen ausgenutzt. Auf der Hochebene von Avron blieb die Nationalgarde zwei Tage lang fast ohne Deckung unter ungeheuren Verlusten im Feuer der deutschen Geschütze liegen. Dann stellte General Trochu fest, daß diese Stellung keine Bedeutung hätte, und ließ sie räumen. Diese Ereignisse und vor allem das Ausbluten der Nationalgarde steigerten die

Unzufriedenheit in Paris und verschärften die politischen Spannungen.

Jetzt gingen die Franzosen dazu über, sich pioniermäßig an die Einschließungsstellungen heranzuarbeiten, da weitere Ausfallversuche nach Ansicht der Generale völlig sinnlos waren. Im Süden arbeiteten sie sich bis über Villejuif hinaus vor, im Norden bis 1000 Meter vor Le Bourget. Für die deutschen Kräfte entstand die Gefahr, daß die Einschließungslinie allmählich zurückgeschoben und die Einschließung mehr und mehr erschwert würden.

Einen vorzüglichen Ausgangspunkt für die französischen Operationen bildete der östlich von Fort Rosny gelegene Mont Avron. Das deutsche Hauptquartier forderte daher von der 4. Armee, den Franzosen diese Position zu entreißen. Das Feuer starker deutscher Batterien (76 Geschütze) erzwang in der Nacht vom 28. zum 29. 12. die Räumung der Stellung. Ebenso zogen sich die französischen Kräfte aus südlich davon gelegenen vorgeschobenen Positionen über die Marne zurück. Damit war es möglich, mit der deutschen Artillerie näher an Paris heranzurücken.

Inzwischen begannen sich auch die Eisenbahnverhältnisse und die Nachschublage vor Paris zu bessern. Mit der Niederkämpfung der Festungen im Osten konnten die beiden nach Paris führenden Eisenbahnlinien über Metz, Mézières und Soissons sowie über Straßburg, Toul und Epernay in Betrieb genommen werden. Bis Ende 1870 waren 235 schwere Geschütze und der entsprechende Munitionsvorrat herangeführt worden. Etwa 100 Geschütze waren bereits feuerbereit an der Südfront von Paris eingebaut worden. Damit konnte Moltke seine bisherigen Vorbehalte gegen den Artillerieangriff auf Paris aufgeben, zumal sich seine Hoffnungen auf die schnelle Aushungerung der Stadt nicht erfüllt hatten.

In Südostfrankreich hatte sich die Lage erheblich zugespitzt. In der zweiten Dezemberhälfte hatte auf Drängen Gambettas die bei Bourges und Nevers stehende 1. Loirearmee den Vormarsch auf Montargis eingeleitet. Da sich inzwischen die deutsche 2. Armee wieder auf Orléans zurückzog, wurde dieser

Plan, den Bourbaki sowieso ablehnte, aufgegeben. Statt dessen wurde eine andere Operation begonnen, durch die doch noch eine Wende im Kriegsverlauf erzwungen werden sollte.

Das 15. Korps blieb vorläufig zur Täuschung der deutschen Kräfte bei Bourges und Nevers stehen. Dagegen bildeten das 18. und 20. Korps den Kern einer neuen Ostarmee. Ihr Abtransport nach Chalon-sur-Saône begann bereits am 21. 12. Zu ihr sollte das neugebildete 24. Korps stoßen, das von Lyon nach Besançon verlegt wurde. Obwohl Transporte und Märsche sehr langsam und stockend verliefen, gelang es der deutschen Aufklärung nicht, diese Bewegungen richtig zu beurteilen. Die Verteilung der deutschen Kräfte und ihre Schwerpunktbildung blieben deshalb unverändert und berücksichtigten den französischen Aufmarsch nicht.

Der Ostarmee unterstand außerdem noch die selbständige Division Cremer, die Armeereserve und die 7. Militärdivision Besançon. Die Gesamtstärke der Ostarmee betrug mindestens 140 000 Mann, die Zahl der Geschütze etwa 300. Den Oberbefehl über die Armee übernahm General Bourbaki. Seine Armee sollte gemeinsam mit der Vogesenarmee Garibaldis Dijon nehmen, Langres und Belfort entsetzen, die deutschen rückwärtigen Verbindungen durchschneiden, die Aufhebung der Belagerung der Plätze in Nordfrankreich erzwingen und schließlich gemeinsam mit der Nordarmee Faidherbes handeln.

Wenn sich diese strategisch-operative Idee verwirklichen ließ, mußte sie schlagartig die Lage verändern. Die ihrer Verbindungen mit der Heimat beraubten deutschen Truppen hätten die Belagerung von Paris höchstwahrscheinlich aufgeben und sich mit aller Kraft der drohenden Gefahr erwehren müssen. Damit wären günstige Möglichkeiten für die Weiterführung des Krieges durch die Republik entstanden. Allerdings verlangte diese Operation eine entschlossene Führung und vor allem schnelle Bewegungen, um den Überraschungsfaktor zu nutzen und Erfolge zu erreichen, bevor das deutsche Hauptquartier seine Kräfte umgruppieren konnte. Die Ostarmee bestand jedoch zum größten Teil aus frisch aufgestellten, deshalb kaum marsch- und bewegungsfähigen Truppen, die Organisation des Eisenbahntransports erwies sich vom ersten Tage an als mangelhaft.

General Werder, der mit seinen geringen Kräften gegen Belfort bisher keine Erfolge erringen konnte, bemerkte den Antransport starker französischer Kräfte auf Besançon rechtzeitig. Er entschloß sich am 27. 12. zur Räumung von Dijon und zur Konzentrierung aller Kräfte bei Vesoul, die am 5. 1. vollzogen wurde. An diesem Tag kam es bereits zu einer Gefechtsberührung. Die deutsche Führung stellte fest, daß es sich bei den vor ihr stehenden Truppen um die Korps des Generals Bourbaki handelte.

Jetzt sah sich das völlig überraschte deutsche Hauptquartier vor eine neue schwierige Lage gestellt. Moltke hatte trotz aller Meldungen Werders einen gleichzeitigen Angriff Chanzys und Bourbakis auf Paris erwartet, nicht aber eine Operation im Osten. Die ihm gemeldeten Eisenbahntransporte der französischen Truppen hielt er entweder für ungenaue, wenn nicht falsche Nachrichten oder bewertete sie nicht richtig. Entgegen den Absichten des preußischen Generalstabes war durch die Initiative des Gegners der Schwerpunkt der Kriegführung auf einmal nach dem Südosten verlegt worden. In aller Eile mußte das deutsche Hauptquartier Gegenmaßnahmen ergreifen.

Die beiden bei Auxerre und Montargis stehenden und Paris gegen die Loire deckenden Armeekorps waren durch diese Wendung der Dinge freigeworden. Sie wurden mit den Truppen General Werders zur Südarmee zusammengefaßt, deren Kommando General Manteuffel übernahm. Das II. Armeekorps wurde nach Nuits-sur-Armançon, das VII. Armeekorps nach Chatillon-sur-Seine geworfen. Aber bis diese Hilfe wirksam werden konnte, war Werder auf seine eigenen schwachen Kräfte angewiesen, deren Hauptaufgabe in der Deckung der Belagerung von Belfort bestand. Mit kaum drei Divisionen konnte er sich im freien Felde nicht gegen mehr als vier französische Korps behaupten.

Auf französischer Seite traten schon zu Beginn der Operation Verzögerungen ein. Der Eisenbahntransport des 18. und 20. Korps wurde durch den schlechten technischen Zustand der Linien verlangsamt. Erst Anfang Januar, später als geplant, konnte sich die französische Ostarmee zwischen Besançon und Dijon konzentrieren. Das nachfolgende 24. Korps brauchte sogar zwei Wochen, bis es die Armee erreichte. Bourbaki dachte trotz seiner großen Übermacht nicht an eine energische Offensive und ungestüme Angriffe. Er wollte seine Aufgabe vielmehr durch Manöver lösen und dazu zunächst Werders Ostflügel bei Vesoul umfassen und von Belfort abdrängen. Es begannen schleppende Seitenbewegungen sowie ein schwerfälliger Aufmarsch mit der Front nach Nordwesten. Nur eine Division ging direkt auf Vesoul vor.

Vor diesen französischen Bewegungen zogen sich die deutschen Truppen ostwärts zurück. Am 9. 1. stießen sie bei Villersexel auf den gleichfalls ostwärts vorgehenden Gegner. Bourbaki hatte das 18., 20. und 24. Korps gegen die drei Divisionen Werders zur Verfügung. Die französischen Truppen standen in einem flachen Bogen südlich von Villersexel. Um das eigene Zurückgehen auf Belfort fortsetzen zu können, sah sich das deutsche Kommando gezwungen, den Kampf mit den französischen Kräften aufzunehmen.

Das Gefecht von Villersexel am 9. 1. endete zwar mit einem französischen Sieg, aber die deutsche Führung erreichte ihren Zweck, die Ostarmee zum Stehenbleiben zu bringen und sich beschleunigt abzusetzen. Mit einem Vorsprung von zwei Tagen konnten die deutschen Truppen sich zwischen den französischen Kräften und Belfort an der Lisaine festsetzen. Erst am 13. 1. setzte General Bourbaki auf Drängen der Regierungsdelegation die Armee wieder in Bewegung, um sich zunächst des Straßenknotenpunkts von Arcey zu bemächtigen. Die Armee führte eine Rechtsschwenkung aus, die ihre bisher nach Norden gerichtete Front nach Osten wandte.

Die Belagerung von Belfort war zwar durch den Anmarsch Bourbakis zum Stillstand gekommen. Um sie aber aufzuheben, mußte die Ostarmee die zwischen ihr und der Festung stehende Armeeabteilung des Generals Werder angreifen. Am 13. 1. wurden die vorgeschobenen deutschen Abteilungen auf die Lisainestellung zurückgedrängt. Den 14. 1. benutzten die französischen Kräfte zum Aufmarsch vor dem linken Flügel der deutschen Truppen. Das 15., 24. und 20. Korps sollten frontal angreifen, das 18. Korps und die Division Cremer den rechten Flügel des Gegners umfassen.

Die Lage der deutschen Truppen war ernst. Sie hatten eine überlegene französische Armee vor sich, eine starke gegnerische Festung hinter sich. Werder wollte hinter Belfort zurückgehen, was jedoch vom Hauptquartier abgelehnt wurde. Somit standen den deutschen Truppen (43 000 Mann mit 114 Geschützen) harte Kämpfe gegen 150 000 Mann mit 360 Geschützen bevor. Allerdings waren bereits die Verstärkungen aus dem Raum Langres im Anmarsch.

Mit einem französischen Angriff, der abgewiesen werden konnte, begann am 15. 1. die Schlacht an der Lisaine. Die beabsichtigte Umfassung gelang nicht, sie war zu kurz angesetzt und traf auf die deutsche Front. Getäuscht durch die ausgedehnte Aufstellung des Gegners, überschätzte das französische Armeekommando die Stärke der deutschen Truppen. Am 16. 1. holte der französische Angriff weiter nördlich aus. Trotzdem konnte die Lisainestellung von ihren Verteidigern behauptet werden, nur mußten sie ihren rechten Flügel erheblich zurückbiegen, um die französische Umfassung abzuwehren. Hier standen die Franzosen nur noch etwa fünf Kilometer von der Festung Belfort entfernt, deren Besatzung aber nichts unternahm, um die Ostarmee zu unterstützen.

Am 17. 1. unternahmen die deutschen Kräfte einen Versuch, die alte Lage auf ihrem rechten Flügel wiederherzustellen, der aber mißlang. Nun erwarteten sie einen neuen französischen Angriff. Auch General Bourbaki rechnete mit einer Wiederholung des deutschen Angriffs. Deshalb unternahm die französische Ostarmee trotz ihrer zahlenmäßigen Stärke an der Front der Lisainestellung keine ernsthaften Durchbruchsversuche. Nur gegen den rechten deutschen Flügel führte sie Vorstöße durch, die aber abgewehrt werden konnten. Das Gelände erlaubte keine volle Ausnutzung der französischen Überlegenheit und begünstigte so die Verteidigung.

Die erfolglosen Kämpfe führten im Zusammenhang mit

Hunger und Kälte und einer durch die vielen Märsche bedingten körperlichen Erschöpfung vieler Soldaten zu einem weitgehenden Nachlassen der Kampfkraft der französischen Ostarmee. Eine Erneuerung des Angriffs schien völlig aussichtslos zu sein. So entschloß sich Bourbaki am 18. 1. zum Rückzug. Einen Tag später forderte Gambetta das Kommando der Ostarmee auf, einen Teil der Truppen bei Besançon zurückzulassen, ihre Masse aber an die Loire zurückzutransportieren, um von dort zur Offensive anzutreten. Dabei befanden sich die Eisenbahnen in einem so schlechten Zustand, daß an eine Ausführung des Befehls nicht zu denken war. Bourbaki hoffte, bei Besançon eine neue Operationsbasis zu finden. Bis zum 22. 1. versammelte sich die Ostarmee wieder bei dieser Festung, ohne daß ihr Oberkommando sofort die Gefahr erkannte, die der Armee von Nordwesten her drohte.

Die deutsche Südarmee hatte mit etwa 60 000 Mann und 168 Geschützen am 14. 1. von Chatillon den Vormarsch angetreten. Auf Vesoul vorgehend, versuchte sie, die Armeeabteilung Werders so schnell wie möglich zu entlasten. Langres mit einer Besatzung von 17 000 Mann wurde links liegengelassen, gegen die Vogesenarmee Garibaldis, die inzwischen eine Stärke von 40 000 Mann erreicht hatte, wurde bei Dijon eine Brigade zur Sicherung und Bindung belassen. Am 18. 1. war die Linie Is-sur-Tille–Champlitte erreicht. Die Südarmee näherte sich der Saône. Hier erfuhr General Manteuffel von der erfolgreichen deutschen Abwehr an der Lisaine. Er entschloß sich nun, die Richtung des Vormarschs zu ändern. Die Südarmee drang jetzt gegen den Doubs unterhalb Besançon vor, um die rückwärtigen Verbindungen der französischen Kräfte zu durchstoßen und ihnen den Rückzug zu verlegen. Am 21. 1. überschritten die deutschen Truppen bei Dôle den Doubs, bei Marney den Ognon. Die Armeeabteilung folgte, wenn auch langsam, der französischen Ostarmee.

Am 21. und 23. 1. kam es zu Gefechten mit den Truppen Garibaldis vor Dijon. Die gegen diesen festen Platz vorgehende Brigade erlitt zwar eine Niederlage, aber sie band den Gegner, so daß die Südarmee ihren Vormarsch in den Rücken des Gegners ungestört fortsetzen und Quingey und Villers-Farley erreichen konnte. Von Bourbaki eilends aufgebotene Kräfte, um die letzte Eisenbahnlinie nach Lyon freizuhalten, kamen zu spät. So konnten nur noch wenige Truppenteile mit der Bahn abtransportiert werden. Die Truppen der Armeeabteilung Werders kamen von Nordosten an den Doubs heran, auch südlich des Flusses standen deutsche Abteilungen. Damit war der Rückzug der französischen Ostarmee von Besançon nach Lyon bereits versperrt.

Bourbaki hatte die Verbindungen der Ostarmee nach Westen durch die Besatzungen von Dijon, Dôle und Quingey für ausreichend gesichert gehalten, so daß er noch am 21.1., als durch den Verlust Dôles das Doubs-Tal für jede Bewegung zu Fuß oder mit der Bahn bereits gesperrt war, mit der Regierung den Plan erörterte, die Armee mit der Bahn wieder nach Nevers an der Loire zu verlegen. Indessen vergrößerte sich die Auflösung der französischen Ostarmee infolge der anhaltenden Kälte und der schlechten Versorgung mit Lebensmitteln, Brennmaterial und Bekleidung. Erst am 24. 1. begann die französische Führung den Ernst der Lage zu begreifen. Ein Kriegsrat beschloß den Rückzug auf Pontarlier, von wo eine Eisenbahnlinie nach Lyon führte, mit der eine neue rückwärtige Verbindung aufgebaut werden konnte. Eine Bekanntgabe dieses Entschlusses führte dazu, daß Offiziere und Soldaten den Vorwurf des Verrats erhoben. Da sich die Hoffnung auf die Eisenbahnlinie außerdem als falsch erwies, übergab General Bourbaki am 26. 1. das Armeekommando an General Clinchant.

Inzwischen war der Ring um die Ostarmee noch enger gezogen worden. Am 26. 1. versperrten deutsche Truppen die Straße über Balins und Pont d'Hery. Auch General Clinchant blieb nach einem vergeblichen Versuch, sich im Norden Luft zu schaffen, nicht anderes als der Rückzug in Richtung auf die Grenze übrig. Am 27. 1. waren die Trümmer der Ostarmee nördlich und nordwestlich von Pontarlier zusammengedrängt. Die Soldaten waren völlig erschöpft und demoralisiert, die Disziplin brach zusammen. Trotzdem sollten Durchbruchsversuche nach dem Süden unternommen werden. Am 28. 1. stand die Armee noch immer eng um Pontarlier. Sie konnte jedoch hier wegen Mangel an Verpflegung nicht länger bleiben. Die Kavallerie wurde nach Les Planches und St. Laurent entsandt, um der Armee die letzte Rückzugsstraße freizuhalten.

Die deutsche Südarmee stand bereits ganz in der Nähe. Ihre Führung plante für den 29. 1. einen allgemeinen Angriff auf Pontarlier. An diesem Tag besetzten deutsche Vorhuten die letzte verbliebene Rückzugsstraße des Gegners. Damit war eine Katastrophe für die französische Ostarmee unvermeidlich geworden. Es kam zu Gefechten vor Pontarlier. Die Führung der Ostarmee protestierte und berief sich auf den inzwischen in Paris abgeschlossenen Waffenstillstand. Da der preußische Generalstab jedoch durchgesetzt hatte, daß sich die Waffenruhe nicht auf Südostfrankreich bezog, wurden die Kämpfe am 30. 1. fortgesetzt. Am 31. 1. waren die Franzosen bei Pontarlier so eng eingeschlossen, daß ihnen nur noch ein Ausweg blieb: Übertritt in die Schweiz und Waffenniederlegung auf neutralem Boden. Am 1. 2. überschritten 90 000 französische Soldaten die Schweizer Grenze. Nur die Kavallerie und eine Division waren nach dem Süden entkommen.

Schon am 26. 1. hatte General Manteuffel starke Teile seiner Truppen nach Dijon zurückgesandt und gegen die Vogesenarmee Garibaldis eingesetzt. Ein von Garibaldi vorbereiteter Gegenstoß wurde auf Befehl Gambettas eingestellt, statt dessen der geordnete Rückzug eingeleitet und nach erfolgreichen Nachhutkämpfen am 1. 2. Dijon geräumt. Von den deutschen Truppen wurde die Belagerung von Belfort mit aller Energie wieder aufgenommen. Die Festung kapitulierte aber erst am 17./18. 2 unter der Bedingung des freien Abzugs der Truppen. Damit waren die Kämpfe in Frankreich beendet, nachdem der letzte große Versuch der Franzosen gescheitert war, durch Operationen im freien Felde eine Wende im Verlauf des Krieges herbeizuführen.

Mit der Ostarmee hatte zum drittenmal in diesem Krieg eine große Feldarmee ihre Waffen gestreckt. Der Untergang der Ostarmee hatte sowohl große militärische als auch – und vor allem – ungeheure moralische Auswirkungen auf die Lage Frankreichs. Gerade, weil man sich so viel von dieser in der Idee richtig angelegten Operation versprochen hatte, wurde die Niederlage um so stärker empfunden. Getrieben von der wachsenden Furcht der herrschenden Klassen vor den bewaffneten Volksmassen und ihrer Revolutionierung, bemühte sich die Regierung, dem inzwischen abgeschlossenen Waffenstillstand so schnell wie möglich und um jeden Preis einen Friedensvertrag folgen zu lassen.

Anfang Januar 1871 hatte auch vor Paris die Schlußphase des Kampfes begonnen. Trotz lebhaften Feuers der Forts, besonders des Mont-Valérien, waren bis zum 4. 1. von der deutschen Artillerie 98 schwere Geschütze in 17 Batterien an der Südfront von Paris in Stellung gebracht worden. Am 5. 1. begann die Beschießung der Befestigungsanlagen. Die Forts litten erheblich, die Truppen mußten aus dem Vorgelände der Stadt zurückweichen. Clamart wurde von deutschen Truppen besetzt. Ein französischer Ausfall am 14. 1. wurde abgewiesen.

Von französischer Seite waren an der Südfront 402 Geschütze eingesetzt. Trotz ihres heftigen Feuers gelang es den Belagerungstruppen, ihre Vorposten und einen Teil ihrer Angriffsbatterien weiter vorzuschieben. Auch an der Ostfront wurde der Kampf wieder aufgenommen. Hier standen nur 76 Belagerungsgeschütze gegen 191 gezogene französische Geschütze. Trotzdem gelang es der schweren Belagerungsartillerie im wesentlichen, die französischen Werke niederzuhalten. Als das Feuer der Forts schwächer wurde, setzten die Belagerer – militärisch völlig sinnlos – einen Teil der langen 15-cm-Geschütze mit künstlich vergrößerter Erhöhung gegen die Stadt ein. Täglich wurden etwa 300 bis 400 Geschosse gegen die Wohnviertel von Paris verschossen. Hierbei handelte es sich um eine reine Terrormaßnahme, die den Widerstandswillen der Einwohner von Paris erschüttern sollte.

Die Lage in Paris verschlimmerte sich im Laufe des Januar wesentlich. Die Beschießung blieb nicht ohne Auswirkungen. Es begann an Lebensmitteln und Brennstoffen zu mangeln. Die schlechten Nachrichten von den Operationen in den Provinzen machten die Hoffnungen auf Entsatz zunichte. Trotzdem waren vor allem die werktätigen Massen von Paris bereit, auch weiterhin auszuharren und Opfer zu bringen, wenn nur endlich entschlossen gehandelt wurde. Die Unzufriedenheit mit der Regierung und dem Oberkommando der Armee wuchs.

Um dieser wachsenden Revolutionierung entgegenzuwirken und die der Regierung gefährlichsten Kräfte, die Nationalgarde, kräftig zur Ader zu lassen, wurde für den 19. 1. ein weiterer Ausfall angesetzt. Es sollte sich um einen Massenausfall gegen die deutschen Linien bei Montretout, Garches und Buzanval handeln. Nur hier auf dem südlichen Teil der Halbinsel Genevilliers und unter dem Schutz des Mont-Valérien konnten sich noch größere Truppenmassen versammeln. Vor allen übrigen Fronten wären sie dem Feuer der deutschen Artillerie ausgesetzt gewesen.

Am 19. 1. ging eine Ausfallarmee von 90 000 Mann unter dem Befehl des Generals Trochu in drei Kolonnen nach Südwesten in der Richtung auf Versailles vor. Schon von Anfang an war das Zusammenwirken der Kolonnen untereinander und mit der Artillerie durch das Armeekommando ungenügend organisiert. Mit großem Elan vertrieben die Truppen die deutschen Vorposten und besetzten die Verschanzungen von Montretout, den Park von Buzanval und einen Teil von St. Cloud. Diese geringen Anfangserfolge konnten aber gegenüber den deutschen Truppen, vor allem deren Artillerie, nicht ausgebaut werden. Der französische Angriff kam erst in einigen Richtungen, später an der ganzen Front zum Stehen. Am Nachmittag befahl Trochu den Rückzug, ohne daß eine endgültige Entscheidung gefallen war. Einzelne französische Truppenteile leisteten gegenüber den deutschen Gegenangriffen erbitterten und zum Teil auch erfolgreichen Widerstand. Trotzdem konnten auch sie das Scheitern des Ausbruchsversuchs nicht verhindern. Die hohen Verluste der französischen Truppen in den Gefechten am 19. 1. waren umsonst gewesen.

Dieses Ergebnis des Ausfallversuchs führte zu neuen revolutionären Unruhen in Paris. Die sich zurückziehenden Bataillone begannen zu begreifen, daß sie den Ausfall nur hatten führen müssen, um sich zu opfern. Die Unruhe in Paris stieg weiter an, die Stimmung wandte sich immer schärfer gegen die Regierung. Am 22. 1. zogen die Bataillone der Nationalgarde, denen sich eine große Menschenmenge angeschlossen hatte, gegen das Stadthaus und das Gefängnis von Mazas, in dem die Angeklagten des Aufstandsversuchs vom 30. 10. 1870 gefangengehalten wurden. Der Regierung gelang es jedoch, die Aktion zu zerschlagen. Die Unterdrückungsmaßnahmen wurden verschärft. Die sogenannte Regierung der nationalen Verteidigung hatte über das Volk von Paris gesiegt, war aber mehr denn je entschlossen, vor den deutschen Armeen zu kapitulieren.

Bereits am 20. 1. erklärte General Trochu jeden weiteren Befreiungsversuch für sinnlos. Zur Beruhigung der Massen wurde General Vinoy als Oberbefehlshaber eingesetzt, Trochu blieb jedoch Chef der Regierung. Am 23. 1. nahm Jules Favre in Versailles Verhandlungen mit Bismarck auf und bat um eine Waffenruhe, um die Stadt zu versorgen. Das deutsche Hauptquartier forderte jedoch die Aufnahme von Waffenstillstandsverhandlungen für alle französischen Armeen außer der Ostarmee Bourbakis und verlangte für die Bereitschaft, bereits in der Nacht vom 26. zum 27. 1. den Kampf vor Paris einzustellen und die Versorgungswege freizugeben, daß den deutschen Truppen alle Forts übergeben und die Anlagen des Hauptwalls abgerüstet werden. Die französische Regierung in Paris ging darauf ein. Sie machte sogar noch größere Zugeständnisse, weil sie das eigene Volk mehr fürchtete als die Eroberer. Am Abend des 26. 1. fanden die Feindseligkeiten vor Paris ihr Ende, die Zufuhr von Lebensmitteln in die Stadt konnte beginnen. Am 28. 1. wurde schließlich zwischen Bismarck und Favre eine Konvention abgeschlossen, die einen zunächst auf 21 Tage befristeten Waffenstillstand vorsah. Am nächsten Tag besetzten die deutschen Truppen die Forts und die Stadt St. Denis, und rund 250 000 Mann der Pariser Besatzung legten ihre Waffen nieder; 602 Feldgeschütze und 1362 schwere Geschütze wurden übergeben. Am 31. 1. trat der Waffenstillstand in Kraft.

Die in Paris von den Vorgängen in Frankreich fast völlig isolierte Regierung maßte sich an, ohne genaue Kenntnis der Lage nicht nur für Paris, sondern für ganz Frankreich zu sprechen und zu entscheiden. Sie stimmte sogar der Forderung des deutschen Hauptquartiers zu, die Departements Côte d'Or, Doubs und Jura sowie die Festung Belfort ausdrücklich von dem Waffenstillstand auszunehmen. Sie gab somit dem Gegner freie Hand, die Vernichtung der Ostarmee zu vollenden. Dafür sicherte Bismarck die Möglichkeit zur Einberufung einer Nationalversammlung nach Bordeaux zu. Sie sollte über den Frieden entscheiden. Der preußische Generalstab war wohl mit einer Waffenruhe einverstanden, forderte jedoch, Paris gänzlich zu entwaffnen. Von der Nationalversammlung erwartete er den Sturz der Republik und die Restauration der Monarchie.

Alle vermögenden Schichten in Frankreich waren fest entschlossen, den Kampf nach dem Ende des Waffenstillstands nicht wieder aufzunehmen, obwohl das durchaus möglich gewesen wäre. Etwa zwei Drittel des französischen Territoriums befanden sich in der Hand der Republik. Die Regierung verfügte noch über unausgeschöpfte materielle Hilfsquellen, und auch die kriegsdienstfähigen Männer waren noch längst nicht alle zu den Waffen gerufen. Frankreich hatte freie Verbindungen ins Ausland und konnte Waffen, Munition und sonstige Kriegsmaterialien einführen. Es verfügte noch über starke militärische Kräfte. Es war allerdings Zeit notwendig, um diese neu zu formieren und aufzufüllen.

Tabelle 33: Die Kräfte der Französischen Republik Anfang Februar 1871

Kategorie	Stärke (Mann)
Feldtruppen	535 000
In Ausbildungslagern und in Algier	354 000
Aufgerufene Rekruten	132 000
Insgesamt	1 021 000

Dagegen hatten die letzten Wochen gezeigt, daß die deutschen Armeen nicht die Kraft besaßen, weitere als die schon von ihnen besetzten Gebiete zu erobern und auch zu halten.

Zwar waren die Menschenreserven im eigenen Land zu dieser Zeit noch nicht erschöpft, es war aber außerordentlich schwierig, in kurzer Zeit noch mehr Männer militärisch auszubilden. Zum anderen hatte die Regierung Bedenken, Deutschland völlig von allen Truppen zu entblößen, wie es vom Generalstab bereits seit langem gefordert wurde. Bismarck und Roon waren angesichts der hohen Zahl von französischen Kriegsgefangenen, die sich im eigenen Land befanden, besorgt und fürchte-

Tabelle 34: Die deutschen Kräfte Anfang Februar 1871

Kategorie	Infanterie und Kavallerie (Mann)	Geschütze
Feldtruppen in Frankreich	519 783	1674
Besatzungstruppen	110 953	68
Ersatztruppen in Deutschland	234 575	.
Insgesamt	865 311	1742

ten, daß Unruhen unter ihnen von revolutionären Kräften in den Industriebezirken unterstützt werden könnten.

Das französische Volk war zwar entmutigt, aber doch nicht zur Unterwerfung bereit. Seine unteren Schichten, vor allem die revolutionären Kräfte in den Städten, forderten von der Regierung, noch einmal alle Kräfte anzuspannen, um den Feind zu schlagen. Gerade diese Entschlossenheit und Konsequenz, besonders der proletarischen Schichten, erschreckten aber die herrschenden Klassen. Sie wollten Frieden um jeden Preis, um sich vor der drohenden Revolution zu retten.

Die Pariser Kommune
Die politischen und militärischen Ergebnisse der Kriege von 1864 bis 1871

1. Die Pariser Kommune

Der Zusammenbruch des bonapartistischen Kaiserreiches und die verräterische und antinationale Politik und Kriegführung der französischen Bourgeoisie führten zur Verschärfung der innerpolitischen Lage Frankreichs. Die schon unmittelbar nach dem Beginn des Waffenstillstandes deutlicher werdenden Vorbereitungen zu einer Einigung mit dem äußeren Feind auf Kosten des Volkes, zur Abschaffung der Republik und zur Wiedererrichtung einer reaktionären Monarchie verschärften die revolutionäre Situation in Frankreich, besonders aber in Paris. Durch Demagogie, Verleumdung und Terror war es den herrschenden Klassen gelungen, eine Nationalversammlung zusammenzurufen, in der von 750 Abgeordneten allein 450 Monarchisten waren. Der Führer der monarchistischen Reaktion, die sich vor allem auf die irregeleitete Bauernschaft stützte, war Thiers. Am 26. Februar wurde in Versailles ein Präliminarfrieden unterzeichnet. Er sah die Abtrennung eines Teiles von Lothringen, einschließlich Metz, und des Elsaß, ohne Belfort, sowie die Zahlung von 5 Milliarden Francs Kriegsentschädigung an das Deutsche Reich vor. Die Nationalversammlung stimmte diesen Bedingungen ohne Bedenken zu.

Vor dem Hintergrund des inzwischen von den führenden Kreisen des preußischen Militarismus unterstützten Terrors der französischen Konterrevolution wurde am 10. 5. 1871 in Frankfurt a. M. der Friedensvertrag zwischen Frankreich und Deutschland unterzeichnet. Die Bestimmungen des Präliminarfriedens wurden bestätigt. Bis zur Zahlung der ersten 500 Millionen Francs sollten die Pariser Festungswerke besetzt bleiben, die östlichen Departements sogar bis zur restlosen Bezahlung der 5 Milliarden Francs. Die Zustimmung zu diesem Frieden war der Preis, den die französische Bourgeoisie für die deutsche Hilfe bei der Niederschlagung der Pariser Kommune zahlen mußte.

Die Nationalgarde von Paris hatte dem verräterischen Treiben der Regierung und der Nationalversammlung nicht tatenlos zugesehen. Schon auf einer Versammlung der Delegierten aller Bataillone waren die Vereinigung aller verfügbaren Kräfte gegen die Regierung und die Bildung eines Zentralkomitees der Nationalgarde beschlossen worden. Das war zugleich eine Antwort auf die Ernennung des Generals Vinoy zum Oberbefehlshaber der Hauptstadt. Diesem Zentralkomitee gelang es Ende Februar, die Massen vor unbesonnenen Aktionen gegen die deutschen Truppen zurückzuhalten, die am 1. 3. einen Teil von Paris besetzten. Am 15. 3. trat das Zentralkomitee zum erstenmal zusammen. Es bildete nun das führende politische und militärische Zentrum der Arbeiterklasse in der französischen Hauptstadt.

Gerade diese Ereignisse bestärkten die Reaktion in ihrem Bestreben, die Republik abzuwürgen und die Arbeiterklasse zu entwaffnen und niederzuwerfen. Sie wählte am 9. 3. als Sitz der Nationalversammlung nicht Paris, sondern Versailles. Das war bereits ein Programm, das noch durch das Verbot republikanischer Zeitungen unterstrichen wurde. Die Regierung Thiers bereitete systematisch den Bürgerkrieg vor, während das Zentralkomitee eindeutig erklärte, das Volk werde nicht den ersten Schuß abgeben, sich aber zur Wehr setzen, wenn es angegriffen würde.

Am 18. 3. unternahmen Regierungstruppen auf Befehl Thiers einen Handstreich auf die Artillerieparks der Nationalgarde. Ihr Versuch, die Geschütze aus Paris gewaltsam wegzuführen, scheiterte aber am elementar entstandenen Widerstand der Nationalgarde und der sich ihr anschließenden Volksmassen. Da sich die Mehrheit der Bataillone der Nationalgarde am bewaffneten Kampf gegen den konterrevolutionären Entwaffnungsversuch beteiligte, befahl die von Panik ergriffene Regierung

Thiers ihren Truppen, die gesamte Stadt zu räumen und sich auch aus den südlich und westlich von Paris liegenden Forts nach Versailles zurückzuziehen.

Durch die Ereignisse gedrängt, ergriff das Zentralkomitee, das auf diese Entwicklung unvorbereitet gewesen war, noch am 18. 3. die revolutionäre Gewalt und konstituierte sich am nächsten Tag faktisch als Regierung der französischen Republik. Damit begann in Paris der heroische Versuch einer proletarischen Revolution, der weltgeschichtliche Bedeutung erlangte.

Über die wesentlichen politischen Ziele der Revolution hinaus standen vor ihr auch dringende militärische Aufgaben. So wäre es notwendig gewesen, zu ihrer eigenen Sicherung und um die nächsten Provinzen zu erfassen, sofort den Angriff auf Versailles, die dort tagende Nationalversammlung, die Regierung Thiers und deren Truppen zu eröffnen. Das militärische Kräfteverhältnis war dafür in den ersten Tagen außerordentlich günstig. Gegenüber den einsatzbereiten revolutionären Bataillonen der Nationalgarde von 60 000 bis 70 000 Mann verfügte Thiers am 19./20. 3. nur über 12 000 Mann Linientruppen und Gendarmerie. Doch das Zentralkomitee beschränkte sich militärisch darauf, eine Reorganisation der Streitkräfte in Aussicht zu nehmen und bis dahin die Nationalgarde zur einzigen bewaffneten Macht in Paris zu erklären. Außerdem wurde der neuernannte Befehlshaber der Nationalgarde beauftragt, die geräumten Forts zu besetzen und die Ringumwallung zu sichern. Dieser versäumte aber, auch den Mont-Valérien westlich von Paris in Besitz zu nehmen, so daß Regierungstruppen nach einigen Tagen des Zauderns ungehindert das wichtige Fort mit seinen Batterien und seiner beherrschenden Lage zurückgewinnen konnten.

Die unbegründete militärische Zurückhaltung gegenüber der geschlagenen Konterrevolution wurde durch die politische Aktivität des Zentralkomitees überragt. Es beschloß, kommunale Wahlen durchzuführen und proklamierte, nachdem diese am 26. 3. stattgefunden hatten, am 28. 3. die Pariser Kommune. Mit ihr gelangte das Proletariat, verbündet mit kleinbürgerlich-demokratischen Schichten, zum ersten Mal in der Geschichte zur politischen Macht – für die internationale sozialistische Arbeiterbewegung begann ein neuer Abschnitt ihres revolutionären Kampfes. Im Namen des Generalrates der Internationalen Arbeiterassoziation hatten Marx und Engels die Pariser Proletarier angesichts der Situation in Frankreich und der deutschen Okkupation vor einer revolutionären Machtergreifung gewarnt. Aber jetzt stellten sie sich sofort entschieden auf die Seite der Revolution, begrüßten begeistert die Kommune und unterstützten die »Himmelsstürmer« von Paris, wie Marx die Kommunarden nannte. Marx und Engels riefen den Rat der Kommune und alle Pariser Arbeiter auf, entschlossen zu handeln und alle verfügbaren Kräfte zur Sicherung der Revolution und zu ihrer Weiterführung einzusetzen.

Die Kommune gab ein glänzendes Beispiel dafür, wie mächtig die Kraft des Volkes ist, wenn die Werktätigen die Leitung der Gesellschaft in die eigenen Hände nehmen. Der Rat der Kommune leitete, gefördert durch die Initiative von unten, wichtige demokratische und soziale Maßnahmen ein, um die Lage der Werktätigen grundlegend zu verbessern. Hier traten bald die ersten Erfolge ein, auch wenn diese, gemessen an der Höhe der Aufgaben, noch bescheiden blieben. Weil aber eine einheitliche proletarisch-revolutionäre Partei mit einem zielklaren Programm fehlte, wurde die Tätigkeit der Kommune durch die ideologischen Gegensätze zwischen einer blanquistischen Mehrheit und einer proudhonistischen Minderheit gehemmt. Das betraf auch das Militärwesen und die Kriegführung der Kommune.

Der Rat der Kommune hob am 29. 3. die Konskription und damit das reaktionäre Zwangssystem des stehenden Heeres auf; er verkündete die allgemeine Volksbewaffnung im Rahmen der Nationalgarde und forderte alle diensttauglichen Männer auf, in deren Bataillone einzutreten. Aufgebaut nach den Prinzipien des demokratischen Zentralismus, entwickelte sich die Nationalgarde zu einer zahlenmäßig starken Volksmiliz. Das entsprach den Aufgaben der proletarischen Revolution und bedeutete die Zerbrechung des bürgerlichen Staatsapparates auf militärischem Gebiet. Die Volksmassen, vor allem die klassenbewußten Arbeiter als ihre Avantgarde, trieben die revolutionäre Militärpolitik der Kommune voran. Nationalgardisten und zahlreiche Komitees in den Stadtbezirken begannen, den Schutz der Stadt durch den Bau vieler Barrikaden, den Ausbau der Befestigungsanlagen und die Bereitstellung von Waffen und Munition vorzubereiten.

Doch lag in dem Abwarten auf die militärische Initiative des Gegners eine unverzeihliche Schwäche der Kommune. Noch Ende März/Anfang April wäre es an der Zeit gewesen, die bisher versäumte Offensive nach Versailles aufzunehmen, sofern dafür alle gefechtsfähigen Bataillone der Nationalgarde, unterstützt durch zahlreiche Geschütze und straff geführt, eingesetzt worden wären. Aber der Rat der Kommune unterschätzte die wiedererstehende militärische Macht der Konterrevolution und beschränkte sich absichtlich auf die Defensive. Damit erhielt die Regierung Thiers den nötigen Zeitgewinn, um stärkere Kräfte zur Niederwerfung der Revolution zu sammeln.

Nach seiner Flucht appellierte Thiers von Versailles aus an die Solidarität der Ausbeuterklassen und wandte sich an Bismarck mit der Bitte um Hilfe. Ungeniert bot der preußische Militarismus der französischen Konterrevolution an, deutsche Truppen gegen das revolutionäre Paris einzusetzen. Aber aus taktischen Gründen wurde dieser Vorschlag von Thiers abgelehnt. Durch den Präliminarfrieden war die Stärke des französischen Linienheeres auf 40 000 Mann begrenzt, doch zählte es Anfang April bereits wieder 65 000 Mann. Bismarck stimmte seiner Verstärkung auf 80 000 Mann und dann sogar auf 110 000 Mann zu und ordnete an, eine große Zahl von Kriegsgefangenen rasch zu entlassen und der Regierung von Versailles zu übergeben. Der ebenfalls aus Kriegsgefangenschaft entlassene Marschall Mac Mahon übernahm den Oberbefehl über das Versailler Heer, dessen zahlenmäßige Stärke bis Ende April auf mehr als 170 000 Mann anwuchs und das, eingeteilt in eine Hauptarmee und eine Reservearmee, mit schwerer Artillerie ausgerüstet wurde.

Trotz des Eifers der Arbeiter und der Sektionen der Internationale, trotz Aufrufen, Proklamationen und Beschlüssen der Kommune blieb die materielle Gefechtskraft der Nationalgarde hinter ihrer moralischen Stärke zurück. Es bestand ein gefährlicher Dualismus zwischen dem Rat der Kommune und dem Zentralkomitee der Nationalgarde in der Befehlsgebung, die an sich schon ungenügend straff erfolgte. Die Ausbildung der Nationalgarde wurde vernachlässigt und ihre Ausrüstung mit den vorhandenen modernen Waffen, besonders mit Feldgeschützen war mangelhaft. Mißtrauen gegenüber ehemaligen Berufsmilitärs, die das Kommando führten, und deren Unfähigkeit, die Formen und Methoden der revolutionären Kriegskunst zu begreifen, hemmten eine zielgerichtete Kriegführung. Die Kommune griff auch nicht energisch gegen Spione und Saboteure sowie gegen alle Männer durch, die sich dem militärischen Dienst entzogen.

Aber die vielen Mängel hinderten die junge revolutionäre Armee nicht, sich heldenhaft gegen die Konterrevolution zu schlagen, als diese mit ihrem Angriff auf Paris begann. Am 2.4. setzte der Kampf im Nordwesten, Westen und Süden von Paris ein, alle anderen Abschnitte waren von den deutschen Okkupanten besetzt, die alle Verbindungen in die Stadt sperrten. Auf die Ermordung gefangener Nationalgardisten bei Courbevoie antwortete die Nationalgarde spontan am 3.4. mit einem Ausfall auf Versailles, der in drei Kolonnen, aber ohne Gefechtsgliederung und nahezu ohne Artillerie erfolgte und deshalb bei hohen Verlusten scheiterte. Nach diesem Erfolg konzentrierte sich die Versailler Armee auf die Beschießung der Forts, des Ringwalls sowie der äußeren Stadtbezirke und arbeitete sich systematisch an die Befestigungen von Paris heran. Trotz hartnäckigen Widerstandes der Kommunarden fiel am 8. 5. das Fort d'Issy und am 13. 5. das Fort de Vanves. Am 21. 5. halfen Verrat und nachlassende Disziplin der erschöpften Verteidiger den konterrevolutionären Truppen, durch die Porte St. Cloud in die Stadt einzudringen.

Die ernste militärische Lage wurde für die Kommune noch dadurch kompliziert, daß die Verbindungen zwischen den Bezirken und Stützpunkten abrissen, eine zentrale Führung kaum noch erfolgte und die deutschen Truppen den Versaillern gestatteten, neutrales Gebiet zu benutzen, um vom Norden her die Stadtbefestigung zu überwinden. Obwohl die Arbeiter mit ihren Frauen und Kindern opfermütig die Barrikaden verteidigten und auf ihnen heldenhaft starben, fielen alle Stadtbezirke nach heftigen Straßenkämpfen in die Hände der Versailler Armee. Aber erst am 27./28. 5. konnten die letzten Flammen des Widerstandes auf dem Friedhof Père-Lachaise und im 11. und 20. Bezirk ausgetreten werden. Die Konterrevolution, die alle im Kampf gefangenen Revolutionäre viehisch ermordete und sofort ein blutiges Terrorregime errichtete, nahm grausame Rache am Proletariat. Standgerichte verhängten summarisch ungezählte Todesurteile; ihre Schergen spürten die Kommunarden auf und verfolgten ihre politischen und militärischen Führer.

Die revolutionären deutschen Arbeiter hatten sich wie die Internationale entschieden auf die Seite der Kommune gestellt und ergriffen trotz des Druckes und Terrors der deutschen Reaktion leidenschaftlich für sie Partei. Demonstrationen und Versammlungen, Flugblätter und Proteste, Aktionen und Sammlungen zur Unterstützung der Kommune waren die Beweise für den wahren Internationalismus der deutschen Arbeiterklasse.

Trotz ihrer Niederlage ist die Kommune leuchtendes Fanal für die internationale Arbeiterbewegung. Der Kampf der Kommunarden war nicht vergeblich, die Opfer waren nicht umsonst gebracht. Noch während der Kämpfe schrieb Karl Marx: »Der Kampf der Arbeiterklasse mit der Kapitalistenklasse und ihrem Staat ist durch den Pariser Kampf in eine neue Phase getreten. Wie die Sache auch unmittelbar verläuft, ein neuer Ausgangspunkt von welthistorischer Wichtigkeit ist gewonnen.«

Der heldenmütige Kampf der Kommunarden, der praktische Beweis, daß die Arbeiterklasse die Macht zu erobern und auszuüben vermag, das alles hob den Mut unzähliger Arbeiter, erweckte und festigte ihr Klassenbewußtsein, ließ sie die nationale Demagogie der Bourgeoisie durchschauen und belebte die sozialistische Bewegung.

Lenin urteilte später wie folgt: »Doch trotz all ihrer Fehler bietet die Kommune das großartigste Beispiel der größten proletarischen Bewegung des 19. Jahrhunderts. Marx schätzte die historische Bedeutung der Kommune hoch ein – hätten die Arbeiter während des verräterischen Vorstoßes der Versailler Bande gegen die Bewaffnung des Pariser Proletariats sich kampflos die Waffen wegnehmen lassen, so wäre die verhängnisvolle Wirkung der durch eine derartige Schwäche in die proletarische Bewegung hineingetragenen Demoralisation unendlich viel größer gewesen als der Schaden infolge der Verluste, die die Arbeiterklasse im Kampfe für die Verteidigung ihrer Waffen erlitten hat. Wie groß die Opfer der Kommune auch waren, sie werden durch ihre Bedeutung für den Kampf des gesamten Proletariats aufgewogen: die Kommune hat die sozialistische Bewegung in Europa in Fluß gebracht, sie hat die Kraft des Bürgerkrieges gezeigt, sie hat die patriotischen Illusionen zerstreut und den naiven Glauben an die gesamtnationalen Bestrebungen der Bourgeoisie zerstört. Die Kommune hat das europäische Proletariat gelehrt, die Aufgaben der sozialistischen Revolution konkret zu stellen.

Die Lehren, die das Proletariat gewonnen hat, werden nicht in Vergessenheit geraten. Die Arbeiterklasse wird von ihnen Gebrauch machen, wie sie das bereits in Rußland im Dezemberaufstand getan hat.«

Die Lehren der Kommune auch auf militärischem Gebiet wurden wichtige Waffen für die revolutionäre Bewegung.

2. Der Charakter des Deutschen Reiches und der preußische Militarismus

In Versailles war in den seit Oktober 1870 laufenden Verhandlungen Bismarcks mit den süddeutschen Regierungen und Fürsten auch der Staat zusammengezimmert worden, der die räuberischen Forderungen an Frankreich stellte, das neue Deutsche Reich. Am 18. 1. 1871 konnte im Spiegelsaal von Versailles – das lange Feilschen mit den nur auf ihre souveränen Rechte bedachten Fürsten hatte fast bis zur letzten Minute gedauert –

der preußische König Wilhelm zum deutschen Kaiser proklamiert werden. Die Konstituierung dieses Staates in einem Raubkrieg, auf fremdem, erobertem Territorium war symbolisch. Der wahre, im Hintergrund stehende Charakter dieses Ereignisses wurde der Mehrheit des deutschen Volkes nicht bewußt. Sie begrüßte die Schaffung eines deutschen Nationalstaates.

Die Bourgeoisie, die überwiegende Mehrheit des Kleinbürgertums und der Bauernschaft und selbst rückständige Teile der werktätigen Schichten standen, nationalistisch beeinflußt, auch hinter den Friedensbedingungen, die das Deutsche Reich der Französischen Republik stellte. Nur die revolutionäre deutsche Arbeiterbewegung, geführt von August Bebel und Wilhelm Liebknecht, wandte sich entschieden gegen die räuberischen Friedensbedingungen und enthüllte auch von Anfang an den antidemokratischen, volksfeindlichen Charakter der Reichsgründung.

In drei Kriegen hatte der preußische Militarismus sein Ziel erreicht: Mit »Eisen und Blut«, durch eine Revolution von oben war die Vereinigung der deutschen Länder unter preußischer Vorherrschaft hergestellt und damit die Frage des bürgerlichen Nationalstaates gelöst worden. Diese Entstehungsgeschichte, am deutlichsten charakterisiert durch den Raubzug gegen die Französische Republik und die direkte Mithilfe bei der Niederschlagung der Pariser Kommune, drückte dem großpreußischen Deutschen Reich ihren unverkennbaren Stempel auf. Somit trug das neugegründete preußischdeutsche Reich einen eindeutig reaktionären Charakter.

Trotzdem ermöglichte die Reichsgründung bedeutende Fortschritte für das deutsche Volk. Das Ende der territorialen Zersplitterung, die fördernde Wirkung eines starken Nationalstaates und die allmähliche Vereinheitlichung der Rechtsprechung erlaubten es der kapitalistischen Gesellschaft, sich in raschem Tempo zu entwickeln. Die Aufhebung der partikularistischen Hemmnisse für die Entwicklung der Produktivkräfte wirkte sich auch dank der von Frankreich erpreßten fünf Milliarden Francs günstig auf die rasche wirtschaftliche Entwicklung im kaiserlichen Deutschland aus. Damit war der Grundstein für das ständige Anwachsen des deutschen Anteils an der Weltindustrieproduktion gelegt, aus dem sich eine wesentliche Besonderheit des deutschen Imperialismus ergeben sollte.

So standen die ersten Jahre nach 1870 im Zeichen fieberhafter wirtschaftlicher Aktivität. Allein bis 1872 stieg die Industrieproduktion um rund ein Drittel, die Produktion von Roheisen um etwa 40 Prozent und die von Stahl um über 80 Prozent. Zwar folgte den Gründerjahren der Gründerkrach, aber er konnte die Entwicklung nur verzögern, nicht aufhalten. Unaufhaltsam schob sich das Deutsche Reich in die erste Reihe der Industriemächte der Welt vor.

Die nationalstaatliche Einigung und die wirtschaftliche Erstarkung hatten auch große Bedeutung für die internationalen Beziehungen. Das deutsche Volk war kein Spielball der ausländischen Mächte mehr. Gleichzeitig führte die Konstituierung eines preußischdeutschen Reiches im Herzen Europas von der ersten Minute an zu einer Verschärfung der internationalen Beziehungen.

Von großer Bedeutung war der endlich gegründete bürgerliche Nationalstaat für die deutsche Arbeiterbewegung. Diese konnte jetzt ihre Kräfte besser sammeln und den Kampf für ihre politischen und sozialen Ziele mit größerer Geschlossenheit führen. Sogar die geringen demokratischen Rechte, die Tribüne des Reichstages, die Wahlen und die breitere Entwicklung der Presse waren wichtige Mittel für die deutschen Sozialisten, um die Arbeiterklasse unter ihre Fahnen zu scharen. Mit der vollzogenen Reichsgründung fiel auch eine wichtige Meinungsverschiedenheit innerhalb der sozialistischen Bewegung weg – der Streit über den Weg zum nationalstaatlichen Zusammenschluß der deutschen Länder. Das sollte wenig später die Einigung der beiden Arbeiterparteien sehr begünstigen.

Trotz aller dieser positiven Ergebnisse der Schaffung des bürgerlichen Nationalstaates trug die Einigung einen reaktionären Charakter. Das Deutsche Reich entstand nicht im Ergebnis einer bürgerlich-demokratischen Revolution, sondern als Frucht blutiger Kriege unter Führung Preußens, des gefährlichsten Feindes der Demokratie.

Dieser Staat war nach der Ansicht von Karl Marx »nichts andres als ein mit parlamentarischen Formen verbrämter, mit feudalem Beisatz vermischter und zugleich schon von der Bourgeoisie beeinflußter, bürokratisch gezimmerter, polizeilich gehüteter Militärdespotismus«. Dieser Staat war ein Staat der Junker und der Großbourgeoisie, die sich aus Furcht vor der Arbeiterklasse der junkerlich-preußischen Reaktion in die Arme geworfen und auf die Eroberung und direkte Ausübung der politischen Macht verzichtet hatte. Das Klassenbündnis zwischen Junkern und Bourgeoisie sollte eine weitere Besonderheit des deutschen Imperialismus bestimmen.

Preußen war die führende Macht, aber die Einheit war durch weitgehende Zugeständnisse an die partikularistischen Interessen der Landesfürsten zustande gekommen. Somit war im Deutschen Reich nicht einmal die staatliche Einheit konsequent bis zu Ende durchgesetzt worden. Der antidemokratische Charakter des von Preußen erkämpften Deutschen Reiches war schon daran sichtbar, daß der Reichskanzler nur dem Kaiser rechenschaftspflichtig war, dem als Oberstem Kriegsherrn auch die Armee uneingeschränkt unterstand. Der Reichstag hatte außer der Bewilligung der Haushaltsmittel keinerlei Einfluß auf das hauptsächliche Machtinstrument des Staates. Dieses Parlament durfte zwar Gesetze beraten und beschließen, aber gültig waren sie erst nach der Zustimmung des Bundesrates, in dem allein die Stimmen Preußens genügten, um jedes Gesetz zu Fall zu bringen. Das Wahlrecht blieb weiterhin beschränkt, und die Rechte der Bürger wurden in der Verfassung nicht einmal erwähnt.

Die Haltung des preußischdeutschen Staates gegenüber der Arbeiterbewegung wurde sofort in dem Leipziger Hochverratsprozeß von 1872 offenbar. Das Sozialistengesetz von 1878 war nur die konsequente Fortführung dieser Politik. Die Niederschlagung der revolutionären Bewegung, wenn notwendig nach dem Muster der Abwürgung der Pariser Kommune mit Eisen, Blut und Feuer, war von Anbeginn eines der erklärten Ziele der herrschenden Reaktion. Ihre Herrschaft widersprach von Grund auf den nationalen Lebensinteressen des deutschen Volkes.

Die schlimmste Folge der undemokratischen, antirevolutionären Reichsgründung war jedoch die Stärkung des preußisch-deutschen Militarismus. Preußen-Deutschland wurde nach 1871 zu einer der stärksten Militärmächte Europas, zum Repräsentanten des Militarismus par excellence. Das wurde zu einer weiteren Besonderheit des imperialistischen deutschen Staates, die seine Aggressivität ins ungeheure steigerte. Gerade im Militärwesen kam die Verpreußung Deutschlands am prägnantesten zum Ausdruck.

Nach 1871 entwickelte sich die Armee des Deutschen Reiches zur zweitstärksten Armee der Welt. Aber in bezug auf Organisation, Disziplin und Ausbildung stand sie an der ersten Stelle. Geführt von einer reaktionären Generalsclique, die unter dem Einfluß des Junkertums stand, war sie das Hauptmittel der herrschenden Klassen zur Festigung ihrer Herrschaft im Innern des Landes und zur Verwirklichung ihrer Aggressionspläne.

Die Vereinheitlichung des Militärwesens vollzog sich in der Art, daß die preußischen Militärgesetze auf das gesamte Deutsche Reich übertragen wurden. Der preußische König und deutsche Kaiser übte die oberste Kommandogewalt aus, die Armee unterstand nicht dem Parlament. Allerdings konnte im Militärsystem und im Aufbau der Streitkräfte keine volle Zentralisierung erreicht werden. Das Deutsche Reich war ein Bundesstaat mit stark föderalistischem Charakter. Dementsprechend wurde auch kein einheitliches Reichsheer gebildet. Die deutsche Armee bestand aus dem preußischen, bayrischen, sächsischen und württembergischen Kontingent, die durch Militärkonventionen und Verträge vereinigt waren. Es gab formell kein Reichskriegsministerium und keinen Reichsgeneralstab. Diese Funktionen wurden faktisch vom preußischen Generalstab und vom preußischen Kriegsministerium ausgefüllt. Nur die Flotte, die im wesentlichen erst nach der Herstellung der staatlichen Einheit geschaffen wurde, war eine Reichsinstitution. Die partikularistischen Überreste im Militärwesen und die Sonderrechte der einzelnen Monarchen hätten eine große Gefahr für Kriegsbereitschaft und Schlagkraft der Armee bedeuten können. Das wurde jedoch durch die Übertragung der preußischen Militärgesetze auf alle Bundesstaaten verhindert. Dadurch konnte die Einheitlichkeit in der Organisation, Ausbildung, Bewaffnung und Ausrüstung gesichert werden. Außerdem wurde dadurch in die anderen Länder langsam, aber stetig der Ungeist des preußischen Militarismus hineingetragen. So hatten die herrschenden Kreise Preußens auch im Militärwesen ihr Ziel erreicht – ein deutsches, aber unter ihrem beherrschenden Einfluß stehendes Heer.

Die entscheidende militärische Institution im Deutschen Reich war der preußische Generalstab. Die Siege von Königgrätz 1866 und Sedan 1870 hatten seine dominierende Stellung begründet, die durch die militärischen Mißerfolge im Winter 1870/71 nur wenig eingeschränkt worden war. Er konnte sein Wort bei jeder politischen Entscheidung in die Waagschale werfen, er war auch in einem zukünftigen Kriege der eigentliche Träger der Kommandogewalt, er wurde als eine unfehlbare militärische und strategische Autorität verherrlicht. Im Laufe der folgenden Jahre entwickelte sich der Generalstab zum Zentrum für die Kriegspläne der aggressivsten junkerlich-großbourgeoisen Kreise.

Der preußische Generalstab plante nicht nur neue Kriege, er beteiligte sich auch mehr und mehr an der ideologischen Kriegsvorbereitung. Die Offiziere des Generalstabes gingen im Laufe der folgenden Jahre und Jahrzehnte dazu über, eine Kriegsideologie zu propagieren, die jede Aggression verherrlichte und rechtfertigte. Dabei wurden sie von einem ganzen Netz militaristischer Organisationen unterstützt. Den Interessen der Armee und der reaktionären Offizierskaste blieb das gesellschaftliche Leben im ganzen Land untergeordnet, in der Wirtschaft spielte die Rüstungsproduktion eine gewaltige Rolle. Die von Frankreich erpreßte Fünf-Milliarden-Francs-Kontribution diente fast ausschließlich der Vorbereitung eines neuen Krieges: der Vergrößerung und Neubewaffnung der Armee, dem Kasernen- und Festungsbau und dem Ausbau des Eisenbahnnetzes nach strategischen Gesichtspunkten.

So begann nach dem Deutsch-Französischen Krieg das Netz des preußischen Militarismus das ganze Land zu umspannen.

Der Ungeist des Militarismus durchdrang auch das geistige Leben. Preußen-Deutschland wurde zu einer Gefahr für die Völker Europas, der preußischdeutsche Militarismus entwickelte sich zum Todfeind des eigenen Volkes.

Da die Bourgeoisie sich in die Arme des Junkertums geworfen hatte und mit ihm gemeinsam die deutsche Nation auf eine Katastrophe zusteuerte, gab es nur noch eine Kraft, die sich an die Spitze des Kampfes um die nationalen Interessen stellen konnte: die Arbeiterklasse und ihre revolutionäre Partei. Ihr oblag es jetzt, die Führung der Volksmassen im Kampf gegen die Reaktion zu übernehmen. Die große nationale Aufgabe der deutschen Arbeiterklasse bestand jetzt darin, unter Führung der revolutionären Arbeiterpartei mit Unterstützung des ganzen Volkes den preußisch-deutschen Militärstaat zu stürzen und eine einige, unteilbare demokratische Republik zu erkämpfen.

3. Die militärischen Lehren für die weitere Entwicklung des Militärwesens

Während der Krieg von 1864 wegen der geringen Zahl der in ihm eingesetzten Truppen, der Besonderheiten der militärgeographischen Lage und der die militärischen Operationen hemmenden politischen Situation nur von geringem Einfluß auf die Entwicklung des Militärwesens war, läßt die Analyse der Kriege von 1866 und 1870/71 wichtige neue Entwicklungslinien erkennen.

Charakteristisch für beide Kriege war der Einsatz von Massenheeren. Als Folge der ökonomischen Entwicklung wurde vom letzten Drittel des 19. Jahrhunderts an die verstärkte Massenhaftigkeit des Einsatzes von Menschen und Kampfmitteln zu einem Merkmal der Kriegführung. Im Zusammenhang damit stand die wachsende Rolle des ökonomischen Potentials, der Reserven und der ausgebildeten militärischen Kader. Trotz der schweren Niederlage bei Königgrätz wäre Österreich 1866 noch durchaus in der Lage gewesen, den Krieg weiterzuführen, neue Armeen zu formieren und den Widerstand fortzusetzen.

Noch deutlicher wurde das im Deutsch-Französischen Krieg. Das ökonomische Potential und das Vorhandensein großer Menschenreserven erlaubten es der Französischen Republik, in kurzer Zeit neue Armeen zu formieren und auszurüsten, deren Einsatz der preußischdeutschen Armee in der zweiten Etappe des Krieges ernsthafte Schwierigkeiten bereitete. Die Weiterführung des Krieges trotz der bedeutenden militärischen Erfolge, die in der Schlacht von Sedan gipfelten, warf alle Berechnungen des preußischen Generalstabes über den Haufen und zwang zur ständigen Zuführung neuer Reserven auf den Kriegsschauplatz und zur Anspannung aller Kräfte.

Der Deutsch-Französische Krieg zeigte, daß Kriege zwischen etwa gleich starken Staaten nicht mehr von den Ergebnissen einer Generalschlacht abhingen, sondern durch das Ringen aller politischen und ökonomischen Kräfte entschieden wurden. Die darin zum Ausdruck kommende Tendenz zum lang andauernden Krieg konnte sich jedoch 1866 und zum Teil auch 1870/71 infolge des Wirkens der politischen Faktoren nicht voll entfalten. Das relativ schnelle Ende der Kampfhandlungen wurde nicht allein durch die militärischen Erfolge der preußischdeutschen Armeen erzwungen, sondern auch durch die innere politische Situation Österreichs und Frankreichs erleichtert. Obwohl diese politischen Faktoren bei der Analyse der Kriege in einem gewissen Umfang berücksichtigt wurden, gelangten die Militärtheoretiker, vor allem der preußische Generalstab, zu der irrigen Ansicht, daß auch in Zukunft Kriege durch entschlossene und aktive Kampfhandlungen in kurzer Zeit beendet werden könnten, sofern sie nur mit größerer Energie geführt würden.

Der Einsatz von Massenheeren bedingte auch die Gliederung des Feldheeres in mehrere selbständige Armeen. Dafür ist der Krieg von 1870/71 ein markantes Beispiel. Die Zentralisierung der Führung in der französischen Armee bereitete ihr zu Beginn des Krieges bedeutende Schwierigkeiten. Die Leitung der Handlungen mehrerer selbständiger Armeen durch das deutsche Hauptquartier hingegen erwies sich als bedeutender Vorteil. Diese Führungsmethode wurde im wesentlichen möglich durch die zweckmäßige Ausnutzung der modernen Nachrichtentechnik. Doch die aus den Erfahrungen von Königgrätz abgeleitete Lehre von der entscheidenden Rolle der konzentrischen Operation hatte objektiv nicht den erwarteten Einfluß auf den Kriegsverlauf ausgeübt. Ihre erfolgreiche Anwendung bei Sedan mußte erst improvisiert werden, ohne daß sie den Krieg beenden konnte.

Trotzdem bewährte sich in beiden Kriegen, 1866 und 1870/71, im wesentlichen der Führungsmechanismus des preußischen Generalstabes. Die exakte generalstabsmäßige Vorbereitung der Feldzüge, die sorgfältig geplante Mobilmachung und die ausgefeilte Aufmarschtechnik sicherten von vornherein bedeutende militärische Vorteile. Es ergab sich daraus die wachsende Bedeutung der Arbeit des Generalstabes bereits in Friedenszeiten.

In allen Schlachten und Gefechten zeigte sich auch die Bedeutung der mittleren und unteren Führungskader. Die auf höherem Niveau als beim Gegner stehende Ausbildung des mittleren und unteren Offizierskorps sowie der Unteroffiziere war einer der entscheidenden Faktoren für die Erfolge der preußischen Truppen. Diese Aufwertung der Rolle der mittleren und unteren Kader erleichterte auch die stärkere Dezentralisierung und Auflösung der Gefechtsordnungen infolge der gestiegenen Wirkung der Feuerwaffen.

Alle kriegführenden Staaten hatten die objektiv gebotenen Möglichkeiten für die Führung des Seekrieges ungenügend ausgenützt oder gar negiert und den Einsatz ihrer Flottenkräfte nur mangelhaft mit dem Einsatz der Landstreitkräfte koordiniert. Die fehlende Ausnutzung des modernen Seekriegswesens war ein ernster Mangel der Kriegführung, vor allem im Hinblick auf die Erfahrungen des Seekrieges während des amerikanischen Bürgerkrieges.

Diese objektiven Lehren der Kriege gegen Österreich und Frankreich fanden jedoch in der preußischdeutschen Armee nicht die nötige Beachtung. Das lag vor allem daran, daß von 1871 an das politische und militärische Denken im preußischen Generalstab, und damit in der gesamten deutschen Armeefüh-

Teilansicht einer Schanze bei Düppel

Kavallerieattacke bei Langensalza

Österreichischer Pontontrain bei Münchengrätz

Seeschlacht bei Lissa

Waldgefecht in der Schlacht bei Königgrätz

Transport von Kavallerie in den Aufmarschraum

Erkundungsgefecht

Schlacht bei Wörth

Schlacht bei Sedan

Bei Sedan erbeutete Geschütze

Belagerungsartillerie vor Straßburg

Zitadelle von Straßburg

Gefecht bei Bethoncourt

Unten links:
Straßenkampf in Le Mans

Unten Mitte:
Feldlager bei Le Mans

Unten rechts:
Belagerungsbatterie vor Paris

Feldtelegrafenstation im Einsatz

Angriff französischer Franktireurs

Deutsche Kriegsgefangene in Paris

Frankreich unterzeichnet das Friedensdiktat (zeitgenössische französische Karikatur)

August Bebel

Helmuth von Moltke

oben von links nach rechts:

Albrecht von Roon
Karl Friedrich von Steinmetz
Edwin von Manteuffel

Otto von Bismarck

Erzherzog Albrecht von Österreich

Ludwig von Benedek

Wilhelm von Tegethoff

Léon Gambetta

Unten von links nach rechts:

Patrice Mac Mahon
François Bazaine
Charles Bourbaki

Giuseppe Garibaldi

rung, von der verbrecherischen Idee des Präventivkrieges beherrscht wurde.

Der Frankfurter Frieden mit seinen Raubbedingungen führte zwangsläufig zur weiteren Verschärfung des Gegensatzes zwischen den herrschenden Klassen Frankreichs und Deutschlands. Waren die einen nicht gewillt, den Verlust Elsaß-Lothringens für alle Zeiten hinzunehmen und die Vormachtstellung des preußischdeutschen Militärstaates anzuerkennen, so waren die anderen mit allen Mitteln bestrebt, den geschlagenen Gegner am Boden zu halten, um ungestört die Ergebnisse des Sieges genießen und die errungenen Positionen weiter ausbauen zu können.

Die herrschenden Klassen Frankreichs unternahmen große Anstrengungen, um so schnell wie möglich die wirtschaftlichen, politischen und militärischen Kräfte des Landes wiederzubeleben, Bundesgenossen zu gewinnen und zu gegebener Zeit die Ergebnisse des Krieges zu revidieren. Besonders die preußischen Militärs beobachteten sehr besorgt, wie rasch Frankreich neue Kräfte sammelte. Sie fürchteten ein Bündnis des wiedererstarkenden Gegners mit anderen europäischen Mächten und einen damit unvermeidlich verbundenen Zweifrontenkrieg. Deshalb sahen sie ihr Ziel darin, Frankreich politisch zu isolieren und mit militärischer Gewalt niederzuschlagen, bevor es selbst einen Krieg gegen Deutschland wagen konnte.

Schon vor dem Abschluß des Frankfurter Friedens, noch im April 1871, stellte der Chef des preußischen Generalstabes, Moltke, Überlegungen in dieser Richtung an. Unter dem Eindruck des soeben beendeten Krieges kam er zu dem Schluß, daß Deutschland nicht hoffen dürfe, in einem Kampf gegen eine mit Frankreich vereinte Koalition die Gegner nacheinander zu schlagen. Auch in der Folgezeit hielt er mehr oder weniger an dieser Ansicht fest. Dabei berücksichtigte er die militärische Erstarkung Frankreichs nach 1871 und die Unmöglichkeit, mit den vorhandenen Kräften offensive Operationen an mehreren Fronten zu führen. Diese Auffassung war noch relativ real, obwohl Moltke nicht vor der Entfesselung des Krieges zurückschreckte.

Doch in der Idee des Präventivkrieges, also in dem angemaßten Recht, jeden wahrscheinlichen oder nur möglichen Gegner zu überfallen, lag die ganze reaktionäre, friedensgefährdende Gesinnung der Generalstabskaste. Hier ist bereits ein Keim für die Abenteuerlichkeit der Kriegspläne des imperialistischen deutschen Militarismus zu suchen, die sich gegen Ende des Jahrhunderts immer deutlicher herauskristallisierte. Sie wurde noch verstärkt durch die Überzeugung, mit Hilfe des Präventivkrieges auch einen Zweifrontenkrieg siegreich führen zu können. Dabei nahm der Generalstab keine Rücksicht auf die Nichtübereinstimmung zwischen politischen Zielen und vorhandenem wirtschaftlichem und militärischem Potential. Das zeigte, wie sich im strategischen Denken der deutschen Militärs die realistischen Elemente verminderten.

Die offiziellen militärstrategischen Auffassungen sahen nach den Erfahrungen des Krieges 1866 und 1870/71 die Landstreitkräfte als die Hauptkraft in einer zukünftigen militärischen Auseinandersetzung an. Beherrscht von dem Gedanken eines Präventivkrieges gegen Frankreich, orientierten sie ausschließlich auf den Landkrieg. Die Rolle der Seestreitkräfte im modernen Krieg wurde von den Führungsorganen des Heeres theoretisch und praktisch nicht erkannt. Die errungenen militärischen Erfolge in den Kriegen gegen Österreich und Frankreich – symbolisiert durch die Namen Königgrätz und Sedan –, das Unverständnis für wesentliche Gesetze des Militärwesens und der Kriegführung sowie die Ignorierung zahlreicher politischer und ökonomischer Faktoren führten dazu, die Theorie vom kurzen Krieg, die sich in den Denkschriften Moltkes in den 60er Jahren herausgebildet hatte, weiter höchst einseitig zuzuspitzen.

Auf der Basis der Lehre von der konzentrischen Operation kam es zur Herausbildung eines übertriebenen Vernichtungsprinzips, in dem der Keim für die spätere Blitzkriegskonzeption lag, und eines damit gekoppelten übersteigerten Offensivprinzips, dem Streben nach der strategischen Offensive um jeden Preis. Diese gefährliche und selbstmörderische Entwicklung des militärstrategischen Denkens vollzog sich allmählich und erreichte einen ersten Höhepunkt nach dem Eintritt des Landes in das imperialistische Stadium des Kapitalismus.

Die führenden Köpfe der deutschen Armee kamen zu einigen richtigen Erkenntnissen über die unvermeidliche Entwicklung der Armee zu einem Massenheer, über die Auswirkungen der gesteigerten Feuerkraft auf die Führung des bewaffneten Kampfes, über die Ausnutzung der Eisenbahnen und der modernen Nachrichtenmittel. Dagegen zeigten sie sich außerstande, ihre Schlußfolgerungen, die sich aus der Auswertung der Kriegserfahrungen für die Gefechtsausbildung der Truppen ergeben hatten, auch gegenüber konservativen Ansichten der Militärkaste durchzusetzen. Auf taktischem Gebiet stagnierte nach 1871 die militärische Entwicklung.

Die Kriege von 1866 und 1871 hatten bewiesen, daß die Taktik der preußischen Infanterie trotz ihrer Überlegenheit gegenüber der österreichischen und französischen Infanterietaktik ebenfalls nicht den Anforderungen genügte und veraltet war. Waren 1866 die österreichischen dicht zusammengedrängten Massen dem preußischen Zündnadelgewehr zum Opfer gefallen, so hatten sich 1870 selbst die von den preußischdeutschen Truppen im Angriff angewandte Kompaniekolonne und besonders die Linienaufstellung als lohnendes Ziel für die mit überlegen gezogenen Hinterladergewehren ausgerüsteten französischen Infanteristen erwiesen. Erst durch die furchtbaren Verluste gezwungen, kämpften im Verlauf der Schlachten und Gefechte die Soldaten entgegen den Vorschriften und dem Willen der höheren Kommandeure in der geöffneten Taktik des Schützenschwarms. Somit wählten sie die unter den neuen Bedingungen einzig richtige taktische Form. Diese Lehren bestimmten aber nach dem Kriege nicht die entscheidenden Grundlagen der Infanterietaktik. Die geöffnete Ordnung wurde nicht allgemein durchgesetzt. Das nach dem Kriege entstandene neue Reglement für die Infanterie ignorierte die wichtigsten Erfahrungen des Krieges von 1870/71 – es kehrte zur Kompaniekolonne und zur Linienaufstellung als Grundlage der Gefechtsordnung zurück.

In der Ausbildung der Infanterie herrschten wieder eingedrillte komplizierte Bewegungen vor; die gefechtsmäßige Ausbildung wurde vernachlässigt. In diesen Tendenzen zeigte sich einerseits, wie wenig die junkerlich-bürgerliche Militärtheorie in Preußen-Deutschland fähig war, die durch die rasche Neuentwicklung von Waffen und ihre Massenproduktion auftretenden neuen Gesetzmäßigkeiten in der Kriegskunst sofort in ihrer praktischen Bedeutung zu begreifen. Andererseits waren sie ein Ausdruck des Bestrebens der Militärbehörden, die Soldatenmassen im Gefecht dadurch fest in der Hand zu behalten, daß sie hauptsächlich in geschlossenen Formationen eingesetzt wurden.

Nachdem in der Nachkriegszeit die Infanterie das verbesserte Hinterladegewehr M 71 erhalten hatte, folgte in den 80er Jahren mit den Mehrladegewehren der Übergang zu den Schnellfeuerwaffen. Zwischen 1885 und 1888 erhielten die Fußtruppen das noch großkalibrige Gewehr mit eingebautem Magazin M 71/84 und von 1889 an das kleinkalibrige Magazingewehr M 88, dessen Munition bereits auf dem rauchschwachen Pulver beruhte. Dieses sowie die Vermehrung des tragbaren Schanzzeugs zwangen die Armeeführung, die Vorschriften für die taktische Ausbildung zu ändern. Aber auch das neue Reglement konnte den Widerspruch zwischen Exerzierplatz und wirklichem Krieg nicht lösen. Die hauptsächliche taktische Formation der Infanterie sollte nun der Schützenschwarm sein. Doch auch das entsprach inzwischen schon nicht mehr der gesteigerten Abwehrkraft der Verteidigung. Die vorgesehene Schützenentwicklung war viel zu dicht. Die Wirkung des Angriffs wurde überschätzt, die Wirksamkeit der Verteidigung unterschätzt und entsprechend der Stellungsbau stark vernachlässigt. Das neue Reglement hob wohl die Bedeutung des Feuers der Infanterie hervor, aber in der Ausbildung konzentrierte man sich auf das rottenweise Schießen auf Befehl und behauptete, daß das Feuer der Infanterie auf kurze Entfernungen dem der Artillerie überlegen sei. Den Kommandeuren wurde die Konzentrierung der Hauptkräfte in den wichtigsten Richtungen bei gleichzeitiger Vernachlässigung der anderen Richtungen empfohlen. Wie in der Strategie so wurde auch in der Taktik das

Offensivprinzip einseitig betont und als hauptsächlichste Kampfform das Begegnungsgefecht angesehen.

Der Krieg gegen Österreich und vor allen Dingen der gegen Frankreich hatten in einer Reihe von Gefechten und Schlachten gelehrt, daß die Kavallerie nicht mehr in der Lage war, ihre traditionellen Aufgaben als Schlachtenreiterei durch geschlossene massierte Attacken zu lösen. Diese Lehre fand in der deutschen Armee fast keine Beachtung. Die Taktik der deutschen Kavallerie ging nach wie vor davon aus, den Bewegungskrieg in Gang zu halten, was unzweifelhaft richtig war, und auch die Schlacht zu entscheiden. Die Kavallerietruppen wurden aber auf die rücksichtslose Attacke großer Kavalleriekörper gedrillt. Trotz einiger in den folgenden Jahren eingeführter Veränderungen blieb der Kampf zu Pferde die Hauptform der Gefechtsführung, die Feuerführung durch die Kavallerie wurde vernachlässigt.

In zahlreichen Schlachten des Krieges von 1870/71 hatte die Artillerie eine bedeutende Rolle gespielt; oftmals wurde sie massiert in der vordersten Linie eingesetzt. Aber auch die Auswertung der Erfahrungen auf diesem Gebiet ging sehr schleppend vor sich. Erst mehrere Jahre später erhielt die deutsche Artillerie eine Gefechtsvorschrift – die erste seit ihrem Bestehen. In allen Gefechten und Schlachten hatte sich die Notwendigkeit gezeigt, den Angriff durch koordiniertes Feuer der Schützen und der Artillerie vorzubereiten. Die Gefechtsvorschrift orientierte auf den Artilleriekampf. Das erste Ziel der Artillerie sollte immer die Artillerie des Gegners sein. Als einzige Form des Manövers wurde das Manöver mit dem Rad angesehen, dem wirkungsvollen und schnellen Manöver mit der Flugbahn wurde keine Beachtung geschenkt. Diese Festlegungen und das Beharren auf dem Feuer aus offenen Stellungen trugen der Weiterentwicklung der Artillerietechnik nur in beschränktem Maße Rechnung.

Eine der wichtigsten Lehren der Kriege gegen Österreich und Frankreich bestand darin, daß der Sieg im Gefecht nur durch das enge und gut durchdachte Zusammenwirken aller Waffengattungen, durch die Taktik der verbundenen Waffen erzielt werden konnte. Diese Tatsache wurde von den deutschen Militärtheoretikern wohl im allgemeinen erkannt, doch waren sie nicht in der Lage, klare und praktisch verwendbare Vorstellungen über den gemeinsamen Einsatz von Infanterie, Kavallerie und Artillerie auszuarbeiten. Die Reglements enthielten in dieser Hinsicht nichts außer einigen allgemeinen Hinweisen. Darin bestand eine der entscheidenden Schwächen in der Taktik der deutschen Armee.

Mit der einseitigen Auswertung insbesondere des Feldzugs in Böhmen 1866 und des Krieges in Frankreich bis zur Schlacht von Sedan 1870 und der Belagerung von Paris orientierte die offizielle deutsche Militärtheorie die eigene militärische Praxis bedingungslos auf das Offensiv- und Vernichtungsprinzip in Strategie und Taktik, vor allem auf die konzentrische Operation, der man eigens dazu kriegsentscheidende Bedeutung zusprach. Verhängnisvoll war die gesamte Tätigkeit des preußischen Generalstabes wie aller führenden Militärbehörden durch die Unterschätzung des Gegners und die Überschätzung der eigenen Kräfte geprägt. Eine solche Haltung entsprach allerdings der Politik des präventiv auszulösenden Zweifrontenkrieges, wie sie von den tonangebenden militaristischen Kreisen des Kaiserreichs ständig gefordert worden ist. Doch zeigten sich die verantwortlichen Militärs außerstande, den neuen grundlegenden Erfordernissen der modernen Kriegführung in ihren objektiven Zusammenhängen noch gerecht zu werden. Das militärstrategische Denken in Deutschland nahm abenteuerliche und willkürliche Züge an, die schon am Ende des 19. Jahrhunderts einzig und allein maßgeblich geworden waren und somit zu den unvermeidbaren Niederlagen des deutschen Imperialismus und Militarismus in den beiden Weltkriegen unseres Jahrhunderts beitragen mußten.

Chronologie der Kriegsjahre 1864, 1866 und 1870/71

1864

1. 2.	Beginn des Krieges Österreichs und Preußens gegen Dänemark
2. 2.	Gefecht von Missunde
3. 2.	Gefechte von Jagel und Oberselk
5. 2.	Dänische Armee räumt die Dannewerke
11. 2.	Einmarsch der Preußen in das Sundewitt
18. 2.	Besetzung von Kolding durch die Verbündeten
13. 3. bis 18. 4.	Belagerung der Düppeler Schanzen
17. 3.	Seegefecht bei Jasmund
18. 4.	Erstürmung der Düppeler Schanzen
25. 4.	Beginn der Londoner Konferenz zur Lösung der schleswig-holsteinischen Frage
9. 5.	Seegefecht bei Helgoland
12. 5.	Beginn des Waffenstillstands
26. 6.	Ende des Waffenstillstands
28./29. 6.	Übergang der preußischen Armee nach Alsen
3. 7.	Gefecht bei Lundby
11. 7.	Dänische Armee räumt das Festland
1. 8.	Abschluß des Vorfriedens
30. 10.	Abschluß des Friedens von Wien zwischen Österreich, Preußen und Dänemark

1866

8. 4.	Befristetes geheimes Angriffsbündnis zwischen Preußen und Italien
26. 4.	Mobilmachung der österreichischen Südarmee
28. 4.	Mobilmachung der österreichischen Nordarmee
3. bis 12. 5.	Mobilmachung der preußischen Armee

5. 6.	Vollendung des ersten preußischen Aufmarschs
7. 6.	Preußische Truppen rücken in das von Österreich verwaltete Holstein ein
9. 6.	Österreichische Nordarmee bei Olmütz versammelt
14. 6.	Bundesversammlung mobilisiert die gemischten Bundesarmeekorps, worauf Preußen den Deutschen Bund für aufgelöst erklärt
15. 6.	Preußische Truppen rücken in Hannover ein
16. 6.	Einmarsch der preußischen Elbarmee in Sachsen
20. 6.	Preußische Truppen besetzen Kassel Kriegserklärung Italiens an Österreich
22. 6.	Einmarsch der preußischen Armee in Böhmen
24. 6.	Niederlage der italienischen Armee in der Schlacht bei Custozza
26. 6.	Gefecht von Hühnerwasser
26./27. 6.	Nachtgefecht von Podol
27. 6.	Gefecht von Langensalza Gefecht von Nachod Gefecht von Trautenau
28. 6.	Gefecht von Burkersdorf Gefecht von Skalitz Gefecht von Münchengrätz
28./29. 6.	Hannoverische Armee kapituliert bei Langensalza
29. 6.	Gefecht von Schweinschädel Gefecht von Königinhof Gefecht von Gitschin
1. 7.	Armeekommandant Benedek ersucht den österreichischen Kaiser um schnellen Friedensschluß
3. 7.	Niederlage der österreichischen Armee in der Schlacht von Königgrätz
4. 7.	Gefecht von Dermbach
10. 7.	Gefecht von Kissingen
14. 7.	Gefecht von Aschaffenburg
16. 7.	Eintreffen der ersten österreichischen Truppen aus Italien bei Wien
20. 7.	Seeschlacht von Lissa
22. 7.	Gefecht von Blumenau Preußisch-österreichischer Waffenstillstand
24. 7.	Gefecht von Tauberbischofsheim
25. 7.	Vorläufige Waffenruhe in Italien
26. 7.	Gefecht bei Roßbrunn

12. 8.	Waffenstillstand in Italien
13. 8.	Preußisch-württembergischer Frieden und geheimes Bündnis
17. 8.	Preußisch-badischer Frieden und geheimes Bündnis
18. 8.	17 norddeutsche Staaten schließen in Berlin mit Preußen ein Offensiv- und Defensivbündnis, das die Grundlage für den Norddeutschen Bund bildet
22. 8.	Preußisch-bayrischer Frieden und geheimes Bündnis
23. 8.	Frieden von Prag zwischen Preußen und Österreich
3. 10.	Frieden von Wien zwischen Österreich und Italien

1870

13. 7.	Veröffentlichung der »Emser Depesche«
19. 7.	Kriegserklärung Frankreichs an Preußen
21. 7.	Norddeutscher Reichstag bewilligt Kriegskredite, Bebel und Liebknecht enthalten sich der Stimme
23. 7.	Erste Adresse des Generalrats der Ersten Internationale über den Deutsch-Französischen Krieg
31. 7.	Deutscher Aufmarsch beendet
2. 8.	Gefecht bei Saarbrücken
4. 8.	Gefecht bei Weißenburg
6. 8.	Schlacht bei Wörth
	Schlacht bei Spichern
14. 8.	Schlacht bei Colombey–Nouilly
16. 8.	Schlacht von Vionville–Mars-la-Tour
18. 8.	Schlacht von Gravelotte–St. Privat
19. 8.	Beginn der Belagerung von Metz
23. 8.	Umgruppierung der deutschen Armeen
30. 8.	Schlacht von Beaumont
31. 8./1. 9.	Schlacht von Noisseville
1. 9.	Schlacht von Sedan
2. 9.	Kapitulation der Armee von Châlons; Gefangennahme Napoleons III.
4. 9.	Sturz des französischen Kaisertums; Proklamierung der Republik; Bildung der »Regierung der nationalen Verteidigung«
5. 9.	Ausschuß der Sozialdemokratischen Arbeiterpartei Deutschlands fordert die deutschen Arbeiter auf, gegen die geplante Annexion Elsaß-Lothringens

	und für einen ehrenvollen Frieden mit Frankreich einzutreten
9. 9.	Zweite Adresse des Generalrats der Ersten Internationale über den Deutsch-Französischen Krieg
18. 9.	Beginn der Einschließung von Paris durch die deutschen Armeen
22./23. 9.	Ausfallversuche der Rheinarmee aus Metz
23. 9.	Fall von Toul
27. 9.	Fall von Straßburg
13. 10.	Ausfallversuch der Pariser Garnison im Süden
21. 10.	Ausfallgefecht bei La Malmaison
27. 10.	Kapitulation der Rheinarmee in Metz
28. bis 30. 10.	Kämpfe um Le Bourget
9. 11.	Schlacht bei Coulmiers
26. 11.	Offensive der französischen Loirearmee
	Die sozialdemokratischen Abgeordneten lehnen im Norddeutschen Reichstag weitere Kredite für die Fortführung des Krieges ab
27. 11.	Schlacht von Amiens
28. 11.	Schlacht von Beaune-la-Rolande
30. 11. bis 2. 12.	Ausfallschlacht von Villiers–Champigny
1. 12.	Gefecht von Villepion
2. 12.	Schlacht von Loigny–Poupry
3./4. 12.	Schlacht von Orléans
8. bis 10. 12.	Schlacht von Beaugency–Cravant
17. 12.	Bebel und Liebknecht werden verhaftet
21. bis 23. 12.	Schlacht um Le Bourget
23./24. 12.	Schlacht an der Hallue

1871

3. 1.	Schlacht von Bapaume
9. 1.	Gefecht von Villersexel
10. bis 12. 1.	Schlacht von Le Mans
15. bis 17. 1.	Schlacht an der Lisaine
18. 1.	Proklamation des Deutschen Reiches im Spiegelsaal von Versailles; der preußische König Wilhelm I. wird deutscher Kaiser
19. 1.	Schlacht von St. Quentin
	Ausfallversuch am Mont-Valérien

21. bis 23. 1.	Kämpfe um Dijon
23. 1.	Französische Regierung beschließt Kapitulation
26. 1.	Ende der Kämpfe von Paris
31. 1.	Allgemeiner Waffenstillstand mit Ausnahme der südöstlichen Departements
1. 2.	Französische Ostarmee tritt in die Schweiz über und legt die Waffen nieder
16. 2.	Kapitulation von Belfort
26. 2.	Vorfrieden von Versailles
18. 3.	Abwehr des konterrevolutionären Versuchs, die Pariser Nationalgarde zu entwaffnen Bewaffneter Aufstand der Pariser Arbeiter
28. 3.	Feierliche Proklamierung der Pariser Kommune
29. 3.	Militärisches Dekret der Kommune über die Organisation ihrer bewaffneten Kräfte
1. 4.	Beginn des Angriffs der konterrevolutionären Truppen auf Paris
10. 5.	Frankfurter Frieden
21. bis 28. 5.	Zahlenmäßig überlegene Versailler dringen in Paris ein. Heroischer Endkampf der Kommunarden

Kleines Lexikon der preußischdeutschen Kriege 1864 bis 1871

Aktive Armee auch Linienarmee. Teil der Feldarmee, der aus den bereits im Frieden unter Waffen stehenden Truppen bestand.

Aktive Dienstzeit Teil der Militärdienstzeit, der nach der Einberufung in den stehenden Truppenteilen bis zur Überführung in die Reserve abgeleistet wird.

Albert, Kronprinz von Sachsen geboren 1828 in Dresden, gestorben 1902 in Sybillenort, sächsischer General, 1866 Kommandant des sächsischen Korps, 1870/71 Kommandierender General des XII. Armeekorps, dann Oberbefehlshaber der Maasarmee.

Albrecht, Erzherzog von Österreich geboren 1817 in Wien, gestorben 1895 in Arco, österreichischer Feldmarschall, 1866 Kommandant der gegen Italien eingesetzten österreichischen Südarmee; nach der Niederlage der Nordarmee bei Königgrätz Oberkommandierender aller österreichischen Streitkräfte.

Alsen Insel zwischen Schleswig und Fünen. Am 29. 6. 1864 Landung preußischer Truppen, die zur Räumung der Insel durch die dänische Armee führt.

Annexion mit militärischen Mitteln ausgeführte dauernde Besitzergreifung von Gebietsteilen fremder Staaten und ihre gewaltsame Einverleibung in das eigene Staatsgebiet.

Armee a) Heer, Gesamtheit der Landstreitkräfte. b) strategisch-operative Truppenvereinigung, die entweder für den gesamten Feldzug oder für eine bestimmte Operation gebildet wurde; sie bestand aus mehreren Armeekorps bzw. Korps.

Armeeabteilung zeitweilige Vereinigung mehrerer Divisionen zur Durchführung einer begrenzten Operation; meist aus gerade greifbaren, nicht strukturmäßig zueinander gehörenden Verbänden gebildet.

Armeegeschützreserve siehe Reserveartillerie.

Armeekorps auch Korps, Truppenverband, der aus allen drei Hauptwaffengattungen bestand und die höchste taktische Vereinigung bildete; umfaßte einige Divisionen oder Brigaden.

Armee von Châlons Mitte August 1870 im Lager von Châlons-sur-Marne gebildete strategische Gruppierung der französischen Armee unter dem Oberkommando von Marschall Mac Mahon. Die Armee, die 134000 Mann zählte, hatte die Aufgabe, Metz zu entsetzen und die deutsche Offensive zum Stehen zu bringen.

Armee von Paris 1870/71 nach der Einschließung von Paris aus Linieneinheiten, Mobilgarden und Nationalgarden gebildete strategische Gruppierung der französischen Armee unter dem Oberkommando von General Trochu in Stärke von rund 400000 Mann, die später in 1., 2. und 3. Armee gegliedert wurde. Sie hatte die Aufgabe, Paris zu verteidigen und den Kampf um den Ausbruch zu führen.

Armierung Vorbereitung einer Festung oder Befestigungsanlage auf den Kriegsfall: pioniermäßiger Ausbau, Einbau der Geschütze, Verstärkung der Besatzung, Anlegung von Vorräten für den Belagerungsfall usw.

Artillerie Waffengattung der Landstreitkräfte. In ihrer Ausrüstung vollzog sich der Übergang vom glatten zum gezogenen Rohr, vom Vorderlader zum Hinterlader; dadurch konnte die Reichweite auf etwa 3500 bis 4000 Meter erweitert beziehungsweise die Feuergeschwindigkeit bedeutend erhöht werden; sie gliederte sich in Batterien (in der Regel sechs Geschütze), Abteilungen, Regimenter und Brigaden.

Aschaffenburg Stadt am Main. Am 14. 7. 1866 kommt es hier zum Gefecht zwischen der preußischen Mainarmee und dem VIII. Bundeskorps, das mit dem Rückzug der süddeutschen Bundestruppen endet.

Aufmarsch Antransport und Bereitstellung der Streitkräfte auf dem Kriegsschauplatz zu Beginn des Krieges, aber auch vor Feldzügen und Operationen.

Aurelle de Paladines, Louis d' geboren 1803 in Le Malzieu-Ville, gestorben 1877 in Versailles, französischer General; 1870 zunächst Kommandeur des französischen 15. Korps, dann Oberbefehlshaber der Loirearmee.

Bapaume Ortschaft in Nordfrankreich. Am 3. 1. 1871 Schlacht zwischen der französischen Nordarmee und dem preußischen VIII. Armeekorps, die ergebnislos endet.

Bataillon aus 3 bis 4 Kompanien bestehende Einheit der Infanterie; Grundnenner für die Beurteilung der Kampfkraft einer Armee.

Bataillonskolonne für den Bajonettangriff gebildete taktische Formation des Bataillons, in der ihre Kompanien mit der Ausdehnung in die Tiefe nebeneinander standen.

Batterie taktische Grundeinheit der Artillerie; je nach Zugehörigkeit zur Feld- oder Festungsartillerie Ausrüstung mit einer entsprechenden Anzahl von Geschützen (im Durchschnitt 4 bis 8).

Bazaine, François Achille geboren 1811 in Versailles, gestorben 1888 in Madrid, französischer Marschall, 1870 Kommandeur des französischen 3. Korps, dann Befehlshaber einer Armeegruppe und Oberbefehlshaber der Rheinarmee; kapitulierte mit ihr in Metz; 1873 wegen Verrats zum Tode verurteilt.

Beaugency und Cravant Ortschaften südwestlich von Orléans. Vom 8. bis zum 10. 12. 1870 Schlacht zwischen dem französischen 16., 17. und 21. Korps und der deutschen Armeeabteilung des Großherzogs von Mecklenburg-Schwerin sowie Teilkräften der deutschen 2. Armee, die trotz taktischer Erfolge mit einem französischen Rückzug endet.

Beaumont Ort südöstlich von Sedan an der Maas. Am 30. 8. 1870 Schlacht zwischen der deutschen Maasarmee, Verbänden der deutschen 3. Armee und Teilkräften der französischen Armee von Châlons, die sich nach schweren Verlusten nach Sedan zurückziehen müssen.

Beaune-la-Rolande Ort nordöstlich von Orléans. Am 28. 11. 1870 zwingen Teilkräfte der deutschen 2. Armee das französische 18. und 20. Korps zum Rückzug.

Bebel, August geboren 1840 in Köln-Deutz, gestorben 1913 in Passugg (Schweiz), Mitbegründer und einer der bedeutendsten Führer der deutschen Arbeiterbewegung, 1870 Mitglied des Norddeutschen Reichstages; lehnte im November die Kriegskredite ab; 1871 Mitglied des Deutschen Reichstages; bekannte sich zur Pariser Kommune.

Belagerung lückenlose Einschließung von Festungen, befestigten Städten oder Häfen mit dem Ziel, entweder durch die Erstürmung der Befestigungsanlagen, durch lang andauerndes Bombardement oder durch Aushungern die Übergabe (Kapitulation) zu erzwingen.

Belagerungsgeschütze Geschütze mit steilem Aufschlagwinkel und großer Reichweite zur Beschießung von Festungen und Befestigungsanlagen; in der Regel in unbeweglichen Lafetten eingebaut.

Belagerungspark Gesamtheit der für eine Belagerung benötigten Geschütze unterschiedlichen Kalibers, Lafetten und sonstiger Geräte sowie des für den Bau von Geschützstellungen und Parallelen notwendigen Materials.

Benedek, Ludwig Ritter von geboren 1804 in Oedenburg, gestorben 1881 in Graz, österreichischer Feldzeugmeister; 1860 bis 1864 Chef des Generalquartiermeisterstabes der österreichischen Armee; 1860 bis 1866 Kommandant der österreichischen Truppen im Königreich Venetien; 1866 Kommandant der österreichischen Nordarmee.

Bismarck, Otto Fürst von geboren 1815 in Schönhausen, gestorben 1898 in Friedrichsruh, preußischdeutscher Politiker und Staatsmann, 1862 preußischer Ministerpräsident, 1867 Kanzler des Norddeutschen Bundes, 1871 bis 1890 Reichskanzler.

Blockade im Seekrieg Art der Kriegführung zur Unterbrechung der überseeischen Handelsverbindungen des Gegners, die aus einer Nah- (auf einzelne Häfen beschränkte) oder aus einer Fern- (auf die gesamte feindliche Küste erweiterte) Blockade bestehen konnte; im Landkrieg Unterbrechung der Zufuhr von Lebensmitteln, Munition und Reserven in die feindliche Festung oder Stellung.

Blumenau Ort in der Nähe von Preßburg. Am 22. 7. 1866 letztes Gefecht zwischen preußischen und österreichischen Truppen, das durch den Abschluß des Waffenstillstands ohne Ergebnis abgebrochen wurde.

Bombardement lang andauernde Beschießung einer Festung oder befestigten Stellung durch Belagerungsartillerie mit dem Ziel, die Befestigungsanlagen zu zerstören und sturmreif zu machen oder militärische Anlagen (Kasernen, Arsenale, Waffen- und Munitionsfabriken, wichtige Brücken) zu vernichten. Die Ausdehnung des B. auf die städtischen Wohngebiete erfolgte, um die Bevölkerung zu terrorisieren.

Bourbaki, Charles Denis Santer geboren 1816 in Pau, gestorben 1897 in Bayonne, französischer General, 1870 zunächst Kommandeur des Gardekorps; unter der Republik Befehlshaber der französischen Nordarmee, der 1. Loirearmee, dann der französischen Ostarmee.

Brigade Truppeneinheit, die einige Regimenter oder Bataillone lediglich einer Waffengattung umfaßt.

Brückentrain bereits im Frieden vorbereitete Gerätezusammenstellung für den Bau von Kriegsbrücken einschließlich der notwendigen Transportmittel.

Bundesexekution auf Beschluß des Bundestages des Deutschen Bundes durchgeführte militärische Aktion mehrerer Bundesmitglieder gegen ein Mitglied des Bundes, das die Verfassung des Bundes verletzt hatte oder sich weigerte, Bundesbeschlüsse anzuerkennen und zu verwirklichen.

Bundesfeldherr Oberkommandierender des deutschen Bundesheeres im Deutschen Bund; im Norddeutschen Bund mit dem Bundespräsidium verfassungsmäßig vereinigt.

Bundesheer Armee eines Staatenbundes oder Bundesstaates, die aus verschiedenen Kontingenten der Bundesmitglieder bestand und entweder erst im Kriegsfall (wie im Deutschen Bund) oder schon im Frieden (wie im Norddeutschen Bund) der Kommandogewalt des Bundesfeldherrn unterstand.

Chanzy, Antoine Alfred Eugène geboren 1823 in Nouart, gestorben 1883 in Châlons, französischer General; 1870 unter der Republik zunächst Kommandeur einer Division, dann des französischen 16. Korps; im Winter 1870/71 Befehlshaber der 2. Loirearmee.

Chassepotgewehr seit 1866 französisches Infanteriegewehr; es beruhte auf dem Hinterladerprinzip, schoß sicherer und weiter und war leichter als das preußische Zündnadelgewehr.

Cialdini, Enrico, Herzog von Gaëta geboren 1811 in Castelvetro di Modena, gestorben 1892 in Livorno, italienischer Armeegeneral, 1866 Kommandeur des italienischen IV. Korps und Befehlshaber der Po-Armee.

Colombey-Nouilly Ortschaften östlich von Metz. Am 14. 8. 1870 Schlacht zwischen der auf Metz zurückgehenden Armeegruppe Bazaine (Rheinarmee) und Teilkräften der deutschen 1. und 2. Armee, die kein entscheidendes Ergebnis brachte.

Coulmiers Ort westlich von Orléans. Am 9. 11. 1870 Schlacht zwischen dem französischen 15. und 16. Korps und der deutschen Armeeabteilung v. d. Tann, die mit einem Rückzug der deutschen Truppen endete.

Custozza Ort südlich von Verona. Am 24. 6. 1866 Schlacht zwischen der österreichischen Südarmee und der italienischen Hauptarmee. Sie endete mit dem überstürzten Rückzug der italienischen Truppen.

Dannewerke Befestigungsanlage in Schleswig zwischen Schlei und Treene; Anfang Februar 1864 Hauptstellung der dänischen Armee; am 5./6. 2. 1864 kampflos geräumt.

Defensive Verteidigungsoperationen strategischen Maßstabs, um die Offensive von überlegenen gegnerischen Kräften abzuwehren und gegebenenfalls nach Veränderung des Kräfteverhältnisses selbst zur Offensive überzugehen.

Detachement im Krieg zeitweilig aus Einheiten aller drei Waffengattungen zusammengestellte Truppenabteilung bis zu Bataillonsstärke für Sicherungs-, Besatzungs- und Requisitionszwecke; auch als Vorhut oder Nachhut verwandt.

Dislokation Standortverteilung der Truppen der aktiven (Linien-) Armee im Frieden; von Bedeutung sowohl für die schnelle Mobilmachung als auch für den Einsatz gegen revolutionäre Unruhen.

Division Truppenverband, der aus allen drei Waffengattungen (Infanterie, Kavallerie und Artillerie) bestand, oder Kavallerieverband mit Artillerieverstärkung, der einige Brigaden oder Regimenter umfaßte und begrenzte taktische Aufgaben selbständig lösen konnte.

Ducrot, Auguste Alexandre geboren 1817 in Nevers, gestorben 1882, französischer General, 1870 zunächst Divisionskommandeur, dann Kommandeur des französischen 1. Korps; entzog sich der Kapitulation bei Sedan; in Paris Korpskommandeur; dann Befehlshaber der französischen 2. Armee; half bei der Organisierung der Armee von Versailles.

Düppeler Schanzen von den Dänen zur Verteidigung des Alsen-Sundes angelegte starke Befestigungsanlage, 1864 heftig umkämpft, am 18. 4. 1864 von preußischen Truppen erstürmt.

Elbarmee 1866 operative Gruppierung der preußischen Armee unter dem Kommando des Generals Herwarth von Bittenfeld in Stärke von etwa 46 000 Mann; hatte die Aufgabe, Sachsen zu besetzen und anschließend die Operationen der preußischen 1. Armee zu unterstützen.

»Emser Depesche« Depesche des preußischen Königs Wilhelm I. vom 13. 7. 1870 aus Bad Ems mit einem Bericht über seine Ablehnung der französischen Forderung, sich schriftlich zu verpflichten, jeder erneuten Thronkandidatur eines Hohenzollernprinzen in Spanien entgegenzutreten; wurde von Bismarck gekürzt, in ihrem Sinn verfälscht und veröffentlicht; ihr neuer, provokatorischer Text bildete den äußeren Anlaß für die Kriegserklärung Frankreichs an Preußen.

Erdwerke nur aus Erdreich angelegte Befestigungsanlagen.

Ersatztruppen von der aktiven (Linien-)Armee in den Garnisonen zurückgelassene Rahmentruppenteile, um die noch nicht ausgebildeten Militärdienstpflichtigen als Ersatz für die während des Krieges erlittenen Verluste der Feldarmee auszubilden; sie verschmolzen zum Teil mit den Garnisonstruppen.

Eskadron auch Schwadron. Taktische Grundeinheit der Kavallerie; diente ähnlich wie das Bataillon als Grundnenner für die Beurteilung der Stärke der Kavallerie einer Armee.

Faidherbe, Louis Léon César geboren 1818 in Lille, gestorben 1889 in Paris, französischer General; 1870/71 unter der Republik Befehlshaber der französischen Nordarmee.

Favre, Jules Claude Gabriel geboren 1809 in Lyon, gestorben 1880 in Versailles, französischer Staatsmann; 1870/71 Außenminister in der »Regierung der nationalen Verteidigung« und in der Regierung Thiers; verantwortlich für die Niederschlagung der Pariser Kommune.

Feldarmee auch Kriegsheer, Feldheer. Die im Felde stehenden, aus der aktiven (Linien-)Armee und Reservetruppen bestehenden Streitkräfte, im Unterschied zu den Garnisons- und Ersatztruppen.

Feldartillerie Teil der Artillerie, der zur Feldarmee gehörte, entweder unmittelbar den Truppen (Divisionen, zum Teil auch Brigaden) zugeteilt war oder als Reserveartillerie den Armeekorps und Armeen unterstand, unterteilt in reitende Artillerie (für Kavalleriedivisionen und -korps) oder Fußartillerie (für die Infanteriedivisionen).

Feldzeugmeister in der österreichischen Armee Dienstgrad für Generale der Infanterie und der Artillerie, steht zwischen Feldmarschall und Feldmarschalleutnant.

Feldzugsplan auch Operationsplan. Schriftlich fixierte Vorstellungen der politischen und militärischen Führung über Aufmarsch, Operationsrichtung, Stärke der eigenen und der gegnerischen Kräfte und voraussichtliche Ziele des Gegners; seine Ausarbeitung war in Preußen unter Moltke zur ausschließlichen Domäne des Generalstabes geworden, der sich dabei jedoch um die Anwendung wissenschaftlicher Methoden bemühte.

Festungsartillerie Teil der Artillerie, der in den Festungen eingesetzt war, keine ständigen Bespannungen zum Transport der Geschütze besaß und zur Bildung der Belagerungsartillerie diente.

Flankenstellung Stellung einer operativen Gruppierung oder der gesamten Feldarmee seitwärts der voraussichtlichen gegnerischen Operationslinie, von der aus der Gegner in seinen rückwärtigen Verbindungen bedroht oder zur Änderung seiner Operationsrichtung gezwungen werden konnte.

Fort stark befestigter Stützpunkt, selbständiges Außenwerk einer Festung.

Frankfurter Frieden am 10. 5. 1871 zwischen dem Deutschen Reich und der Französischen Republik in Frankfurt a. M. abgeschlossener Friedensvertrag; bestätigte die Bestimmungen des Präliminarfriedens von Versailles: Frankreich trat Elsaß und Lothringen an Deutschland ab und zahlte 5 Milliarden Francs Kriegskontribution.

Franktireure (Francs-tireurs) Freischützen. Seit 1867 in Franktireurgesellschaften organisiert, von der Regierung nach Kriegsausbruch und der deutschen Invasion zum Widerstandskampf aufgerufen; ihre zahlenmäßige Stärke und ihr Einfluß auf die Kriegführung wuchsen nach der Ausrufung der Republik bedeutend an; sie unterstanden dem Kriegsministerium und wirkten mit den Feldtruppen zusammen; seitens der preußischen Militärbehörden wurde gegen sie ein brutaler Unterdrückungskampf geführt.

Fredericia dänische Hafenstadt und Festung an der Ostküste Jütlands; 1864 von österreichischen und preußischen Truppen belagert; am 29. 4. von den Dänen aufgegeben.

Fregatte Kriegsschiff mit etwa 2500 Tonnen Wasserverdrängung, bis zu 25 Geschützen, Schraubenantrieb und Segeltakelage; als Panzerfregatte bis über 9000 Tonnen Wasserverdrängung und Ausrüstung mit 24-cm- und 21-cm-Geschützen.

Freiwilligenkorps Freischaren. Aus Freiwilligen aufgestellte, jedoch straff organisierte Reiter- und Jägerabteilungen; vornehmlich für die Führung des kleinen Krieges, zur Bewachung von Grenzen, militärischen Objekten eingesetzt; sie trugen teilweise einen demokratischen, milizartigen Charakter und kämpften für nationale Unabhängigkeit und Befreiung.

Friedrich Karl, Prinz von Preußen geboren 1828 in Berlin, gestorben 1885 in Glienicke, preußischer Feldmarschall; 1864 Befehlshaber des preußischen Armeekorps und später Oberbefehlshaber der gegen Dänemark verbündeten Truppen; 1866 Oberbefehlshaber der preußischen 1. Armee; 1870/71 Oberbefehlshaber der 2. Armee.

Friedrich Wilhelm, Kronprinz von Preußen geboren 1831 in Potsdam, gestorben 1888 in Potsdam, preußischer Feldmarschall; 1866 Oberbefehlshaber der preußischen 2. Armee; 1870/71 Oberbefehlshaber der deutschen 3. Armee.

Gablenz, Karl Wilhelm Ludwig Freiherr von geboren 1814 in Jena, gestorben 1874 in Zürich, österreichischer General; 1864 Kommandant des österreichischen Korps im Krieg gegen Dänemark; 1865 bis 1866 österreichischer Statthalter in Holstein; 1866 Kommandant des österreichischen 10. Korps.

Gambetta, Léon geboren 1838 in Cahors, gestorben 1882 in Paris, französischer Staatsmann, 1869 Mitglied des Corps Législatif; 1870 unter der Republik Innen- und Kriegsminister der »Regierung der nationalen Verteidigung«, Leiter der Regierungsdelegation in Tours (später in Bordeaux).

Garibaldi, Giuseppe geboren 1807 in Nizza, gestorben 1882 in Caprera, demokratischer Vorkämpfer für die nationale Einigung Italiens; 1866 Befehlshaber der italienischen Freischaren gegen Österreich; 1870/71 befehligte er unter der Französischen Republik die Vogesenarmee.

Gardekorps in Preußen die Truppen der Residenz; ihre Offiziere besaßen eine betont monarchistisch-volksfeindliche Einstellung; eine ähnliche Stellung hatte auch das Gardekorps des französischen Kaisers Napoleon III.

Garnisonstruppen im Kriegsfall der Teil der Armee, der im eigenen Land für den Schutz der inneren Sicherheit und der politischen Ordnung verbleibt; besteht meist aus älteren, nicht mehr kriegsdienstfähigen Reservisten.

Gasteiner Vertrag am 14. 8. 1865 erzielte vertragliche Übereinkunft zwischen Österreich und Preußen über die Behandlung von Schleswig-Holstein; Lauenburg wurde an Preußen abgetreten, das auch die Verwaltung von Schleswig übernahm, während die Verwaltung von Holstein Österreich übertragen wurde.

Gefecht Bezeichnung für den bewaffneten Kampf im taktischen Rahmen (Zug, Kompanie, Bataillon, Regiment, Brigade).

Generalschlacht in der Strategie angestrebte Schlacht der beiderseitigen Hauptkräfte, um mit einem Schlag die Entscheidung des Krieges oder des Feldzuges zu erzwingen; sie konnte jedoch nur unter ausnahmsweise günstigen Verhältnissen (Königgrätz, Custozza) erreicht werden, und auch da wurden ihre Folgen erst durch andere Faktoren so verstärkt, daß sie kriegsentscheidend wirkte.

Generalstab in Preußen zentrales Planungsorgan der Streitkräfte; im Krieg Teil des Oberkommandos und wichtigstes Führungsorgan des Obersten Befehlshabers für alle strategischen und operativen Fragen; entwickelte sich zum Zentrum des reaktionären Militarismus; in den übrigen Staaten noch auf technische Detailfragen beschränkt und mit geringem Einfluß auf die Lösung strategischer Probleme.

Gitschin Stadt im nördlichen Böhmen. Am 29. 6. 1866 Gefecht zwischen Teilkräften der preußischen 1. Armee und den sächsischen Truppen sowie dem österreichischen 1. Korps, wurde von den österreichisch-sächsischen Truppen abgebrochen.

Goeben, August Karl Friedrich Christian von der geboren 1816 in Stade, gestorben 1880 in Koblenz, preußischer General, 1864 Brigadekommandeur, 1866 Divisionskommandeur, 1870 Kommandierender General des VIII. Armeekorps, 1871 Oberbefehlshaber der deutschen 1. Armee.

Gravelotte–St. Privat Ortschaften nordwestlich von Metz. Am 18. 8. 1870 Schlacht mit verkehrter Front zwischen der französischen Rheinarmee und der deutschen 1. und 2. Armee; ihr Verlauf ermöglichte die Einschließung der Rheinarmee in Metz.

Gußstahlgeschütze mit dem Übergang zum gezogenen Rohr setzten sich trotz größerer Produktionskosten die Gußstahlgeschütze durch, weil ihre Eigenschaften denen der Geschütze mit aus Bronze oder Gußeisen hergestelltem Rohr weit überlegen waren.

Hallue Nebenfluß der Somme. Am 23./24. 12. 1870 Schlacht zwischen der französischen Nordarmee und der deutschen 1. Armee; endete ergebnislos mit einem französischen Rückzug.

Hauptquartier Sitz des Königs von Preußen als Oberster Befehlshaber des preußischen Generalstabes, dessen Chef faktisch die Operationen leitete, des Kriegsministers und des Ministerpräsidenten bzw. des Bundeskanzlers.

Helgoland Insel in der Nordsee. Am 9. 5. 1864 Seegefecht eines vereinigten österreichisch-preußischen Geschwaders gegen überlegene dänische Kräfte.

Herwarth von Bittenfeld, Eberhard geboren 1796 in Großwerther, gestorben 1884 in Bonn, preußischer General; 1864 Kommandeur eines kombinierten Armeekorps; 1866 Befehlshaber der preußischen Elbarmee.

Infanterie wichtigste Waffengattung der Landstreitkräfte; bewaffnet mit gezogenen Vorder- und Hinterladern; kämpfte noch in Bataillons- oder Kompaniekolonnen und in der Linienaufstellung, bis sie durch die Wirkung der gezogenen Feuerwaffen gezwungen wurde, zur offenen Gefechtsordnung überzugehen; sie stellte den zahlenmäßig stärksten Anteil aller gemischten Truppenverbände.

Jasmund Halbinsel der Insel Rügen. Am 17. 3. 1864 Seegefecht zwischen einem preußischen Geschwader und einem dänischen Geschwader, endete mit dem Rückzug der preußischen Schiffe.

Kaderheer aktive (Linien-)Armee, die fast ausschließlich aus längerdienenden Soldaten zusammengesetzt war und deren Friedens- und Kriegsstärke nahezu übereinstimmten; besaß dadurch eine schnelle Kriegsbereitschaft; konnte sich aber nicht auf zahlreiche Reserven stützen.

Kanone weittragendes Geschütz mit flachem Aufschlagwinkel, vornehmlich in der Feldartillerie eingesetzt.

Kanonenboot Kriegsschiff mit etwa 350 Tonnen Wasserverdrängung und zwei bis drei 15- oder 12-cm-Geschützen, Schraubenantrieb und Segeltakelage; vornehmlich für den Kampf in küstennahen Gewässern bestimmt.

Kapitulation Übergabe eines Truppenverbandes oder einer Festung an den Gegner, sobald die Möglichkeiten eines weiteren Widerstands erloschen waren; konnte mit oder ohne besondere Bedingungen erfolgen; die K. wird auch durch Verrat oder Feigheit des militärischen Befehlshabers oder Kommandanten ermöglicht.

Karl, Herzog (Prinz) von Bayern geboren 1795 in Mannheim, gestorben 1875 in Tegernsee, bayrischer Feldmarschall, 1866 Kommandant des VII. (bayrischen) Bundeskorps und Bundesfeldherr der süddeutschen Bundesarmee.

Kartätsche Artilleriegeschoß, das aus einer mit Bleikugeln gefüllten dünnwandigen Eisenbüchse bestand und schon während des Fluges auseinanderriß; besaß auf nahe Entfernungen große Streuwirkung.

Kavallerie Hauptwaffengattung der Landstreitkräfte; trotz der gezogenen Feuerwaffen blieb ihre Gefechtsweise auf den Kampf zu Pferde ausgerichtet; sie sollte durch die Attacke in geschlossener Ordnung und mit dem blanken Säbel feindliche Truppen angreifen, was jedoch nur noch gegen Kavallerie und flüchtende Infanterie möglich war; dagegen wurde die K. ungenügend zur Aufklärung, zur Sicherung der eigenen Truppen und zur Verfolgung des geschlagenen Gegners eingesetzt; dazu auch Bildung von Kavalleriedivisionen und -korps.

Kissingen Stadt an der fränkischen Saale. Am 10. 7. 1867 Gefecht zwischen Teilkräften der preußischen Mainarmee und dem VII. (bayrischen) Bundeskorps, endete mit einem bayrischen Rückzug.

Kolonnentaktik Kampfweise der Infanterie, wonach der Angriff nur in der dichtgeschlossenen Bataillons- bzw. Kompaniekolonne vorgetragen wurde; ihre Anwendung gegen das Feuer aus gezogenen Hinterladergewehren führte zu riesigen Verlusten.

Kombattanten Angehörige der Streitkräfte, die Waffen besaßen und unmittelbar den bewaffneten Kampf führten; durch Uniform oder deutlich sichtbare äußere Zeichen (z. B. Armbinden) kenntlich gemacht.

Kommandogewalt Verfügungsrecht über die Streitkräfte im Frieden und im Krieg; sie konnte unbeschränkt (wie in Preußen und im Norddeutschen Bund) der Krone gehören oder an bestimmte Mitspracherechte der parlamentarischen Vertretungen gebunden sein.

Kompaniekolonne taktische Formation der Kompanie, in der ihre Züge mit der Ausdehnung in die Tiefe nebeneinander standen.

Königgrätz Stadt und Festung in Böhmen. Am 3. 7. 1866 entscheidende Schlacht zwischen den drei preußischen Armeen und der österreichischen Nordarmee; endete mit einer schweren Niederlage der österreichischen Truppen.

Konskription allgemeine Militärdienstpflicht, bei der jährlich eine bestimmte von der Regierung ausgeschriebene Zahl von Dienstpflichtigen für den Militärdienst ausgehoben wurde; war verbunden mit der Möglichkeit des Loskaufs und der Stellvertretung; beschränkte damit die Militärdienstpflicht auf die werktätigen Schichten, die sich nicht loskaufen konnten, und gab durch die Bevorzugung der mehrere Dienstzeiten abdienenden Berufssoldaten den Konskriptionsarmeen den Zuschnitt von Söldnerarmeen.

Konzentrische Operation während des Feldzuges von 1866 bei Königgrätz herausgebildete und während des Krieges von 1870 angewandte Führungsmethode; sah die Zusammenführung von getrennt vorstoßenden starken Kräftegruppen auf dem Schlachtfeld mit dem Ziel vor, den Gegner aus der Bewegung heraus operativ und taktisch zu umfassen und zu vernichten.

Korps siehe Armeekorps.

Korvette Kriegsschiff bis etwa 2000 Tonnen Wasserverdrängung mit bis zu 15 Geschützen, Schraubenantrieb und Segeltakelage; als Panzerkorvette bis zu 7500 Tonnen Wasserverdrängung und Ausrüstung mit gezogenen Geschützen.

Kriegsheer siehe Feldarmee.

Kriegsschauplatz Territorium der kriegführenden Länder, auf dem sich die gegnerischen Streitkräfte bewegen (Operation, Feldzug) und sich Kämpfe liefern (Gefecht, Schlacht).

Krismanič, Gideon von geboren 1817 in Bazais, gestorben 1876 in Peterwardein, österreichischer Generalmajor; 1866 Chef der Operationskanzlei im Armeekommando der österreichischen Nordarmee.

La Marmora, Alfonso Ferrero, Marchese de geboren 1804 in Turin, gestorben 1878 in Biella, italienischer Armeegeneral; 1864 bis 1866 italienischer Ministerpräsident und Außenminister; 1866 Chef des Generalstabes der Armee.

Landwehr in Preußen und im Norddeutschen Bund Reserveformation der Landstreitkräfte, umfaßte alle älteren Jahrgänge der militärisch ausgebildeten und alle nicht ausgebildeten jüngeren Jahrgänge der Wehrdienstpflichtigen, die für die Reservetruppen nicht mehr herangezogen wurden; die L. war für Besatzungs- und Sicherungszwecke sowie zur Besetzung von Festungen und als Garnisonstruppe vorgesehen, konnte aber auch innerhalb der Feldarmee eingesetzt werden.

Langensalza Ort nördlich von Gotha. Am 27. 6. 1866 Gefecht zwischen schwachen Teilkräften der preußischen Mainarmee und der hannoverischen Armee; endete mit einem preußischen Rückzug.

Le Mans französische Stadt an der Sarthe. Vom 10. bis zum 12. 1. 1871 Schlacht zwischen der 2. Loirearmee und der deutschen 2. Armee; sie bestand aus einer Reihe von schweren Gefechten und endete mit der Erstürmung der Stadt durch die deutschen Truppen.

Liebknecht, Wilhelm geboren 1826 in Gießen, gestorben 1900 in Berlin, Mitbegründer und bedeutender Führer der deutschen Arbeiterbewegung; 1870 Mitglied des Norddeutschen Reichstages; lehnte im November 1870 die Kriegskredite ab.

Linienarmee siehe aktive Armee.

Linienaufstellung Kampfweise der Infanterie, wonach das Feuergefecht nur in der geschlossenen zweigliedrigen Kompanielinie geführt wurde; ihre Anwendung im Schußbereich moderner gezogener Feuerwaffen führte zu riesigen Verlusten und erzwang ihre Auflockerung.

Linienschiffe Kriegsschiffe, die für die Seeschlacht bestimmt waren; bis etwa 5000 Tonnen Wasserverdrängung und bis zu 50 Geschützen, mit Schraubenantrieb und Segeltakelage; als Panzerschiff bis zu 10 000 Tonnen Wasserverdrängung und Ausrüstung mit 30 gezogenen Geschützen.

Linientruppen Truppen der aktiven Armee bzw. der Linienarmee im Unterschied zu den Reservetruppen, besaßen infolge ihrer ständigen Übung zu Beginn des Krieges eine größere Kampfkraft.

Lisaine Flüßchen südlich von Belfort. Vom 15. bis zum 17. 1. 1871 Schlacht zwischen der in vorbereiteter Stellung befindlichen Armeeabteilung des Generals v. Werder und der französischen Ostarmee; endete mit dem Rückzug der französischen Truppen.

Lissa Insel in der Adria. Am 20. 7. 1866 Seeschlacht zwischen der italienischen und der österreichischen Flotte; endete mit einer schweren italienischen Niederlage.

Loigny-Poupry Ortschaften nordwestlich von Orléans. Am 2. 12. 1870 Schlacht zwischen Teilkräften der Loirearmee und der Armeeabteilung des Großherzogs von Mecklenburg; trotz taktischer Erfolge mußte die Loirearmee ihr Vordringen auf Paris einstellen.

Loirearmee im Oktober und November 1870 an der Loire gebildete strategische Gruppierung der französischen Armee unter dem Oberkommando von General Aurelle de Paladines in Stärke von etwa 200 000 Mann; sie hatte die Aufgabe, das südwestliche Frankreich an der Loire zu verteidigen und Paris zu entsetzen; im Dezember 1870 in 1. und 2. Loirearmee geteilt.

Lundby Ort in Jütland. Am 3. 7. 1864 Gefecht zwischen preußischer und dänischer Infanterie, bei dem die Wirkung des preußischen Zündnadelgewehrs gegen stürmende Infanterie zum erstenmal voll zur Geltung kam.

Maasarmee im August 1870 gebildete strategisch-operative Gruppierung der deutschen Armee unter dem Kommando des Kronprinzen von Sachsen in Stärke von 80 000 Mann; sie hatte den Auftrag, gemeinsam mit der deutschen 3. Armee den Kampf gegen die Armee von Châlons zu führen; nach der Einschließung von Paris in 4. Armee umbenannt.

Mac Mahon, Marie Edme Patrice Maurice de, Herzog von Magenta geboren 1808 in Sully, gestorben 1893 in Forest, französischer Marschall; 1870 Kommandeur des französischen 1. Korps und Befehlshaber einer Armeegruppe; Oberbefehlshaber der Armee von Châlons; nach der Schlacht bei Sedan in deutscher Kriegsgefangenschaft; befehligte 1871 die Armee von Versailles.

Mainarmee 1866 operative Gruppierung der preußischen Armee unter dem Kommando des Generals Vogel v. Falckenstein (später des Generals v. Manteuffel) in Stärke von etwa 50 000 Mann; sie hatte die Aufgabe, Hannover und Kurhessen zu besetzen und den Kampf gegen die süddeutschen Bundestruppen zu führen.

Manteuffel, Edwin Rochus Karl, Freiherr von geboren 1809 in Dresden, gestorben 1885 in Karlsbad, preußischer General, 1857 Chef des Militärkabinetts; 1865 Oberbefehlshaber der österreichisch-preußischen Truppen in Schleswig-Holstein; 1866 Gouverneur von Schleswig, dann Oberbefehlshaber der preußischen Mainarmee; 1870/71 Kommandierender General des I. Armeekorps, Oberbefehlshaber der 1. Armee und der Südarmee; 1871 bis 1873 Oberbefehlshaber der deutschen Besatzungstruppen in Frankreich.

Meza, Christian Julius de geboren 1792 in Helsingör, gestorben 1865 in Kopenhagen, dänischer Generalleutnant; 1864 Oberbefehlshaber der dänischen Armee in Schleswig-Holstein; nach der Räumung der Dannewerke abgelöst.

Metz Festung in Lothringen. Vom 19. 8. bis zum 24. 10. 1870 Belagerung der in M. eingeschlossenen französischen Rheinarmee; nach ergebnislosen französischen Ausfallversuchen (31. 8. und 1. 9. Schlacht bei Noisseville, Gefechte am 22./23. 9., 27. 9. und 7. 10.) Kapitulation der Rheinarmee.

Miniégewehr Infanteriegewehr nach dem Vorderladerprinzip und mit gezogenem Lauf; trotz seiner guten ballistischen Leistungen dem Hinterladergewehr taktisch qualitativ unterlegen.

Missunde Ort in Schleswig an der Schlei. Am 2. 2. 1864 Gefecht zwischen Teilkräften der dänischen Armee und dem preußischen Armeekorps; endete mit einem preußischen Mißerfolg.

Mitrailleuse Kartätschgeschütz für Gewehrmunition mit einer Feuergeschwindigkeit von 125 Schuß je Minute.

Mobilgarden (mobile Nationalgarden) in Frankreich seit 1868 bestehende militärische Organisation zur Aufstellung von Reservetruppen; ihr gehörten alle Militärdienstpflichtigen an, die nicht in der aktiven Armee dienten und vom Militärdienst nicht befreit waren; nach Kriegsausbruch hauptsächliche Grundlage für die Mobilisierung aller kriegsdienstfähigen Männer.

Mobilmachung Überführung der Streitkräfte in den Kriegszustand durch Einberufung von Reservisten, Auffüllung der Einheiten auf strukturmäßige Kriegsstärke sowie die Aufstellung von Reserve- und Ersatztruppenteilen.

Mobilmachungsfrist Zeitbedarf für die vollständige Mobilmachung der gesamten Feldarmee bis zur Herstellung der Gefechtsbereitschaft; ihre

Dauer war von großer Bedeutung für die Erlangung der strategischen Initiative.

Moltke, Helmuth Karl Graf von geboren 1800 in Parchim, gestorben 1891 in Berlin, preußischer Feldmarschall; von 1857 bis 1888 Chef des Generalstabes der preußischen Armee; 1864 Chef des Generalstabes im Oberkommando der verbündeten preußisch-österreichischen Kräfte; 1866 und 1870/71 als Chef des Generalstabes im Hauptquartier faktisch Leiter der militärischen Operationen.

Mörser Geschütz mit relativ kurzer Reichweite und steilem Aufschlagwinkel; vornehmlich bei der Festungs- bzw. Belagerungsartillerie zum Beschießen von Forts, Kasematten und Bastionen eingesetzt.

Nachod Ort im nordöstlichen Böhmen. Am 27. 6. 1866 Gefecht zwischen dem preußischen V. Armeekorps und dem österreichischen 6. Korps; endete mit dem Rückzug der österreichischen Truppen.

Napoleon III. geboren 1808 in Paris, gestorben 1873 in Chislehurst bei London, Neffe Napoleon I., 1851 durch Staatsstreich Diktator, 1852 Kaiser der Franzosen, Oberster Befehlshaber der französischen Armee; 1870 nach Sedan in Kriegsgefangenschaft und Sturz.

Nationalgarde in Frankreich seit 1868 auf territorialer Grundlage bestehende militärische Organisation für alle Männer, die nicht der aktiven Armee oder der Mobilgarde angehörten; ihre Bedeutung erhöhte sich vor allem in Paris nach der Einschließung durch die deutschen Truppen, wobei sie sich vornehmlich aus den werktätigen Schichten rekrutierte; der Versuch der Regierung Thiers, sie im März 1871 zu entwaffnen, trug zur Errichtung der Pariser Kommune bei.

Nordarmee a) 1866 strategische Gruppierung der österreichischen Armee unter dem Oberkommando von Feldzeugmeister Benedek in Stärke von etwa 270 000 Mann; hatte die Aufgabe, den Kampf gegen die preußische Armee auf dem böhmischen Kriegsschauplatz zu führen und nach erfolgreicher Verteidigung die Gegenoffensive nach Schlesien und Berlin aufzunehmen. b) im Oktober/November 1870 gebildete strategisch-operative Gruppierung der französischen Armee unter dem Kommando des Generals Faidherbe in Stärke von etwa 43 000 Mann; sie hatte die Aufgabe, das nordfranzösische Industriegebiet sowie die Häfen an der Kanalküste zu verteidigen und Paris von Norden her zu entsetzen.

Oberkommando militärisches Führungsorgan für die gesamte Feldarmee oder für die einzelnen Armeen; auch Armeekommando genannt.

Offensive strategische Angriffsbewegung mit dem Ziel, die Initiative an sich zu reißen, den Gegner unter für ihn ungünstigen Verhältnissen zur Schlacht zu zwingen, ihn zu verlustreichen Rückzügen zu bewegen und in eine militärisch aussichtslose Situation zu drängen; an ihr waren die Kräfte einer oder mehrerer Armeen beteiligt.

Okkupation militärische Besetzung von ausländischen Territorien durch die Truppen eines anderen Staates für die Dauer des Krieges oder des Feldzuges; die O. konnte die Einleitung einer Annexion sein.

Operation Bewegung großer Truppenverbände mit dem Ziel, gegnerische Kräfte zum Kampf zu stellen, den Gegner zu überraschen, seine rückwärtigen Verbindungen zu unterbrechen oder sein Vordringen aufzuhalten.

Operationsbasis das im eigenen Besitz befindliche Gebiet, von dem aus die Armee ihre Handlungen beginnt und von wo aus sie mit Reserven und Nachschub versorgt wird.

Operationslinie (Operationsrichtung) die Richtung, in der eine Armee ausgehend von ihrer Basis Operationen führt.

Operationsplan siehe Feldzugsplan.

Orléans Stadt an der Loire. Am 3. und 4. 12. 1870 Schlacht zwischen Teilkräften der Loirearmee und der deutschen 2. Armee sowie der Armeeabteilung des Großherzogs von Mecklenburg; sie endete nach blutigen Kämpfen mit der Besetzung von O. durch die deutschen Truppen.

Ostarmee Ende Dezember 1870 gebildete strategisch-operative Gruppierung der französischen Armee unter dem Kommando von General Bourbaki in Stärke von etwa 140 000 Mann; sie hatte die Aufgabe, durch eine Offensive im Rhône-Tal Belfort zu entsetzen und die deutschen Verbindungen nach Paris zu unterbrechen.

Palisaden im Festungsbau verwandte Hindernisse aus eng zusammenstehenden angespitzten Holzstämmen.

Panzerschiffe ursprünglich im weiteren Sinn alle gepanzerten Holzschiffe oder ganz aus Eisen gebauten Kriegsschiffe, je nach Typ Panzerlinienschiff, Panzerfregatte, Panzerkorvette; später nur gepanzertes Linienschiff (siehe auch Fregatte, Korvette, Linienschiff).

Parallele bei Belagerung parallel zu den Festungsanlagen ausgehobene Feldstellung, in der die Belagerungsgeschütze aufgestellt und von der aus die Annäherungsgräben ausgehoben wurden.

Paris Hauptstadt von Frankreich. Von Mitte September 1870 bis Ende Januar 1871 Belagerung durch deutsche Truppen; sie begann mit der Einschließung der Stadt am 19. 9.; erst Mitte November erfolgte der Aufbau von Belagerungsbatterien; nach Abwehr französischer Ausbruchsversuche und Vorstöße am 30. 9., am 13., 21., 28. und 30. 10., am 30. 11. und 3. 12. 1870 begann zum Teil schon Ende des Jahres, endgültig am 5. 1. 1870 die Beschießung der Befestigungsanlagen; von Mitte Januar an erfolgte das Bombardement der Stadt, um die Bevölkerung zu terrorisieren. Nach erneuten Ausfallversuchen am 14. und 19. 1. wurde das Feuer am 26. 1. eingestellt und die Belagerung am 28. 1. durch eine Konvention über die Übergabe der Besatzung an die deutschen Truppen beendet.

Pioniere Waffengattung für die Unterstützung der Hauptwaffengattungen beim Bau von Befestigungsanlagen, von Feldstellungen, bei der Erstürmung gegnerischer Stellungen und Befestigungen, beim Bau von Brücken bzw. bei deren Wiederherstellung, bei Sprengungen usw.

Podol Ort im nördlichen Böhmen an der Iser. Am 26./27. 6. 1866 Nachtgefecht zwischen Teilkräften des österreichischen 1. Korps und schwachen Kräften der preußischen Armee; endete mit einem Rückzug der österreichischen Truppen.

Pontoniere spezielle Pioniereinheiten für den Bau von Pontonbrücken bzw. für das Übersetzen von Truppen über Wasserläufe mit Hilfe von Pontons oder Booten.

Prager Frieden am 23. August 1866 zwischen Preußen und Österreich in Prag abgeschlossener Friedensvertrag; der Deutsche Bund wurde aufgelöst; Österreich stimmte der Annexion von Schleswig-Holstein, Hannover, Kurhessen, Nassau und Frankfurt a. M. durch Preußen zu und erklärte sich mit der Neugestaltung Norddeutschlands unter preußischer Vorherrschaft einverstanden.

Preußisch-italienische Allianz am 8. April 1866 in Berlin zwischen Preußen und Italien abgeschlossener Bündnisvertrag, in dem sich die italienische Regierung verpflichtete, den Krieg gegen Österreich zu beginnen, sobald Preußen seinerseits innerhalb von drei Monaten den Krieg gegen Österreich begonnen hat.

Raketengeschütze Feuerwaffe der österreichischen Armee zum Beschießen von Punktzielen, infolge ihrer großen Streuung von den gezogenen Geschützen verdrängt.

Rammstoß Angriffsweise der Panzerschiffe, bei der ein am Vorderteil des Schiffes angebrachter eiserner Sporn in den leicht verletzlichen Boden des feindlichen Schiffes gerammt wird.

»Regierung der nationalen Verteidigung« nach dem Sturz des Kaiserreiches am 4. 9. 1870 gebildete provisorische Regierung der Französischen Republik unter dem Vorsitz des Generals Trochu; eine Delegation der Regierung befand sich seit Mitte September in Tours, seit Anfang Dezember in Bordeaux, Leiter der Delegation war seit Anfang Oktober der Innen- und Kriegsminister Gambetta.

Regiment Truppenteil des stehenden Heeres, trug eine innerhalb der Armee fortlaufende Nummer, umfaßte drei bis vier Bataillone bei der Infanterie, drei bis vier Eskadronen (Schwadronen) bei der Kavallerie und drei bis vier Abteilungen bei der Artillerie; stellte bei eintretender Mobilmachung ein 4., unter Umständen auch ein 5. Bataillon bzw. eine 4. oder 5. Eskadron oder Abteilung aus dem Stammpersonal der aktiven Einheiten für Reserve- und Ausbildungszwecke auf.

Reglement gedruckte Vorschrift für Ausbildung und Gefechtsführung, enthielt die offiziellen Grundsätze der Taktik.

Reserveartillerie auch Armeegeschützreserve. Teil der Feldartillerie, der den Divisionen nicht strukturmäßig angehört, den Stäben der Armeekorps und Armeen unmittelbar unterstand und in der Regel erst auf dem Höhepunkt der Schlacht eingesetzt wurde.

Reservekavallerie Teil der Kavallerie, der strukturmäßig den Divisionen und Armeekorps (Korps) nicht angehörte und zu Divisionen oder Korps zusammengefaßt den Armeeoberkommandos für Aufklärungszwecke, zur Attacke auf dem Schlachtfeld oder zur Verfolgung des geschlagenen Gegners zur Verfügung stand.

Reservetruppen erst nach ausgesprochener Mobilmachung oder während des Krieges aufgestellte Truppen bis zum Divisionsverband, für die im Frieden bereits bestimmte Vorbereitungen getroffen sein konnten (Stäbe, Stammannschaften).

Rheinarmee 1870/71 strategische Gruppierung der französischen Armee unter dem Oberbefehl Napoleon III., später unter Marschall Bazaine in Stärke von etwa 210 000 Mann; sie hatte die Aufgabe, den Rhein zu überschreiten und die Offensive auf den Main zu eröffnen; wurde zu Kriegsbeginn zeitweilig in zwei Armeegruppen geteilt.

Roon, Albrecht Graf von geboren 1803 in Plenshagen, gestorben 1879 in Berlin, preußischer Feldmarschall; 1859 bis 1873 preußischer Kriegsminister.

Sadowa, Schlacht bei besonders in Frankreich übliche Bezeichnung für die Schlacht bei Königgrätz; »Rache für Sadowa« war die Losung der chauvinistischen Kräfte der französischen Bourgeoisie, um die deutsche Einigung zu verhindern und die Vormachtstellung Frankreichs in Europa zu sichern.

Schanzen in der Regel durch Pioniere oder Bautruppen angelegte Befestigungen für Infanterie und Feldartillerie.

Schlacht Kampfberührung von Truppen, an denen entweder die Hauptkräfte beider Seiten oder zumindest starke Teilkräfte (bei einer Stärke von etwa zwei Korps auf einer der beiden Seiten) beteiligt sind, die das Ziel verfolgen, den gegenüberstehenden Gegner zu zerschlagen und möglichst zu vernichten.

Schutz- und Trutzbündnisse im August/September 1866 zwischen Preußen und den süddeutschen Staaten Bayern, Württemberg und Baden abgeschlossene Militärverträge, die im Kriegsfall eine Vereinigung der beiderseitigen Streitkräfte unter dem Oberbefehl des preußischen Königs vorsahen; sie leiteten die Ausbreitung des preußischen Militarismus auf Süddeutschland ein, verhinderten aber auch 1870 den nationalen Verrat der partikularistischen Kräfte.

Schwadron siehe Eskadron.

Schweinschädel Ort nördlich von Königgrätz. Am 29. 6. 1866 Gefecht zwischen dem preußischen V. Armeekorps und dem österreichischen 4. Korps, wurde von den österreichischen Truppen ohne Entscheidung abgebrochen.

Sedan Stadt in Nordostfrankreich. Am 1. 9. 1870 entscheidende Schlacht zwischen der Armee von Châlons und der deutschen 3. und der Maasarmee; endete mit der Kapitulation der französischen Kräfte und der Gefangennahme Kaiser Napoleons III.

Skalitz Ort nordöstlich von Königgrätz. Am 28. 6. 1866 Gefecht zwischen dem preußischen V. sowie Teilen des preußischen VI. Armeekorps und dem österreichischen 8. Korps; endete nach schweren Verlusten durch das preußische Infanteriefeuer mit einem Rückzug der österreichischen Truppen.

Spichern Ort in Lothringen. Am 6. 8. 1870 Schlacht zwischen Teilkräften der deutschen 1. und 2. Armee und Teilkräften der französischen Armeegruppe Bazaine; endete mit einem geordneten französischen Rückzug.

Steinmetz, Karl Friedrich von geboren 1796 in Eisenach, gestorben 1877 in Landeck, preußischer Feldmarschall; 1866 Kommandierender General des preußischen V. Armeekorps; 1870 Oberbefehlshaber der preußischen 1. Armee; nach der Einschließung von Metz abgelöst.

Stellvertretung Recht zum Loskauf gegen die Bezahlung einer bestimmten, von der Regierung festgelegten Summe, die dafür Freiwillige einstellte oder ausgediente Soldaten zu einer weiteren Dienstzeit verpflichtete.

Strategie wichtigster Bestandteil der Kriegskunst; Theorie und Praxis der Planung und Führung des Krieges; bestimmt die Organisation und den Einsatz der Streitkräfte, bereitet Feldzüge und Operationen vor und führt sie durch; beruht auf den politischen Zielen der kriegführenden Staaten und ihrem ökonomischen und militärischen Potential; umfaßt die Tätigkeit des höchsten militärischen Kommandostabes.

St. Quentin Ort in Nordfrankreich. Am 19. 1. 1871 Schlacht zwischen der französischen Nordarmee und der deutschen 1. Armee; endete mit einem französischen Rückzug.

Südarmee a) 1866 strategische Gruppierung der österreichischen Armee unter dem Kommando von Erzherzog Albrecht in Stärke von etwa 143 000 Mann; sie hatte die Aufgabe, Venetien gegen eine Offensive der italienischen Armee zu verteidigen. b) Anfang Januar 1871 gebildete strategisch-operative Gruppierung der deutschen Armee unter dem Kommando von General v. Manteuffel in Stärke von 60 000 Mann; sie hatte den Auftrag, die Gegenoffensive gegen die französische Ostarmee zu führen und diese zu zerschlagen.

Taktik Bestandteil der Kriegskunst; Theorie und Praxis der Führung des Gefechts in allen Waffengattungen; immer abhängig von der Strategie.

Tauberbischofsheim Ort im nördlichen Baden südlich des Mains. Am 24. 7. 1866 Gefecht zwischen der preußischen Mainarmee und der süddeutschen Bundesarmee; endete mit einem Rückzug der süddeutschen Truppen.

Tegethoff, Wilhelm Freiherr von geboren 1827 in Marburg (Steiermark), gestorben 1871 in Wien, österreichischer Admiral; 1864 Kommodore der österreichischen Flotte in der Nordsee; 1866 Kommandant der österreichischen Kriegsflotte in der Adria.

Thiers, Louis-Adolphe geboren 1797 in Marseille, gestorben 1877 in St. Germain en Laye, französischer Historiker und Staatsmann; Februar 1871 Chef der Exekutivgewalt; Henker der Pariser Kommune.

Train militärisches Fuhrwesen zum Transport von Munition, Lebensmitteln und Futter, Sanitätsbedarf, Ausrüstungsgegenständen und des sonstigen Gepäcks; von der regelmäßigen Nachführung des Trains hingen die Gefechtsfähigkeit der Truppen und das Tempo ihrer Bewegungen in entscheidendem Maße ab.

Trautenau Ort nördlich von Königgrätz. Am 27. 6. 1866 Gefecht zwischen dem preußischen I. Armeekorps und dem österreichischen 10. Korps; endete mit einem überstürzten preußischen Rückzug.

Trochu, Louis Jules geboren 1815 in Papais, gestorben 1896 in Tours, französischer General, 1870 Befehlshaber einer Territorialdivision, dann Gouverneur von Paris; unter der Republik Präsident der »Regierung der nationalen Verteidigung« und Oberbefehlshaber der Armee von Paris.

Truppengeneralstab in Preußen der Teil des Generalstabes, der im Frieden in den Armeekorps und Divisionen, im Krieg auch in den einzelnen Armeen Dienst tat, mit dem eigentlichen Generalstab durch ständigen Austausch der Offiziere eng verbunden und in bezug auf die eigentliche Stabstätigkeit dem Chef des Generalstabes unterstehend.

Ultimatum während des Krieges schriftliche oder mündliche Aufforderung an eingeschlossene Festungen und Truppenverbände zur Kapitulation; konnte mit dem Angebot verbunden sein, beschränkte Forderungen der Eingeschlossenen nach der Übergabe zu berücksichtigen.

Verordnungen für die höheren Truppenführer 1868/69 vom preußischen Generalstab ausgearbeitete verbindliche Anleitung für die strategisch-operative Führung des Landkrieges; sie enthielt in konzentrierter Form das Kriegsbild des junkerlich-großbürgerlichen Militarismus und stellte den ersten Schritt zur Ausarbeitung einer Militärdoktrin dar; im Prinzip blieb sie bis zur Herausarbeitung der imperialistischen Blitzkriegskonzeption, deren Grundgedanken vom kurzen, schlagartig verlaufenden Krieg sie vorwegnahm, im preußischdeutschen Heer gültig.

Viktor Emanuel II. geboren 1820 in Turin, gestorben 1878 in Rom, 1849 König von Piemont-Sardinien, 1861 König von Italien; 1866 Oberster Befehlshaber der italienischen Armee und Oberkommandierender der Hauptarmee.

Villersexel Ort südwestlich von Belfort. Am 9. 1. 1871 Gefecht zwischen der Armeeabteilung des Generals v. Werder und Teilkräften der französischen Ostarmee.

Vionville–Mars-la-Tour Ortschaften westlich von Metz. Am 16. 8. 1870 Schlacht zwischen Teilkräften der auf Verdun zurückgehenden Rheinarmee und Teilkräften der deutschen 2. Armee, unterbrach den französischen Rückzug und leitete die Einschließung der Rheinarmee in Metz ein.

Vogesenarmee im September 1870 gebildete operative Gruppierung der französischen Armee in Ostfrankreich, neben der noch eine zweite Vogesenarmee aus Freiwilligen und Franktireurs unter dem Kommando von Garibaldi bestand; die regulären Einheiten gingen Ende Dezember in die neugebildete Ostarmee über.

Vogel von Falckenstein, Eduard geboren 1797 in Breslau, gestorben 1885 in Dolzig, preußischer General; 1864 Chef des Generalstabes im Oberkommando der verbündeten preußisch-österreichischen Kräfte und Kommandierender General eines Armeekorps, 1866 Oberbefehlshaber der preußischen Mainarmee, dann Generalgouverneur von Böhmen; 1870/71 Generalgouverneur der deutschen Küstenlande.

Vorderlader Feuerwaffe nach dem Vorderladerprinzip, das darauf beruhte, daß Ladesatz und Kugel (Granate, Kartätsche) von der Mündung in den Lauf (Rohr) hineingestoßen wurden; verlangte große Kraftanstrengung und setzte der Feuergeschwindigkeit Grenzen; Vorderlader konnten nur im Stehen, höchstens im Knien geladen werden.

Waffengattung Bestandteil der Streitkräfte; nach Bedeutung, Stärke, Organisation und Bewaffnung gab es drei Hauptwaffengattungen der Landstreitkräfte: Infanterie, Kavallerie und Artillerie; daneben Pioniere und (in den Anfängen) Nachrichtentruppen.

Waffenstillstand schriftliche Übereinkunft zwischen kriegführenden Staaten, für eine bestimmte Zeit entweder auf dem gesamten Kriegsschauplatz oder nur an begrenzten Abschnitten (etwa vor Festungen) die Kampftätigkeit einzustellen und alle Truppenbewegungen zur Veränderung des territorialen Besitzstandes zu unterlassen; in der Regel führte der W. zu Friedensverhandlungen und beendete damit den Krieg, doch konnte nach Ablauf des W. die Kampftätigkeit auch wieder aufgenommen werden.

Wehrpflicht, allgemeine im Unterschied zur Konskription eine Militärdienstpflicht ohne Stellvertretung, dafür mit relativ kurzer aktiver Dienstzeit in den Linientruppen und langer Reservedienstverpflichtung.

Weißenburg Ort im Elsaß. Am 4. 8. 1870 Gefecht zwischen Teilkräften der deutschen 3. Armee und einer französischen Division und Kavalleriebrigade; übte als erster Sieg der deutschen Truppen auf französischem Boden großen moralischen Einfluß auf beide Seiten aus.

Werder, August Graf von geboren 1808 in Norkitten, gestorben 1887 in Grüssow, 1866 Divisionskommandeur; 1870/71 Kommandierender General des XIV. Armeekorps und Befehlshaber einer Armeeabteilung.

Wiener Frieden a) am 30. Oktober 1864 zwischen Preußen, Österreich und Dänemark abgeschlossener Friedensvertrag; Dänemark trat die Herzogtümer Schleswig, Holstein und Lauenburg an Preußen und Österreich ab. b) am 3. Oktober 1866 zwischen Österreich und Italien abgeschlossener Friedensvertrag; Österreich trat Venetien an Italien ab, dessen nationale Einigung damit faktisch vollendet war.

Wilhelm I. geboren 1797 in Berlin, gestorben 1888 in Berlin, 1861 König von Preußen, 1871 deutscher Kaiser; 1866 und 1870/71 Oberster Befehlshaber der preußischen und norddeutschen (1870/71 auch süddeutschen) Streitkräfte.

Wimpffen, Emanuel Felix, Baron von geboren 1811 in Laon, gestorben 1884 in Paris, französischer General, 1870 Kommandeur des französischen 5. Korps; während der Schlacht von Sedan Oberbefehlshaber der Armee von Châlons.

Wörth Ort im Elsaß. Am 6. 8. 1870 Schlacht zwischen der deutschen 3. Armee und der französischen Armeegruppe Mac Mahon; endete mit der Niederlage der französischen Armeegruppe und ihrem überstürzten Rückzug.

Wrangel, Friedrich Graf von geboren 1784 in Stettin, gestorben 1877 in Berlin, preußischer Feldmarschall; 1864 Oberbefehlshaber der verbündeten österreichisch-preußischen Truppen gegen Dänemark; wegen Unfähigkeit abgelöst.

Zündnadelgewehr in Preußen seit 1840 verwendeter Hinterlader, bei dem der Schuß durch einen vorschnellenden Stahlbolzen ausgelöst wurde; Einzellader. Seine Anwendung revolutionierte die Kampfesweise der Infanterie.

Verzeichnis der Abkürzungen

AK	Armeekorps
Art. Res.	Artilleriereserve
Brig.	Brigade
ID	Infanteriedivision
Inf. Res.	Infanteriereserve
Kav.	Kavallerie
Kav. Res.	Kavalleriereserve
KD	Kavalleriedivision
lKD	leichte Kavalleriedivision
Komb. AK	Kombiniertes Armeekorps
Komb. GID	Kombinierte Gardeinfanteriedivision
Komp.	Kompanie
Pion. Res.	Pionierreserve
RD	Reservedivision
RKD	Reservekavalleriedivision

Verzeichnis
der wichtigsten benutzten Literatur

Marx, K./Engels, F.: Werke, Bd. 15–17, 30–35, Berlin 1961–1967

Lenin, W. I.: Über Deutschland und die deutsche Arbeiterbewegung. Aus Schriften, Reden, Briefen, Berlin 1957.

Mehring, F.: Gesammelte Schriften, Bd. 7–8, Berlin 1980–1982

Bruhat, J./Dautry, J./Tersen, E.: Die Pariser Kommune von 1871, Berlin 1971

Engelberg, E.: Deutschland von 1849 bis 1871 (Von der Niederlage der bürgerlich-demokratischen Revolution bis zur Reichsgründung), Berlin 1972

Deutsche Geschichte in zwölf Bänden, Bd. 4: Die bürgerliche Umwälzung von 1789 bis 1871, Berlin 1984

Diplomatie und Kriegspolitik vor und nach der Reichsgründung, hrsg. von Engelberg, E., Berlin 1971

Förster, G./Helmert, H./Otto, H./Schnitter, H.: Der preußisch-deutsche Generalstab 1640–1965. Zu seiner politischen Rolle in der Geschichte, Berlin 1966

Fesser, G.: Der Weg nach Königgrätz 1866, Berlin 1982

Geschichte der Kriegskunst. Materialsammlung, Bd. 2: Die Kriegskunst in der kapitalistischen Gesellschaft, Moskau 1951 (russ.)

Grundriß der deutschen Geschichte. Von den Anfängen der Geschichte des deutschen Volkes bis zur Gestaltung der entwickelten sozialistischen Gesellschaft in der Deutschen Demokratischen Republik, Berlin 1979

Helmert, H.: Militärsystem und Streitkräfte im Deutschen Bund am Vorabend des preußisch-deutschen Krieges von 1866, Berlin 1964

Helmert, H.: Kriegspolitik und Strategie. Politische und militärische Ziele der Kriegführung des preußischen Generalstabes vor der Reichsgründung (1859–1869), Berlin 1970

Jerussalimski, A. S.: Bismarck, Diplomatie und Militarismus, Berlin 1970

Kurzer Abriß der deutschen Militärgeschichte, Berlin 1984

Lissagaray, P.: Geschichte der Pariser Kommune von 1871, Berlin 1956

Markov, W./Helmert, H.: Schlachten der Weltgeschichte, Leipzig 1983

Rahne, H.: Mobilmachung. Militärische Mobilmachungsplanung und -technik in Preußen und im Deutschen Reich von der Mitte des 19. Jahrhunderts bis zum zweiten Weltkrieg, Berlin 1983

Schulz, H.: Die Welt in Waffen, Berlin 1913

Tersen, E.: Garibaldi, Berlin 1968

Urlanis, B. Z.: Bilanz der Kriege. Die Menschenverluste Europas vom 17. Jahrhundert bis zur Gegenwart, Berlin 1965

Wörterbuch zur deutschen Militärgeschichte, 2 Bde., Berlin 1985

Craig, G. A.: Die preußisch-deutsche Armee. 1640–1945, Düsseldorf 1960

Craig, G. A.: Königgrätz, Wien–Hamburg 1966

Delbrück, H.: Geschichte der Kriegskunst im Rahmen der politischen Geschichte, fortgesetzt von Daniels, E.: Teil 5–6, Berlin 1926 bis 1929

Der deutsch-dänische Krieg 1864, hrsg. vom Großen Generalstab, Abteilung für Kriegsgeschichte, 2 Bde., Berlin 1886–1887

Der deutsch-französische Krieg 1870/71, redigiert von der Kriegsgeschichtlichen Abteilung des Großen Generalstabes, Teil 1 (2 Bde.) und Teil 2 (3 Bde.), Berlin 1874–1881

Der Feldzug von 1866 in Deutschland, redigiert von der Kriegsgeschichtlichen Abteilung des Großen Generalstabes, Berlin 1867

Goltz, C. Frhr. v. d.: Kriegsgeschichte Deutschlands im neunzehnten Jahrhundert, Bd. 2, Berlin 1914

Goltz, C. v. d.: Léon Gambetta und seine Armee, Berlin 1877

Große Landschlachten, hrsg. von Falls, C.; Frankfurt/Main 1965

Handbuch für Heer und Flotte, hrsg. von Alten, G. v., Bd. 1-5, 9, Berlin 1909-1913

Handbuch der neuzeitlichen Wehrwissenschaften, hrsg. von Franke, H., 3 Bde., Berlin-Leipzig 1936-1939

Handwörterbuch der gesamten Militärwissenschaften, hrsg. von Poten, B., 9 Bde., Bielefeld-Leipzig 1877-1880

Hoenig, F.: Der Volkskrieg an der Loire im Herbst 1870, 6 Bde., Berlin 1893-1895

Horsetzky, A. v.: Kriegsgeschichtliche Übersicht der wichtigsten Feldzüge seit 1792, Wien 1913

Jany, C.: Die Königlich Preußische Armee und das Deutsche Reichsheer. Nach den Akten bearb., Berlin 1933

Kessel, E.: Moltke, Stuttgart 1957

Klein-Wuttig, A.: Politik und Kriegführung in den deutschen Einigungskriegen 1864, 1866 und 1870/71, Berlin 1934

La Guerre de 1870-1871, publicé par la „Revue d'histoire", rédigée à la Section historique des l'état-major de l'armée. 10 Folgen, Paris 1907 bis 1911

Österreichs Kämpfe im Jahre 1866, nach Feldacten bearb. durch das k.k. Generalstabsbureau für Kriegsgeschichte, 4 Bde., Wien 1868

Regele, O.: Feldzeugmeister Benedek. Der Weg nach Königgrätz, München-Wien 1960

Geographisches Register

Die heutigen Ortsnamen sind in Klammern angegeben

Aalborg 74, 79
Aarhus 74
Abbeville 260
Adriatisches Meer 34, 91, 146, 148, 155, 330, 339
Aisne 214
Albert 262
Alençon 271
Algerien 177, 230
Algier 287
Alsen (Als) 53, 60–69, 71–74, 77–79, 81, 311, 316
Alsen-Sund 62, 63, 66, 69, 79, 322
Altenberg 105
Altona 89, 93, 128
Amanvillers 200, 203–205
Amiens 252, 260–262, 272, 314
Amrum 82
Ancona 148, 155
Andelle 249
Angerville 254
Anhalt 95
Arcey 279
Arco 316
Argenteuil 237, 239, 240
Arnis 57
Arpajon 250
Arras 261, 262, 271
Artenay 250, 254, 259
Aschaffenburg 143, 312, 317
Augustenburger Förde 69
Aulnay 275
Aupa (Upa) 113
Autun 264
Auxerre 278
Auxonne 263
Avron 275, 276

Azay-Bach 269

Baden 34, 91, 96, 104, 170, 337, 339
Balan 221, 222
Ballegaard 64, 78
Bapaume 262, 271, 314, 318
Barbe 207
Bassano 153
Bayern 9, 34, 91, 96, 99, 170, 337
Bayonne 320
Bayreuth 143
Bazais 329
Bazeilles 217, 218
Beaugency 225, 259, 265, 266, 314, 318
Beaumont 215, 216, 269, 313, 318
Beaune-la-Rolande 257, 314, 318
Beauvais 268
Belfort 179, 253, 264, 265, 277–280, 283, 287, 289, 315, 330, 334, 340
Belgien 218, 222
Bellecroix 193
Belvedere 151, 152
Benatek (Benátky) 126
Berlin 16, 18, 26, 50, 60, 61, 73, 133, 149, 313, 324, 330, 333, 336, 342
Besançon 231, 253, 262, 263, 277–279, 281
Bicêtre 238
Biella 329
Bievre 235
Bistriza (Bystřica) 117, 119, 120, 123, 124, 126, 127
Bitsch (Bitche) 179, 186, 210, 240
Blaise 253
Blois 252
Blumenau (Lamač) 136, 137, 312, 319
Böhmen 91, 96, 97, 99, 100–107, 109,

132, 141, 152, 154, 312, 326, 328, 341
Boiscommun 257
Boizenburg 49
Bonn 327
Bordeaux 266, 287, 325, 336
Borny 193
Bougival 240, 245
Bourges 230, 249, 251, 252, 265, 266, 268, 276, 277
Bouzonville 181
Braunau (Broumóv) 106
Braunschweig 95
Braye-Bach 269
Brescia 150, 154
Breslau (Wrocław) 341
Brie-Compte-Robert 238
Brie-sur-Marne 247
Briey 201, 248
Briza 121
Broacker (Broager) 62, 70, 71
Brou 253
Brückenau 142
Brünn (Brno) 133
Bruyeres 263
Burkersdorf 113, 114, 312
Buzancy 215, 216
Buzanval 247, 285

Cahors 325
Cambrais 262, 272
Caprera 325
Carcottes 259
Carignan 215, 216, 220
Castelnovo 150, 151
Castelvetro di Modena 321
Cazal 221, 222
Châlons-sur-Marne 179, 189, 192, 195, 196, 210–215, 217, 229, 244, 313, 317, 318, 320, 331, 338, 342
Chalon-sur-Saône 252, 264, 277
Champagne 234
Champenois 204
Champigny 247, 248, 275, 314
Changé 270
Charly 207
Charsonville 254
Chartres 251, 267, 268
Châteaudun 251, 253, 255
Château-Renauld 269
Château-Thierry 268
Chatillon-sur-Seine 278, 281

Chaton 240
Chaumont 252, 254
Chesne 214, 216
Chevilly 259
Chiers 217
Chiese 154
Chilleurs 259
Chislehorst 333
Chlum 120, 127, 128
Choisy-le-Roi 241
Choteborek (Chotěbor) 126
Clamart 284
Coincy 193
Colombey 193, 194, 313, 321
Commercy 210, 211
Como 148
Compiègne 252, 261, 268
Condino 154
Côte d'Or 287
Coulmiers 246, 254, 255, 314, 321
Courbevoie 294
Courcelles 195
Cravant 266, 314, 318
Croce 151, 152
Custozza 151–154, 312, 321, 325
Cuxhaven 81

Dalmatien 89, 153
Dannewerke 52–54, 56, 57, 59, 60, 311, 321
Danzig (Gdańsk) 55, 86
Darmstadt 160
Deigny 220
Dermbach 142, 312
Desenzano 154
Deutsch-Wagram (Wagram) 136
Diedenhofen (Thionville) 179
Dieppe 261
Dijon 253, 262–265, 277, 279, 283, 315
Dobes 118
Dohalicha (Dohalitzka) 123
Dôle 253, 263
Dolzig 341
Donau 132, 134, 135, 137, 153
Donchery 217, 220
Dornbusch 80
Douai 272
Doubs (Departement) 287
Dresden 105, 156, 316, 331
Dreux 253
Dubenetz (Dubenec) 114

Düben 98
Düppel 56, 59–70, 72, 74, 75, 77, 79, 83, 84

Ebersbach 185
Eckernförder Bucht 56
Eider 49, 56
Eiderkanal 56
Eipel 109
Eisenach 140, 159, 338
Eken-Sund 62, 66
Elbe 98, 115, 116, 119, 120, 121, 126, 127
Elbeuf 231, 249
Elsaß (Alsace) 178, 181, 183, 186, 234, 289, 324, 341, 342
Elsaßhausen 184, 185
Elsaß-Lothringen (Alsace-Lorraine) 226, 229, 305, 313
Elsterwerda 98
Ems, Bad 163, 322
England s. Großbritannien
Epernay 276
Epinal 252, 262, 264
Epinay 247
Epuisay 269
Etain 195
Etranges 190
Etsch 150
Euse 253
Evreux 231, 253, 261, 268, 270

Ferme 206
Ferrara 148
Flavigny 197
Fleigneux 221
Flensburg 56, 57, 59
Flensburger Förde 62
Floing 217, 218, 221
Floing-Bach 218
Floridsdorf 136, 137
Föhr 81, 82
Fond de Givonne 221
Fontainebleau 238, 241, 247
Forbach 186–188
Forest 331
Fränkische Saale 142, 328
Frankenstein (Ząbkowice Śląskie) 105
Frankfurt a. M. 10, 15, 17, 19, 48, 140 bis 143, 156, 289, 305, 323, 335
Fredericia 53, 60, 61, 67, 72–75, 324

Freteval 269
Friaul 149
Friedrichsruh 319
Fröschwiller (Frœschwiller) 184, 185
Fünen (Fyn) 53, 60, 73–75, 77–79, 81, 82, 316
Fulda 141, 142

Gabel (Jablonné) 106
Garches 285
Garda-See 148, 154
Garenne 221, 222
Gastein 87–89, 92
Gennevilliers 235, 239, 254, 275, 285
Gevrey 264
Gidy 259
Gien 252, 255
Gießen 330
Gifertwald 188
Gitschin (Jičín) 106, 108, 112–117, 119, 312, 326
Givonne 218, 220–222
Givonne-Bach 217
Glatz (Kłodzko) 87, 105, 106
Glienicke 324
Glücksburg 59
Görlitz 99, 101, 105
Göttingen 138–140
Goito 150
Gotha 140, 141, 330
Gradlitz (Choustníkovo-Hdradiště) 114, 124
Grand-Pré 214, 215
Gravelotte 195, 197, 198, 201, 203–205, 313, 326
Gravenstein (Graasten) 78
Gray 252, 264
Graz 319
Grigy 193
Großbritannien 50, 60, 61, 63, 75, 77, 80, 88, 164, 231
Großer Belt 81
Großwerther 327
Grüssow 341
Gunstett 184, 185

Habonville 203, 204
Hadersleben (Haderslev) 79
Hagenau (Haguenau) 181
Hagenow 49
Hallue 261, 262, 271, 314, 326

Ham 260
Hamburg 49
Hammelburg 142
Hannau 138, 142
Hannover 9, 10, 44, 91–93, 95, 98, 103, 138, 156, 312, 331, 335
Harburg 49, 93
Hautes Bruyeres 241
Heiligenstadt 140
Helgoland 81, 311, 326
Helsingör 332
Hersfeld 141
Hessen 104
Hessen-Darmstadt 34, 96, 103, 156
Hildburghausen 141
Hirschberg (Jelenia Góra) 99
Hof 143
Hola-Wald 123, 124, 126
Holstein 10, 43, 45, 46, 48–50, 76, 82, 87, 88, 92, 93, 312, 325, 342
Horschenjowes (Hořiněves) 121, 122, 127
Horschlitz (Hořice) 118, 123
Horsens 72
Hradek (Hrádek) 120, 126
Hühnerwasser (Kuřivody) 108, 312
Huise 270

Iglau (Jihlava) 131
Illy 220
Iser (Jizera) 101, 105, 108, 109, 112–114, 335
Isonzo 153, 155
Issy 294
Istrien 149, 153, 156
Italien 27, 90, 95, 99, 117, 132, 136, 145, 146, 148, 149, 155, 156, 164, 232, 273, 312, 313, 316, 325, 336, 340, 342
Iztehoe 92

Jade 54
Jagel 57, 311
Jarny 195, 199
Jasmund 80, 311, 327
Jaumont 204
Jena 324
Joinville 247
Josefstadt (Jaroměř) 92, 101, 102, 106, 109, 114, 115, 119, 124, 130
Jütland (Jylland) 59, 60–63, 65, 72–74, 76–79, 82, 324, 331

Jura 287
Juranville 257

Kappeln (Kappel) 57
Karlsbad (Karlovy Vary) 76, 331
Karlsruhe 143
Kassel 138, 312
Kekenis (Kegnæs) 79
Kiel 56, 86, 87
Kissingen 139, 142, 312, 328
Kjär 79
Kleine Karpaten 135
Koblenz 181, 326
Köln-Deutz 319
Königgrätz (Hradec Králove) 92, 106, 117–122, 125, 129, 130, 133, 142, 301, 302, 304, 306, 312, 316, 325, 328, 329, 337–339
Königinhof (Dvur Králove nad Labem) 101, 102, 106, 109, 110, 114–117, 119, 312
Königstein 156
Kolberg (Kołobrzeg) 54
Kolding 62, 72, 78, 79, 311
Komorn (Komárno) 137
Kopenhagen 45, 48, 51, 80, 332
Krakau (Kraków) 92
Kreuzburg 140
Kurhessen 34, 92, 93, 95, 103, 128, 156, 331, 335

Laa 136
Landonchamps 243
La Fère 261
La Ferte 255
Laibach (Lubljana) 92
La Malmaison 254, 314
La Moncelle 220
Landau 172, 174
Landeck 338
Landkron (Lanškroun) 130
Langenhof 128
Langensalza 140, 141, 312, 330
Langres 253, 262, 263, 265, 277, 280, 281
Laon 233, 342
Lauenburg 10, 43, 45, 48, 49, 82, 87, 325, 342
Lausitz 96–98, 103, 108
Lauvallier 193
Laval 271
Le Blanc-Mesnil 275

Le Bourget 245, 275, 276, 314
Ledro 154
Legnano 148
Le Havre 261
Leipzig 143
Le Malzien-Ville 318
Le Mans 255, 267–271, 314, 330
Levico 155
L'Hay 247
Liban (Libán) 116
Lichtenberg 210
Liebau (Libawka) 106, 109
Ligny-en-Barrois 211, 314
Lijm-Fjord 78, 79
Lille 238, 260, 272, 322
Limburg 10, 34
Lipa (Česka Lipa) 120, 123, 128
Lisaine 279, 280, 314, 330
Lissa 153, 155, 312, 330
Livorno 321
Lobau 137
Lochenitz (Lochenice) 120
Löwenberg (Lwówek Śląski) 99
Lohr 143, 144
Loigny 258, 331
Loing 256
Loire 231, 237, 249–255, 259, 260, 265, 266, 269, 273, 278, 281, 331, 334
London 67, 75, 161, 232, 333
Longeville 207
Lonigo 149
Lothringen (Lorraine) 183, 186, 289, 324, 332, 338
Lüneburg 49, 128
Lützelstein (La Petite-Pierre) 210
Lundby 79, 311, 331
Lundenburg (Břeclav) 134, 136
Lunéville 186, 190
Luxemburg 10, 161, 162
Lyon 177, 249, 262, 277, 322

Maas 195, 196, 200, 201, 211, 215–218, 222, 318
Madrid 163, 318
Mähren (Morava) 102, 132
Mährisch-Trübau (Moravska Třebová) 130
Main 41, 83, 99, 142–145, 156–158, 172, 317, 337, 339
Mainz 138, 143, 172, 174, 179, 181
Malesherbes 256
Mannheim 327

Mantes 268
Mantua 148, 150
Marburg 339
March (Morava) 137
Marchegg 137
Marlroy 207
Marne 234, 235, 237, 238, 240, 247, 248, 276
Marsal 210
Marseille 339
Mars-la-Tour 197, 199, 201, 313, 340
Maslowed (Maslojedy) 120, 121, 123, 127
Mayenne 271
Mazas 286
Meaux 238
Mecklenburg 95
Meiningen 141
Memel (Klaipėda) 55
Metz 172, 179, 181, 189–195, 197, 198, 200, 201, 203, 205–211, 213–217, 223, 227, 228, 233, 240–245, 250, 252, 260, 276, 289, 313, 314, 317, 318, 321, 326, 338, 340
Meung 254, 266
Meurthe 263
Mexiko 162
Mey 193
Mézières 215, 217, 218, 220, 221, 276
Miletin 114, 116, 118, 119
Miltenberg 143
Mincio 148–150, 152
Minden 128
Missunde 57, 311, 332
Mittelmeer 34, 55, 80
Modena 152
Mokrowous (Mokrovousy) 121, 123
Montagnano 149
Montargis 268, 276, 278
Montigny-la-Grange 203, 204
Montmédy 213, 252
Montmorency 240
Montoire 269
Mont St. Quentin 207
Montretout 285
Mont-Valérien 284, 291, 314
Monzambano 150
Morée 269
Morée-Bach 240, 275
Mors 72–74
Mortier 264

Moscou 206
Mosel 178, 189-192, 195-198, 200, 201, 204-207, 210, 223, 243
Mouzon 216, 217
Mühlhausen 140
München 160
Münchengrätz (Mnichovo Hradiště) 102, 108, 109, 112, 113

Nachod (Náchod) 106, 109, 110, 112, 113, 333
Nancy 179, 191, 192, 210
Nangis 234
Nanteuil 238
Nassau 34, 104, 156, 335
Nechanitz (Nechanice) 122, 126
Nedelischt (Nedělistě) 120, 121, 127
Neiße (Fluß) 97, 101
Neiße (Ort), (Nysa) 99
Nemours 256
Neu-Breisach (Neuf-Brisach) 240, 253, 264
Neufahrwasser 80
Neufchâtel 249
Neuilly 247
Neurode (Nowa Ruda) 106
Neustadt a. S. 142
Nevers 249, 252, 253, 263, 276, 277, 322
Nied, deutsche 186, 191
Nied, französische 190, 192
Niederprschim (Dol. Přim) 121, 126
Niederwald 185
Nikolsburg (Mikulov) 138, 155, 156
Nizza 325
Nogent-le-Rotrou 253, 255, 269
Nogent-sur-Seine 268
Noisseville 208, 209, 313, 332
Noisy-le-Grand 240, 247
Nontueil-sur-Marne 237
Nordhausen 140
Nordsee 55, 80, 88, 326, 339
Norkitten 341
Normandie 253, 260
Nossen 105
Nouart 216, 320
Nouilly 193-195, 313, 321
Noveant 197
Nübel-Noor 62
Nuits 265
Nuits-sur-Armançon 278

Ober-Dohalitz 121, 123, 124
Oberprschim 121
Oberselk 57, 311
Oedenburg 319
Oettingen 188
Oeversee 59
Oglio 152
Ognon 263
Oise 252, 261
Oldenburg 95
Olmütz (Olomouc) 19, 23, 100, 101, 121, 130, 131, 133-135, 312
Opocno (Opočno) 102
Optanitz 129
Orléans 231 237, 238, 241, 249-259, 265 bis 269, 271, 276, 314, 318, 321, 331, 334
Ormesson 240
Orne 204
Oster 70
Ostsee 53, 80, 81
Oświęcim 112
Ourcq-Kanal 234

Padua 149, 153
Palmanova 153
Paltre 242
Pange 190
Papais 339
Parchim 333
Pardubitz (Pardubice) 101, 102, 118, 126, 129
Parigné 270
Paris 133, 172, 177, 186, 189, 192, 212 bis 215, 224, 225, 228-241, 244-247, 249-256, 258, 260, 168, 272-276, 278, 284-287, 289, 290-294, 314, 315, 317, 322, 325, 331, 333-335, 339, 342
Passugg 319
Pau 320
Père-Lachaise 295
Péronne 260, 262, 271, 272
Peschiera 148, 150, 151, 154
Pesmes 263
Pest 92
Petersburg (Leningrad) 232
Peterwalde 105
Petschkau (Paczków) 106
Pfalz 172
Pfalzburg (Phalsbourg) 186, 210, 240
Picardie 253

Piemont 145
Pillau (Baltisk) 54, 80
Pilnikau (Pilnikov) 114
Pithiviers 257
Placha 129
Planchette 193
Plappeville 200, 207
Plenshagen 337
Po 148, 152, 153
Podol (Podoli) 108, 109, 312, 335
Point du Jour 201, 204
Poissy 237
Pola 148
Polen 47
Politz (Police) 109
Pont-à-Mousson 191, 201
Pontarlier 283
Pontlieue 270
Potsdam 324
Poupry 258, 314, 331
Prag 156, 313, 335
Praußnitz 112
Preßburg (Bratislava) 132, 134, 136, 137, 319
Primolano 155
Problus 120, 126, 128
Poßnitz (Proštejov) 133

Queuleu 193
Quingey 282

Randers 78
Ratschitz 126
Reichenberg (Liberec) 106
Reims 213, 217, 233, 234
Reinerz 109
Remilly 217, 218
Rensburg 49, 56, 86
Rethel 213, 233
Rezonville 195, 197, 198
Rhein 20, 95, 160, 170, 173, 179, 337
Rheinland 13, 93, 142
Rhön 142
Rhône 334
Riesengebirge 106
Riva 154
Roketnitz (Rokytnice) 135
Rom 146, 164, 232, 340
Röm (Rømø) 82
Roncourt 203, 204
Rosbjerschitz (Rozbeřice) 121, 127, 128

Rosnitz (Rosnice) 121, 128
Rosny 276
Roßbrunn 144, 145, 312
Roter Berg 187, 188
Rouen 231, 249, 252, 253, 260–262, 271, 273
Rouillon-Bach 235
Roverbella 150
Rovigo 153
Rozerieulles 204
Rubelle 234
Rueil 247
Rügen 327
Russ-Bach 136
Rußland 11, 47, 48, 50, 75, 88, 134, 135, 164, 231

Saar 182, 183, 187, 191, 223, 241
Saarbrücken 181, 187, 190, 313
Saarburg 186
Saargemünd 181, 182, 186
Saarlouis 187
Sachsen 9, 34 91, 93–95, 101, 105, 156, 312, 322
Sadowa (Cerekvice n. Bystřici) 121, 123, 160, 162, 337
Salbris 259
Santear 259
Saône 252, 263
Sardinien-Piemont 146, 340
Sarge 56
Sarthe 330
Satrup 78
Satrupholz 70, 71, 78
Sauer 183, 184
Sauldre 251
Scarpe 271
Schlei 52, 53, 56, 57, 321, 332
Schlesien (Śląsk) 13, 95–99, 101, 107, 108, 131, 333
Schleswig (Herzogtum) 43–47, 49–51, 55, 60, 61, 72, 77, 87, 92, 316, 321, 325, 331, 332
Schleswig (Ort) 49
Schleswig-Holstein 43–48, 50, 51, 76, 77, 82, 86–89, 92, 95, 156, 325, 331, 332, 335
Schlettstadt (Sélestat) 240, 253, 264
Schleusingen 141
Schönhausen 319
Schönkirchen 136

353

Schweden 45, 75
Schweinfurt 141, 142
Schweinschädel (Chvalkovice) 114, 117, 312, 337
Schweiz 315
Sedan 210, 216–219, 222–224, 227, 229, 232, 233, 237, 238, 241, 244, 252, 274, 301, 303, 304, 306, 313, 318, 322, 331, 333, 338, 342
Seeland (Sjaelland) 80, 81
Seille 195, 206
Seine 234–236, 238, 245, 247, 252–254, 261
Sèvres 234
Siebenbürgen (Transsilvanien) 133
Silkeborg 74
Skagens Horn 79
Skalitz (Česka Skalice) 108–110, 113, 114, 312, 338
Skanderborg 74
Soissons 240, 276
Sologne 252
Sommacampagna 150, 151
Somme 260, 261, 271, 272, 326
Sonderburg (Sonderborg) 63, 66, 68, 69, 71, 79
Sondershausen 140
Spanien 322
Spichern (Spicheren) 186–189, 313, 338
Spitzberg 65, 70
Stade 128, 326
St. Ail 204
St. Albert 221
St. Amand 269
Stampfen 137
St. Arnould 197
St. Avold 179, 188
St. Calais 269
St. Cloud 285, 294
St. Denis 234, 239, 246
St. Dizier 214
Stegwig 69
Steiermark 339
Ste. Menehould 214
Stenay 215
Stettin (Szczecin) 342
St. Germain 245, 339
St. Germain-le-Grand 259
St. Hilaire 195
St. Hubert 205
Stilfser Joch 154

Stiring 187
St. Julien 207
St. Marcel 197
St. Marie-aux-Chênes 203, 204, 206
St. Martin 207
St. Menges 220, 221
St. Privat 203–206, 313, 326
St. Quentin 252, 272, 314, 338
Stralsund 55, 65
Straßburg (Strasbourg) 172, 179, 186, 233, 240, 241, 243, 252, 262, 263, 276, 314
Strschesetiz (Střezetice) 121, 128
St. Ruffine 200, 204
Stuttgart 143, 160
Südtirol 149, 156
Sully 331
Sundewitt (Sundeved) 62, 63, 65, 68, 73, 74, 79, 311
Swieb-Wald 122–124, 127
Swinemünde (Swinoujście) 54
Sybillenort 316
Sylt 81, 82

Tagliamento 153
Tauber 144
Tauberbischofsheim 144, 312, 339
Tegernsee 327
Teterchen 186
Theresienstadt (Terezin) 92
Thiais 241
Thionville 243, 252, 264
Thüringen 94
Thüringer Wald 141
Tione 154
Tirol 154
Tobitschau 135
Tomale-Paß 154
Tondern (Tonder) 78
Torgau 98
Toul 191, 210, 211, 237, 240, 241, 276, 314
Tours 230, 234, 239, 247, 249, 251, 255, 259, 266, 267, 271, 325, 337, 339
Toury 254, 257
Trautenau (Trutnov) 106, 108, 109, 111 bis 113, 312, 339
Treene 52, 53
Treffurt 140
Treviso 153
Trient 150, 154–156
Trier 172, 174

Triest 154, 156
Tronville 197, 199
Trotina (Fluß) 120, 126
Trotina (Ort) 126
Troyes 252, 254
Tschistowes 122, 123
Turin 146, 329, 340
Turnau (Turnov) 102, 108, 109

Udine 153
Ulkebüll 79
Uffenheim 143
Ungarn 89, 133
Unter-Dohalitz 121, 123

Valenciennes 272
Vallieres-Bach 193
Vanves 294
Varennes 214
Vaux 201
Veile 72, 74, 75
Vendôme 267, 269
Venedig 34, 146, 153
Venetien 90–92, 132, 146, 147, 153–156, 319, 339, 342
Verdun 191, 192, 195–197, 200, 203, 211, 240, 264, 340
Vernéville 195, 203, 206
Vernon 231, 261
Verona 148–150, 321
Versailles 234, 238, 240, 268, 273, 285, 286, 289–291, 293, 294, 296, 314, 315, 318, 322, 324, 331
Vesoul 264, 278, 279, 281
Vierzon 249
Villach 155
Villafranca 150, 152
Villechauve 269
Villecoublay 238
Ville-Evrart 275
Villejuif 241, 276
Villeneuve 234

Villeneuve St. Georges 238, 240
Villepion 258, 314
Villers-Bretonneux 261
Villersexel 279, 314, 340
Villers-l'Orme 193, 194
Villiers 248, 275, 314
Vincennes 239, 247
Vionville 195, 197, 313, 340
Völklingen 187
Vogelgebirge 142
Vogesen (Vosges) 172, 183, 186, 191, 263
Vouziers 213–215

Waag (Váh) 135
Waldenburg (Wałbrzych) 106
Wasungen 141
Weißenburg (Wissembourg) 182, 183, 186, 211, 313, 341
Wenningbund 63, 68, 71
Werbach 144
Wetzlar 128
Wien 9, 10, 16, 50, 60–62, 75, 76, 86, 92, 117, 129–137, 146, 153, 156, 232, 311–313, 316, 339
Wilsdruff 105
Wittenburg 49
Wörth (Wœrth-sur-Sauer) 183–186, 188, 211, 313, 342
Wolkersdorf 136
Wschestar (Všestary) 121
Württemberg 9, 34, 91, 96, 104, 170, 337
Würzburg 143, 144
Wysokow 109

Yvonne 268
Yvette 247
Yvré-l'Evêque 269, 270

Zabern (Saverne) 186
Znaim (Znojmo) 131
Zürich 324
Zwittau (Svitavy) 130, 131

Personenregister

Albert, Kronprinz von Sachsen 102, 105, 108, 115, 206, 316
Albrecht, Erzherzog von Österreich 100, 129, 132, 137, 149, 316, 338
Aurelle de Paladines, Louis d' 253, 254, 256, 318, 331

Baumgarten 122
Bazaine, François Achille 183, 186, 188 bis 190, 192, 196,. 197–201, 203–210, 212, 213, 241–244, 318, 321, 337, 338
Bebel, August 20, 85, 94, 166, 227, 297, 313, 314, 319
Benedek, Ludwig von 38, 100, 101, 103, 108, 112, 114–117, 121, 122, 124, 127 bis 133, 135, 137, 312, 319
Benedetti, Vincent 133, 163
Bismarck, Otto von 29, 30, 42, 47, 48, 67, 75, 76, 81–94, 96, 99, 129, 134, 135, 138, 142, 155, 157–161, 163, 164, 166, 218, 225, 238, 239, 245, 273, 274, 286, 287, 288, 293, 296, 319, 322
Bourbaki, Charles Denis Santer 260, 265, 277–281, 286, 320, 334
Briand 260

Cambriels, Albert 263
Chanzy, Antoine Alfred Eugène 265 bis 267, 270, 278, 320
Cialdini, Enrico 148, 153, 154, 321
Clam-Callas, Eduard von 102
Cremer, Camille 264, 277, 280

Ducrot, Auguste Alexandre 220, 239, 246, 322

Engels, Friedrich 7, 16, 25, 28, 46, 47, 85, 94, 159, 166, 292
Ernst von Sachsen-Koburg-Gotha 102

Faidherbe, Louis Léon César 260–262, 272, 277, 322, 333
Favre 239, 260, 286, 322
Favre, Jules Claude Gabriel 238
Festeticz 102
Franz Joseph, Kaiser von Österreich 87, 117, 138
Friedrich Karl, Prinz von Preußen 54, 57, 62, 64, 77, 98, 174, 196, 206, 324
Friedrich Wilhelm IV., König von Preußen 18, 28
Friedrich Wilhelm, Kronprinz von Preußen 99, 174, 206, 324
Frossard, Charles Auguste 187, 188

Gablenz, Karl Wilhelm Ludwig von 55, 102, 324
Gambetta, Léon 239, 249, 254, 256, 257, 265, 268, 271, 276, 281, 283, 325, 336
Garibaldi, Giuseppe 89, 146–148, 150, 154, 263, 264, 277, 281, 283, 325, 340
Gerlach 52, 60
Goeben, August Karl Friedrich Christian v. d. 272, 326

Hegermann-Lindencrone 52
Henikstein, Alfred von 122
Herwarth von Bittenfeld, Eberhard 77, 98, 322, 327
Hugo, Victor 231

Isabella, Königin von Spanien 163

Karl, Herzog (Prinz) von Bayern 103, 141, 327
Krismanič, Gideon von 103, 122, 329

La Marmora, Alfonso Ferrero, Marchese de 148, 329
Lenin, W. I. 7
Leopold, Erzherzog 102
Leopold von Hohenzollern 163
Liebknecht, Wilhelm 28, 85, 94, 166, 227, 297, 313, 314, 330
Lüttichau 60

Mac Mahon, Marie Edme Patrice Maurice de 183, 185, 186, 189, 190, 192, 203, 205, 207, 208, 211–218, 220, 223, 227, 293, 317, 331, 342
Manteuffel, Edwin Rochus Karl von 143, 260, 272, 278, 283, 331, 339
Marx, Karl 5, 7, 16, 25, 28, 46, 47, 85, 94, 159, 166, 292, 295, 296, 299
Mehring, Franz 7
Meza, Christian Julius de 52, 56, 59, 60, 332
Moltke, Helmuth Karl von 37, 38, 55, 74, 75, 77, 95, 96, 98, 116, 119, 129, 134, 135, 169, 171–173, 183, 195, 196, 201, 211, 214, 228, 233, 237, 248, 250, 252, 255, 256, 266, 267, 273, 274, 276, 278, 305, 306, 323, 333
Mülbe v. d. 54

Napoleon I. Bonaparte 333
Napoleon III. (Louis Napoleon Bonaparte) 19 88, 90, 94, 117, 131–133, 146, 160, 161–165, 178–180, 182, 186, 189, 212, 217, 222, 223, 313, 325, 333, 337, 338

Plat, du 52

Ramming 102
Roon, Albrecht von 273, 288, 337

Schiller, Friedrich von 27
Steinmann 52
Steinmetz, Karl, Friedrich von 174, 187, 204, 338

Tann, Ludwig v. d. 250, 251, 321
Tegethoff Wilhelm von 81, 155, 339
Thiers, Louis-Adolphe 232, 245, 289 bis 291, 293, 323, 333, 339
Thomas 246
Thun-Hohenstein 102
Trochu, Louis Jules 225, 236, 246, 275, 285, 286, 317, 336, 339

Victor Emanuel II., König von Italien 148, 340
Vinoy, Joseph 239, 246, 286, 290
Vogel von Falckenstein, Eduard 75, 99, 143, 331, 341

Werder, August von 252, 262, 264, 278 bis 281, 330, 340, 341
Wilhelm I., König von Preußen 28, 29, 87, 97, 135, 163, 169, 205, 297, 314, 322, 342
Wimpffen, Emanuel Felix von 220–222, 342
Wrangel, Friedrich von 55, 57, 59, 61, 62, 73, 77, 342

Inhalt

Vorwort 5

Zur Vorgeschichte der Gründung des bürgerlichen deutschen Nationalstaates durch Preußen

1. Nationale Bewegung und Partikularismus in der ersten Hälfte des 19. Jahrhunderts 9
2. Die Notwendigkeit des Nationalstaates und die Wege zu seiner Bildung 21
3. Militärsystem und Streitkräfte der deutschen Staaten und deren militärpolitische Lage 30

Die schleswig-holsteinische Frage und der Krieg Österreichs und Preußens gegen Dänemark 1864

1. Die politische Vorgeschichte des Krieges und seine militärische Vorbereitung
   a) Schleswig-Holstein und die deutsche Nationalbewegung bis zur Bundesexekution von 1863 43
   b) Die militärpolitische Lage und das militärische Kräfteverhältnis zu Beginn des Krieges 51
2. Die Führung des Krieges und seine Ergebnisse
   a) Beginn und Verlauf des Feldzuges bis zur Erstürmung der Düppeler Schanzen 56
   b) Die weiteren Operationen bis zur Niederlage Dänemarks 72

Die Verschärfung des preußisch-österreichischen Dualismus und der Krieg von 1866

1. Die politische und militärstrategische Vorbereitung des Krieges
   a) Die »deutsche« Politik Preußens und der Beginn der Revolution von oben 83
   b) Militärische Kräfte und strategische Pläne beider Staaten 95

2. Der militärische Verlauf des Krieges und seine politischen Ergebnisse
   a) Beginn und Ende des Feldzuges auf dem böhmischen Kriegsschauplatz 105
   b) Die militärischen Ereignisse in West- und Süddeutschland 138
   c) Die Kämpfe in Oberitalien und zur See 145

Die Ursachen des Deutsch-Französischen Krieges von 1870/71 und der Verlauf des Krieges bis zur Schlacht von Sedan

1. Politik und Diplomatie in den Jahren vor dem Krieg und die militärstrategische Planung
   a) Der Abschluß der Revolution von oben und die Entwicklung der deutsch-französischen Beziehungen 157
   b) Die Streitkräfte beider Seiten und ihre strategischen Pläne und Ziele 167
2. Eröffnung und Verlauf der Kämpfe in der ersten Etappe des Krieges
   a) Der Beginn des Feldzuges und die Ergebnisse der Grenzschlachten 181
   b) Die Fortsetzung des Feldzuges bis zu den Schlachten und der Einschließung von Metz 190
   c) Die Umgruppierung der deutschen Kräfte in Ostfrankreich und die Schlacht von Sedan 210

Die Fortführung des Krieges gegen die Französische Republik bis zum Waffenstillstand

1. Militärpolitische und strategische Ziele beider Seiten in der zweiten Etappe des Krieges
   a) Die militärpolitische Lage nach dem Sturz des Kaiserreiches und ihr Einfluß auf den Charakter des Krieges 224
   b) Die Einschließung von Paris und die Belagerung der ostfranzösischen Festungen 232
2. Der weitere Verlauf des Krieges bis zum Eintritt des Waffenstillstands
   a) Der Volkskrieg in Frankreich und der Kampf um den Entsatz von Paris 249
   b) Die Schlußkämpfe um Paris und der Feldzug in Südostfrankreich 273

Die Pariser Kommune. Die politischen und militärischen Ergebnisse der Kriege von 1864 bis 1871

1. Die Pariser Kommune 289
2. Der Charakter des Deutschen Reiches und der preußischdeutsche Militarismus 296
3. Die militärischen Lehren für die weitere Entwicklung des Militärwesens 302

Chronologie der Kriegsjahre 1864, 1866 und 1870/71 311

Kleines Lexikon der preußischdeutschen Kriege 1864 bis 1871 316

Verzeichnis der Abkürzungen 343

Verzeichnis der wichtigsten benutzten Literatur 344

Geographisches Register 347

Personenregister 356